Elena Erat ist gelernte Arzthelferin, Chefsekretärin und diplomierte Managementassistentin. Sie arbeitete einige Jahre in Rom in einer Anwaltskanzlei für Strafrecht sowie in der Universität Freiburg im Breisgau, ihrer Wahlheimat.
Vielseitige Kreativität, von der Fotografie bis zur plastischen Gestaltung, kennzeichnen die engagierte Reiseschriftstellerin, die bereits früh Kurzgeschichten schrieb und Artikel in Zeitschriften veröffentlichte. Reisen weltweit war schon immer ihre große Leidenschaft.

Peter Materne, Jahrgang 1952, ist von Beruf Industriemeister/Metall. Sein großes Interesse am Reisen, an anderen Kulturen, seine Neugierde für die Fremde und die Liebe zur Musik führten ihn durch Europa, Nordafrika und später um die ganze Welt. Er arbeitete in den verschiedensten Berufen, sammelte Erfahrungen als Musiker und als Tourneebegleiter für Pop- und Rockgruppen.
Zusammen mit seiner Partnerin Elena Erat bereiste er mehrfach Indien. Peter Materne lebt und arbeitet in Freiburg im Breisgau als freier Fotograf, Reisebuchautor und Diareferent.

Die beiden Autoren sind für ihre Fahrrad-Weltreise unter dem Motto »Für Umweltschutz und Völkerverständigung« als »Globetrotter des Jahres 1997« ausgezeichnet worden. Weitere Informationen über die Autoren und ihre Reisen sind auf der Hompage http://www.erat-materne.com zu erhalten.

Alaska
Pazifischer Ozean
Vereinigte Staaten
Atlantischer Ozean
BRD
Ägypten
Indien
Indischer Ozean
Pazifischer Ozean
Äquator
Peru
Brasilien
Äquator
Indonesien
Argentinien
Südafrika
Australien
Route Band 1
Route Band 2

Elena Erat / Peter Materne

Rad-Abenteuer Welt

Band 2:

Von Bangkok über Sydney, Rio und New York nach Freiburg

SIERRA

Die Deutsche Bibliothek – CIP-Einheitsaufnahme
Ein Titeldatensatz für diese Publikation ist bei
Der Deutschen Bibliothek erhältlich.

REISEN · MENSCHEN · ABENTEUER

1. Auflage 2001
SIERRA bei Frederking & Thaler Verlag, München
in der Verlagsgruppe Random House GmbH

erschienen in Der Neue Verlag GmbH
Titelfoto/Fotos: Peter Materne
Umschlaggestaltung: Atelier Seidel, Altötting
Produktion: Sebastian Strohmaier, München
Satz/DTP: Martin Strohkendl, München
Druck und Bindung: Clausen & Bosse, Leck
Das Papier wurde aus chlorfrei gebleichtem Zellstoff hergestellt
ISBN 3-89405-139-6
Printed in Germany

www.frederking-und-thaler.de

Inhalt

1.
Buddha und der Rock'n'Roll

THAILAND (April – Mai 1995)

Sind wir in Band 1 (RAD-ABENTEUER WELT. Band 1: Vom Schwarzwald an den Ganges) bisher von Deutschland bis nach Indien geradelt, erleben wir hier in Thailand im Vergleich zu Indien fast überschwenglichen Luxus.

Elena:
Beim Einchecken fällt dem Kontrollpersonal eine Dose Käse in unserem Handgepäck auf, die wir wohl beim Abspecken in Indien übersehen haben. Das Utensil – weil bombenverdächtig – kommt in eine Plastiktüte und wird separat transportiert, das Gepäck ist ja schon verladen worden. In Bangkok können wir den Käse dann wieder abholen.

Der Flug ist herrlich. Über den schneeweißen Wolken schlürfe ich französischen Weißwein, dazu wird Truthahn mit Nudeln und Salat gereicht, abschließend noch Kaffee und Kuchen. Nach den langen Magenstrapazen in Indien die pure Wohltat für uns!

Am Zoll in Bangkok halten wir uns etwas entfernt von dem Hessen, der in Sachen Drogen unterwegs ist. Wir haben keine Lust, wegen seiner Eskapaden in Schwierigkeiten zu kommen.

Peter macht die Räder fahrtauglich, während ich mich nach Prospekten und Informationen über Bangkok und Thailand erkundige. Es ist bereits nach 19 Uhr Ortszeit, als wir uns vom Flughafengebäude entfernen, um in Richtung Stadtmitte zu strampeln. Unser Utensil haben wir vergessen abzuholen, und so haben wir noch einen ›Käse in Bangkok‹ … Es ist sehr schwül. Über die 16spurige Schnellstraße rollt lebhafter Verkehr. Sehr viele Mopeds fallen uns auf und tadellose PKWs, die alle eine funktionierende Beleuchtung haben. Ein schon ungewohntes Bild für uns. An einer Imbißstube probieren wir unsere erste thailändische Suppe aus – und sind begeistert. Als der Besitzer unsere bepackten Drahtesel sieht, setzt er sich zu uns und spendiert die Getränke. Sehr interessiert fragt er uns über die bisherige Wegstrecke aus. Nach einer Weile verabschieden wir uns – und lassen ihn staunend zurück.

Zwar kommen wir auf dem Standstreifen gut voran, doch es wird Mitternacht, bis wir das Zentrum erreichen. Überanstrengt und entnervt geraten wir uns wegen einer Kleinigkeit in die Haare. Wir sind müde, es ist heiß, das Rad ist schwer und jetzt müssen wir auch noch mitten in der Nacht durch Bangkok radeln – Mist, verdammter!

In die Khaosan Road wollen wir. Dort sind die billigsten Touristenhotels, und dort war ich vor ein paar Jahren schon mal. Man kann mit Reisenden Informationen über andere Länder austauschen und erfährt das Neueste von der Heimat. Mit Hilfe unseres Orientierungssinns und der Karte finden wir die Straße im Stadtteil Banglamphoo, da ist es bereits 1.15 Uhr. Für 120 Baht, etwa 8 DM, mieten wir uns im ›Grand Guest House‹ ein. Die Zimmervermieter dösen auf Campingliegen im Hof und sind sofort zu freundlicher Hilfe bereit.

Drei kichernde Mädchen zeigen uns das Zimmer. Moskitogitter an den Fenstern und ein brummender Ventilator sind die wichtigsten Accessoires für uns.

Peter:
Gegen Mittag frühstücken wir unten im Restaurant. Es gibt Toast, Müsli, Kaffee – es gibt einfach alles, was wir seit langem vermißt haben. Der Himmel der Schlemmereien tut sich für uns auf. In der Khaosan Road liegt Hotel an Hotel, und von den Restaurants sind einige rund um die Uhr geöffnet. Musikvideos und Spielfilme locken Gäste zu jeder Stunde an, Musikkasset-

ten, Seidentücher und Kleider werden von Händlern auf der Straße angeboten.

Nach all dem Schmutz und den Unzulänglichkeiten der letzten Monate fühlen wir uns hier einfach prima. Sogar die Kakerlaken scheinen etwas mehr zu glänzen ... In einer Kneipe werden immer wieder die Sketche von ›Mr. Bean‹ auf Video gezeigt. Während das Video läuft, ist es schwer, etwas zu trinken zu bekommen, weil die Kellner – wie alle anderen Gäste auch – begeistert zusehen, wie Mr. Bean tollpatschig das Leben meistert.

»Jetzt trau ich mich einfach mal!«

Elena steht entschlossen vor einem kleinen Friseurgeschäft hinter der Khaosan Road und betrachtet die Haare der Friseuse.

»Genau so eine Frisur möchte ich haben« – sprach's und stapft tapfer in den Laden, um ihre langen Haare schneiden zu lassen. Zehn Minuten später steht sie wieder vor mir mit einem sauber geschnittenen Pagenkopf.

»Stell dir vor, das hat nur 60 Baht, also 3,50 DM, gekostet!«

Für Leute wie wir, denen es gefällt, irgendwo still zu sitzen und das Leben drumherum zu betrachten, ist es in dieser Straße regelrecht spannend. Hier sieht man Menschen aller Couleur. Dickbäuchige Hawaihemd-Touristen schieben sich an ausgemergelten Ewig-Trottern mit Apostelbereifung, ausgelatschten Ledersandalen, vorbei, thailändische Transvestiten, Taubstumme, gepflegte Geschäftsfrauen, männliche und weibliche Prostituierte – alles gibt es hier. In den winzigen, mit Wellblech überdachten Gäßchen hinter der Khaosan Road brutzeln Familien Nudeln mit Fleisch und Salat und verkaufen es auf Anfrage für wenig Geld an alle, die hungrig sind. Ihr ›Restaurant‹ besteht aus einem schmalen Tischchen. Ist es bereits besetzt, dreht man halt noch eine Runde in der Gasse und guckt zu, wie Haare, Kinder oder Bettlaken gewaschen werden. Junge Hunde balgen sich zwischen alten Leuten, die vor den offenen Wohnungstüren sitzen, den Vogelkäfig neben sich, und der Jugend Ratschläge geben.

Was sieht man sich an in ›Krung Thep‹, der ›Stadt der Engel‹, wie Bangkok von den Einheimischen genannt wird?

Wir wohnen ganz in der Nähe des ›Wat Phra Kaeo‹. Mit Wat bezeichnet man die wunderschön verzierten Tempel. Die steinerne Statue des Elefantengottes ist zuständig für Krankheiten, Liebesprobleme – und die Lottozahlen. Hier, in einer großzügigen Anlage, liegt auch der Königspalast. Bangkoks Hauptstraßen sind breit und vielbefahren. Es wäre leichter, einen der ›Khlongs‹, der breiten Wasserstraßen und Kanäle, zu überqueren, als gesund über die Straße zu kommen. Mit einem gewagten Sprung retten wir uns auf die begrünte Verkehrsinsel und kommen so der großen Wiese näher, auf der sich die ›Drachenbändiger‹ tummeln. Junge und Alte, Manager und Straßenhändler, versuchen sich in der Kunst, kleine bunte Papierdrachen im Wind rauschen zu lassen.

Über die weiße Palastmauer blinken die goldenen Tempeldächer im Sonnenlicht schon von weitem zu uns herüber. An den Eingangstoren stehen je zwei 6 m hohe Wächterfiguren. Sie sehen so grimmig aus, daß man bei ihrem Anblick lachen muß. Mit Knollennase und Wildschweinhauern, über und über mit Gold, edlen Steinen und Spiegeln verziert, wirken sie nicht sehr furchterregend. Tempel reiht sich an Tempel, einer schöner und prunkvoller als der andere.

95 Prozent der Thailänder sind Buddhisten. Im ›Bot‹, dem wichtigsten Bauwerk der Anlage, befindet sich der Smaragd-Buddha. Die Figur ist nur 66 cm groß und besteht gar nicht aus Smaragd, sondern aus Jaspis. Dreimal im Jahr wird der Buddha neu eingekleidet, und zwar von König Bhumipol höchstpersönlich. 11 m über dem Marmorboden sitzt die Figur erhaben in einem Glaskasten. Darunter liegen die Gaben aus aller Welt, auch eine Junghans-Uhr, die Bundespräsident Heinrich Lübke einst mitbrachte.

Große und kleine Pagoden, ganz mit Gold überzogen oder mit Tausenden von kleinen, bunten Spiegeln beklebt, bilden eine phantastische, märchenhaft anmutende Kulisse. Bündelweise werden Räucherstäbchen abgebrannt, an Altären liegen Früchte als Opfergaben für die allgegenwärtigen Geister.

»Geister und Buddha – wie paßt das zusammen?« frage ich Elena.

»Thailands Geschichte reicht weit zurück. Schon um 7.000 v. Chr. kannte man den Ackerbau. Verschiedene Völker, die aus Indien, Burma oder Kambodscha eingewandert sind, brachten unterschiedliche Einflüsse und ihre Religionen mit.

Die Thaivölker kamen aus dem Süden Chinas im 8.–13. Jh. n. Chr. Damals hieß das Land noch Siam. Der Geisterglaube ist sehr alt. Der Buddhismus, obwohl schon um 500 v. Chr. entstanden, kam er erst um 650 n. Chr. nach Siam. Mit Geistern bricht man nicht so einfach, so wurden eben beide Anschauungen ins tägliche Leben aufgenommen. Übrigens wurde 1939 der Name ›Siam‹ in ›Thailand‹ geändert.«

»Aha, interessant. Und wie ist das mit dem König?«

»König Bhumipol Adulyadej wurde 1927 in den USA geboren. Eigentlich sah er einer Karriere als Saxophonist entgegen, aber sein Bruder, der das Land regierte, wurde unter bisher ungeklärten Umständen erschossen im Palast aufgefunden, und so übernahm Prinz Bhumipol die Staatsführung, nachdem er zum König gekrönt wurde. Er erfreut sich in Thailand allergrößter Beliebtheit.«

»Da fällt mir gerade ein, daß man noch vor hundert Jahren unter der Herrschaft von König Mongkut Bedienstete köpfte, nur weil sie den König berührt oder angesehen hatten. Und wenn jemand sein Boot bei Ausfahrten ins Schwanken brachte, war er des Todes. Das führte so weit, daß die Königin bei einem Bootsunfall ertrank, weil sie nicht schwimmen konnte, aber auch nicht berührt werden durfte. Die Wächter schwammen an Land ...«

Na, die Zeiten sind vorbei, der König gilt als liberal und fortschrittlich. Majestätsbeleidigung kann aber auch heute noch einen Aufenthalt hinter ›Schwedischen Gardinen‹ einbringen. Einen davonfliegenden Geldschein mit dem Fuß festhalten zu wollen, kann dazu ausreichen, weil der König darauf abgebildet ist.

Ursprünglich war Bangkok wie viele Weltstädte mal ein Fischerdorf. Heute ist eine Metropole mit mehr als 11 Millionen Einwohnern daraus geworden. Damals, in den Anfängen, gab es noch keine Straßen, sondern nur Khlongs, die Kanäle, auf denen sich das Verkehrswesen abspielte. Einige wurden überbaut, andere trockengelegt, doch in den Dörfern kann man das Leben an und auf den Wasserstraßen noch beobachten. Am frühen Morgen fahren drei Kleinbusse in Richtung burmesische Grenze – in einem sitzen wir. Es geht an tristen Industrieanlagen vorbei, später an Bananenplantagen, dann sausen Reisfelder an den Fensterscheiben vorüber, bis wir letztlich an einem langgestreckten Holzhaus neben der Straße halten. Eine gefährliche Schlangenshow soll vorgeführt werden. Das muß ich mir ansehen. Elena zeigt nicht viel Interesse und setzt sich derweil an den schönen Teich im Innenhof des Gebäudes, der voller Lotosblüten ist. Die Show dauert etwa 20 Minuten.

»Blödsinn! Ein paar Schlangen werden von einem muskulösen Typ ständig in der Luft rumgewirbelt. Das nennt er ›Schlangenkampf‹. Arme Viecher!« berichte ich meiner Freundin anschließend. Sie hatte sich das schon vorher gedacht und deswegen auf die Sensation verzichtet.

Im Dörfchen Damnoen Saduak steigen Elena und ich aus dem Bus aus und in eines der langen, schlanken Boote ein. Ein langschaftiger Außenbordmotor rührt knatternd in trübem Wasser. Der Bootsführer versteht sein Handwerk. Links und rechts prescht er an Booten vorbei und ›kratzt‹ Kurven wie ein Rennfahrer. Am Ufer stehen auf Pfählen lange Reihen von Holzhäusern. Vorne ist meist eine Plattform angebaut, auf der sich Kinder tummeln oder ein Opa sich in der Hängematte sonnt. Viele Boote, vollbeladen mit bunten Früchten, Gemüse, aber auch Kleidern, Sonnenschirmen und Hüten, sind hier die Kaufläden. Die Geschäfte werden vor allem von Frauen abgewickelt. Auch von Boot zu Haus findet der Handel statt. Braungebrannte Frauen mit Bambushüten reichen den Warenkorb an einer Stange zur Kundin hoch. In einigen Booten köchelt Suppe oder ein Fleischgericht, die in Plastiktüten abgefüllt verkauft werden.

Zahlreiche, tempelähnliche Häuschen fallen uns auf. Vor jedem Haus steht mindestens eins. Meistens sind sie rot, oft aber auch weiß, blau oder bunt gestrichen. Es kann ein moderner Betonbau sein oder eine zusammengezimmerte Brettchenbude. Wie wir später erfahren, hat es damit folgende Bewandtnis:

Wenn man in Thailand ein Haus baut, muß der Geist, der das Gelände bis dahin für sich allein beansprucht hatte, gnädig gestimmt und umgesiedelt werden. Der Geist heißt ›Chao Thi‹. Dabei ist wichtig, daß der Schatten des Wohnhauses nicht auf das Geisterhäuschen fällt. Aber auch umgekehrt darf das nicht passieren, weil im Haus der Buddha-Altar steht. Noch bevor der erste Spatenstich zum künftigen Haus getan ist, wird ein Orakel gefragt, ob der Standplatz günstig ist. In eine Schale gibt man Erde, Eierschalen, etwas Reis, Blätter, ein Stück Holzkohle, ein weißes Haar und eine wohlduftende Blüte. Einer dieser Gegenstände ist herauszugreifen. Die Zeremonie leitet ein Brahmanenpriester, der aus dem herausgegriffenen Gegenstand für das Haus und seine Bewohner liest. Ist alles gutgegangen, wird jetzt die Lage für das Haus bestimmt. Beim Bau dürfen keine Nägel in die Erde geschlagen werden. Regenwasser darf vom Dach nicht in den Brunnen tropfen, ungerade Anzahlen von Pfosten, Stufen, Fenstern und Türen sind unbedingt zu vermeiden. Bei Nichtberücksichtigung all dieser Besonderheiten wird der Geist äußerst sauer und schickt den Hausbewohnern Bauchweh, schlechte Träume oder Schlimmeres.

Auch der Umzug des Geistes vom Bauplatz in sein Häuschen will vorbereitet sein. Bis 11 Uhr vormittags muß die Sache passiert sein. Nur bis dahin kann Chao Thi sein erstes Speiseopfer im neuen Haus aufnehmen. Nachmittags und abends haben nämlich die Hausgeister Eßverbot – genau wie die buddhistischen Mönche. Täglich ist darauf zu achten, daß der Geist frisches Wasser und Nahrung bekommt. Das kann ein Schokoriegel sein, Obst, aber auch ein gebratenes Hähnchen, auch Blumen kommen immer gut an. Oft stehen Elefanten in den Häuschen – Hausgeister sind schlecht zu Fuß. Die Geisterbehausung spiegelt auch den Wohlstand der Menschen wider, die den Geist zu besänftigen suchen. Vor manch armer Hütte steht so eben nur ein einfaches, kleines Geisterquartier, groß wie ein Vogelhäuschen, während sich amerikanische Mineralölkonzerne für ihre Tankstellen zum Teil Geisterappartements leisten, die mehrere Quadratmeter umfassen.

Eine große Rolle spielen Talismane. Sollen sie richtig wirken, das heißt Glück bringen, vor Geistern oder Unglück schützen, müssen sie von einem Mönch geweiht worden sein, dem man besondere Kräfte nachsagt. Amulette, edle Steine oder Gold eignen sich dafür, sehr beliebt sind auch kleine Buddha-Statuen. Tätowierungen sollen unverwundbar machen und Böses abwenden. Dazu wurde sogar eine unsichtbare Tinte aus Sesamöl entwickelt. Die Silbe ›Om‹ aus dem Brahmanismus und Hinduismus läßt sich so mancher Thai-Mann gerne auf den Kehlkopf sticheln. Geisterfallen entdeckt man gelegentlich noch in kleinen Dörfern. Ein Kreuz aus Bastgeflecht wird mit bunten Fäden bespannt und da aufgestellt, wo böse Geister vermutet werden. (Ähnliches findet sich auch in Nordamerika bei den ›Traumfängern‹ der Indianer.) Sollen schlecht geartete Geister von einer Person abgehalten werden, formt man aus einer Masse, die aus Gerstenmehl, Tee und Butter besteht, eine Nachbildung der betreffenden Person und stellt sie neben die Geisterfalle. Die Funktion ist ganz einfach: Der Geist lenkt seine Aufmerksamkeit auf die Figur – und verheddert sich in der Falle. Gut, nicht? Anschließend wird die Falle mit dem armen Geist verbrannt. Für diese Zeremonie wird ein Schamane als Vermittler zwischen der Welt der Geister und der Menschenwelt gerufen.

Hinter dem Hilton Hotel in einem Tempel stellen Frauen, die den dringlichen Wunsch verspüren, schwanger zu werden, buntbemalte Penisnachbildungen auf. Sie sind Opfergaben für die Fruchtbarkeitsgöttin Mae Tabtim.

In Europa kann man sich Pluspunkte anstreichen, wenn man Kleinkinder für ihr Aussehen lobt. Etwa: Ach, ist der/die niedlich, ganz die Mutter/Vater etc. Und wie es guckt! Solche gutgemeinten Worte würden in Thailand den Unmut der stolzen Eltern hervorrufen, weil man dadurch böse Geister anlockt, die sich des Kindes bemächtigen könnten. So rufen die Eltern und Verwandten oft laut aus:

»Ach nein, was für ein gräßlicher Grottenmolch!«, um nicht die Aufmerksamkeit der Geister auf den Nachwuchs zu ziehen.

Für uns ist es unmöglich, den Überblick über die vielen verschiedenen Geister, ihre Zuständigkeit, Anlockung oder Abwehr zu behalten. Aber dafür ist die Zeit unseres Aufenthaltes auch viel zu kurz.

Elena:
Szenenwechsel. Die Hammerschläge, Schmerzensschreie und Schüsse sind längst zwischen den Urwaldbäumen verklungen, aber der Fluß gurgelt und gluckst, wie er es damals wohl auch schon getan hat. Wir stehen vor der Brücke am Kwai. Während des Zweiten Weltkrieges benutzten japanische Truppen thailändisches Territorium, um nach Birma und Singapur zu gelangen. Thailand erklärte sich zwar für neutral, sympathisierte aber mit den Japanern bei deren Vorstoß. Die Versorgung der japanischen Soldaten mußte gesichert werden. Um das zu gewährleisten, begannen im Oktober 1942 60.000 Kriegsgefangene mit dem Bau einer Eisenbahnlinie. Sie verband den schon bestehenden thailändischen Schienenstrang mit dem in Burma. Was Ingenieure für zu schwierig und zu teuer eingestuft hatten, gelang: Eine

Eisenbahnlinie, die über den Kwae Yai, in den Dschungel und entlang der unwegsamen Berge an der thailändisch-birmanischen Grenze entlangführte. Allerdings zu einem nicht zu rechtfertigenden Preis! Nach der einjährigen Bauzeit waren 16.000 Zwangsarbeiter tot. Malaria, Typhus und Cholera setzten den Gefangenen zu, aber auch die unmenschliche Behandlung durch die Japaner.

Wir stehen in Kauchanaburi und blicken auf eine stählerne Bogenbrücke, die auf Betonpfeilern den Fluß überspannt. Andenkenverkäufer bieten den üblichen Schnickschnack an. Das Drama, welches sich hier vor 55 Jahren abspielte, wurde durch den Roman und den Film ›Die Brücke am Kwai‹ weltweit vermarktet.

Die echte Brücke bestand allerdings aus Bambus und lag 100 m flußaufwärts. Und der Film wurde nicht hier, sondern in Sri Lanka gedreht. Zeichnungen und Skulpturen im nahen Museum versuchen, dem interessierten Besucher die Geschehnisse jener Zeit nahezubringen. Die Grabsteine des unweit gelegenen Friedhofs nennen malayische, indonesische, birmanische und thailändische Namen von Kriegsgefangenen, die diesem Irrsinn ihr junges Leben opfern mußten. Die Bahnlinie erreichte nie die Bedeutung, die ihr zugedacht war und wurde nach dem Krieg teilweise demontiert. Heute wird ein Stück von 77 km Länge von einem Touristenzug befahren.

Der Bus bringt uns nach Bangkok zurück. Es macht Peter und mir großen Spaß, durch die Gassen zu schlendern. Tagsüber ist es oft sehr heiß, aber am Abend ist es auszuhalten – die Außentemperatur fällt von 40 auf etwa 30° C. Fahrbare Garküchen bieten die verlockendsten Speisen an. Natürlich gibt es keine Speisekarte. Wir lassen uns zeigen, was Mutter so gekocht hat und deuten darauf. Da gibt es Fischsuppe, Hühnersuppe oder gegrilltes Fleisch, Fisch, Muscheln oder Würstchen am Spieß, Satéstäbchen und süßen Reis, in frische Bananenblätter gewickelt. Wir probieren so ziemlich alles aus und lassen es uns schmecken.

»Dort drüben brennt es!« ruft Peter. Nicht, daß da jemand seine Bude abfackelt. Nein, es wird nur gekocht. Hohe Flammen züngeln für Sekunden unter einem Wok, dem unten runden Kochtopf, hervor. Viele vegetarische Gerichte, lecker gewürzt, werden zubereitet. Knackiger Brokkoli, Salate und uns unbekanntes Gemüse – alles wird geschnippelt, gerührt, mit raffinierten Soßen verfeinert und in Schalen serviert oder zum Mitnehmen in Plastiktütchen gefüllt. Man legt uns – weil Ausländer – Gabeln hin. Ein Lächeln umspielt unsere Mundwinkel, dann greifen wir in die Taschen und holen sie hervor, unsere Eßstäbchen. Wir haben uns eigene ›Chop Sticks‹ besorgt, weil das Geschirr und die Stäbchen oft nur in einer kalten Flüssigkeit geschwenkt werden, die vor langer Zeit einmal klares Wasser war. Den Umgang mit den Stäbchen haben wir bereits zu Hause geübt und kommen damit gut zurecht. Vielleicht essen wir nicht formvollendet, aber es geht.

Nachdem wir die extrem scharfe indische Straßenküche überlebt haben, kommt uns die hier praktizierte Gewürzanwendung schon gemäßigt vor. Die thailändische Küche ist überaus vielseitig. Grundsätzlich kann man sagen: Alles, was nicht schnell genug rennen konnte, kommt in den Topf. Eine der vielen, pikanten Soßen besteht zum Beispiel aus braunen Käfern, die des Nachts mit Licht angelockt werden. Man zerstampft sie, schmeckt sie mit Gewürzen ab und gibt sie zu den Speisen. Tja, warum eigentlich nicht?

Reis oder Nudeln werden fast zu jeder Speise gereicht. Wir wissen nicht immer, was wir essen, aber immer schmeckt es gut. Und trotzdem – bei einem Besuch des Goethe-Instituts können wir nach zwölf Monaten fern von deutschen Kochtöpfen nicht widerstehen. Sauerkraut, Schweinswürste und Kartoffelpürree sind im dortigen deutschen Restaurant im Angebot – und wir schlagen gnadenlos zu!

Das Leben auf dem ›Mae Nam Chao Phraya‹, dem Fluß, der Bangkok durchquert, ist äußerst lebhaft. Er wird stark von allerhand Wasserfahrzeugen befahren. Dschunken, die breiten, flachen Frachtboote, auf denen manchmal ganze Familien leben, schaukeln in der trüben Flut. Schlanke Motorboote, Lastschiffe und Passagierboote, die als eine Art Nahverkehrsbus eingesetzt sind, pflügen umher.

An Land flammen die Neonbeleuchtungen in den Straßen auf, Verkaufsstände mit meist chinesischer Ware öffnen ihre Bretterverschläge. Drehende Scheinwerfer gießen buntes Licht auf die Straßen, peitschende Disco-Musik dringt zu uns herüber. Wir beide schlendern durch das so berühmt-berüchtigte Vergnügungsviertel. In den Diskotheken machen sich leicht bekleidete Mädchen bereit ›fürs Geschäft‹. Meist sind es Töchter armer Bauern aus dem Norden, die an Agenten und Zuhälter regelrecht verkauft wurden. In der ›Soi Cowboy‹ oder der ›Patpong‹, den beiden Vergnügungsstraßen, müssen sie ihren Preis abarbeiten. Dabei ist das Vergnügen fragwürdig, denn sehr viele der Mädchen leiden an Geschlechtskrankheiten und Aids. Offiziell ist Prostitution in Thailand verboten, doch die Regierung hat die Einnahmen durch diese moderne Sklaverei fest in den Haushaltsplan miteinbezogen. Die meisten Familien auf dem Land haben mindestens ein Familienmitglied in die Stadt geschickt zum Geldverdienen.

Laut einem deutschen Zeitungsartikel klagt die Internationale Arbeiterorganisation die Regierungen von Indien, Birma und Thailand der Kinderversklavung an. 160.000 Prostituierte unter 16 Jahren würden der Meldung zufolge in Thailand dem Sextourismus dienen. Darüberhinaus werden ungezählte Kinder in Fabriken und Privathaushalten zur Zwangsarbeit herangezogen.

Wie gesagt war ich vor einigen Jahren schon einmal in Bangkok. Damals war es vor allen Dingen während der Hauptverkehrszeit quälend, durch die Straßen zu gehen. Millionen von Tuck-Tucks verpesteten auf den zum Teil 6spurigen Straßen die Luft. Strengere Umweltgesetze verringern die Abgasmenge. Die Verkehrspolizisten tragen heute einen weißen Mundschutz und viele Rollerfahrer binden sich ein Tuch um wie Billy the Kid im Western. In allen Gassen sorgten damals kaputte Kanaldeckel dafür, daß der Gestank des schwarzen Abwassers der großen Stadt Übelkeit erregte. Mir fällt auf, daß man sich in Bangkok offensichtlich mittlerweile viele Gedanken zum Umweltschutz gemacht hat und viele gute Ideen realisiert wurden. In der Zeitung lese ich, daß alle Gebäude, die mehr als 2.000 m^2 umfassen, eine eigene Kläranlage für das Abwasser haben müssen. Die Regierung hat Beamte ausgesandt, die die Anlagen stichprobenartig kontrollieren sollen.

Die Nichteinhaltung des Gesetzes zieht hohe Strafen nach sich. Immer noch gibt es viele offene Abwasserbecken neben den Ausfallstraßen der Stadt, aber jetzt sprudelt dort eine kleine Kläranlage und auf dem Wasser schaukeln herrliche Lotosblüten. Man findet nur selten noch einen kaputten Kanaldeckel, und auch die vielen Kakerlaken wurden dezimiert.

In den verspiegelten Außenwänden vieler Hochhäuser gibt es interessante Lichtspiele – für den Fotografen Peter Augenblicke, die es einzufangen gilt. Die Stadt wirkt insgesamt gepflegter und wohlhabender. Übrigens ist Betteln streng verboten. Wer Hilfe braucht, soll sich an eine der vielen sozialen Einrichtungen wenden. Wer trotzdem bettelt, wird verhaftet. Ein Zeitungsartikel berichtet von einer alten Frau, die auf der Straße beim Betteln erwischt wurde. Als sie von der Polizei zu ihrer Familie zurückgebracht wurde, stellte sich heraus, daß sie sehr wohlhabend war, aber anscheinend nicht genug kriegen konnte. Betteln war ein sehr ertragreiches Geschäft. Es gab Banden, die das Bettlertum wie ein Unternehmen führten. Männer, Kinder und Frauen mit Säuglingen – es mußten nicht immer die eigenen sein – wurden an die ertragreichen Plätze gefahren, die von Touristen frequentiert werden.

Bei meinem früheren Besuch fiel mir in der Nähe der Khaosan Road – oder Thanon Khao San (so steht es auch im Stadtplan), wie sie von den Einheimischen genannt wird, an einer Straßenecke eine kleine Garküche auf. Ein älterer Thai frittierte damals in einem schwarzen Topf, der über einem offenen Feuerchen in einem Dreifuß pendelte, – Kakerlaken und Heuschrecken.

Ja, ich habe es genau gesehen, es war nichts anderes!

»Mai pen la« – was soll's – diese Insekten haben viel Eiweiß, und schließlich ist alles nur Gewohnheitssache. Vielleicht ähnelten sie unseren Kartoffelchips im Geschmack, wer weiß. Ich habe diese Leckerei damals leider nicht probiert. Und zu Hause immer wieder überlegt, was mich davon abgehalten hat. Als ich es heute nachholen will – und natürlich auch ein bißchen Peter erschrecken –, ist der Mann mit der Feinschmeckerkost nicht mehr da.

Aber es gibt ja so vieles anderes hier zu probieren. Das Reizvolle an diesem Stadtteil ist für uns seine Internationalität. Außerdem kann man wieder einmal im Gespräch mit anderen Reisenden wertvolle Tips erhalten. Wir gehen zu einem fahrbaren, kleinen Verkaufsladen und kaufen eine Plastiktüte voll frischer Ananasstückchen, die mit einem Holzspieß gegessen werden und für ein paar Pfennige eine tolle Erfrischung bieten. Viele fremdartige Süßigkeiten gilt es auszuprobieren, die kunterbunt eingefärbt alle paar Meter zum Naschen einladen. Wieso sind die Thais da immer noch so schlank?

Ein Stand reiht sich eng an den anderen. Es gibt Seidenpyjamas mit asiatischen Mustern, Schals, Tücher, Spielzeug, Trockenblumen und exotische Heilmittel aller Art. Die Stände sind auf den engen Gehsteigen aufgebaut, die Kunden schieben sich dicht an dicht daran vorbei. So manches Mal wäre ich gerne stehengeblieben und hätte mir die Auslagen genauer angesehen, aber ich werde von der Menge unbarmherzig weitergeschoben. Peter hat sich wohlweislich auf die Straße verdrückt, er guckt sich nicht mit solcher Lust die Auslagen der Stände an wie ich.

Wir schlendern durch die kleine Gasse hinter ›Buddy's Beer Bar‹.

»Willst du eine Freundin haben?« tönt es an unsere Ohrmuscheln.

Aus einer kleinen, privaten Wäscherei lächelt eine alte Frau Peter freundlich an. Als er nicht reagiert, wird mir dafür ein netter Freund angeboten. Die etwas jüngere Frau neben ihr stellt Peter dann eine phantastische Massage in Aussicht... Ohne Freunde und ohne Massage gehen wir die Khaosan Road entlang in Richtung Fluß, biegen an der Thanon Chakrabongse, der großen Geschäftsstraße, rechts ab. Vom Tempel Chai Chanasongkhram glänzen die aufgeklebten Blattgoldstücke der Buddhastatue im Nachmittagslicht. In der Thanon Ram Buttri und der Thanon Tani herrscht geschäftiges Treiben. Im Familienbund werden Essensstände aufgebaut.

Ein Stück weiter unten in der Straße, an der Ecke Thanon Phra Sumen, gibt es ein großes Kaufhaus, in dem man fast alles finden kann, was das Herz begehrt. Allerdings sind die meist sehr jungen Verkäuferinnen oftmals intensiv mit ihrer Maniküre beschäftigt, oder sie hocken kichernd auf dem Boden hinter dem Tresen.

»Wo gibt es bitte Schuhe?« versuche ich, sie hervorzulocken, aber sie kennen sich im Sortiment selbst nicht aus und reagieren meist unwillig und träge. Manchmal sind sie regelrecht verärgert, wenn man sie stört. Kein Wunder. Es würde mir auch so gehen, wenn ich gerade am Romanlesen wäre. Die uninteressierte Art der gestylten Verkäuferinnen schmälert das Einkaufvergnügen etwas.

Mit einem gläsernen Aufzug fahren wir ins oberste Stockwerk und suchen uns an den vielen Ständen, die internationale Spezialitäten anbieten, das Essen aus. Thailändische, vietnamesische, chinesische, amerikanische, schweizerische und noch viele andere Nationalgerichte gibt es hier. Wir setzen uns an einen der Tische am Fenster und lassen während des Essens unseren Blick über die Stadt schweifen. Das ist schon eine angenehme Sache, zumal die Klimaanlage ein übriges tut, damit es dem

Besucher gut geht. Nur eines stört uns und zwar, daß viele Verkäuferinnen in jedem unbeschäftigten Augenblick mit Begeisterung ihre Pickel im Gesicht vor einem kleinen Spiegel ausdrücken – auch am Imbißstand, direkt neben den offenen Schüsseln...

Bemerkenswert finden wir, daß viele der Gäste nur an ihrem Essen und den Getränken nippen und es dann stehenlassen, als wäre es ungenießbar. Scheinbar zeigt man damit, daß man reich ist und verwöhnt.

Peter pusselt im Hotel an unseren Sachen herum oder repariert Kleinigkeiten, während ich lese beziehungsweise Briefe schreibe. Der Ventilator an der Decke arbeitet sich durch die schwere, heiße Luft, von draußen schwebt ein einlullender, träger Geräuschnebel durch das Moskitogitter in unser Hotelzimmer. Plötzlich ruft Peter:

»Hei, unsere Impfungen sind abgelaufen, Hepatitis und Typhus sind fällig!«

Also müssen wir uns impfen lassen. Aber wo? Wir müssen sowieso zur Einwanderungsbehörde, um unser Visum zu verlängern. Da können wir uns gleich erkundigen. Per Fuß, per Tuck-Tuck und dann per Boot gelangen wir in den Stadtteil, in dem die Paß- und Visumbehörde liegt. Die Formalität geht schnell und unkompliziert vonstatten, aber 25 DM pro Mensch nehmen die Thais schon für die Amtshandlung. Von einem Impfarzt wissen die Bürokraten nichts.

Ich telefoniere mit der Deutschen Botschaft und erfahre von dort die Adresse und Rufnummer der Vertrauensärztin. Die Frau spricht fließend Deutsch, sie hat in Marburg studiert. Wir verabreden uns für 18 Uhr mit ihr. Das Krankenhaus, in dem sie arbeitet, sieht eher wie ein supermodernes Hotel aus. Die Ärztin berät uns gut und ausführlich über die Impfungen und über eine Malariaprophylaxe. Gegen Hepatitis bekommen wir je eine Spritze, gegen Typhus geben die Schwestern uns je drei Kapseln Typhoral mit, von denen wir gleich eine nehmen. Das Problem

Ob wir dem thailändischen Briefkasten wohl unsere Nachrichten für daheim anvertrauen können?

ist, daß die restlichen Portionen für die nächsten Tage gekühlt werden müssen. Mach das mal, wenn das Quecksilber ständig bei 35° C steht! Zuerst sollten wir mit einer Styroporkiste und 50 l zerstoßenem Eis nach Hause gehen. Peter protestiert. Er will nicht mit einer Box vom Modell ›Schrankkoffer Übersee‹ in ein Tuck-Tuck einsteigen. Es findet sich dann doch noch eine 1-Liter-Dose, und so pilgern wir zurück zum Hotelkühlschrank.

In der Khaosan Road läuft abends ein großes, zahmes Hausschwein herum. Es gehört zu einem Tätowierstudio, dient als Werbeträger und ist von seinem Chef am ganzen Körper kunstvoll tätowiert worden. Immer wieder schmeißt es sich mit Begeisterung auf einen Sandhaufen, den Bauarbeiter für den nächsten Tag hergerichtet haben. Dann galoppiert es gut gelaunt durch die umstehenden Touristen, bis es schließlich auf Zuruf brav seinem Herrchen nach Hause folgt.

Peter:
Der Himmel hängt tief, als wir frühmorgens mit unseren bepackten Rädern Bangkok verlassen. Erholsam war es und interessant. Zahlreiche Tempel haben wir besucht, große und kleine Buddhastatuen gesehen und im Zoo die großen Karpfen gefüttert. Das bringt Glück – zumindest für die Karpfen. So bequem der Aufenthalt in Städten auch sein kann, zieht es uns doch nach einigen Tagen wieder auf die Straße zurück. Die Metropolen dieser Welt sind für uns nur Zwischenstationen. Das eigentliche Reisen findet aber auf den Landstraßen und Pisten statt. Wenn die Fahrradreifen schnurren und die Zahnräder kräftig in die Ketten greifen, dann fühlen wir uns frei wie Vagabunden.

Ein Hotelzimmer ist zwar bequem und sicher, aber was ist das gegen einen mühsam gesuchten und endlich gefundenen Zeltplatz und die Freude darüber!

Im Moment kämpfen wir uns aber noch zur Stadt hinaus und durch den morgendlichen Berufsverkehr. Es ist Montag, wir sind zwischen den Stoßstangen und qualmenden Auspuffrohren eingeklemmt. Tausende von Mopeds quetschen sich zwischen Unmengen von PKWs und Bussen. Verwundert und amüsiert lächelnd beäugen uns die Leute. Der schwarze Himmel kann sein Wasser nicht mehr halten und gießt ab. Handtellergroße Tropfen klatschen aus den Wolken, von Blitzen und Donner begleitet. Unter dem Dach einer geschlossenen Imbißbude finden wir ein trockenes Plätzchen. Elena legt die Arme auf den Tisch und nutzt die Zeit für ein Nickerchen, während ich zusehe, wie die Bäche dahinrinnen. Es ist schön, keinen Termindruck zu haben. Sollte der Regen anhalten, bleiben wir einfach in der Stadt. Hört er auf, fahren wir weiter. Wie es kommt, ist es recht.

Sprüh – spritz – die vorbeifahrenden Autos sauen uns total ein. Der Regen hat aufgehört und Pfützen, so groß wie der Titisee, hinterlassen. Mit einem fröhlichen ›Pling‹ verabschiedet sich wieder einmal eine Speiche von meinem Hinterrad. Natürlich auf der Zahnradseite, wo die Reparatur umständlicher ist. Das

Hinterrad nimmt die Form einer leichten 8 an – egal, wir fahren weiter. Vielleicht steckt irgendein Geist dahinter – wir werden es wohl nie erfahren. Jedenfalls kracht nur wenige Meter weiter an Elenas Rad eine Schraube ab. Der mit dem Schlafsack beladene, vordere Gepäckträger neigt sich nach vorne und gleichzeitig fällt der Sattel ab, auf dem meine Gefährtin sitzt. Zur selben Zeit platscht sie gerade durch eine große Pfütze und kann nicht wissen, daß sich darunter ein ordentliches Loch befindet.

Einen gefährlichen Sturz kann Elena knapp vermeiden, nur Zentimeter von vorbeiwalzenden LKW-Reifen entfernt. Bevor ich das Werkzeug auspacke, setzen wir uns erst einmal auf die Leitplanke und verarbeiten den Schreck. Junge, Junge, das wäre beinahe schiefgegangen!

Am Nachmittag ist die Straße kilometerlang von Salzsalinen gesäumt. Weißes Gold, soweit das Auge reicht, die Sonne dröhnt gnadenlos auf Elena und mich herab. Unsere eigene Salzausscheidung dringt in die Augen, bahnt sich Wege an den Brillengläsern entlang. Die salzgetränkten T-Shirts können wir heute abend zusammenklappen...

Als sich die Sonne verabschiedet, steht unser Zelt unter verwilderten Bananenstauden unweit der Straße. Ein Rudel Hunde macht Krawall und kommt immer näher. Einige ungezielte Steinwürfe schaffen Distanz und Ruhe. Der Mond hat schon seinen Platz eingenommen, als wir vor einem munter flackernden Feuerchen hocken, das die lästigen Moskitos verärgert. Es gibt Toastbrot am Stock, dick mit Knoblauch eingerieben und leicht gesalzen, dazu Käse, warmes Wasser und als Dreingabe zwei Paludrine-Malariatabletten und Kekse.

In der Ferne heulen Hunde heiser den Mond an. Sein gedämpftes Licht wirft bizarre Schatten auf unser Zelt, hier und da raschelt es unter den Bananenstauden. Der Säuselwind trägt fremde Rufe von unsichtbaren Nachtvögeln über das Blätterdach. Das sind Nächte, wie wir sie mögen. Das Wesen von Yin und Yang macht sich bemerkbar, als wir uns ins Zelt legen. Kein Plus ohne Minus. Die ›Fußbodenheizung‹ arbeitet auf vollen Touren. Der tagsüber erhitzte Boden gibt die gespeicherte Wärme ab – und wir liegen wieder einmal im eigenen Saft.

»Ich nehme Spiegelei, Würstchen und Reis. Und du?«

Elena nimmt Suppe und zwei Päckchen aus grünen Blättern, die mit einem Hölzchen zusammengesteckt sind. Darin ist eine Portion gesüßter Reis. Die Nacht war o.k., seit 4.30 Uhr sind wir auf den Beinen und stehen jetzt vor dem Tresen einer Raststätte.

In Thailand frühstückt man gerne kräftig, uns soll's recht sein. Man könnte sich hier glatt für den ganzen Tag festsetzen, aber wir wollen die kühlen Morgenstunden nutzen, um Strecke zu machen. Nach ausgiebigen Waschungen – an den Raststätten gibt es blitzsaubere, kostenlose Duschen für jedermann und jede Frau – rollen wir vom Platz. Der Randstreifen ist oft breit genug, um nebeneinander fahren zu können, und so strampeln wir wortreich und singend durch Thailand. Wir sind ja beide recht muntere Plaudertaschen und haben, obwohl 24 Stunden am Tag zusammen, uns immer irgendetwas zu erzählen. Aber auch Schweigen können wir zusammen, haben wir festgestellt. Und auch das ist wichtig.

Ein kräftiger Wind stemmt sich uns entgegen, so daß wir tüchtig zu tun haben. Gegen Mittag erreichen wir das Meer bei Hat Chao Samran, kundschaften Zeltmöglichkeiten aus und bald sind wir für heute ›zu Hause‹. Das Meer ist an dieser Stelle ziemlich flach. Um nennenswert naß zu werden, muß man schon gute 80 m hineinlaufen.

Elena:

»Guten Morgen, mein Prinz!« rufe ich im Golf von Thailand stehend in Richtung Zelt. Die Morgensonne steht noch flach am Horizont. Ein Brummen und Knurren dringt durch das Fliegennetz. Hört sich so ein Prinz an? Nie und nimmer! Aber Prinzen machen im allgemeinen auch keine Fahrrad-Weltreisen und so freue ich mich, als Peter plötzlich doch mit einem Tarzansprung zu mir in die Riesenbadewanne springt.

Mangels Raststätte schmieren wir heute Marmeladenbrote, die wir mit einem alten Mann teilen. Er interessiert sich sehr für uns und die Räder. Mit drei Zähnen im Mund formt er ein freundliches Lächeln, während er auf dem Brot herumkatscht. In Pakistan und Indien haben die Leute uns meistens nur angestarrt und sich mit einem »Wie heißt du?« begnügt. Die Thailänder wollen mehr wissen, und bereitwillig geben wir Auskunft. So entwickeln sich über den Tag mehrere kleine Gespräche, die stets mit einem Lächeln beendet werden. Das Lachen ist anstekkend und sitzt den Menschen locker im Gesicht. Immer sind sie bereit, eine weiße Zahnreihe zu zeigen.

Zu neuen Taten wild entschlossen, stehen wir auf der Straße – der Wind auch! In der Nacht, wenn man etwas Abkühlung gebrauchen könnte, schweigt er, um uns tagsüber wieder von vorne anblasen zu können. Für Radfahrer kommt der Wind meist von vorn, scheint mir.

Die vielen Suppentöpfe am Straßenrand schaffen einen angenehmen Kontrast zu der Schinderei. In einem großen Kessel befindet sich eine würzige Brühe, so als Grundsubstanz. Die gewünschten Einlagen stehen in einzelnen Schalen in einem Glaskasten, man muß nur noch darauf deuten. Da gibt es Nudeln, irgendwelche Fleischbällchen, Fisch, Salat, oder Sojakeimlinge. Man lacht, die Frau hinterm Topf lacht zurück, und dann gibt sie etwas in die Eßschale. Nein, nicht immer das, auf das man gezeigt hat, aber es schmeckt immer sehr gut und ist billig. Für eine leckere Schale bezahlen wir 15 Baht, was 1 DM entspricht. Daß wir Mahlzeiten mit Stäbchen essen, bringt uns anerkennendes Kopfnicken der Umgebung ein – selbstverständlich immer von einem Lächeln begleitet.

So pedalieren wir durch das Land ›der Freien‹, wie Thailand übersetzt heißt. Unter Bäumen stehen Ananasverkäufer. Für umgerechnet 0,70 DM bekommt man eine frische Ananas in Stücke geschnitten. Nie aßen wir aromatischere Ananas als hier, die Plantagen stehen gleich hinter dem Verkaufsstand.

Zwangspause. Peter hat einen Platten im Hinterrad, dabei wechselt er auch gleich die gerissene Speiche von neulich aus.

Die Umrisse von Thailand erinnern an einen Elefantenkopf. Wir befinden uns an der Stelle des Rüssels, wo die Grenze zu Burma nur vielleicht 10 km entfernt ist. Die thailändische Presse berichtet in diesen Tagen von immer wiederkehrenden Grenzverletzungen durch die Burmesen. Nach 96 km Strecke lassen wir es für heute genug sein.

Der Mischwald aus hohem Bambus und Kokosnußpalmen bietet einen Schlafplatz. Die harten Bambusstämme knallen im zur Ruhe kommenden Wind gegeneinander. Es raschelt aus dem Unterholz gedämpft – dann ist es wieder still. Nur die harten Blätter des Bambus reiben sich aneinander.

»Da ist etwas!« flüstert mir Peter zu.

Es ist fast Nacht, die Dunkelheit bricht hierzulande rasch herein. Das Geräusch kommt von links. Der Lichtkegel der Taschenlampe läßt 3 m vom Zelt entfernt eine grasgrüne Schlange erkennen. Dem breiten Kopf nach zu urteilen, ist hier eine grüne Viper unterwegs. Sie hebt leicht den Kopf und züngelt, dann setzt sie ihren Weg fort und verschwindet.

Obwohl es rund 100 Schlangenarten in Thailand gibt – nur 16 davon sind giftig –, sehen wir eher selten eine. Die Schlangen und wir versuchen, uns nicht in die Quere zu kommen, und so können wir miteinander leben. In Bangkok gibt es eine kleine Schlangenfarm zur Produktion von Antidots, Gegengiften.

Immer wieder kommen wir an herrlich bemalten Tempeln vorbei. Mehrere Dächer sind übereinandergelegt, die nach oben hin kürzer werden. Farbig glasierte Ziegel bilden rote und grüne Muster. Haushohe, zähnefletschende Tiger oder blaue Tempelwächter aus

Stein bewachen die Eingänge. Der Wind läutet tausend blinkende Messingglöckchen, die unter den Dächern hängen. Und immer wieder Spiegelchen und Gold. Buddhas sind teilweise mit Blattgold beklebt, Blumen werden davorgelegt. Manche der Figuren sind mit Tüchern in Gelb und Orange umschlungen. Es sind die heiligen Farben des Buddhismus. Manchmal sitzt ein Mönch im Klostergarten unter einem Baum und meditiert.

Wir durchfahren ein friedliches Dorf. Hühner picken im Sand, ein Hund gähnt träge in den Nachmittag. Doch da, am Dorfende hinter einer bewachsenen Mauer – was ist das? Elektrogitarren heulen, ein trockener Baß brummt dazu und ein Schlagzeug mit einem ordentlichen Bums läßt die Magengrube vibrieren.

»Hei, stop! Da spielen die Rolling Stones!« ruft Peter außer Rand und Band.

»Ich seh nichts, ich seh nichts!«

Und damit lehnt er sein Rad an die Mauer, steigt auf den Sattel, und auf Zehenspitzen stehend kann er über den Rand der Mauer sehen.

»Das gibt's doch nicht!« kommt es verzückt von da oben herunter.

»Du, das ist ein Klosterhof, und da stehen Boxen drin, so groß wie Kleiderschränke. Dazwischen laufen orangegekleidete Mönche herum!«

Peter ist restlos begeistert.

Die thailändische Musik habe ich schon immer gerne gemocht. Zur klassischen Thai-Musik kommt seit einiger Zeit noch guter Thai-Rock hinzu, der sich durchaus nicht vor der europäischen oder amerikanischen Rock- und Popszene verstecken muß.

Peter:

Die traditionelle thailändische Musik wird von einem Blasinstrument geprägt, das im Klang an eine Oboe erinnert. Die Tonfolgen lehnen sich an chinesische Melodien an und sind für europäische Ohren manchmal gewöhnungsbedürftig. Dazu kommen oft noch sehr hohe, dünne Frauenstimmen. Musik für Kenner und Liebhaber. Wir wollen eine Probe davon nach Hause schicken und versuchen, eine Cassette zu erhalten. Dies stellt sich als schwierig heraus, weil fast überall Popmusik angeboten wird. Schade, daß die alte, gewachsene Kultur so verdünnt wird. Ähnlich verhält es sich mit Teestuben, die mehr und mehr verschwinden, weil sich amerikanische Softdrinks ausbreiten. Zumindest die von Familien betriebenen Suppenküchen haben sich weitgehend, besonders auf dem Land und in Kleinstädten, erhalten. Hamburger-Ketten sehen wir dort – noch – keine.

In den Dörfern gehören Mönche zum gewohnten Bild. Morgens sehen wir sie oft in ihren roten, gelben, braunen und safranfarbenen Roben zu den Häusern gehen, mit einer Eßschale in der Hand. Es handelt sich um den Stand der Bikkhu, der sogenannten Bettelmönche. Mit Betteln hat ihr Almosengang jedoch nichts zu tun. Ganz im Gegenteil. Der Spender bekommt durch seine Gabe die Gelegenheit, sein Karma, das heißt die Summe der guten und schlechten Taten in seinem Leben, zu verbessern. Es liegt daher am Geber, sich bei dem Mönch zu bedanken. Und nicht umgekehrt.

120.000 Klöster soll es in Thailand geben und bis zu 500.000 Mönche. Früher wie heute schicken vor allem die ländlichen Familien mindestens einen ihrer Söhne zu den Glaubensbrüdern – für Wochen, Monate oder für ein ganzes Leben lang. Noch bis vor 100 Jahren hatten die Klöster Krankenhaus, Altenheim, Schule und Tempel unter ihren Dächern vereint. In manchen Dörfern findet man bis heute diese Mehrfachfunktion der Klöster vor.

Vordergründig scheint uns das Leben der Mönche, mit anderen Religionsgemeinschaften verglichen, recht locker zu sein. Nicht nur wegen des ›Rockkonzerts‹. Nach den Bestimmungen dürfen sie bis auf ihre Kleidung, einen Sonnenschirm, ein Messer, ihre Sandalen, ihre Almosenschale und ein Sieb nichts besitzen. Mit dem Sieb soll verhindert werden, daß beim Wassertrinken versehentlich ein Insekt verschluckt wird, was gegen das Gesetz des absoluten Tötungsverbots verstöße. Öfters treffen wir Mönche in geselliger Runde im Schatten. Mädchen sind dabei, Zigaretten kreisen, und Thai-Rock klingt aus dem Transistor. Unser Bild vom Buddhismus kommt dabei nie ins Wanken, macht das ungezwungene Verhalten der Mönche sie doch nicht zu starren Mahnbildern, sondern zu Menschen. In der Bevölkerung sind sie hoch angesehen. Wir treffen sie immer freundlich, höflich und hilfsbereit an. Also – let's rock!

Die Sonne hat uns wassergefüllte Hitzebläschen auf die Oberarme gezaubert, meine Unterlippe ist schmerzhaft aufgeplatzt, trotz Sonnenschutzcremefaktor 30. Viele plattgefahrene Schlangen liegen auf der Straße. Grüne, rote, schwarze, kurze und lange. Elena hat seit Tagen Muskelkater in den Armen. Der Wind fordert uns viel Kraft ab. Dazu kommt noch, daß der schöne Randstreifen aufgehört hat zu existieren und wir neben der Straße auf einem holprigen Erdweg fahren müssen. Stellenweise ist auch das nicht möglich. Schotter und weicher Sand machen erforderlich, daß wir uns gegen die Lenker stemmen und die Drahtesel schieben müssen. Versuche, unsere Fahrt auf der Straße fortzusetzen, werden von aggressiven LKW- und Busfahrern vereitelt, die uns mit Absicht fast streifen. Aus einem Bus kommt im Vorbeifahren die Hand des Schaffners aus der offenen Tür und klatscht mir auf den Kopf.

»Weg von der Straße!« hören wir ihn schreien, dann braust der Bus davon.

Die feuchte Hitze trocknet den Schweiß nicht, die Moskitostiche der letzten Nächte jucken. Obwohl Elena mir davon abrät, kratze ich daran.

Trotz aller Mühen hält die Vorsehung doch auch immer wieder traumhafte Zeltplätze für uns bereit. Palmwedel umranken das Zelt. Elena füttert Einsiedlerkrebse mit Kokosnüssen, die hier überall herumliegen, und vor der Tür tobt die Brandung des Meeres um die Felsen. Was will man mehr? Ein Paradies für uns allein!

Das Öffnen der Kokosnüsse ist eine schweißtreibende Angelegenheit. Um erstmal an die holzartige Schale zu gelangen, muß ich eine zentimeterdicke, faserige Haut entfernen. Mit Campingaxt und Machete mache ich mich ans Werk. Nach etwas Übung habe ich dann den Trick bald heraus. Tagelang knabbern wir das frische, weiße Fruchtfleisch.

Wir wollen runter nach Phuket. Die Strecke wird immer schöner, aber auch sehr bergig.

»Eigentlich wollte ich ja um die Welt *fahren* und nicht dauernd schieben!«, haucht meine Partnerin ermattet bei einem Stop.

»Ach, Murzel!« sage ich und nehme sie in den Arm.

»Guck mal, du bist da, ich bin da – und außerdem könnte es noch regnen!« versuche ich sie aufzumuntern. Sie spendiert ein Lächeln, aber die vielen Hügel vor uns vernichten meinen Tröstungsversuch und trüben ihren Blick erneut. Manche der Felsen sehen wie Backenzähne von Riesen aus. Farne hängen wie Vorhänge daran, schiefe Palmen krallen sich zwischen die Spalten. In der Ferne arbeiten Reisbauern. Mit krummen Rücken stehen sie im Wasser, unter ihren großkrempigen Hüten schauen sie kurz auf. Manchmal grüßen sie zu uns herüber und sehen uns nach. Über ihren Köpfen meine ich, Fragezeichen erkannt zu haben…

Elena:
»Pause!«

Ich lasse mein Rad gegen einen dicken Baum fallen. Der Dorfladen gleich daneben erscheint mir wie eine Oase in der Wüste Gobi. Oder ist das hier das Wohnzimmer mit Verkaufstheke? Es gibt Regale mit Waschpulver, Trockenfisch und Mengen von Zahnpasta, aber mitten darin ist eine Frau beim Wäschebügeln. Daneben stehen Wohnzimmermöbel, in den Sesselfalten liegt der Hausherr und sieht fern. Es handelt sich hier um einen ›Wohnungsladen‹, oder um eine ›Ladenwohnung‹. Egal. Das Aquarium mit glupschäugigen Goldfischen steht auf der Kühlbox, in der Kühlbox liegen Eis am Stil und kalte Limonade. Und beides muß ich jetzt haben! Entgegen aller Vernunft: soviel Luxus muß sein.

Das sonstige Warenangebot ist kümmerlich: Dosenfisch, Kekse und Toastbrot kaufen wir ein. Und wie wir so eisleckend im Schatten sitzen, ergibt sich ein Gespräch mit einem jungen Mann. Er studiert Ingenieurwesen in Bangkok und ist zur Zeit bei seinen Eltern zu Besuch.

»Thailand ist im Aufbau!«, erzählt er nicht ohne Stolz auf unsere Frage nach der Wirtschaft.

»Uns fällt auf«, sage ich, »daß die Dorfläden bis spät in die Nacht geöffnet haben.«

»Ja. Schließlich wohnt man da auch, und die Tür steht sowieso offen. Viele Leute flüchten aber in die Städte, weil sie sich dort bessere Verdienstmöglichkeiten erhoffen. Die Landwirtschaft bringt nicht genügend ein, um große Familien zu ernähren. Obwohl Thailand der Reisexporteur Nr. 1 in der Welt ist, lohnt sich der Anbau nur im großen Stil. Die Leute hier auf dem Land müssen einfach mehr arbeiten.

Vor einigen Jahren begann man, Kautschukbäume anzupflanzen, aber Naturgummi wird immer mehr von den vielfältigen Kunststoffen vom Markt gedrängt. Unsere Wirtschaft konzentriert sich daher mehr und mehr auf die Erzeugung von elektronischen und technischen Geräten. Meine Eltern haben diesen Laden hier. Das ist ihr Leben! Ich bin hier aufgewachsen; meine Eltern waren immer zu Hause, weil sie gewissermaßen im Laden wohnen. In den Städten ist das anders.«

»Wie ist denn das Verhältnis zwischen Männern und Frauen?« frage ich.

»Wir trafen schon einige Männer, die behaupteten, über ihren Frauen zu stehen.«

»Das ist auch so!« meint mein Gesprächspartner selbstbewußt.

»Männer haben in Thailand, aber auch in anderen asiatischen Ländern, mehr Freiheiten als in Europa. Ich muß nicht meine zukünftige Frau fragen, ob ich weggehen darf oder mich mit Freunden treffen. Sie muß mich aber schon fragen!«

»Viele Männer haben eine Freundin nebenher, oder nicht?«

»Natürlich«, sagt der Mann erstaunt. »Das ist normal. Die sogenannte ›kleine Frau‹ ist sogar vom Staat her erlaubt. Das ist doch schön!« lacht er und freut sich über mein Gesicht.

»Bei euch in Deutschland ist das nicht so?«

»Ja, doch, leider viel zu oft, wenn auch nicht unbedingt staatlich sanktioniert«, muß ich einräumen.

Ein Mann neben einem Kleintransporter will uns eine Freude machen, indem er uns eine melonengroße, dunkelgrüne Frucht schenkt. Wir fürchten sie, denn sie stinkt zum Himmel! Es handelt sich um ›Durian‹, die stachelige Frucht des Zibus-Baumes. Die Thais werden ganz verzückt bei ihrem Anblick und nennen sie die ›Königin der Früchte‹. Ihr hellgelbes Fruchtfleisch schmeckt zwar gut, aber der Gestank, der von der Leckerei ausgeht, überdeckt alles und bleibt lange in der Nase.

Wir bedanken uns recht schön dafür und schenken die Stinkbombe später einer Frau an einer Bushaltestelle. Sie freut sich, und wir freuen uns, und alles ist wunderbar.

In einem Fischerdorf, das nur aus etwa 15 Hütten besteht, sortieren die Frauen körbeweise winzige Fischchen. Die großen, schwimmenden Fischfabriken räumen die Meere leer. Für die Familienbetriebe bleibt dann nur noch die junge Fischbrut, und es ist absehbar, wann es überhaupt nichts mehr zu fischen gibt. Schon jetzt fahren die Fangflotten bis in die Hoheitsgewässer von Vietnam und Birma hinein.

Am Nachmittag braut sich ein Gewitter zusammen. Die schwarzen Wolken brodeln und scheinen zum Greifen nah.

»Wenn das runterkommt, können wir was erleben!«, meint Peter mit einem besorgten Blick nach oben.

An einem Kanal entlang stehen einzelne Hotelbungalows aus Holz, die man mieten kann. Peter sieht sie sich an, aber sie sollen 30 DM kosten.

Peter:
Zischsch – peng!! Mit großem Knall schlägt ein Blitz in den Strommast, vor dem Elena auf mich wartet. Wir müssen schleunigst hier weg! Die Bungalows sind uns zu teuer, aber im Vorbeifahren entdeckte ich vorhin ein Wat mit einem Kloster.

»Komm, wir fragen einfach mal, ob die Mönche ein Eckchen für uns freihaben!« schlage ich vor.

Der böige Wind beutelt uns herum, Dreck treibt uns in die Augen und vereinzelte Regentropfen fallen schon aus den Wolken.

Im etwas verwilderten Klosterhof stehen auf Pfählen ein paar Wohnhütten, gegenüber ist ein Tempel. Außer ein paar Hühnern scheint niemand zu Hause zu sein. Im Hintergrund des weiträumigen Geländes ist ein Friedhof angelegt, daneben die Verbrennungsstätte. Große, alte Bäume stehen dabei, aus denen der Sturm Zweige abreißt und sie über das Gelände fegt. Aber es bleibt trocken. Wir sehen nochmals bei den Hütten nach, ob da nicht doch jemand ist. Ja, doch! Durch die angelehnte Tür sehe ich Licht. Ich klopfe an. Auf dem Boden sitzt ein alter Mönch und pusselt mit einem CD-Spieler herum. In der Ecke flimmert ein Farbfernseher. Na, so spartanisch, wie wir das schon gesehen haben, ist das Mönchsleben wohl doch nicht immer. Auf meine Frage nach einem Schlafplatz scheint er mich nicht zu verstehen, aber er kommt heraus und als er unsere Packesel sieht, kombiniert er haarscharf und erkennt die Lage. Im selben Moment fährt ein Pick-up in den Hof, von dessen Ladefläche mehrere orangegekleidete Mönche herabsteigen. Sie schlingen ein Seil um einen voluminösen Betonblumenkübel und wollen ihn beiseite ziehen. Mit gemeinsamem »Hohuah!« schaffen wir es; und nun klärt sich auch unsere Übernachtungsfrage.

Der alte Mönch schlendert auf seinen Sandalen lässig voraus, wir schieben unsere Räder hinterher. Unter dem Dach des Zeremonienplatzes, wo sonst die Leichen aufgebahrt werden, dürfen wir unser Lager aufschlagen. Belustigt schaut er zu, wie Elena und ich die Räder entladen. Daß wir per pedes bis nach Thailand gekommen sind, findet der Mönch einfach unglaublich und wohl auch ein wenig verrückt, seinem Kopfschütteln nach zu urteilen. Richtig lachen muß er aber, als wir unser Zelt entfalten.

»Nein, diese komischen Ausländer!« mag er sich wohl denken.

Wir finden den Zeltplatz auch nicht alltäglich. Um uns herum stehen lauter buntbemalte Gräber. An manchen sind aus Gips die Gesichter der Verstorbenen nachgeformt und befestigt worden. Genau uns gegenüber hockt eine kleine Steinfigur auf einem Grab. Um den Hals trägt sie eine hellblau bemalte Kette, den großen Kopf zieren rot bemalte, sehr abstehende Ohren. Neben dem Grab liegt der Verbrennungsofen mit Aschenresten.

Das große Dach über uns ist der reinste Luxus, denn das Unwetter hat sich verflüchtigt. Der heilige Mann geht durch das Gestrüpp zurück und läßt uns allein. Die letzten, rötlichen Sonnenstrahlen des Tages zwängen sich durch die Wolken und beleuchten die Grabsteine. Bald ist es dunkel – die Zikaden beginnen ihr Konzert. Wir hocken im Zelt und unterhalten uns leise.

»Pssst, da kommt jemand«, flüstert Elena.

Schritte schlurfen über Sand, ein schwankendes Licht funzelt zwischen den Ästen, die Zikaden schweigen. Taschenlampe an – ein jüngerer Mönch kommt auf uns zu. Lächelnd stellt er zwei Tüten Milch auf den Boden.

Dann knipst er das Deckenlicht an und öffnet das Schloß für den Wasserhahn, der neben einem Balken aus der Erde kommt. Das ist ja eine Überraschung! Die Wasserversorgung wäre also auch geklärt. Er begibt sich in die Hocke und raucht eine Zigarette, die er sich von mir geben läßt. Zwischen den umwachsenen Grabsteinen hindurch verschwindet der Mann, als entfernt die Gebetstrommel geschlagen wird. Elena und ich verarbeiten noch eine Weile im Gespräch die heutigen Erlebnisse.

Um das Jahr 560 v. Chr. wurde ein Mann namens Siddharta Gautama im Norden Indiens, nahe der Grenze zu Tibet, geboren. Zunächst wächst Gautama wohlbehütet als Sohn eines Fürsten im Palast auf, umgeben von jeglichem Luxus. Mit 16 Jahren wird er verheiratet und gilt als des Vaters Nachfolger. Mehrere einschneidende Erlebnisse lassen Siddharta Gautama sehr nachdenklich werden. Bei seinen gelegentlichen Ausfahrten trifft er mit Alten, Kranken und mit einem Toten zusammen. Unbequemlichkeiten, von denen er bisher abgeschirmt war. Das Gesehene läßt ihn nicht mehr los, und er beschließt, sein Leben grundlegend zu ändern. Der Fürstensohn ist um die 30 Jahre alt, als er seine Familie und den Palast bei Nacht verläßt.

Die ›Hauslosigkeit‹ hatte er gewählt, fern von jedem Prunk und Luxusleben. Mehrere Jahre der Wanderschaft und der Suche nach Selbstfindung lagen vor ihm. Bei zwei Lehrern suchte Gautama die Erleuchtung zu erlangen. Sie brachten ihn in seinem Streben zwar weiter, aber nicht ans Ziel. Meditationen in der Abgeschiedenheit und extremes Fasten brachten dem Suchenden fast den Tod. In tiefer Versenkung kommt Gautama zur Erkenntnis der vier edlen Wahrheiten: Geburt, Krankheit, Alter und Tod sind Leiden. Wie entsteht das Leiden? Wie kann es beendet werden und welcher ist der richtige Weg dazu? Nach dieser Meditation hatte der Mann die Antworten seiner Fragen ganz klar vor sich. Endlich war er am Ziel.

»Buddha«, sagten seine Anhänger zu ihm, der Erleuchtete. Der ›Bodhisattva‹, was im Sanskrit ›Erleuchtungswesen‹ bedeutet, zog durch Indien und lehrte. Schon zu seinen Lebzeiten teilten sich die Ansichten seiner Anhängerschaft. Die buddhistische Lehre erfuhr im Laufe der Zeit Einflüsse von anderen Religionen. So kommt es, daß die Lehre des Erleuchteten, wie andere Anschauungen auch, bis heute unterschiedlich ausgelegt wird.

In Tibet kam der Lamaismus, in Japan die harte Schule der äußersten Konzentration im Zen dazu. Heute versteht man unter Buddhismus eine Zusammenfassung der verschiedenen Auffassungen. 483 v. Chr. starb der Erleuchtete in Goshinaga und ging ins Nirwana ein.

Ein Hahnenschrei weckt mich vor dem ersten Tageslicht. Elena schläft tief, da rolle ich mich auch nochmal ein. Der spinnt doch, der Gockel!... Mein rechtes Bein schmerzt, die Wade spannt und fühlt sich heiß an. Na, das wird schon wieder weggehen. Ein fingerdicker Tausendfüßler krabbelt an uns vorbei, als wir später vor dem Zelt beim Frühstücken sind. Ein Riesenexemplar von etwa 20 cm Länge!

Am Tempel hinterlassen wir eine Spende und radeln los; die Mönche sind bereits wieder ausgeschwärmt. Gegen Mittag trifft uns die Qual der Wahl. Sollen wir die nagelneue Asphaltstraße nehmen oder den holprigen Erdweg, der vielleicht kürzer ist? Ein Mopedfahrer wird gestoppt und ausgefragt. Der Erdweg sei kürzer, sagt er. Wie weit es sei bis Pling, frage ich ihn. Er überlegt kurz und sagt: »Two.«

2 km? Kein Problem!

»Sind Sie sicher?« will ich wissen.

Zwei Finger zeige ich ihm – und er nickt. Irgendwie traue ich der Auskunft nicht und lasse mir die Angabe auf einen Zettel schreiben. Um ganz sicher zu gehen, füge ich zur Auswahl noch eine 12 und eine 20 hinzu. Eine kraklige 2 malt der Mopedfahrer und streicht die anderen beiden Zahlen durch.

»Schönen Dank auch und tschüß!«

Die Sonne sticht heiß auf die Haut, die Hitzebläschen auf unseren Oberarmen platzen und nässen, die Lippe tut weh, der Weg ist ein einziges Martyrium. Scharfkantige Schottersteine ragen auf der steilen Strecke wie Haifischzähne empor. Da knallt ein Schuß direkt hinter mir. Umdrehen – bremsen! Elena arbeitet sich gerade über die Wellblechpiste. Der Schuß kam aus meinem Hinterrad – der Schlauch ist geplatzt. Halb schiebe ich, halb trage ich mein Rad bis zu einem schattigen Platz am Wegrand. Zwangspause.

Alles Gepäck wird abgeladen, das Rad auf den Kopf gestellt und das Hinterrad demontiert. Aus den Poren läuft das Wasser in Strömen. Elena wedelt mir mit einer Zeitung Luft zu und vertreibt die Moskitos. Es ist verdammt schwül. Die wandernde Sonne vertreibt den spärlichen Schatten, den ein paar Bäumchen abgeben, und ich muß umziehen. In der Sonne ist es nicht auszuhalten. Ein langer Riß kennzeichnet den Fahrradschlauch und bedeutet das Aus für den Gummi. Er kann sich sehen lassen; so an die 50 Flicken hat er schon drauf. Geflickte Ersatzschläuche habe ich auf Vorrat dabei, das ist nicht das Problem. Aber auch der Mantel hat zwei lange Risse entlang des Felgenrandes. In Indien haben wir gesehen, wie Fahrradmäntel mit Leder und Stoff repariert werden. Damals haben wir noch darüber gelacht. Mit weißem Sternfaden näht Elena jetzt fachfraulich die Risse. Danach unterlege ich die Reparaturstelle mit einem Stück Gummi vom alten Schlauch und fixiere das Stück mit Klebestreifen. So weit, so gut. Die Sache ist nun die: Mit der Luftpumpe bekomme ich keinen Druck von 3,5 bar in den Schlauch. Das schwere Gepäck, die Schlaglöcher und nicht zuletzt mein ›Fliegengewicht‹ von 80 kg drücken den Felgenrand wieder gegen den Mantel und quälen bös den Gummi. Am Gepäck baumelt zwar ein neuer Mantel und unter dem Gepäckträger klemmt noch ein Faltreifen, aber die will ich schonen für den absoluten Notfall.

Ich pumpe wie ein Galeerensträfling, umgeben von einer Sauna. Kleine Käfer sind auf mir gelandet und beißen, Moskitos stechen um die Wette und Elena wedelt mit zuckenden Verrenkungen heftig um sich. Sie lieben die Stecher noch mehr als mich.

Das Schimpfen habe ich schon lange aufgegeben, weil es nichts nützt.

Der nächste Ort ist ja nicht weit. Vielleicht gibt es dort auch eine Tankstelle mit Kompressor, verscheuche ich meine Bedenken.

Beide sind wir naßgeschwitzt und dreckig. Das mitgeführte Wasser ist zu schade zum Händewaschen. Also weiter geht's!

Elena fährt voraus, ich rolle vorsichtig hinterher – mit prüfenden Blicken aufs Hinterrad. Kein Ort namens Pling, und auch kein Pingpong, oder wie die Nester hier auch heißen, ist in Sicht. Der Tacho meldet 5 km, seit wir am Mittag den Mann fragten. Durch die schlechten Erfahrungen, was die Entfernungsangaben durch Einheimische betrifft, macht sich langsam ein düsteres Gefühl breit. Zum Umkehren sind wir schon zu weit. Sicher kommt gleich da vorne ein Dorf oder wenigstens eine Kreuzung. Irgendwo werden wir schon herauskommen. Nach dem Kompaß stimmt wenigstens die Richtung. Allerdings muß ich mich zur Peilung vom Fahrrad entfernen, sonst wird die Nadel durch das Metall abgelenkt. Links der breiten, rötlichen Piste zieht sich Dschungel hin. Und rechts? Rechts auch. Wir sind total allein auf weiter Flur. Hügelig ist es, so daß wir schieben. Böse Verwünschungen dringen aus Elenas lieblichem Mund. Wenn den Mann nur die Hälfte davon trifft, hat er lange etwas davon…

Splitter – krach! Aus dem linken Urwald tobt eine Herde schwarzer Affen heraus und verschwindet im Dickicht auf der rechten Seite. Einer dreht sich mit einem solchen Gesichtsausdruck zu uns her, daß wir vor lauter Prusten und Lachen nicht mehr weiterfahren können. Mit Rücksicht auf mein lädiertes Hinterrad schiebe ich den Bock lieber.

Es regnet in Strömen. Man kann kaum 10 m weit sehen. Der Weg wickelt sich zäh um die Reifen, blockiert die Räder – aus; nichts geht mehr! Wir stehen mitten im Dschungel und haben keine Ahnung, wo wir uns eigentlich befinden. O ja, es ist zum

Glück nur eine Vision! Mit dieser Horrorvorstellung allein habe ich mich schon aufgemuntert und bin dann doch wieder froh, daß die Sonne auf uns niederbrennt. Es könnte alles noch viel schlimmer sein. – Elena schlägt sich tapfer. Langsam, um Kräfte zu sparen, tritt sie gleichmäßig in die Pedale. Die Luft am Horizont flimmert; kleine Schwärme grüner Papageien flattern herum. Im Wald schreit ein Vogel.

Es ist bereits die Zeit der langen Schatten, als wir eine kleine Anhöhe bis zu einer Weggabelung runterrollen. Und jetzt? Der Kompaß sagt: Geradeaus. Der Tacho berichtet von 12 km Schotterweg. Die lehmigen Erdwege sind in unserer Karte nicht eingetragen.

»Bin sehr gespannt, wo wir da rauskommen!« meint Elena pessimistisch.

Ich weiß es auch nicht, aber da die Erde rund ist, werden wir schon nicht herunterfallen. Diese Nacht schlafen wir in einer Kieferschonung. Am Vormittag erreichen wir nach weiteren 8 km endlich die Siedlung Pling. Wir sind Opfer der asiatischen Sitte geworden, aus Höflichkeit dem Fremden keine unangenehme Nachricht zu übermitteln. Der Mopedfahrer muß gewußt haben, daß es genau 20 km bis hierher sind!

Am Abend stehen wir an der Bucht von Phang Nga; ein bewachsener Felsen ragt aus dem Meer. Hier wurde 1974 der berühmte James-Bond-Film ›Der Mann mit dem goldenen Colt‹ gedreht. Seitdem ist die Gegend touristisch belebt. Scharen von Ausflugsbooten fahren zu den Höhlen, die es in der Umgebung gibt, und auch zu diesem Felsen.

Elena und ich aber finden es viel interessanter, in den Kautschukwäldern zuzusehen, wie der Rohgummi eingesammelt wird. Den Grundstock bildet die Hevea-Pflanze, aus der innerhalb von fünf Jahren ein Baum wird. Die Stämme werden schräg angeritzt, wobei in einem Rinnsal der weiße Kautschuk in eine Dose oder in eine halbe Kokosnußschale tropft. Bienengleich gehen Männer von Topf zu Topf und kippen das weiße Gold in einen größeren Sammelbehälter.

Reich werden die Gummipflanzer nicht davon. Ihre Hütten im Wald sehen sehr primitiv aus. Wäscheleinen hängen voller beigefarbener Handtücher. Beim näheren Betrachten stellen wir fest, daß es sich aber um ausgewalzte Kautschukmatten handelt, die zum Trocknen dort hängen. Die Gummiwälder sind licht angelegt und bieten einen sehr schönen Zeltplatz. Wir fragen den Bauern, der gerade mit einem Eimerchen daherkommt, ob wir hier bleiben dürfen. Wir dürfen, könnten aber auch gerne mit in sein Haus kommen. Wir bleiben lieber hier im Wald, aber ein paar Fragen zu seiner Arbeit haben wir.

»Zwischen 70 und 90 kg Kautschuk kommen pro Baum im Jahr zusammen«, erzählt der Mann.

»Tja«, er kratzt sich unterm Hut, »so zwischen drei und fünf Jahre lang gibt der Baum das Latex ab, dann braucht er eine ebenso lange Pause. Nach 25 Jahren ist die Pflanze dann erschöpft.«

»Und wie wird die Milch dann verarbeitet?«

»Zuerst muß sie ausgewalzt und dann im Rauch getrocknet werden.«

Später erfahren wir, daß man erst nach der Vulkanisation von ›Gummi‹ spricht. Unterwegs sehen wir oft, wie etwa kubikmetergroße Ballen auf Kleinlastern von den Bauern gewogen werden – der gewonnene Rohkautschuk stinkt bestialisch nach Kloake!

Schnell bricht die Nacht herein – doch was ist das? Haben wir irgendwelche Geister verärgert? Der Waldboden schimmert in unwirklichem Licht! Die nähere Untersuchung zeigt, daß eine Art Pilzgeflecht für das matte blaugrüne Licht verantwortlich ist. Der gesamte Waldboden ist voll davon und bekommt so ein unwirkliches, phosphoreszierendes Aussehen.

»Können Pilzgeflechte fliegen?« frage ich Elena.

»Wo? Ach so – das sind doch Leuchtkäfer! Die haben eine Lampe am Popo; so als Rücklicht.«

»Könnt' ich auch brauchen.«

In einem Zauberwald scheinen wir gelandet zu sein. Die Lichtspiele erzeugen eine märchenhafte Atmosphäre. Gespenstergeschichten erzählen wir uns, und jeder weiß ein ›garantiert selbsterlebtes Abenteuer‹ mit Gnomen, Elfen, Feen und Waldgeistern zum Besten zu geben. Im Zelt auf dem Bauch liegend, sehen wir den taumelnden Käfern noch lange zu.

Früh um 4 Uhr setzt sich Elena ruckartig auf. Ein Licht zuckt durch den Wald, geht an, aus, an und wieder aus. Unterdrücktes Stimmengemurmel vom Waldweg, etwa 200 m von uns entfernt, hat sie alarmiert. Wenn man längere Zeit in der freien Natur geschlafen hat, kommen die natürlichen Instinkte, die jedes Lebewesen in sich hat, wieder an die Oberfläche. Alle Sinne angespannt, sitzen wir im Zelt. Elena denkt an Diebe und Mörderbanden, ich tippe auf die Frühschicht der Gummisammler. Das Licht tanzt näher und näher. Dann wird ein großer Schatten auf das Moskitonetz vom Zelt projektiert.

»Psst, nicht lachen!«

Der Schatten hat Schlappohren und gehört zu einem Hund, der vor der Lampe der Arbeiter steht. Gleich darauf folgt ein zweiter Hundeschatten, viel kleiner als der erste, und turnt mit fliegenden Ohren vor dem Zelt herum. Mühsam verkneifen wir uns das Lachen, damit die Leute nicht merken, daß wir wach sind. Momentan sind wir von Besuch nicht so begeistert. Der Tag fängt früh an für dic Lcute, alle drei bis vier Stunden leeren sie die Sammeltöpfe an den Bäumen. Der Mann von gestern will wahrscheinlich seinen Nachbarn nur zeigen, was bei ihm im Wald steht – unser Zelt nämlich. Falscher Alarm. Nachdem alle ausgiebig über die bepackten Räder die Köpfe geschüttelt haben, trollt sich die Gruppe zurück zur Arbeit. Weiterschlafen!

Elenas Geburtstag rückt näher. Den wollen wir gebührend feiern; also runter nach Phuket! Einen Tag später sind wir dort. Aber was ist denn hier los?

In mehreren Reihen stehen Liegestühle am Strand, mit barbusigen, roten Menschen darin. Restaurants werben mit Hot Dogs und Schnitzel, Popmusik röhrt aus den Bierhöhlen.

»Wir sind im falschen Film!«, stellt Elena fest, »wo ist denn hier der Notausgang?«

Das ist nicht das, was wir gesucht haben. Langsam fahren wir die Strandpromenade entlang. Wenige Kilometer später sind wir am Ziel. Ein Strand, wie aus dem Bilderbuch, gegenüber kleben Palmholzhütten in drei Etagen am Berg. Ich lehne mein Rad an eine der unteren Hütten.

»Von hier gehe ich nie mehr weg!«

Elena sieht das genauso. Eine Hütte ist schnell gebucht, allerdings bekommen wir nur noch ganz oben eine. Ach, was soll's, wir sind ja glücklich, überhaupt eine Hütte zu bekommen. Die Räder und alle unsere Brocken schufte ich nach oben – aber es lohnt sich. Die Hütte liegt gut 100 m über der Bucht, Palmzweige hängen bis auf die kleine Terrasse, direkt über uns wachsen Kokosnüsse. Ein Doppelbett mit Moskitonetz ist die einzige Einrichtung.

Gemessen an den vielen Reparaturstellen und mit Heftpflaster überklebten Löchern muß das Netz mindestens 100 Jahre alt sein.

Aber egal, Hauptsache, es hält die Moskitos noch ab. Alles ist aus Bambus oder Palmholz gefertigt. Einen Hund haben wir auch. Die Jagdhündin scheint auf uns gewartet zu haben und begrüßt uns freundlich wie alte Bekannte.

Geckos, kleine, insektenfressende Echsen, sind schon seit Monaten unsere Mitbewohner in den Hotelzimmern. In Kürze ist das Domizil eingerichtet, und Elena macht ein leckeres Abendbrot. Bei Kerzenlicht sitzen wir bis spät in die Nacht auf der Veranda. Das Glück springt uns nur so aus den Augen. Grillengezirpe und Gekko-Geglluckse begleiten uns in den Schlaf.

Die Dusche am nächsten Morgen ist, wie soll ich sagen, etwas ungewöhnlich. Daß man sich das gesammelte Regenwasser aus einem Blechfaß mit einem Topf übergießt, ist ja noch nichts Besonderes, aber daß schwarze Kaulquappen darin herumtauchen, hat man nicht jeden Tag. Es sind so viele, daß es Mühe macht, sie vor dem Waschen wieder in den Trog zu befördern.

Die nächsten Tage verbringen wir oft bei den Fischen in der grünschillernden Anderman-See. Das Wasser ist sehr klar, der Boden goldgelb-feinsandig. Ganze Fischschwärme schwimmen dicht an der Taucherbrille vorbei. Meistens sind es Streifenbärblinge (Pyjamafische, meint Elena), aber auch Schwertfische kommen ganz nah ran. Der weiße Sandstrand ist wenig bevölkert, was wir sehr begrüßen.

Tagebuchauszug Peter:
»Um 6 Uhr früh Rabatz vor der Hütte. ›Unser‹ Hund verteidigt seinen Platz gegen andere Hunde, die wohl gehört haben, daß es bei uns was zum Futtern gibt. Geckos zirpen dazu. Elena hat heute ihren zweiten Geburtstag auf Tour. Habe ihr einen Brief in einer Austermuschel geschrieben und das Magazin ›Stern‹ geschenkt, sie schielte an Kiosken schon lange darauf. Für den Abend habe ich noch einen Knalleffekt. Nach Frühstück im Meer geschnorchelt. Am Nachmittag am Reisebericht geschrieben und aufs türkisfarbene Meer gesehen. Und sonst nichts gemacht. Es ist einfach nur schön. Genuß pur – Seele baumeln lassen! Am Abend Haifischessen am Yachtclub. Am Strand kleines Feuerwerk für Elena gezündet. Habe ich schon seit Bangkok dabei. Endlich – war selbst sehr gespannt.«

Elena:
Ein herrlicher Tag, an dem ich ausschließlich bäuchlings am Strand liege und lese bzw. ab und an im warmen Wasser den Fischen nachschnorchele. Abends lockte mich Peter bei Dunkelheit nochmal runter. Wir wurden von ein paar streunenden

Hunden begleitet, die uns bis zu dem Moment nett fanden, an dem Peter plötzlich sein Feuerwerk auf dem Sand zündete. Jaulend rasten die Stromer entsetzt davon. So was Furchtbares hatten sie uns wohl nicht zugetraut. Ich dagegen bin begeistert, wie die Funken in den Nachthimmel stieben und Rosetten bilden. Eine tolle Idee!

Peter:
Für den nächsten Tag haben die Götter ein Gewitter vorgesehen. Es blitzt und kracht, daß die Hütte bebt, und dann öffnet sich der Himmel, läßt es regnen, wie es wohl nur in den Tropen regnen kann. Was sage ich: Regen. Petrus hat seine Wanne ausgekippt. Es schüttet nur so. In breiten Strömen fließt das Wasser von den großen Palmen, der starke Wind reißt einige Nüsse und Palmwedel ab und schleudert sie uns krachend aufs Hüttendach. Nur etwa eine Stunde lang, dann ist alles vorbei, und die Sonne scheint heiß wie vorher. Noch zwei Tage lang machen Elena und ich nichts anderes als faulenzen, dann wird es Zeit, weiterzufahren. In Phuket schicken wir ein Fax nach Deutschland zu unserem Sponsor lm-electronic nach Lindau, wegen neuer Diafilme. Auch zu Hause rufen wir wieder einmal an.

»Was? In Deutschland regnet es schon seit einer Woche? Na, so was Dummes aber auch!«

Hähähä…

Weiter geht's. Trang und Phatthalung haben wir durchfahren, die 150.000 Einwohnerstadt Hat Yai liegt vor uns. Sie ist die drittgrößte Stadt Thailands und wichtiges Handelszentrum. Beliebt auch als Wochenendtrip für malaiische Männer, denn 10.000 Prostituierte und Freiberuflerinnen bieten den Besuchern aus dem moslemischen Land Abwechslung.

Elena:
Jetzt mache ich mir ernsthaft Sorgen! Peter hat sich immer wieder die Moskitostiche an seinen Waden aufgekratzt, obwohl ich

ihm farbenprächtig geschildert habe, wie schnell er auf diese Art zu einer Wundinfektion kommt. Sogar an den Mann im Sterbehaus von Calcutta habe ich ihn erinnert, dessen Wundbrand an seinen Händen sicherlich auch erst mit einer kleinen, infizierten Wunde anfing, die er nicht ernst genommen hat. Peters rechtes Bein ist mittlerweile leicht braun-blau-rot verfärbt und schwillt im Laufe des Tages an, bis abends die Haut über der Wade hart gespannt und glänzend ist.

Erst seit ein paar Tagen läßt er es zu, daß ich ihm die offenen Stellen desinfiziere und mit Pflastern schütze. Aber mittlerweile reicht das nicht mehr aus – es besteht die Gefahr einer Blutvergiftung. Seit gestern ist das Bein schon morgens geschwollen und schmerzt anscheinend so, daß er endlich bereit ist, mit mir zu einem Arzt zu gehen.

Der chinesische Arzt im Krankenhaus von Hat Yai spricht fließend Englisch. Mit ernstem Gesicht betrachtet er die Bescherung und meint:

»Das ist ein Problem vieler Touristen, die die hohe Luftfeuchtigkeit in den Tropen unterschätzen. Selbst kleine Wunden heilen hier nur schlecht, eine offene Stelle entzündet sich schnell. Sie müssen auf jeden Fall ein Antibiotikum nehmen!«

Gesagt – getan. In der Apotheke erhalten wir das verschriebene Medikament, das Peter eine Woche lang täglich nehmen muß. Zusätzlich schütze ich die Wunden mit einem Verband und desinfiziere auf Teufel komm raus.

Am Abend sitzen wir an einem gedeckten Tisch. Die Räder sind sicher verwahrt, das Gepäck steht im eigenen Schlafzimmer. Vom Balkon aus blickt man über Hat Yai mit seinen bunt blinkenden Leuchtreklamen. Und das kam so: Peters weiß verbundenes Bein leuchtet unter dem Tisch eines Restaurants hervor, als uns ein Mann anspricht. Er spricht etwas Englisch, und wir erzählen so dies und das miteinander. Plötzlich sagt er:

»Wie wäre es, wenn ihr mit zu meiner Familie kämt?«

Er macht einen vertrauenswürdigen Eindruck, und wir beide tauschen das vereinbarte heimliche Zeichen für ›o.k.‹.

Das Wohnzimmer erinnert an eine möblierte Garage. Vorne ist ein großes Scherengitter, das Fremden den Zugang verwehrt, obwohl die Tür immer offen ist. Die Familienmitglieder fahren mit ihren Mopeds in den Raum direkt bis zur Couch. Dort wird geparkt. Peter und ich werden bestens umsorgt. Wir dürfen die Waschmaschine benutzen, und ständig gibt es etwas zu essen.

Zwischendurch naschen wir eine hiesige Spezialität: Ananas mit Chili! Im Laden um die Ecke gibt es Cremetörtchen und Fettgebackenes, womit wir uns bei der Familie revanchieren.

Einen Tag später, kurz vor der malaiischen Grenze, schlagen wir unser Zelt wieder einmal in einem Klostergarten auf. Es ist noch hell. Laute Rockmusik tönt uns aus überdimensionalen Boxen entgegen.

Mehrere Familien haben im Gelände ein Camp aufgeschlagen. Unter einem Zeltdach dampft es aus großen Kochtöpfen gutriechend hervor. Hier ist scheinbar ein großes Fest im Gange.

Freundlich lächelnde Frauen laden uns zum Essen ein. Es gibt Geflügel, Meeresfrüchte, Gemüse und Reis, aber für Peters Zunge ist alles höllisch scharf gewürzt. Mir schmeckt's! Wenige Meter neben dem Festgelage ist der Verbrennungsofen, unweit davon steht eine kleine Halle. Um ein Podest liegt eine große Menge der verschiedensten Haushaltsartikel wie elektrische Mixer, Kaffeemaschine, Bettücher, ein Dartspiel und Blumen. Alles ist neu und in Klarsichtfolie verpackt. Oben auf dem Podest steht ein weißer Kunststoffsarg, davor das Foto der verstorbenen Frau. Um den Sarg ist eine bunt blinkende Lichterkette geschlungen. Die meisten Männer haben sich um den ›Discjockey‹ versammelt, der CD's und Tonbänder abspielt – und alle sind fröhlich. Ein paar Männer halten sich an Whiskyflaschen fest, und zwei, drei haben wohl zu viel davon erwischt. Sie schlafen lang ausgestreckt schnarchend auf dem Fußboden hinter dem Sarg.

Die Tochter der verstorbenen Frau bittet Peter um ein Foto. Dazu stellt sie sich leicht lächelnd vor den Sarg mit den Geschenken in Position. Peter macht ein Polaroid-Foto und schenkt es ihr. Nun wollen auch noch Kinder und ein paar Erwachsene aufs Bild. Schließlich sind alle so begeistert, daß er auch noch ein Gruppenfoto mit der gesamten, lachenden Familie vor dem Sarg macht. Wir gehen zurück zu unserem Zelt an der Mauer und wundern uns.

Mittlerweile ist es stockdunkel geworden. Peter geht zu den feiernden Angehörigen der Verstorbenen, die in fröhlicher Runde mit viel Whisky und verschiedenen Mahlzeiten beieinander sitzen. Ich bin etwas müde und bleibe im Zelt, zumal noch einige Näharbeiten anstehen, die ich im Schein einer kleinen Kerze jetzt in Ruhe erledigen kann. Um mich herum ist nur die schwarze Nacht, die aber erfüllt ist von vielerlei Geräuschen. Vom Tempel dringen die flotten Rhythmen bis zu mir, hinter dem Zelt höre ich verschiedene Nachttiere. Einige Vögel mit interessanten Stimmen sitzen in den Bäumen um mich herum, und das laute Rascheln im Gras verrät Mäuse und so manches andere Getier auf dem nächtlichen ›Einkaufsbummel‹.

Plötzlich höre ich leise Schritte aus der Finsternis auf mich zukommen. So läuft Peter nicht! Außerdem pfeift er bei solchen Gelegenheiten leise unseren Pfiff, damit ich sofort weiß, daß er es ist. Der Schritt ist langsam und bedacht. Blitzschnell sausen mir Gedanken durch den Kopf, wie: Heute müssen die Thaimänner nur drei Monate Mönch sein. Drei Monate, in denen sie zu keiner Frau Kontakt haben dürfen. Weiß man, was in ihnen vorgeht? Sind alle Mönche über jeden Zweifel erhaben – oder wurde vielleicht so mancher von der Familie zu seinem Glück gezwungen?

Was, wenn ein schwarzes Schaf darunter ist? Würde Peter mich bei der lauten Musik schreien hören?

Ich habe das Gefühl, daß meine Ohren groß wie Satellitenschüsseln geworden sind. Gespannt warte ich auf die Erscheinung, während ich langsam unser großes Messer für alle Fälle neben mich schiebe und nach dem Gasspray taste. ›Im Stehen habe ich mehr Kraft‹, denke ich, und während ich mich erhebe, lasse ich schnell sämtliche Selbstverteidigungstricks Revue passieren. Plötzlich tritt ein Mönch in den Lichtschein der Kerze. Er ist groß und schlank, wie alle anderen auch kahlrasiert auf dem Kopf und in orangenes Tuch gehüllt. Ernst schaut er mich an, verbeugt sich leicht.

»Good evening, Madame. Do you have smoke?« fragt er mit leiser Stimme, und ich muß ein Lächeln unterdrücken.

Ob ich Rauch habe? Äh, ja, ich habe Zigaretten dabei und reiche ihm das Päckchen mit Mentholzigaretten. Erschrocken weicht der Mönch ein Stück zurück und bedeutet mir, daß ich das Päckchen auf den Boden vor seine Füße werfen soll. Ach ja, natürlich. Die dürfen ja keine Frauen berühren, fällt mir ein.

Das Päckchen fliegt vor seine Füße. Langsam hebt er es auf, betrachtet es eingehend und schnuppert schließlich an den Zigaretten.

»No smoke?« höre ich.

Da erst begreife ich, was der junge Mann von mir will. Er ist auf der Suche nach Haschisch, aber da muß ich passen. Dankend schmeißt er das Päckchen zu mir zurück, wendet sich ernst um und geht genauso leise wieder in die Nacht zurück, wie er gekommen ist. Grinsend nähe ich weiter und bin froh, daß mein Mißtrauen und meine Angst unbegründet waren. Dann höre ich wieder Schritte, aber diesmal sind sie gut vernehmbar, vermischt mit lautem Grasrascheln. Und schon ertönt unser Pfiff! Ich freue mich, daß Peter sich so an die Abmachung hält. Rockmusik dröhnt bis 1 Uhr in der Nacht. Dann scheinen alle einen Moment zu schlafen. Um 4.30 Uhr geht es schon wieder weiter. Eine Woche wird gefeiert, dann äschert man die Leiche ein – das große Fest ist vorbei.

2.
Todesnachricht in der schlammigen Flußmündung

MALAYSIA (Mai – Juli 1995)

Elena:
Ein Mensch baumelt mit einem Strick um den Hals an einem Galgen: Das Schild zeigt sehr drastisch die Folgen von Drogenbesitz nach malaiischem Strafrecht. Daneben weht stolz die Staatsflagge. Die Grenze zu Malaysia ist modern gestaltet. Drei Monate Aufenthaltserlaubnis stempelt uns eine Beamtin in die Pässe, wir brauchen kein Visum. Von der gut ausgestatteten Touristeninformation bringe ich einen Stapel Prospekte in englischer Sprache mit, dann radeln wir auf einer neuen, breiten Straße ins 14. Land unserer Weltreise. Gleich im ersten Ort nach der Grenze tauschen wir die restlichen thailändischen Baht in malaiische Ringgit um. Für 1 DM bekommen wir 1,75 Ringgit.

Vor der Bank liegt im Rinnstein ein etwa 10 cm langer und 5 cm dicker, dunkelbrauner und sehr toter Nashornkäfer. Ich gehöre zu den Jägern und Sammlern und will ihn sofort einstecken, um ihn bei nächster Gelegenheit nach Hause zu schicken.

»Bist du wahnsinnig? Stell dir mal Goodys Gesicht vor, wenn er von uns einen Brief aufmacht und dieses Monstrum von Käfer purzelt ihm entgegen! Außerdem muß der Käfer doch wohl erst präpariert werden«, meint Peter.

Also gut, dann halt nicht. Aber schade ist es schon! Und Goody hätte bestimmt den Kopf geschüttelt und gemurmelt ›typisch Elena ...‹.

Gegen Abend führt uns die Strecke durch ländliches Gebiet. Von der Sonne in weiches Licht getauchte dunkelbraune Holzhäuser stehen auf Pfosten, etwas zurückgesetzt von der Straße im Gelände. Gleich hinter den Häusern beginnt der Dschungel.

Peter:
Wir sollten jetzt bald einen Zeltplatz finden, aber die Umgebung ist besiedelt, oder das Gelände fällt seitlich schräg ab. Elena ist für heute mit ihren Kräften bald am Ende. Die letzten Kilometer müssen wir einige Hügel hochschieben und die tropische Hitze macht uns zusätzlich zu schaffen. Hinter der nächsten Anhöhe erhoffe ich einen Zeltplatz.

Papageienschwärme suchen schon ihre Schlafbäume auf. Wenn man einmal erlebt hat, wie ganze Papageienfamilien kreischend in einen Baum einfallen, kann man das Elend der in Einzelhaft lebenden Vögel zu Hause nachvollziehen. Viele Papageien entwickeln durch die Isolation von ihren Artgenossen schlimme Verhaltensstörungen. Der Mensch versucht, Vögel ›zum Sprechen‹ zu bringen und sie sich ähnlich zu machen, um sich über sie zu amüsieren. Ihre wahren Bedürfnisse werden oft ignoriert. Auch eine Art von Vergewaltigung.

Bald wird die Dunkelheit über uns hereinplumpsen, und wir sind immer noch auf der Straße. Hier ist mit vielen Schlangen zu rechnen. Ist es erstmal Nacht, verschlechtert sich unsere Lage erheblich. Elena wird unruhig, und ich versuche, sie zu beruhigen, aber auch mich macht die Situation kribbelig.

Kilometerlange Wassergräben mit anschließendem sumpfigen Morast hindern uns, selbst in unbebauten Gebieten in den Dschungel zu schlüpfen.

Auf den Strich genau 110 km haben wir heute abgestrampelt, als ich das Zelt auf einem unebenen, abgerodeten Feld ausrolle. Von einem Hügel aus erkenne ich in der Ferne ein bleigraues Meer, dann ist es Nacht. Es bleibt kaum Zeit, die nähere Umgebung abzuleuchten.

Der nächste Tag. Alle Knochen tun weh. Alle! Irgendein Erdklumpen drückte immer irgendwo ins Kreuz. Das zerbröckelte, weiche Toastbrot würgen wir mit krümeligem Käse und warmem Wasser lustlos herunter. Erst als die Räder wieder vollbepackt sind, bemerke ich, daß aus Elenas Hinterrad die Luft raus ist. Nicht gerade aufbauend am frühen Morgen. – Bis die Reparatur beendet ist, treibt uns die Sonne schon wieder den Schweiß aus allen Poren.

Grün im Überfluß, die Schöpfung hat nicht gespart. Die hohen Bäume recken ihre Äste zu einem Blätterdach über der Straße zusammen. Fremdartige Vogellaute schallen aus dem Urwald seitlich der Strecke. Wenige Autos sind unterwegs, was das Fahren angenehm macht. An einer Bude holen wir erstmal das Frühstück nach. Die Welt sieht doch gleich freundlicher aus nach einer Suppe und gebratenen Enteneiern, die man auf dem Land schon frühmorgens zu sich nimmt.

»Wie schaffen es die Leute bei dieser nahrhaften Kost bloß, so schlank zu bleiben?« fragt Elena, die sich ständig über Gewichtsprobleme grämt.

In den Dörfern sehen wir wieder kleine Moscheen, aber auch Hindutempel, vor denen ein paar indische Kinder spielen.

Anders als chinesische oder thailändische Kinder, die uns ansprechen würden, stehen sie nur da und starren uns an, als wir kommen. Es ist interessant, wie sich bestimmte Verhaltensweisen als Eigenart eines Volkes, das sein ursprüngliches Heimatland nie gesehen hat, auch in der Fremde fortpflanzen.

Der Habitus ist volksspezifisch. Im Örtchen Bedong finde ich endlich einen Fahrradmechaniker, der die defekte Tretkurbel an meinem Rad austauscht. Dazu lasse ich auch gleich noch das Tretlager fetten und einstellen. Mit neuem Pedal fährt es sich doch besser als mit einer starren Schraube. Fast 3.500 km bin ich mit dem Provisorium gefahren! Ich nehme sie mit – man weiß ja nie … Elena geht inzwischen zur Bank, um einen Reisescheck zu tauschen. An der Tankstelle wird geduscht und Wäsche gewaschen, die Elena auf den Rädern zum Trocknen befestigt.

Während Elena in einem Supermarkt Vorräte einkauft und ich bei den Rädern warte, kommen drei halbwüchsige Schulmädchen vorbei. Sie wollen ein Interview für die Schülerzeitung und notieren sich die Namen der Länder, durch die wir schon geradelt sind. Das Warten auf mein Weib hat sich gelohnt. Herrliche Schmausereien hat Elena aus dem Konsumtempel mitgebracht. Eisgekühlten Kakao zum Beispiel, Pilze in Dosen, Schokolade, Wurst und noch andere Verwöhnprodukte. Irgendwo und irgendwie wird alles verstaut, die Schokolade esse ich sofort, bevor sie in der Hitze schmelzen kann. Heute wollen wir nicht mehr sehr weit fahren. Wenn wir zu schnell sind, müssen wir in Penang auf unsere Post warten – anstatt umgekehrt.

Am Rand eines kleinen Dorfes werden wir auf eine verlassene und fast fertige Reihenhaussiedlung aufmerksam. Da scheint jemandem massiv das Geld ausgegangen zu sein, denn die Bauarbeiten wurden eingestellt. Hinter den Neubauten steht eine Reihe von Abrißhäusern. Keine Türen, keine Fenster, nur noch der Rohbau steht. Hier wurde aber auch alles gründlich abmontiert.

»Such dir ein Haus aus!« biete ich Elena an.

Sie wählt das allerletzte, von dem aus man gut die Umgebung beobachten kann. Jemand muß uns gesehen haben, denn ein Motorradfahrer fährt langsam und suchend durch die Hausreihen, aber er entdeckt uns nicht und zieht nach einer Weile wieder ab. Aus losen Backsteinen baue ich einen einfachen Ofen und entzünde ein rauchfreies Feuerchen. Heute gibt es die Nudelsuppe, die uns in Thailand der Mönch auf dem Friedhof geschenkt hat, und Kuchen aus Elenas Einkauf. Die Schwellung an meinem Bein geht nur langsam zurück. Elena wechselt den Verband zweimal täglich. Ich hätte die Moskitostiche wirklich nicht aufkratzen sollen.

Wir erreichen Butterworth, ein Geschäfts- und Industrieort, von dem aus die Fähre zur Insel Penang startet. Es führt zwar auch eine 13 km lange Brücke hinüber, die ist uns Fahrradfahrern aber verwehrt. Das Schiff ist voller Autos, Schafe, Ziegen und vor allem Mopeds, die auch von vielen Frauen gefahren werden. In anderen moslemischen Ländern war das nicht so. Nach kurzer Fahrzeit rollen wir über die Stahlplanken auf die größte Insel Malaysias und in die Hauptstadt Penang City oder auch Georgetown genannt. Von Indien kam der britische Kapitän Light, als er die Insel und den natürlichen Hafen entdeckte. Damals – man schrieb das Jahr 1786 ins Bordbuch – war das Land nur von wenigen Eingeborenen bewohnt.

Käpt'n Light errichtete einen Stützpunkt für die ›East India Company‹, um der holländischen Handelsübermacht etwas entgegenzusetzen. Am Hafen erinnert der weiße Uhrturm noch an diese Zeit. Auch die Kanone, mit der Light Silberdollars in den Urwald donnerte, ist im alten Fort zu bewundern.

Unser erster Weg führt uns wieder zu American Express, wo wir 17 Briefe abholen. Super, man hat uns daheim nicht vergessen!

»Du, hier gibt es auch eine Station der Heilsarmee. Komm, wir rufen dort mal an!«, sagt Elena. Niemand nimmt ab.

Der Ort ist modern, gläserne Bankhäuser und große Geschäfte prägen das Bild. Großzügige, breite Straßen führen uns in das Viertel, wo die Heilsarmee sein soll. Bagger, Sandberge, Handwerker – die christliche Herberge wird renoviert und hat geschlossen.

Erfahrungsgemäß sind die billigen Hotels meist in der Altstadt angesiedelt.

»Hei, guck mal, die beiden!« dringen hessisch eingefärbte Worte an unsere Ohrmuscheln.

Ein junges Pärchen, auch mit Fahrrädern unterwegs und von den Philippinen kommend, spricht uns an. Im Moment sind sie Fußgänger und weisen uns den Weg in die Altstadt. Wir verabreden uns für den nächsten Tag in einem bestimmten Café und fahren weiter. In der Chuliak Road liegt Hotel an Hotel. Es ist besser, wenn ich hier auf die Suche gehe, obwohl Elena besser feilschen kann. Einige Hotels sind ›for Ladies only‹, aber nicht für alle Ladies empfehlenswert. Es handelt sich ganz einfach um billige Puffs. Jetzt fällt mir auch der Rikscha-Fahrer ein, der auf meine diesbezügliche Frage zwischen gelben Zähnen hervorgrinste:

»Yes, yes – but only for ›business women‹ ...!«

Schäbige Betten und Liegen stehen in den Zimmern. Die Frauen kommen aus Vietnam, Thailand oder Indien. Sie sind ganz normal angezogen und haben zu Hause eine Familie zu ernähren. Die ›Betreuer‹ hocken in einer Reihe vor den Zimmern und kassieren bei jedem Kunden ab.

»Hallo, hallo, come here!« lockt mich eine braune Inderin.

Eine Chinesin versucht ihr verführerischstes Lächeln und öffnet ihre Zimmertür.

»Nein, nein, laßt mal, Mädels«, grinse ich zurück und gehe.

Elena prustet los, als ich ihr das erzähle. Bei einem Chinesen finden wir ein einfaches, großes, ebenerdiges Zimmer für etwa 10 DM. Wir haben Glück – keine Wanzen im Bett, wie es im Hotel gegenüber sein soll. Hier scheint alles, was mit Geld zu tun hat, fest in chinesischer Hand zu sein. Die meisten Geschäfte werden von Chinesen geführt.

Malaysia, Land der Gegensätze. Da erhebt sich das Minarett einer nahen Moschee über die niederen Häuser, gleich daneben steht ein chinesischer Tempel, die Hindu-Gebetsstätte liegt schräg gegenüber. Vielfalt der Religionen und Kulturen. Grüne Drachen speien von den Dächern herunter, Fratzen blecken uns an, süßliche Rauchschwaden ziehen vorbei. Wir stehen vor dem chinesisch-buddhistischen Tempel, der der Göttin Guanyin geweiht ist. Sie ist eine Buddhagleiche, verzichtet aber auf den Einzug ins Nirwana, solange es noch Ungerechtigkeit auf der Erde gibt.

Da wird sie wohl noch eine Weile warten müssen. Vor dem Tempel stehen zwei große, blecherne Öfen, in denen die Gläubigen bündelweise mit Sinnsprüchen bedruckte Papiere verbrennen oder Schein-Papiergeld, auf dem Summen in fantastischer Millionenhöhe aufgedruckt sind. Die guten Wünsche steigen mit dem Rauch – so die Absicht – zum Himmel, wo sich die Götter hoffentlich darüber freuen. Zu Feiertagen werden auch schon mal echte Scheine verbrannt. Im Inneren des Tempels werden Räucherstäbchen abgebrannt. Andächtig halten die Gläubigen ganze Bündel in den zusammengelegten Handflächen.

Ob die Menschen Buddha, Shiva, Allah oder Jesus anbeten, die Rituale ähneln sich, und wir haben das Gefühl, sie meinen im Grunde immer den selben Gott, von dem sie sich Glück, Gesundheit und ein langes Leben erbeten.

Bei unseren Exkursionen besuchen wir die Statue des liegenden Buddhas, eine Busfahrt bringt uns zum Schlangentempel und zur Schmetterlingsfarm.

Mehr als 3.000 lebende Schmetterlinge torkeln in einem künstlich angelegten Dschungel über die Köpfe der Besucher. Manche der Insekten sind so groß wie ein Daumennagel, die farbenprächtigsten aber größer als eine Handfläche. Im beiliegenden Terrarium kann man die verschiedensten Gecko- und Käferarten sehen, die der malaiische Urwald beherbergt.

Wir blicken haarigen Vogelspinnen ins Auge und suchen das ›tote Blatt‹, ein Insekt, das sich verblüffend zu tarnen versteht.

Am Abend treffen wir uns mit dem Frankfurter Pärchen. Sie kennen sich seit einem Jahr, haben aber nicht viel Vertrauen in ihre Beziehung.

»Vorsichtshalber haben wir mal alles doppelt mitgenommen. Man weiß ja nie, wann man sich trennt!«

Elena:
Wir haben schon in der einfachen Ausführung eine Menge Gepäck. Wenn ich mir das jetzt noch verdoppelt vorstelle und ständig die Ungewißheit hätte, ob wir morgen noch miteinander reisen, dann wäre das nichts für mich. Dabei radeln die beiden nur ein bißchen auf den Philippinen und auf Malaysia rum, um dann wieder heimzufliegen.

Interessant sind die kleinen Geschäfte, in denen Chinesen Tigerbalsam, Stoffe oder Haushaltswaren anbieten. Die Augen können ausgiebig auf Wanderschaft gehen, besonders meine, wo ich doch so gerne die Auslagen und Marktstände ansehe. Die chinesischen Händler sind streng. Es kommt schon vor, daß man uns wegjagt, nur weil wir keine Kaufabsicht hegen, sondern einfach nur die Auslagen betrachten wollen. Bei dieser Händlergilde stoßen wir auf ganz unverhohlene Unfreundlichkeit.

»Kaufst du – o.k., kaufst du nicht, dann verschwinde!«

Wir tun letzteres und ziehen für Einkäufe malaiische Geschäfte vor.

»Der Drache ist los! Sieh mal da drüben!«

Tatsächlich. Ein meterlanges Untier, rot, mit grün und schwarz gezacktem Rückenpanzer, schlägt mit seinem Schwanz wild um sich. Seine krallenbewehrten Greiffüße heben sich bedrohlich den umstehenden Menschen entgegen, der große Kopf schwingt hin und her. Im aufgerissenen Maul blecken Zähne wie von einem Säbelzahntiger. Hier wird eine chinesische Geschäftseröffnung gefeiert – modernes Business gepaart mit Geisterkult.

Nach dem Spuk gibt der frischgebackene Ladenbesitzer das Buffet frei, und wir sind eingeladen, alles zu probieren. Auf langen Tischen wird eine kulinarische Rundreise durch den asiatischen Raum angeboten – inklusive gekochter Hühnerfüße. So sind sie dann auch wieder, die Chinesen!

Am Abend treffen wir zufällig die Hessen wieder. Sie sind immer noch zusammen und wollen den doppelt mitgeführten Trödel allmählich vereinheitlichen. Bis nach Mitternacht tauschen wir Reiseerfahrungen aus. Macht richtig Spaß, sich mit Leuten der gleichen Mentalität mal auszuquatschen. Eigentlich wollten wir ja am nächsten Tag weiterfahren, aber da es gestern so spät wurde, schlafen wir bis in den Vormittag hinein. Peter fährt mit einer Fahrrad-Rikscha zum Fotografieren und bringt die Post weg, ich lese ein englisches Buch, das mir eine Touristin spontan geschenkt hat.

Am Abend kommt Peter aufgeregt zurück.

»Komm mit, das mußt du sehen: ein Medium in Trance!«

Auf den Straßen haben sich die fahrbaren Garküchen mit ihren Gaslaternen angesiedelt. Peter zieht mich in eine Seitenstraße. Am Ende steht ein rotgoldener, chinesischer Tempel. Ein Altar voller Räucherwerk ist an der gegenüberliegenden Wand aufgestellt, an einem Tisch davor sitzt ein Mann. Auf dem Kopf trägt er eine Art hohe Papiertüte, die mit chinesischen Schriftzeichen bemalt ist. Seine Augen sind nach oben verdreht, aus dem Mund tropft Speichel. Dabei stammelt er irgendwelche Worte vor sich hin. Eine Frau wendet sich mit einer Frage an den dabeisitzenden Mann, der für das Medium so etwas wie den Übersetzer macht.

Das Medium kritzelt, ohne hinzusehen, mit einem dicken Filzschreiber etwas auf einen Zettel. Die Frau gibt eine Geldspende und erhält von dem Mittler den Zettel, den sie sich faltet und sorgfältig verwahrt. Noch scheinbar in Trance, raucht das Medium zielsicher eine Zigarette und trinkt dazu eine Flasche teures Guinness-Bier. Sehr seltsam.

Die nächsten Tage sind wir in Richtung Kuala Lumpur unterwegs, bloß haben wir tagelang keine Ahnung, wo wir uns genau befinden. Um etwas vom Land zu sehen, haben wir die verkehrsreiche Hauptstraße verlassen. Eine Nacht verbringen wir in einem herrlichen Wald, der aus dicken Ölpalmen besteht. Ihre schuppige Rinde ist über und über mit langen Farnen bewachsen. Durchs grüne Blätterdach wirft die Sonne schräge Lichtstrahlen auf die alten Stämme. Die Umgebung sieht aus wie durch einen Weichzeichner betrachtet. Der Boden ist nachgiebiger als ein Hochflorteppich erster Qualität.

Malaysia ist weltweit der größte Palmölexporteur. Überall in den Plantagen sieht man Nistkästen für Schleiereulen, den besten Rattenfängern, die es hier gibt. Indem man den Vögeln eine Heimstatt bietet, verringert man die Rattenplage auf natürliche Art und Weise und braucht nicht mit Gift gegen sie anzugehen. Tatsächlich ist es im Palmwald nachts sehr ruhig. Ich höre keine Ratte ums Zelt huschen, wie sonst so oft.

Weite Teile der kleinen Nebenstraße führen durch Dschungel. In einem schwach fließenden Bach halte ich die Morgenwäsche ab. Als ich wieder an Land bin, stelle ich fest, daß ich geschröpft werde. Fingerdicke Blutegel haben begonnen, mich anzuzapfen. Sie wollen sich gar nicht mehr von mir trennen und lassen erst los, als ich ihnen eine glühende Zigarette unter die Nase halte und sie abdrehe. Ihre Mundwerkzeuge hinterlassen kleine Wunden, die ich sofort desinfiziere, sonst geht es mir womöglich so wie Peter mit den Schnakenstichen. Am Nachmittag steht die Sonne schräg hinter uns und beleuchtet die kleine Straße. Peter bremst abrupt, ich knalle ihm fast von hinten aufs Blech.

»Da vorn!« sagt er nur und zeigt in Fahrtrichtung.

Ja, Wahnsinn! Eine oberarmdicke, etwa 6 m lange Netzpython wechselt zügig die Straßenseite. Das Foto zeigt später nur einen langen Schatten – Peter hat das Weitwinkelobjektiv auf der Kamera, und die Schlange wollte auf einen Objektivwechsel nicht warten. Daß es diese Tiere hier gibt, wußten wir. Daß wir aber auch ein Exemplar zu sehen bekommen, hätten wir nicht zu hoffen gewagt. Pythons gehören zur Gruppe der Würgeschlangen und sind nicht giftig. Sie erdrücken das Opfer mit ihrer starken Muskelkraft. Ein erwachsener Mensch ist eindeutig zu groß für sie als Mahlzeit und hat generell nichts zu befürchten. Außer halt, wenn die Schlange sich von ihm bedroht fühlt. Außerdem sind die Tiere scheu. Kleine Kinder sollen aber gelegentlich schon angegriffen worden sein.

»Scheu hin, ungiftig her – beim Zelt möchte ich so ein Reptil nicht haben!«, sage ich.

»Die füllt bestimmt den ganzen Schlafsack aus und ist kühl«, sinniert Peter.

»Na, hör mal!«

Bevor wir weiterfahren, warten wir noch ein Weilchen. Angst? Nö – nur so ...!

An diesem Abend zelten wir hinter einer leerstehenden Holzhütte und Peter drischt besonders sorgfältig den Waldboden ab. Es soll 120 Schlangenarten in Malaysia geben, auch hier sind mindestens 16 davon giftig.

Im Licht der Taschenlampe erschlagen wir voller Lust die Moskitos im Zelt. Außen am Netz hängen ganze Armeen davon und begehren Einlaß. Es ist unsagbar heiß. Der Boden gibt die gespeicherte Wärme ab. Regungslos daliegend fühle ich, wie der Schweiß am Körper entlangrinnt und auf der Matratze Pfützchen bildet. Bevor ich mich bewege, überlege ich zuerst, ob es wirklich notwendig ist. Wieviele Schweißdrüsen hat ein Mensch? Egal – alle sind geöffnet. Diese verflixten Stechmücken! Zwei, drei übersieht man immer, und die summen mir dann am Ohr herum. Nachtvögel tauschen Rufe aus, hinter dem Zelt knackt ein Ast. Dann ist es wieder still. Nur kurze Zeit, dann raschelt es seitlich, aber ich schlafe wieder ein.

»Plopp, plopp!«

Es ist früh am Morgen und jemand wirft etwas auf das Zeltdach.

»Hey, was soll denn das?«

Peter sieht – noch im Schlafsack steckend – nach.

»Ruhe da oben!« ruft er im Scherz in den Wald.

Eine Affenbande springt im Geäst herum und wirft Zweige und Blätter auf unser Haus. Lärmend verschwinden die Tiere im Dschungel. Wenn wir schon mal wach sind, können wir auch schon aufstehen. Frühstücken tun wir unterwegs. Ach, wie haben uns die Moskitos in der Nacht wieder zerstochen! Täglich nehmen wir je zwei Paludrine-Tabletten und reiben uns mit Insektenmittel ein, aber die Viecher stechen trotzdem.

Um sie zu überlisten, benutzen wir Insektenmittel aus anderen Ländern, in der Hoffnung, daß sie davon noch ein bißchen abgeschreckt sind. Manchmal wirkt es, manchmal nicht. Ich bin sogar schon so weit gegangen, mir die Haut mit Knoblauch einzureiben. Aber außer, daß mich die Pelle juckt, hatte es keinerlei Abschreckungseffekt für die Viecher.

Neben der Straße liegen rechts und links Bananenplantagen, in denen Bauern mit großen Giftspritzen gegen Schädlinge unterwegs sind. In den kleinen Dörfern, die wir ab und zu durchqueren, kann uns niemand sagen, wo wir sind. Kautschukpflanzer, Mais- und Reisbauern sitzen in den einfachen Restaurant-Buden. Begeistert fahren sie mit ihren Fingern auf unserer Landkarte, die wir auf der Lenkertasche von Peters Rad befestigt haben, herum, aber wir entnehmen den Auskünften nur, daß wir in Malaysia sind.

Die Leute haben wohl noch nie eine Landkarte gesehen. Egal, was wir sagen, sie nicken immer freundlich. Unsere Karten stimmen wohl nicht mit der Wirklichkeit überein. Wir wissen, daß wir Richtung Kuala Lumpur fahren, alles andere wird sich finden. Kurz vor dem Ort Rasa finden wir dann die Straße nach Kuala Lumpur. Es ist auch die einzige, die direkt dahinführt.

Starker Verkehr macht das Radeln zusätzlich schwer. Die Straße ist voller Schlaglöcher, dazu ist sie noch sehr schmal. Röhrende Busse und qualmende LKWs drängen uns auf die Grasnarben, so daß wir oft schieben müssen und nur mühsam vorankommen.

Dazu ist es noch sehr gefährlich, so knapp an den LKW-Reifen vorbeizuholpern. Laut ist es, stinkig und schwülheiß.

Dann, nach viel Mühsal und Plagen, gibt der Dunst am Horizont die Skyline von Kuala Lumpur frei.

Peter:
Mit Einbruch der Dunkelheit sind wir in der Hauptstadt Malaysias. Am Rand des Zentrums gibt es die billigen Hotels, die sich unsereins leisten kann. Für umgerechnet 14,25 DM bekommen wir ein sauberes, grüngestrichenes Zimmer. Billige Zimmer sind immer grün gestrichen – keine Ahnung, warum.

Die Anstrengungen der letzten Tage stecken uns merklich in den Knochen. Gegenüber dem Hotel ist ein Supermarkt, der rund um die Uhr geöffnet hat. Dort decke ich mich mit Schokoriegeln ein. Die Dusche ist nach dem Geplansche in den blutegelverseuchten Tümpeln die wahre Wohltat und nach dem Rasieren sieht die Welt wieder freundlich aus.

»Ich habe Kohldampf wie ein Grizzly!«, sage ich zu Elena. »Komm, wir gehen was essen.«

Restaurants gibt es rings um das Hotel in großer Zahl. Gekocht wird praktischerweise gleich auf der Straße. Ab und zu lodern Stichflammen und Dampfschwaden hoch, viele flinke Hände hantieren mit Messern und Gewürzen, daß es eine Freude ist, zuzusehen. In einem Lokal ist es kompliziert. Nacheinander kommen mehrere Frauen an unseren Tisch. Bei einer bestellen wir die Getränke, bei einer anderen die Suppe, die dritte ist für Huhn mit Reis zuständig. Beim Bezahlen wiederholt sich dann das Spiel. Das Essen ist schmackhaft und billig, nur Geduld muß man mitbringen. Die Malayen haben sich viel zu sagen. An den öffentlichen Telefonmuscheln stehen die Leute Schlange. Es ist inzwischen 22.30 Uhr. Mit den hiesigen Telefonen werden wir noch unsere Freude haben.

Heute ist Sonntag. Die Nacht war sehr laut. Irgendjemand knallte immer eine Tür zu, der Fernseher mußte dröhnen und schräg über unserem Zimmer rumpelten die Bässe einer Disco. Außerdem unterhielten sich zwei Besoffene vor unserer Zimmertür – da war es 2.30 Uhr. Im ganzen asiatischen Raum sind die Leute laut. Von wegen ›Psst, leise, es ist schon spät!‹ Natürlich sind alle müde und ständig unausgeschlafen. In den Geschäften gähnen uns die Verkäufer lustlos an, auf dem Land liegen die Obsthändler oft gleich neben ihrer Ware auf dem Boden oder in einer Hängematte. Viele Geschäfte, die von Familien betrieben werden, haben vom Vormittag bis spät in die Nacht geöffnet.

Zu Fuß gehen wir ins Zentrum und kommen am Hauptbahnhof vorbei. Es ist kaum zu glauben, daß es sich um eine Bahnstation handelt. Baldachine, Türme und Kuppeldächer thronen auf einem schneeweißen Gebäude, das mit den Säulen und hohen Fensteröffnungen wie ein arabischer Palast aussieht. Selten sahen wir so einen schönen Bahnhof.

In der Stadtmitte überragen die Spiegelglaspaläste von Banken und Versicherungen die teilweise alten Häuser aus der Jahrhundertwende. Noch im Jahr 1857 war Kuala Lumpur nichts anderes als eine Ansammlung von Bretterhütten, in denen die Zinnarbeiter hausten. Die Briten gründeten 1896 die ›Federation of Malay States‹ und ernannten Kuala Lumpur zur Hauptstadt. Nach blutigen Aufständen zwischen Malayen und Chinesen im Jahr 1969 erholte sich das Land und erfuhr unter der Führung von Premierminister Mahathir Mahamad bis heute eine straffe, aber aufsteigende Wirtschaftsstabilität. Auf 400 Betonpfeilern, die aus einer 20 m tiefen Baugrube ragen, steht das vorläufig höchste Gebäude der Welt mit 450 m Höhe. Doch wird der Rekord nicht lange anhalten. In der chinesischen Hafenstadt Chongqing ziehen Arbeiter einen Wolkenkratzer hoch, der um 7 m höher sein wird.

»Ist das hier nicht ein erdbebengefährdetes Gebiet? Und heißt Kuala Lumpur übersetzt nicht ›schlammige Flußmündung‹?« fragt Elena.

»Ja, aber das will hier keiner wissen«, sagt der junge chinesische Student, der uns das erzählt, und es folgt ein unvermeidliches »No problem!«

»Auf Sarawak wird das größte Wasserkraftwerk in Südostasien gebaut. Schöner, schneller, größer ist die Devise. Den größten Fahnenmast der Welt hatten wir schon vor Jahren mit 170 m!« strahlt der Mann.

Architekt will er werden – er wird viel zu tun haben.

Den Fahnenmast sehen wir uns an. Wie in Zeitlupe weht das malaiische Banner daran. Sieben rote und sieben weiße waagerechte Streifen stehen für 13 Staaten und das Federal Territory. Für die Einheit der verschiedenen Rassen im Land leuchtet ein blaues Rechteck links oben. Der gelbe Halbmond signalisiert den Islam, der Staatsreligion ist, und der gelbe Stern stellt Bundesstaaten dar. Man kommt daran vorbei auf dem Weg zum Sultan-Abdul-Samad-Gebäude mit seinen kupfernen Dächern. Der Dayabumi-Turm hat eine filigrane Fassade und birgt teure Geschäfte mit ausgesuchten Waren, Büroetagen und im zweistöckigen Untergeschoß eine Galerie für moderne Kunst.

Wir verlassen das großzügige Areal über eine Brücke, die den braunen Sungei Kelang überspannt. Elena und ich erreichen das flache Gebäude, in dem der Zentralmarkt untergebracht ist. In der früheren Markthalle findet der Tourist sämtliche Andenken und Mitbringsel. Links am Eingang hat ein Porträtmaler seinen Stand, im CD-Laden ist gerade eine englische Popgruppe zur Autogrammstunde eingetroffen. Von der umlaufenden Galerie herunter betrachten wir die drängelnden Jugendlichen, die mit aufgeregten Gesichtern um ein Autogramm anstehen. Draußen, seitlich der Halle, stehen chinesische Losverkäufer, Artisten und Straßenmusiker.

Zahlreiche chinesische Tempel mit schönen, vergoldeten Holzschnitzereien laden zum Verweilen ein. Der Älteste davon, der See-Yeoh-Tempel, steht ganz in der Nähe am Ende einer Toreinfahrt.

Die garantierte Fälschung einer Rolex bekommt man im Chinesenviertel und noch so mancherlei, wofür der Westler gern Geld locker macht. Dort war es auch, wo ich einen Mann halb in einem offenen Sarg liegen sah. Es war nur ein chinesischer Händler, der es sich in seiner Wohnzimmer-Sarglager-Kombination zum Fernsehen bequem machte.

Elena:
»Was, im Krankenhaus?«

Der Schreck fährt mir in alle Glieder. Ahnungslos rufe ich in Deutschland an und erfahre, daß meine Mutter starke Herzprobleme hat – und ich bin auf der anderen Seite der Erdkugel. Meine Knie werden weich, ich bin ganz durcheinander. Mit Peter berate ich, was ich tun kann. Nicht viel von hier aus. Weitere Telefonate klären die Situation nicht. Ich muß nach Deutschland, und zwar schleunigst, sonst habe ich keine Ruhe. Mit dieser Ungewißheit kann ich nicht um die Welt radeln, während zu Hause...

Wir fahren mit einem Taxi in die Stadt, um einen Flug für morgen zu buchen. Abends um 22.45 Uhr hebt die Maschine ab, um 6 Uhr früh deutscher Zeit setzt sie in Frankfurt auf. Meine beiden Schwestern erwarten mich bereits am Flughafen.

Peter:
Mit dem Bus fahre ich zurück in die Stadt, ins Hotel. Hoffentlich geht mit Elenas Mutter alles gut! Das ist das erste Mal, daß wir für einige Tage voneinander getrennt sind seit Beginn der Weltreise. Das kleine Hotelzimmer ist unheimlich leer.

Elena:
Meiner Mutter geht es nicht gut, und ich gondele vergnügt in der Weltgeschichte rum. Kein gutes Gefühl!

Der deutsche Flieger ist vollbesetzt. Alle benehmen sich korrekt, ruhig und zivilisiert. Keiner rotzt vor sich hin oder schmeißt den

Abfall auf den Boden. Fremd ist mir das schon geworden, und doch irgendwie vertraut. Ich habe mir fest vorgenommen, alle meine Gedanken im Tagebuch festzuhalten. Jetzt höre ich aber doch stattdessen interessiert meinem rechten Sitznachbarn zu, einem Österreicher. Er berichtet von seiner Arbeit mit Hindus in Ostmalaysia, wo er als Ingenieur tätig ist und versucht, seine Arbeit unter weitmöglichster Rücksichtnahme auf die Natur zu machen. Das scheint mir angesichts des Aufstiegswillens Malaysias ein fast unmögliches Unterfangen zu sein.

Bisher hatte ich den Eindruck, daß die verschiedenen ethnischen Gruppen in Malaysia gut miteinander harmonieren. Jetzt erzählt die deutsche Frau eines Geschäftsmannes links von mir von der Unterdrückung der Minderheiten, vor allem der Inder. Bereits im Einschulungsalter werden die Rassen geschieden, berichtet sie. Malaiische Moslems werden bevorzugt, erhalten Zutritt zu teuren Privatschulen, auch der Eintritt in die Geschäftswelt wird ihnen erleichtert.

Die Chinesen würden sich sehr durchsetzen und fielen vor allem durch knallhartes Management auf. Den Hindus blieben die niederen Arbeiten ohne nennenswerte Aufstiegschancen. Auf die malaiische Regierung ist sie nicht gut zu sprechen.

Als das Flugzeug in Frankfurt landet, bin ich hundemüde und doch innerlich aufgewühlt. Meine beiden Schwestern erwarten mich bereits liebevoll mit einer riesigen Flasche Sekt am Ausgang und erleichtern mir die Rückkehr sehr. Bei meiner Mutter steht die dritte Dilatation der Herzkranzgefäße an, bei meinem 80jährigen Vater droht Arteriosklerose im Gehirn. Daneben wartet ein Haufen Arbeit in Freiburg auf mich. Viele Briefe und Anrufe gilt es zu erledigen, die sich im Laufe unserer Abwesenheit angesammelt haben. Bis spät in die Nacht bin ich beschäftigt. Mit dem Auto meiner Schwester sause ich ständig zwischen Überlingen, Freiburg und Karlsruhe hin und her, wo Peters Vater und Schwester wohnen. Auch Peters Vater liegt im

Krankenhaus, auch er ist 80 Jahre alt, hat Krebs – und will nicht mehr leben. Eine schlimme Zeit, auch für mich.

Plötzlich kommt im Morgengrauen der Anruf für Peters Schwester Edith:

»Ihr Vater ist um 5.30 Uhr verstorben.«

Es ist schrecklich, das Peter im fernen Malaysia am Telefon mitzuteilen. Jetzt ist er völlig allein gelassen mit dieser Nachricht. Edith und ich können wenigstens länger miteinander sprechen.

Meiner Mutter geht es besser, nach der Dilatation wird sie sich wieder relativ wohl fühlen. So weit ich konnte, habe ich alles organisiert und fliege zurück zu Peter nach Kuala Lumpur, zurück in den Straßenstaub und zu dem abenteuerlichen Leben in den heißen Tropen. Die Gespräche mit Peter haben mir in den letzten Tagen sehr gefehlt. Ich merke deutlich, welche wichtige Stellung er in meinem Leben eingenommen hat. Erleichtert fallen wir uns in Kuala Lumpur in die Arme – zu zweit sind wir unschlagbar!

Peter:

In den Tagen während Elenas Abwesenheit sehe ich mir die Schmetterlingsfarm an, bummle in der Stadt herum und beginne mit dem Manuskript zu diesem Buch. An einem Tag fahre ich mit dem Bus runter nach Kelang, um mich nach der Fährverbindung nach Indonesien zu erkundigen.

Täglich fährt ein Schiff nach Dumai. Die Sache ist aber kompliziert. Um von Port Kelang aus fahren zu können, brauchen wir ein Visum, sagt die Dame von der indonesischen Botschaft.

Um ein Visum zu bekommen, müssen wir aber zuerst ein Schiffsticket vorlegen. Dazu müßte ich mit dem Bus wieder nach Port Kelang, dann zur indonesischen Botschaft, und dann mit den Rädern zurück nach Port Kelang. Es muß doch auch einfacher gehen.

Der Fernseher plärrt. Von der Straße dringt der übliche Verkehrslärm ins Hotel, als der Portier mich ans Telefon ruft. Meine Schwester und Elena sind dran.

»Heute früh ist dein Vater gestorben!«

›Todesnachricht in der schlammigen Flußmündung‹, schießt es mir durch den Kopf.

Ein Schlag für mich, für meinen Vater ein Segen. Schon seit längerer Zeit nahm ihm sein Krebsleiden die Lust am Leben. Wunschgemäß wird er in aller Stille feuerbestattet werden. Seine Weltanschauung war eher sachlich und praktisch orientiert. Ich mache einen langen Spaziergang und verabschiede mich von meinem Vater auf meine Art. Es möge ihm nun gut gehen, wo immer er jetzt ist. Ein sehr persönlicher Abschied, mit vielen ganz verschiedenen Gedanken. Gut, daß Elena jetzt in Deutschland ist und meiner Schwester beisteht!

Elenas Mutter geht es besser. Sie kam in eine Klinik und wird bald entlassen. Dann kommt auch meine Partnerin zurück. Spät in der Nacht weckt mich der Portier Abdallah. Ich würde erneut am Telefon verlangt. Um Gottes willen – was ist jetzt schon wieder passiert daheim? Eine heisere Frauenstimme gurrt im Apparat auf Englisch, daß sie mich gerne besuchen würde. Meine Frau sei nicht da, und ich wäre doch bestimmt sehr einsam…

Dankend lehne ich das freundliche Angebot ab und gehe wieder in mein Zimmer. Bald darauf klopft es wieder an die Tür. Als ich öffne, steht eine halb bekleidete, hübsche junge Frau davor. Sie wäre gerade in der Nähe gewesen und wolle mal bei mir reinschauen. Es ist 3.30 Uhr – meine Geduld neigt sich bedrohlich dem Ende entgegen. Als ich ihr grimmig mitteile, daß ich auf ihren Besuch verzichte, zieht sie beleidigt ab.

Am Nachmittag des Ankunftstages bin ich schon gute zwei Stunden früher am Airport. Endlich ist die Maschine, die mir Elena zurückbringt, gut gelandet. Endlich ist sie wieder da, wenn auch stark abgemagert und vom Streß gebeutelt! Wir gehen essen, und bis die ersten Neuigkeiten erzählt und besprochen sind, ist es sehr spät.

Am Vormittag kommt ein Reporter von einer chinesischen Zeitung, um ein Interview und Fotos zu machen. Die einzigen Worte, die wir in dem Artikel lesen können, sind unsere Namen, alles andere ist in chinesischen Zeichen geschrieben.

Zwei Tage später sind wir startbereit auf der Straße in Richtung Malacca. Wir sind froh, endlich wieder Bewegung zu haben. Bald sind wir aus der Stadt raus und rollen auf dem Standstreifen der Autobahn dahin. Kein Schatten trübt den Asphalt. Nach einigen Tagen haben wir die Hafenstadt Malacca im gleichnamigen Bundesstaat erreicht. Für diese Nacht bleiben wir hier, denn das Schiff nach Indonesien legt erst morgen früh um neun Uhr ab. Das Städtchen mit 90.000 Einwohnern macht einen gemütlichen Eindruck. Rote Backsteinhäuser aus der holländischen Kolonialzeit säumen die Straßen. Das Kulturmuseum ist im alten Sultanspalast untergebracht, der aus Teakholz gebaut wurde. Die Christ-Kirche besteht aus Ziegelsteinen, die als Schiffsballast aus Holland kamen. Das war um das Jahr 1650. Leider ist das Wetter regnerisch und windig, die Wolken trüben das Licht zum Fotografieren.

Unser Dachgeber heißt Pat. Am Stadtrand besitzt er ein typisches, malaiisches Holzhaus, das er zu einer freundlichen Pension ausgebaut hat. Unter den Stützbalken des Hauses hat Pat eine nette Sitzecke eingerichtet. Es gibt eine Küche zur freien Benutzung, Bücher und eine Musikanlage. Pat hat sich das Geld für das Haus auf einer Bohrinsel verdient und lebt nun ohne Streß ein Leben als Kleinhotelier.

In der Nacht schickt der Himmel noch mehr von dem Regen, der schon den ganzen Abend herunterprasselt und dazu noch ein Gewitter, daß die Balken zittern. Aus dem Tümpel hinterm Haus tönt eine Mischung aus Nebelhorn und Saxophon. Wir wollen es kaum glauben, aber die Musiker sind große Frösche, die die Backen aufblasen.

Elena:
Der ganze Trouble der letzten Tage in Deutschland steckt mir noch in den Knochen, der lange Flug auch und die anstrengende Fahrt hierher. So genieße ich es wieder, bei meinem Peter zu sein und hier in der gemütlichen Unterkunft etwas ausspannen zu können. Der Regen hat aufgehört und nach dem Frühstück fahren wir zum Hafen. Es ist noch früh am Morgen, Peter und ich haben noch Zeit für einen Kaffee. Man trinkt ihn hier mit viel süßer Dosenmilch. An der Schiffsanlegestelle warten schon einige Passagiere. Aus den langen Holzkähnen, die in einem Kanal liegen, werden Stämme per Hand ausgeladen. Vor den Lagerschuppen türmen sich Säcke mit Bohnen und Kartons mit Spielzeug darin. Unsere Räder werden – vollgeladen, wie sie sind –, aufs Dach des Kabinenbootes geladen und festgezurrt. Draußen auf dem Meer müssen wir alle in ein großes Schiff umsteigen, weil dieses nicht bis zur Landungsstelle fahren kann. Auch die Räder werden so von einem schwankenden Schiff auf das andere schwankende Schiff umgeladen. Klar, daß das nur mit vielem Rufen und schreienden Kommandos vor sich geht! Fiele ein Rad ins Wasser, wäre dennoch niemand der vielen Helfer verantwortlich. Peter kümmert sich darum, daß alles gut geht. Bevor das Kabinendach geschlossen wird, werfen wir noch eine vorbereitete Flaschenpost ins Wasser. Bis heute haben wir aber von niemandem eine Antwort erhalten.

Die Fahrt dauert zweieinhalb Stunden und führt quer über die berüchtigte Meerenge, auch ›Straße von Malacca‹ genannt. Berüchtigt deswegen, weil dort früher wie heute auch noch Piraten ihr Unwesen treiben. Bei Tag, aber auch im Schutze der Nacht, werden Frachtschiffe geentert, die Mannschaft gefesselt und der Bordtresor ausgeräumt. Beim Befahren dieser Passage stellen die Kapitäne verstärkte Wachen an Deck auf. Die letzte halbe Stunde schippert unser Kahn um die von Mangroven bewachsenen ›Rupat Island‹ herum, dann legen wir im Hafen von Dumai an.

3.
Der Dschungel brennt!

INDONESIEN (Juli – August 1995)

Elena:
Die Einreise ist problemlos. 60 Tage Aufenthaltserlaubnis drückt uns ein Beamter in die Pässe, ohne daß wir ein Visum benötigen. Begeistert stehen die Zöllner und viele Passagiere um uns herum und stellen uns Fragen zum Reiseverlauf.

»Welcome in Indonesia!«

Riesige Kakerlaken in respekteinflößender Größe grinsen mich in der Toilette an. Wieder einmal sind auch hier für die Zuschauer gegenüber die Toilettenwände durchlöchert. Vor dem Hafengebäude stehen Rikscha-Fahrer mit buntbemalten Transportfahrrädern, die hier ›Pedicaps‹ heißen. Über eine wellige Erdstraße kommen wir ins Zentrum. Seitlich der geraden und breiten Hauptstraße liegen die Banken und alle Geschäfte, die die Stadt braucht. Der Nabel der Welt ist sie nicht gerade, aber man bekommt doch so einiges. In der Bank wechsele ich ein paar Reiseschecks und bekomme für 1 DM 1.630 indonesische Rupiahs. Langsam geht mir die dauernde Umrechnerei auf den Keks.

Gleich gegenüber der Bank nehmen wir uns ein Zimmer in einem großen Hotel, das schon bessere Zeiten erlebt hat. Aber das scheint schon lange her zu sein.

Unser Weg ließe sich anhand der zahlreichen Duschkübel nachvollziehen, die wir in den verschiedenen Städten seit Thailand vor dem Benutzen gereinigt haben. So ist das auch hier unsere erste Tätigkeit. Haare, Schuppen, Fingernägel, Schmutz und Seifenreste wabern auf dem Grund des rechteckigen, gekachelten Betonbehälters. Nach mehrmaligen Bitten bei der Hotelleitung läuft dann sogar frisches Wasser aus einem Rohr in der Wand. Mit einem Plastikbecher kann man sich jetzt das zwar lauwarme, aber doch erfrischende Nass über den verschwitzten Körper gießen.

»Komm, erzähl mir was über unser neues Reiseland!« sagt Peter.

»Hier sind wir wieder in einem vorwiegend islamischen Staat. 85 Prozent der Bevölkerung sind Moslems, der Rest Buddhisten, Hindus und Christen. Batak, Sasak oder Toraja heißen einige der 583 verschiedenen Sprachen, die in Indonesien verwendet werden. Kein Wunder, wenn du bedenkst, daß es 17.508 Inseln gibt, von denen aber nur 6.000 besiedelt sind. Dort konnten sich die einzelnen Sprachen und Dialekte erhalten. Bis ins 3. Jahrtausend v. Chr. läßt sich zurückverfolgen, daß Mongolen und Chinesen in den Inselstaat kamen. Um die Zeit von Christi Geburt breitete sich hier der hinduistische Glaube aus, etwa 700 Jahre später kam der Buddhismus hinzu.

Die Könige in Bali wurden langsam und friedlich von islamischen Herrschern abgelöst, die wiederum von den Portugiesen, denen der Sinn nach den Gewürzen wie Muskat, Zimt, Nelken und Pfeffer stand. 1596 meldete ein Fischer die Ankunft der ersten holländischen Flotte. In den nächsten Jahrhunderten stritten sich französische Truppen mit englischen um das Muskat-Monopol. Am 8. März 1942 kapitulierte Holland vor den Japanern, die für kurze Zeit die Inseln besetzten.

Endlich wurde am 17. August 1945 die Unabhängigkeit der ›Demokratischen und Sozialistischen Republik Indonesien‹ erklärt. Seit 1968 ist General Souharto Staatspräsident. An Ausfuhrgütern ist das Land mit Kakao, Gummi, Kaffee und Reis gut ausgerüstet. Dazu kommen noch Bodenschätze wie Erdöl, Gas, Zinn, aber auch Uran, Silber und Gold.«

Peter wundert sich, daß bei all den Erzeugnissen das Land

wirtschaftlich nicht besser dasteht. Laut Statistik ist Indonesien das drittreichste Land der Welt.

»Wir werden während unserer Reise durch Sumatra und Java sicherlich noch mehr darüber erfahren. Willst du noch was wissen? – Ich habe Hunger! Komm, wir testen die indonesische Küche!«

Mit einem »Au ja« hechtet Peter aus dem Bett.

Auf der Straße sind die fahrbaren Küchen aufgebaut, aber auch die Restaurants bieten eine Menge. Die Zutaten zu den Gerichten sind gar nicht so exotisch, die Art der Zubereitung macht das Fremdartige für uns aus. Reis steht ganz oben auf dem Speiseplan.

Wo Chinesen hinterm ›Wok‹ stehen, gibt es Schweinefleisch oder Geflügel, bei den Moslems dafür Hammel oder Ziege. Gerne wird Ingwer in der indonesischen Küche verwendet, zum Beispiel beim ›Sambal Goreng Kedele‹, einem Sojabohneneintopf mit Ingwer.

›Telur Asin‹ sind in Salzlauge gekochte Enteneier. ›Gulai Manis Kangkung‹ ist ein Paprikagericht, das mit Wasserkresse, Ingwer und ›Santan‹, Kokosmilch, gekocht wird. An Chili, Sojasoße, Erdnußsoße und Knoblauch darf nicht gespart werden. Und dann die Nudel-, Gemüse- und Fleischsuppen...

Eier werden gekocht, gebraten oder zum Beispiel als ›Dadar Otak‹, das ist ein Hirnomelett, angeboten.

Als Zwischensnack oder als Nachtisch nimmt man sich Kuchen oder ›Lengtong‹, ein in Bananenblätter eingepacktes Häppchen süßer Reis – zur Freude von Peter.

Auch für den Durst ist gesorgt. Es gibt ein gutes, leichtes Bier, meistens werden aber mit Wasser verdünnte Fruchtsäfte angeboten. Kokosmilch oder Zuckerrohrsaft, frisch aus den Stengeln gepreßt, bekommt man an jeder Ecke. Das trinke ich am liebsten.

Abends, wenn die Hitze etwas nachläßt, flanieren Pärchen und Gruppen von jungen Männern über die Straßen. Schaufensterbummel wie in Deutschland, ist – mangels Schaufenster – unbekannt.

Jeder Ladenbesitzer zieht am Feierabend vor seinem Geschäft einen grauen Blechrolladen zu. Peng, Licht aus – Schluß. Die Mopedfahrer ziehen ihre Jacken hier alle verkehrt herum an, also mit dem Rückenteil nach vorne.

»Der Fahrtwind bei 30 km/h und 40° C ist ja auch gewaltig... Die sollten mal einen deutschen Winter mitmachen«, meint Peter amüsiert.

Die Sonne sticht schon am frühen Morgen drückend schwül auf alles herab. Um 7 Uhr steht uns der Schweiß bereits in dicken Tropfen auf der Stirn, die Kleider kleben auf der Haut.

Peter:
»Wie wäre es«, sagt Elena, »wenn wir zur ›christlichen Seefahrt‹ gingen?«

Das machen wir! Mit dem ›christlichen‹ wird es aber wohl nichts werden, weil der Kapitän vermutlich ein Moslem sein wird; die Idee jedoch gefällt uns. Noch an diesem Vormittag hängen unsere Räder am Haken des Lastkranes und werden an der Bordwand entlang auf das große Passagierschiff gehievt und verstaut. Bis Belawan, im Norden Sumatras, werden wir per Schiff fahren. Von dort sind es zirka 30 km bis Medan. Runter nach Java wollen wir dann mit den Rädern fahren. Das Schiff kommt aus Jakarta und ist schon gut belegt. Die Kabinen sind alle besetzt, die armen Schlucker liegen in den Treppenaufgängen, auf Bastmatten oder auf den überdachten Decks.

Wir finden in einer Ecke auf dem ersten Oberdeck ein schönes, luftiges Plätzchen, und bald legt das Schiff ab. Was für andere Leute eine Eisenbahnfahrt ist, bedeutet für mich eine Fahrt mit dem Schiff. Der Himmel strahlt sein schönstes Blau und spiegelt sich im Meer wider.

»Übrigens gibt es hier in der Gegend durchaus noch Piraten. Erst vor noch nicht allzu langer Zeit wurde wieder ein Schiff auf offener See gekapert.« Nachdenklich blickt Elena aufs Meer hinaus.

Zur Mittagszeit werden in der ersten Klasse knusprige halbe Hähnchen auf Tischen mit roten Tischdecken serviert. Ich hole für uns aus der Bordküche einen Blechnapf mit Reis und eine Art verkochter Fischabfälle ab. Die Mitreisenden zerquetschen das Essen und schieben es sich mit den Fingern in den Mund. Man gibt sich ungezwungen. Nach dem Speisen beginnt ein Pupskonzert um uns herum. Taschentücher sind weitgehend unbekannt. Was aus der Nase raus will, wird in die Hand geschneuzt und dann an die Kleider oder sonstwohin geschmiert. Hier und da fliegt ein Popel über Bord. Manche Leute kämpfen mit der Seekrankheit. Die Toiletten sind teilweise defekt und kurz davor, überzulaufen. Im Unterdeck sieht es aus wie auf einem Flüchtlingsschiff. Die zweistöckigen Eisenbetten liegen voller Gepäckstücke und Menschen. Babys schreien, auf den kreuz und quer gespannten Wäscheleinen hängen Unterhosen zum Trocknen, dazwischen brutzeln Mütter auf Kerosinkochern Mahlzeiten oder Tee. Aus der Kombüse schleicht Fischgeruch durchs Deck. Der Boden liegt voller Abfälle. Es sieht aus, als wäre das Schiff schon seit Wochen unterwegs. Im Bordkino kämpfen Westernhelden gegeneinander.

Plötzlich rennt ein Trupp Männer aufgeregt zwischen den Menschen umher. Sie tragen orangene Schwimmwesten. Säuft der Kahn ab? Nein, es wird nur eine Übung für die Mannschaft abgehalten. Ein sanfter Sonnenuntergang leitet die Nacht ein. Der Schiffsdiesel stampft monoton, und bald schlafen wir unter einem klaren Sternenhimmel, der die ganze Pracht der Milchstraße zeigt.

»Booooohhhhh!«

Der tiefe Ton des Schiffssignals hallt vom Hafengebäude wider. Es ist früher Vormittag, in wenigen Minuten legt das Schiff im Hafen von Belawan an. Der gesamte Zivilisationsabfall, inklusive aller Plastik- und Metalldosen, wurde von der Mannschaft zuvor ins Meer geworfen. Als langer, buntschillernder Schleier schaukelt er hinter dem Schiff auf dem Wasser.

Fast alle Reisenden stehen erwartungsvoll an der Reling, manche winken aufgeregt den Wartenden am Ufer zu. Geschäftige Aufbruchstimmung herrscht allerorten. Riesige Taschen, prallvolle Plastiktüten, Kisten und verschnürte Kartons werden herumbugsiert, dann ist das Schiff vertäut und mit viel Geschubse drängt die Menge von Bord. Anstrengend war's, aber auch schön und interessant. Letzteres für uns vor allem, weil wir mit Staunen festgestellt haben, daß durchaus wohlhabende Menschen binnen weniger Minuten durch ihre Verhaltensweise und die vernachlässigte Kleidung an Bord einen irgendwie ärmlichen Eindruck machten. Sie hatten oftmals teure Kleidungsstücke bei sich, die sie aber achtlos neben sich warfen, während sie auf den Decks oder in den Treppenaufgängen kampierten. Ihre gesamte, auf dem Schiff gewaschene Wäsche ist breit über alle verfügbaren Metallstreben und Geländer zum Trocknen aufgehängt. Es sieht aus wie auf einem Flüchtlingsschiff.

Die auf dem Schiff teilweise entstandene Vertrautheit zwischen den Passagieren scheint wie weggepustet. Jeder ist mit sich selbst beschäftigt und damit, seine Lieben und sein Eigentum bei sich zu behalten. Problemlos gelangen wir wieder in den Besitz unserer Räder und strampeln etwas übermüdet in die Stadt.

Zwei Tage später. Plötzlich knacken Äste hoch oben in den Baumkronen. Ich ahne etwas von links aus dem Gebüsch auf uns zukommen, aber hinter uns raschelt es auch. Wir stehen im Dschungel von Bohorok. Bis zu 2 m große Gestalten nähern sich uns. Dennoch haben wir keinen Gedanken an Flucht, denn ihretwegen sind wir hier: Orang Utans oder ›Waldmenschen‹, wie es übersetzt heißt.

Und wirklich, sie sind wunderbar für ihre Welt ausgerüstet. Mit den langen Armen hangeln sie sich bedächtig durchs Geäst,

Orang Utan heißt vom Indonesischen übersetzt ›Waldmensch‹. Es gibt wohl kaum freundlichere und ruhigere Tiere.

langsam, Ast für Ast, nur selten berühren sie den Boden. Das lange Fell leuchtet in der Sonne zwischen kupfer- und orangerot. Wir befinden uns in der Rehabilitationsstation für Orang Utans. Die Tiere kommen alle aus der Gefangenschaft von Privatzoos, teils, weil sie ihren ›Besitzern‹ zu viele Probleme gemacht haben, teils auf staatliche Anordnung hin. Noch immer wollen viele Menschen nicht begreifen, daß diese Wildtiere keine niedlichen Spielzeuge sind, sondern hochspezialisierte, sensible Wesen, die man mit einer Käfighaltung zerbrechen kann. Ich erinnere mich an den alten Orang Utan im Zoo von Bangkok, der mit einem tieftraurigen Gesichtsausdruck allein in seinem Gehege saß. Seit wann schon? Viele Menschen haben versucht, ihn zu einer Bewegung zu veranlassen, haben ihn letztlich mit Plastikbechern zu bewerfen versucht, mit Steinen und Nüssen. Schließlich wendeten sie sich enttäuscht ab, weniger ›langweiligen‹ Lebewesen zu.

Diese Orang Utans hier sollen in ihre natürliche Umgebung zurückkehren, aus der sie ursprünglich stammten. Der Dschungel Indonesiens war früher von ihnen dicht bevölkert, heute gibt es nur noch wenige Exemplare. Nun müssen die Ex-Gefangenen lernen, wie man sich als Orang Utan im Wald verhält. So seltsam es klingen mag, haben diese Tiere jedoch nach der jahrelangen Einzelhaft regelrecht Angst vor dem Wald. Klettern und auch der Umgang mit den verschiedenen Früchten will erstmal gelernt sein.

Wir stehen auf einer Anhöhe mitten im Wald. Vor uns befindet sich eine Plattform aus Holz, darauf hockt ein junger Indonesier. Er hat einen Eimer mit Bananen dabei, in einem anderen befindet sich mit Wasser verdünnte Milch. Es ist Fütterungszeit für die noch ganz entwöhnten Tiere. Langsam nähern sich ein paar der größeren, zotteligen Orang Utans der Plattform und nehmen sich vorsichtig ein paar Bananen aus der Hand des Pflegers. Nach einem Schluck Milch aus einem Blechnapf hangeln sie sich wieder in die Bäume zurück. Zwei Affenmütter haben ihre Kinder in der Wildnis geboren. Die Kleinen klammern sich am Bauchfell fest, während die Mütter sich durch die Zweige arbeiten.

»Wenn die Tiere so weit sind, daß sie allein zurechtkommen, gehen sie allmählich in den Wald zurück«, erzählt uns der Pfleger später.

»Wir geben ihnen dann immer weniger zu essen, und zu trinken bekommen sie saure Milch, die ihnen nicht schmeckt. So wollen wir sie zwingen, selbst auf Nahrungssuche zu gehen, um besseres zu finden. Hartnäckige Fälle werden mit dem Hubschrauber in entlegene Gebiete des Dschungels geflogen. Wenn sie nicht lernen, selbständig zu leben, bleiben sie vom Menschen abhängige, soziale Krüppel!«

Gegründet wurde diese Station von der Schweizerin Monika Bohner und ihrer Mitarbeiterin Regina Frey 1973, unter Mithilfe der Zoologischen Gesellschaft Frankfurt. Nach anfänglichen Schwierigkeiten und Skepsis seitens der indonesischen Behörden, untersteht die Station heute der Leitung der nationalen Parkverwaltung.

Auf dem Waldboden ist geschäftiges Treiben. Etwa 3 bis 4 cm große Ameisen mit dicken, schwarzen Köpfen trippeln auf anscheinend genau vorgeschriebenen Wegen ihren Zielen entgegen. Viele scheinen als Waldarbeiter angestellt zu sein, denn sie tragen beachtlich große Holzstückchen von links nach rechts in das dichte Grün um uns. Eine dicke Raupe harrt auf einem Blattstengel ihrem nächsten Entwicklungsstadium entgegen.

Im Gebäude des World Wildlife Founds (WWF) im Dorf Bukit Lawang wird am Abend ein interessanter Film über die Arbeit der Wildhüter gezeigt.

In den nächsten Tagen gehen wir weiter in den Dschungel hinein, der sich am Ende des Dorfes erstreckt. Steil führt ein Trampelpfad dicht an teilweise mit blaugrünschillernden Pflanzen bewachsenen Felsen vorbei. Farne und Lianen hängen von den bis zu 60 m hohen Bäumen, irgendein Tier stößt tiefe Glueckslaute aus im Gebüsch über uns. Schöne, große Pilze lugen aus dem Gras zu unseren Füßen. Tief unten rauscht der klare Bohorok in seinem steinigen Bett. Weit im Wald, wo wir keine Siedlung mehr erwartet hätten, stoßen wir auf ein winziges Dörfchen, das aus vier Hütten besteht. Die wenigen Bauern müssen von Bukit Lawang alles, was sie benötigen, auf dem Rücken hierherschleppen. Gemüse und ein paar Erdnußsträucher haben sie angepflanzt.

Elena:
Auf der hölzernen Veranda einer der Hütten sind ein paar Tische und Stühle aufgestellt, ein junges Mädchen und ihr Freund servieren auf Wunsch ein paar Kleinigkeiten zu essen.

Sogar eine Mini-Speisekarte gibt es, und wir stellen zu unserer großen Überraschung fest, daß deutscher Kartoffelsalat angeboten wird. Das muß ich wissen, was hier unter deutschem Kartoffelsalat verstanden wird! Etwa eine dreiviertel Stunde nach der Bestellung erscheint das Mädchen wieder, in der Hand einen bunten Salatteller. Mit dem, was Deutsche unter einem Kartoffelsalat verstehen, hat es zwar wenig zu tun, aber die Dekoration der regelrecht künstlerisch drapierten Gemüsesorten, ohne jeglichen Gewürz- oder Soßenzusatz, ist doch beachtenswert. Der besondere Effekt stellt sich beim ersten Biß in die nebeneinander gelegten Kartoffelscheiben bei mir ein: sie sind roh!

Der junge Koch experimentiert erst seit heute in der Küche. Hochrot im Gesicht und schweißtriefend kämpft er gegen die Tücken der Gastronomie an. Um sich vom Küchenstreß zu erholen, setzt er sich zwischendurch immer mal wieder an die Theke und schöpft Atem.

Es ist sehr gemütlich hier. Leise Musik schwebt zwischen den Sitzgruppen und vermischt sich mit den Dschungelgeräuschen zu einem meditativen Wattebausch, der uns umfängt. Wir fühlen uns wohl und genießen die Ruhe.

Peter:
»Sollte ich jemals eine Bank überfallen, werde ich mich hierher verkrümeln, bis genügend Gras über die Sache gewuchert ist. Hier findet mich niemand!«

Elena lacht. Ringsherum ist nur dichter Urwald, an dessen Rand sich einige Affen tummeln.Unser Hotel in Bukit Lawang besteht aus Palmholz auf Stelzen und ist auf den Felsen am Flußufer gebaut. Das ganze Haus erzittert etwas beim Gehen. Unten gibt es eine Küche, in der herrliche Gerichte gekocht werden. Im Fluß waschen Frauen abwechselnd das Geschirr, die Kinder oder die Wäsche beziehungsweise sich selbst.

Die Frauen und viele der Männer tragen hier farbenfrohe Sarongs, Batiktücher, die sie um ihre Hüften geschlungen haben. Im Dorf fahren keine Autos, der Erdweg ist dafür zu schmal. Der Bus aus Medan stoppt gleich nach den ersten Häusern auf dem Versammlungsplatz.

Bei einem unserer Spaziergänge sehen wir einen zahmen Affen, der von einem Restaurantbesitzer an einer Kette hin- und hergezerrt wird, als Spaß für die Touristen. Als wir uns nach dem Tier erkundigen, bringt er uns hinter einen Bretterverschlag zu einem stinkenden Drahtverhau von etwa 1 m Länge ohne Dach, in dem zwei graubraune Affen hausen müssen. Der Boden liegt voller verschimmelter Abfälle und Exkremente.

Wir fragen den Besitzer, warum er die Tiere gefangenhält, wo er doch sogar direkt neben der Rehabilitationsstation wohnt. Aber er lacht nur und geht weg. Tagelang ist das Lokal geschlossen, die Affen sind ohne Futter und Wasser. Am nächsten Nachmittag starten wir die Aktion: ›Freiheit für unsere Verwandten‹. Mit einer Eisenstange biege ich ein Loch in das Gitter, den Rest müssen die Insassen selbst machen. Am Morgen darauf sehen Elena und ich nach. Sie sind weg, der Käfig ist leer. Unsere befreiten Affen plantschen quietschvergnügt im Fluß herum. Anstatt sich in den Dschungel zu schlagen, halten sie sich in der Nähe ihres Gefängnisses auf. Sie genießen die gewonnene Freiheit sichtlich, doch ihr Besitzer wird sie bald wieder einfangen. Aber mehr können wir nicht tun. Die Wärter in der Rehabilitationsstation sind leider nur an Orang Utans interessiert, die mehr Touristen anlocken als ein kleiner, graubrauner Affe und somit eher die Kassen füllen.

Die ruhigen Tage bei den freundlichen Leuten in Bukit Lawang haben uns gutgetan. Von nun an geht's bergab. Mit den frisch gesattelten Drahteseln fahren wir wieder runter nach Medan. Mehrmals überqueren wir den Bohorok über holprige Brücken aus Knüppelholz. Grüne Papageien stürmen in laut kreischenden Geschwadern über unseren Köpfen dahin. Weiter oben in den Bergwäldern leben noch vereinzelt Sumatratiger und große Warane. Dort blüht auch die Rafflesia, die größte Blume der Welt. Sie hat einen Durchmesser von 1 m und wiegt bis zu 7 kg. Irgendwo unterwegs hängt ein übler Geruch in der Luft.

»Durian!« ruft Elena entsetzt. »Bloß weg von hier!«

Ein Mütterchen an der Straße hockt hinter einem ganzen Berg dieser Früchte. Wir haben uns immer noch nicht an den Geruch gewöhnen können und sausen an ihr vorbei. Bald sind wir in Medan und fragen uns, was wohl besser riecht. Busse, Mopeds und Tuck-Tucks verpesten hier die Luft. Die Stadt ist das wirtschaftliche Zentrum von Nordsumatra und hat etwa 1 Million Einwohner. Die Raya-Moschee, die aus den Steinen von ehemaligen Hindu- und Buddhatempeln gebaut wurde, ist beeindrukkend. Und sonst? Medan muß man nicht unbedingt gesehen haben.

Bevor wir weiterfahren, wollen wir noch die hiesige Station von Emmaus besuchen. Sie heißt hier ›Karya Kashi‹ und setzt sich vor allem für mittellose Kranke und alte Menschen ein. Nach der Begrüßung zeigt uns der stellvertretende Leiter Dr. Nauli den gesamten Komplex, der aus mehreren Gebäuden besteht. Alles blitzt vor Sauberkeit und Ordnung. Auf der Kinderstation tragen kichernde Pflegerinnen Babys herum.

Der Operationsraum konnte durch eine Privatspende aus Holland eingerichtet werden, das Krankenauto wurde mit Geldern aus Deutschland finanziert. Auf der Straße vor dem Gelände verkaufen Obdachlose gebrauchte Kleider und verdienen sich damit etwas zum Lebensunterhalt. Auch Altpapier wird hier gesammelt und wiederverwertet. Die Anlage ist gut gepflegt und scheint effektive Hilfe zur Selbsthilfe zu leisten.

Emmaus wurde 1949 vom französischen Armenpriester Abbé Pierre in einem Vorort von Paris durch die Einrichtung einer Lumpensammlergemeinschaft ins Leben gerufen. Heute gibt es die Emmaus-Bewegung in mehr als 30 Ländern der Erde. In Deutschland hat Emmaus ihre Zentrale in Köln, wo sie sich um Obdachlose kümmert.

Den geschäftsführenden Vorsitzenden Günther Bornefeld hatten wir ja bereits in Bulgarien kennengelernt. Durch ihn erreichte uns per Post die Adresse der hiesigen Emmaus-Station.

Elena:
An der Straßenecke vor unserem Hotel werden etwa 40 cm große, lebendige Fledermäuse als Nahrungsmittel verkauft. Sie hängen kopfüber an einer Schnur über dem Bordstein. Ihre Beine sind mit Draht zusammengebunden, die Pfoten bereits blaurot verdickt durch den Blutstau. Auch die kleinen Schnauzen sind fest mit Draht umwickelt, von einigen der zappelnden Tiere tropft Blut aus dem Maul herunter. Verzweifelt versuchen die Tiere immer wieder, ihre Fesseln zu lösen. Manche haben sich dabei schon mit den Zahnecken ihre Beine aufgebissen.

»Die können höllisch beißen«, erklärt mir lachend der Verkäufer, während er eines der vorderen Tiere an den Füßen packt, auf den kleinen Klapptisch knallt und ihm die Kehle durchschneidet für den Kunden, der vor ihm steht. Mir verursacht der Anblick der leidenden Tiere Übelkeit. Ich bin durchaus Fleischesser, aber ich bin dagegen, daß Tiere vor ihrem Tod vermeidbar leiden müssen, sei es nun in westlichen Massentierhaltungen oder diesem Spektakel hier. Den Genuß von Schnecken und Froschschenkeln habe ich mir bereits vor langer Zeit abgewöhnt, nachdem ich erfahren habe, wie das bißchen Fleisch gewonnen wird. Und Fledermaus muß ich ja nicht unbedingt probieren.

Peter:
Bevor wir die Stadt verlassen, bringen wir unsere Briefe zur Post. 8.000 Rupiahs, fast 50 DM, bezahle ich für das Porto. Der Postbeamte steckt das Geld ein und legt die Briefe erstmal beiseite. Die Marken will er erst später draufmachen. Das Schlitzohr schielt auf einen fetten Nebenverdienst. Wir haben den Verdacht, daß er die Marken auf diese Art und Weise mehrfach verkaufen kann, wobei er jeweils den Gewinn privat einsteckt. Nach langem Hin und Her klebt er dann die Briefmarken auf die Kuverts – aber stempeln will er sie doch erst später. Ich bestehe auf sofort. Sichtlich widerwillig und auf indonesisch schimp-

fend tut er es. Alle Briefe kommen in Deutschland an. Bei der weitverbreiteten Korruption und den niedrigen Gehältern kann ich den Postler sogar verstehen. Ein junger Mann erzählt, daß er, um einen Job zu bekommen, dem Chef erst ein Schmiergeld bezahlen muß. Wer am meisten bezahlt, bekommt die Stelle. Das ist aber nicht allein ein indonesischer ›Brauch‹, man findet ihn durchaus auch in Europa, zum Beispiel in Italien. Er fragt uns, ob wir ihm einen Job in Deutschland besorgen könnten und eine Wohnung, vielleicht auch eine Frau und ein Auto dazu. Das hätten wir doch alle in Deutschland, es sei sicherlich kein Problem für uns und außerdem wären wir doch jetzt Freunde. Wenn's weiter nichts ist...

Die Hauptschule kostet jeden Monat 15.000 Rupiahs, die Mittelschule 20.000, etwa 120 DM. Viele Kinder verlassen deswegen schon nach kurzer Zeit die Schule, kaum, daß sie Lesen und Schreiben können, und wandern als Schuhputzer und Busschaffner umher.

Im April 1995 war der indonesische Staatspräsident Souharto anläßlich der Hannover-Messe in Deutschland. Er war sehr erbost, weil er und seine Delegation von Buh-Rufen durch Demonstranten empfangen wurden. Dabei spielte der geplante Handelsabschluß zwischen Deutschland und dem indonesischen Forschungsminister Habibie eine Rolle, wobei es unter anderem um den Verkauf von Schiffen aus den Beständen der ehemaligen DDR ging.

Der Grund für die Proteste gegen Geschäftsabschlüsse mit Indonesien waren die massiven Menschenrechtsverletzungen in Ost-Timor. Die Insel wurde 1975 widerrechtlich von indonesischen Truppen besetzt, 200.000 Ureinwohner wurden seitdem umgebracht. Aber auch die Urwälder West-Neuguineas wurden zum Teil gerodet, um die Bodenschätze auszubeuten.

Tausende Menschen haben auch dort ihre Lebensgrundlage verloren. Nach Meinung der indonesischen Regierung in Jakarta müssen Menschen, die »in der Steinzeit« leben, zu ihrem Glück, sprich dem modernen Dasein, gezwungen werden. Viele der entwurzelten Papuas fristen nun ihr Dasein als Bettler, Prostituierte oder sind Alkoholiker geworden.

Einige indonesische Tageszeitungen, die kritisch über diese barbarische Vorgehensweise berichteten, wurden kurzerhand durch Präsident Souharto verboten, viele Journalisten verhaftet.

Am ersten Tag unserer Fahrt in Richtung Java ist die Straße noch flach, aber bald geht es rauf und runter. Auf einem Dorfplatz stehen eine Gruppe Männer und Jungs in einem Kreis zusammen. In der Mitte fliegen Federn. Hier ist ein Hahnenkampf im Gange. Die Männer blicken Elena etwas irritiert entgegen, denn Frauen dürfen daran nicht teilnehmen. Reisende jedoch genießen manchmal Narrenfreiheit. Die Besitzer der Hähne schubsen die Tiere aufeinander, worauf die beginnen, sich gegenseitig zu picken und zu treten. Die schlanken, fast dürren Hähne flattern etwas auf und ab dabei, die richtige Kampfeslust will sich aber nicht einstellen. Hier handelt es sich nur um einen Trainingskampf, im Ernstfall tragen die Gockel scharfe Klingen an den Beinen. Vor allem auf Sulawesi, Borneo und den kleineren Inseln ist der Hahnenkampf beliebt. So mancher Bauer hat durch die hohen Wetteinsätze aber auch schon seinen gesamten Besitz verloren, weswegen die Sache offiziell verboten ist.

»Was war denn das einmal?« fragt Elena erstaunt.

»Die hat es erwischt, und zwar gründlich«, antworte ich.

Eine riesige Tigerpython oder das, was noch von ihr übrig ist, liegt total verdreht und verknotet am Straßenrand. Die Python ist vermutlich in die Achse eines LKWs geraten. Rechts und links aus dem riesigen Knoten ragen etwa 3–4 m Schlange raus, der restliche Leib ist der Länge nach aufgeschlitzt. Wir versuchen, die Gesamtlänge des Tieres zu schätzen und kommen dabei etwa auf 10–13 m.

Gegen Abend kreuzt ein Gürteltier die Fahrbahn vor uns. Überfahrene haben wir schon oft gesehen, aber dieses hier ist sehr lebendig und wackelt in Panik davon. Über die Hügel müssen wir oft schieben, aber oben angekommen, lassen wir die Räder bis zur Hälfte der nächsten Anhöhe hinuntersausen. Hin und wieder steht ein kleines Dorf am Straßenrand, manchmal ist es nicht mehr als eine Ansammlung von ein paar Hütten.

In einer der Buden betreibt eine Familie ein kleines Restaurant. Zusammen mit den Kindern essen wir plattgedrückte und gebratene Blumenkohlfladen in Omeletteig, die herrlich schmekken. Das ist einer der Gründe, warum wir manchmal gerne die großen Städte meiden. Die Leute auf dem Land haben noch Zeit. Sie wundern sich über uns und über unsere bepackten Räder, lachen, reden mit uns und sind freundlich. Sicher stufen sie uns für verrückt, aber harmlos ein. Aber das macht ja nichts, Verrückte treten aus der Norm, manchmal leisten sie sogar Großes. Also, was soll's!

Gegenüber liegt eine Tankstelle, erkennbar nur durch eine Holzhütte, vor der zwei rostige Blechfässer stehen für Diesel und Benzin. Den Motorrädern wird der Sprit per Trichter und Meßbecher eingefüllt. Nur mit der rechten Hand wird getankt, denn links hält der Tankwart die Zigarette. Brennend! Manchmal kann man in den kleinen Bretterlädchen das Nötigste kaufen. Jede Kleinigkeit wird in Plastiktüten verpackt und alles zusammen dann nochmal in eine große Plastiktüte getan. Die losen Eier natürlich zuunterst, dann die Thunfischdosen, und darauf das Brot. Nie umgekehrt.

Nachsichtig lächelnd betrachten die Verkäufer unsere seltsame Eigenheit, die Tüten umzuschichten. Abseits der Straße finden wir im Dschungel einen brauchbaren Zeltplatz. Aus Steinen und Erde baue ich eine sichere Feuerstelle, und dann macht Elena ein Essen, das seinesgleichen sucht: Rührei mit Pilzen. Das ist nichts Besonderes? Wenn die Pilze Totentrompeten heißen, selbstgesammelt, getrocknet und aus dem Schwarzwald sind, und die Eier 17.000 km von zu Hause entfernt im indonesischen Urwald brutzeln, ist das nicht alltäglich.

Die Geräusche der Nacht begeistern uns immer wieder. In der Ferne quaken Frösche, uns unbekannte Vögel rufen, und die wohl niemals schlafenden Zikaden ratschen dazu ihre Liebeslieder. Ich lege frische Blätter und Gras in die Glut, der Rauch vertreibt etwas die Moskitos. Zu Hause in Deutschland rappeln jetzt schon die ersten Wecker für die Frühaufsteher. Der Zeitunterschied beträgt plus acht Stunden. Wir entfernen uns immer mehr von zu Hause.

Elena:
Laut Reiseprospekt befinden wir uns in der trockenen Jahreszeit, die von April bis Oktober dauert. Jetzt ist es Juli – und es regnet. Nur kurz, aber es reicht, um alle Mulden und Löcher in große Pfützen zu verwandeln. Unter den Regenpellerinen schwitzt man und wird so trotzdem naß.

Das Palmblätterdach, das eine Bushaltestelle markiert, bietet uns eine Zeitlang etwas Schutz, dann radeln wir weiter. Immer wieder öffnet der graue Himmel seine Schleusen, der Urwald dampft. Am Abend erreichen wir eine Hütte. Es war wohl einmal ein Laden, aber er ist schon seit langem geschlossen. Das Dach hält den Regen ab. Am späten Nachmittag gesellen sich einige Teenager aus einem nahen Haus zu uns, insgesamt sind es schnell 14 Personen. Leider sprechen sie kein Englisch und wir kein Indonesisch. Jemand reicht ein selbstgeschriebenes Buch ›Englisch-Indonesisch‹ herum, aber es ist voller Fehler, die Übersetzungen scheinen nicht zu stimmen. So bleibt das ›Gespräch‹ hauptsächlich auf Gesten und Lachen beschränkt. Ein Junge ist dabei, dem an jedem Daumen ein zweiter, kleiner Daumen baumelt. Die umstehenden Mädchen und Jungs finden das nicht besonders ungewöhnlich, aber uns fotografieren sie. Wir dagegen betrachten interessiert seinen Zusatzgreifer. Als es dunkel wird, gehen sie in ihr Haus zurück. Es schüttet immer noch wie aus

Kübeln, zum Weiterfahren ist es zu naß und sowieso schon zu spät.

Die Tür der Hütte ist nur mit einem Holzstück verschlossen. Peter inspiziert den Innenraum und meldet:

»O.k., Räder und Zelt passen rein!«

Hier war schon lange niemand mehr drin. Der Schein der Taschenlampe streicht über rohe Holzregale, die mit einer dicken Staubschicht überzogen sind. Aber es ist wenigstens trocken.

Spät in der Nacht will noch jemand aus dem Regen flüchten. Draußen unter dem Dach tapst etwas herum, kratzt an den geschlossenen Läden. Ein Stachelschwein vielleicht, denke ich im Halbschlaf, für einen Menschen sind die Schritte zu leicht. Alles andere aber geht mich nix an. Aber jetzt springt es. Na, dann wird es ein Affe sein. Draußenbleiben – hier ist schon besetzt.

Peter:
Zwei Tage später schlage ich morgens die Augen auf und sehe Kerzen, rieche Kuchen und höre Elena singen.

Das kann sich nur um einen Geburtstag handeln. Richtig: Ich habe das zweite Mal Geburtstag auf Tour! Eine Musikcassette von meiner Lieblingsrockgruppe, liebe Briefe von zu Hause und einen Zaubertrick hat mir Elena auf einem Tisch aufgebaut. Den Trick hat sie schon seit Bangkok heimlich in ihrer Kleidertasche versteckt. Wir sind in Pekanbaru, in einer netten, kleinen Pension, duschen heiß und frühstücken erstmal gut und lange.

Elena:
Seit Tagen schmerzt Peter der Rücken und er fühlt sich müde und zerschlagen. Ob eine Grippe im Kommen ist? Den Tag verbringen wir mit Lesen, Musikhören, Essen und Schlafen. Gegen Abend fühlt er sich schon wieder etwas besser.

In diesem Ort, und vorher schon in anderen, fallen uns immer wieder Transvestiten auf. Oft werden wir in Geschäften von den Menschen bedient, die mit männlicher Stimme und brustlosem, tiefen Kleiderausschnitt, mit Wipperöckchen und Stachelbeinen auf hohen Stöckeln freundlich an der Kasse sitzen.

Ich weiß manchmal wirklich nicht, ob ich nun eine als Mann verkleidete Frau vor mir habe oder umgekehrt. Peter bekommt öfters Küßchen und bedeutungsschwere Blicke von ihnen zugeworfen oder hört Komplimente wie ›handsome boy‹... Die Männer, ich meine jene, die sich als solche zu erkennen geben, fallen mir dagegen größtenteils als Machos auf. Oft beginnen sie, auf ihren Mopeds Kunststückchen vorzuführen, drehen den Motor hoch oder fangen an, sich eifrig die pomadisierten Locken zu kämmen, wenn sie mich sehen.

Auch hier ist die erste Frage stets, ob wir verheiratet sind und wie viele Söhne (!) wir haben. Um die Verwunderung und Diskussionen in Grenzen zu halten, zeigen wir schon lange immer das Foto von meinem Neffen, der unseren Sohn abgibt – und alle sind zufrieden.

»Hier muß irgendwo der Äquator verlaufen. Aber wo?« fragt Peter.

Die Leute, die wir in den Dörfern fragen, haben keine Ahnung, was wir suchen. Andere zeigen nach oben und meinen: »Mata Hari«, was uns als ›Auge des Lichts‹ übersetzt wird und eigentlich Sonne bedeutet. Aufmerksam suchen wir während des Fahrens die Gegend nach einer entsprechenden Markierung ab. Der Mann am Straßenrand, den wir fragen, zeigt in die Wolken.

Da oben wäre er, der Äquator. Ein anderer meint, der liefe gar nicht durch diese Gegend, sondern käme nur in den Bergen auf der anderen Küstenseite vor.

»Da vorne, der Äquator!« meldet Peter mit einem Mal.

Eine flache, verrostete Weltkugeldarstellung aus Stahlrohr steht neben der Straße. Darüber ein verblaßtes Schild ›Equator‹. Von hier aus sind Nord- und Südpol gleich weit von uns entfernt. Bei unserer Schiffsreise haben wir diesen größten Erd-

Die erste Etappe ist geschafft – wir sind am Äquator in Sumatra angekommen!

kreis schon mal überquert. Später, in Südamerika bei Quito, werden wir ihn nochmals passieren.

Den Einheimischen sagt die Äquator-Linie nicht viel. Sie fahren täglich mehrmals darüber. Am Haus gegenüber rücken sie jetzt Stühle zusammen, um bequemer zusehen zu können, wie wir per Selbstauslöser Fotos von uns machen. Auf dem Weg nach Rengat, einem kleinen Städtchen, werden wir von einem LKW überholt, auf dessen Ladefläche fahnenschwingende Jugendliche fröhlich singen. Es handelt sich um die Marathonläufer der ›Asiatischen Olympiade‹. Warum die mit dem LKW fahren, ist uns allerdings nicht klar.

Sehr weite Regenwaldflächen seitlich der Straße wurden durch Brandrodung vernichtet. Die Stämme liegen verkohlt im Gelände oder ragen bizarr zum Himmel aus dem tiefschwarzen, saftigen Boden.

Die Rodungsflächen scheinen ungenutzt, die Natur holt sich

bereits an vielen Stellen ihr Eigentum wieder zurück, die abgeholzten Baumstümpfe werden bereits wieder überwuchert von üppigem Grün. Aber es ist halt nur Sekundärdschungel, der da wächst. Nie wieder wird es so sein, wie es einmal war. 1997 brennt halb Indonesien – mit verheerender Wirkung auf die Bevölkerung, auch die der Anrainerstaaten, die die stark rauchhaltige Luft einatmen müssen.

Die wahren Ausmaße dieser unglaublichen Brandrodung, zum Beispiel in Kalimantan, auf Borneo und Sumatra, werden sich aber erst langfristig richtig bemerkbar machen. Giftige Rauchschwaden ziehen quer durch den gesamten asiatischen Raum.

Es ist unvorstellbar, daß Menschen sich derart an der Natur versündigen, nur um des Geldes willen. Ob diese Leute wohl keine Kinder haben, denen sie eine erträgliche Umwelt hinterlassen wollen? Ganz Südostasien ist von diesen Auswirkungen der Korruption und mangelnder Kontrolle der Unternehmer und Regierungsstellen betroffen. Irgendjemand hat einmal große Betonrohre beschafft, um die wilden Bäche zu kanalisieren, die bei Hochwasser regelmäßig die Felder überfluten.

Bloß schade, daß sich niemand dafür einsetzt, die Rohre einzugraben. Der Urwald hat sich ihrer schon angenommen, auch sie sind halb in der Erde versunken und mit Pflanzen überwachsen. Irgend jemand hat die Rohre ja einmal bezahlt. Wir sollten bald mehr darüber erfahren.

Ein Jeep hält neben uns. Der Fahrer steigt lachend aus, begrüßt Peter und mich zuerst in Englisch, dann in gebrochenem Deutsch und bittet uns, ins Rathaus von Rengat zu kommen. Man will uns dort anläßlich des Sportfestes, das von Präsident Souhartos Tochter alljährlich veranstaltet wird, offiziell empfangen und dem Bürgermeister vorstellen. Wir freuen uns über diese Ehre.

Nach einer Stunde erreichen wir mit unseren Rädern den Ort. An einem Schneiderladen trinken wir noch eine Cola und versuchen, uns etwas frisch zu machen. Plötzlich fegt ein Auto mit rotem Regierungskennzeichen vor die Bude. Aus den Staubwolken erscheint ein Soldat und übergibt uns ein Schreiben.

»Ich bedanke Ihr zu unserem Büro. Herzlichen Glückwunsch!«

Ein Brief vom Pressechef, der uns vor einer Stunde angehalten hat. Wir staunen nicht schlecht und mit uns die Leute in der Schneiderei. Nach kurzer Wegstrecke fahren wir in das parkähnliche Areal, an dessen Ende das Rathaus steht, das Regierungsauto mit den Uniformierten immer voraus. Der Pressechef kommt uns schon freudig entgegen. Neben die Räder wird ein Soldat gestellt, der darauf aufpassen muß, dann werden wir ins Büro gebeten, Tee und Limonade wird gereicht. Der Pressechef hat zwei Jahre in Deutschland gelebt. Den Brief an uns hat er aus dem Buch ›Die richtige Formulierung‹ zusammengestückelt. Peter und ich erzählen ihm unsere Geschichte.

Inzwischen wird es auf dem großen Platz vor dem Rathaus lebendig. Junge Leute in Trainingsanzügen nehmen Aufstellung, jeder Teilnehmer hat eine Fahne in der Hand. Das australische Banner sehen wir, das amerikanische und auch die deutsche Flagge ist dabei. Die Fahnenträger haben in den jeweiligen Ländern studiert.

Der Mann für Öffentlichkeitsarbeit ist begeistert von uns und der Fahrrad-Weltreise. Uniformierte Männer und Frauen eilen geschäftig hin und her, der Bürgermeister bittet in sein Büro. Zeitweise haben wir den Verdacht, die verwechseln uns oder so, doch die Leute meinen wirklich uns und bewundern anerkennend unsere Form der sportlichen Leistung. Der Bürgermeister erwartet uns bereits. An seiner weißen Uniform hängen verschiedene Orden an bunten Bändern.

Er freut sich, uns als Ehrengäste zum Abschluß der Olympiade begrüßen zu dürfen. Die einzigen deutschen Worte, die er kennt, sind ›Helmut Kohl‹. Tja, Mensch, wir freuen uns auch! Vor zwei Stunden plagten wir uns noch hoch und runter über Sumatras Landstraßen bei 40° C im Schatten, der aber nirgends zu finden war, traten schweißgebadet in die Pedale. Zusammen mit uns will der Bürgermeister jetzt auf dem Vorplatz die Parade der Sportler abnehmen. Was für ein Bild! Mein blonder, langhaariger Weltenbummler im bunten Hemd und ich in verstaubten Jeans und Bergstiefeln neben dem geputzten Colonel inmitten von bewaffneten Sicherheitsleuten. Die jungen Fahnenträger mußten während der ganzen Zeit in der prallen Sonne stehen. Jetzt marschieren sie an uns vorbei und singen die indonesische Nationalhymne. Die Fahnen werden danach alle in einer Reihe in dafür vorgesehene Halter gesteckt. Die Presse macht Fotos von uns und dem Colonel mit unseren jeweiligen Staatsflaggen, Handschlag inbegriffen. Peter und der Colonel, der Colonel und wir beide, wir beide und der Colonel usw.

Bis jemand etwas von Essen sagt. Jeder geht zielstrebig zu dem großen Zelt. Auch wir werden hellhörig. Radfahrer haben immer Hunger. Man führt uns an ein gut aussehendes Buffet. Riesige Garnelen, Fisch und Fleisch hängen über unsere Tellerränder, als wir zu unseren Stühlen zurücksteuern. Wer weiß, wann so eine Gelegenheit wiederkommt. Schon bald – aber das ahnen wir da noch nicht. Für die hiesigen Zeitungen geben wir Interviews und erzählen in ein Kameraauge von unseren Abenteuern. Der erste Sekretär und der Pressechef nicken anerkennend.

Die Räder lassen wir im Rathaus, eine Wachmannschaft ist sowieso die ganze Nacht dort. Der Pressechef lädt uns mit seiner Familie für den Abend zum Essen ein.

In einem netten Restaurant mit schummriger Beleuchtung gibt es Geflügel mit Kartoffeln und scharfer Soße, als Dessert gebackene Bananen, bis der Hosenbund spannt. Wir sprechen über die Brandrodungen und die Überschwemmungsgebiete.

»Wir haben eben keine Maschinen, um Gräben zu ziehen«, sagt er.

»Aber doch Schaufeln und viele kräftige Hände!« erwidere ich.

»Unsere Leute warten auf die Maschinen, die aus Europa irgendwann kommen sollen; Entwicklungshilfe, verstehen Sie?«

Rauf und runter, rauf und runter geht am nächsten Tag die Straße für uns weiter. Und wir hatten bewußt die Straße in der Ebene gewählt, weil sie auf der Karte flacher eingezeichnet ist als die im Gebirge. Es ist eine Plage. Auch hier auf dem Land ist das Betelnußkauen weit verbreitet. Auf den Märkten und in den kleinen Buden werden die grünen Blätterpäckchen angeboten. Eine zerstoßene Betelnuß ist darin, etwas Pfefferminzpaste, Kalk und manchmal Kautabak. Die Zutaten variieren, regen an oder schläfern ein.

Den lieben langen Tag kauen die Leute auf diesem Zeug herum. Es regt die Speichelabsonderung an und nach kurzer Zeit ist der Mund zum Überlaufen voll mit rotem Saft. Die Spucklachen sind weit verbreitet, wie wir es ja schon vor allem in Pakistan gesehen haben.

Nach Tagen der Strampelei erreichen wir endlich die Industriestadt Palembang. Bis wir im Zentrum sind, zieht sich der Vorort lange hin. »Hotel Sumatra« steht über der Tür und wurde in einem alten Reiseführer empfohlen.

Na dann! Für etwa 6 DM bekommen wir einen Raum mit Holzwänden und zwei Betten darin. Doppelzimmer nennen sie es hier, es erinnert uns aber mehr an die Keller in einem alten Haus in Europa. Die Glühbirne dämmert mit 20 Watt vor sich hin, auf dem oberen Balken ist eine Rennbahn für Ratten. Peter klopft Nägel in die Wand für das Moskitonetz, die Lebensmittel werden wegen der Ratten an die Decke gehängt. Der Besitzer strahlt über alle Backen, er kennt uns vom Fernsehen, wir hatten das schon wieder vergessen.

Morgens im Frühstücksraum. Peter sitzt rechts von mir. Wir schlürfen einen Kaffee, bei dem heißes Wasser über die grob gemahlenen Bohnen gekippt wurde. Auch das ist für uns eine gewöhnungsbedürftige Angelegenheit, weil man den Mund ständig voll bitterer Körner hat. Plötzlich höre ich ein mir wohlvertrautes Klingeln, verursacht durch die Trillerpfeife, die an meiner Bauchtasche hängt. Ich greife instinktiv sofort links neben mich, wo die Tasche liegen sollte – weg! Im selben Moment nehme ich aus den Augenwinkeln ein Bein wahr, das zur nebenan liegenden Tür ins Freie flüchtet. Ein Sprung – und ich bin draußen. Ein junger Mann sitzt harmlos tuend auf einem Stuhl in der Sonne und versucht, mit den Füßen meine Tasche zu verbergen. Als er mich sieht, springt er auf, aber ich habe ihn schon am Kragen und entreiße ihm mit der anderen Hand die Tasche.

Peter:
Im Fernseher laufen die Frühnachrichten, als Elena plötzlich aufspringt und wegrennt. Vor der Tür beginnt ein Geschrei. Ein verzweifelt zappelnder Typ hängt an Elenas Faust und versucht zu entkommen. Keine Ahnung, was da los ist, einen Grund, warum sie den Kerl festhält, wird sie schon haben. Ich will mir den Mann greifen, da reißt sein T-Shirt der Länge nach auf und er gibt Fersengeld. Die Tasse mit dem Rest heißen Kaffees, die ich noch in der Hand habe, werfe ich ihm hinterher und lande einen Volltreffer auf seinem Rücken. Die Straße entlangrennend versuche ich noch, ihn einzufangen, aber er ist schneller. Mit kaffeebeflecktem, zerfetztem Hemd und nur einem Lederschuh entkommt der Mann. Den anderen Schuh hat er auf der Flucht verloren. Elenas Tasche ist Gott sei Dank noch da. Auch der Hotelbesitzer nimmt die Verfolgung auf, bricht sie dann aber ebenso ergebnislos ab. Es gibt zu viele Gassen, in die der Typ flüchten kann.

Elena:
Toll, wie Peter spontan eingegriffen hat, ohne lange zu fragen, was los ist! Der Dieb wohnt im selben Hotel wie wir, sogar

schräg gegenüber von unserem Zimmer. So eine Missetat soll nicht ungestraft bleiben. Den Schuh versenke ich rachelustig zunächst einmal in unserer Faltschüssel, die mit Seifenwasser gefüllt ist. Hätte der Dieb Erfolg gehabt, wären meine Allergiemedikamente weg, die mir im Fall eines Bienenstichs das Leben retten können. Auch mein Reisepaß, ohne den ich nirgends ein Hotel bekomme oder Schecks tauschen kann, ist in der Tasche. Normalerweise tragen wir ihn an anderer Stelle versteckt, aber ich habe ihn kurz zuvor nochmals dem Hotelier für eine vergessene Eintragung vorlegen müssen. Vom Hotelbesitzer bekommen wir die Adresse des Mannes. Ich schreibe an ihn und seine Familie einen Brief, in dem ich unsere Reisesituation und die Folgen eines solchen Diebstahls schildere. Der Mann ist Moslem, der Brief wird hoffentlich seine Wirkung haben. Der Kerl hat sich die ganze Nacht nicht zurück ins Hotel getraut. Den Schuh nehmen wir mit und werfen ihn unterwegs auf einen Müllhaufen. Strafe muß sein!

Peter:
Wo Musik ist, da laß dich ruhig nieder, heißt es doch, oder so ähnlich. Was da aus dem kleinen Festzelt klingt, hört sich zwar sehr schräg an, aber man kann erkennen, welches Lied gemeint ist. Im Moment ist es ›La Paloma‹. Wir sind mitten in der fröhlichen Gemeinschaft einer Beschneidungsfeier. Der kleine ›Delinquent‹ ist als weißgoldener Prinz verkleidet und sitzt mit ausdruckslosem Gesicht auf einem dunkelroten Thron. Sicherlich hat er Schmerzen und kann kaum gehen. Eine dicke Mutter schnappt sich Elena und tanzt mit ihr und allen anderen Verwandten zu den blechernen Rhythmen. Ein Riesenhallo entsteht, die Kapelle gibt lautstark ihr Bestes. Der Schlagzeuger haut rein, was das Ding aushält, die Bläser erinnern mich etwas an Ochsenfrösche bei der Brautwerbung. Aber es macht Spaß, und das ist schließlich die Hauptsache.

Weitere zwei Tage lang arbeiten wir uns über Hügel. Würde

man die Welt in Schwitzländer und Nichtschwitzländer einteilen, stünde Sumatra bei Schwitzländern ganz oben auf der Liste.

So, wie wir das Wasser in uns hineinschütten, läuft es aus der Haut wieder raus. Und in der heißen Sonne erwärmen unsere Trinkflaschen sehr schnell, es gibt ausschließlich warmes Wasser als Erfrischung. Keiner der Autofahrer, die uns überholen oder begegnen, vergißt zu hupen. »Hallo Mister!« kommt dann meistens aus dem offenen Fenster oder von den Mitreisenden auf der Ladefläche. Am Abend sind wir fix und fertig und haben fast einen ›Tennisarm‹ vom vielen Winken. Vom Schieben der schweren Räder schmerzen die Muskeln und die Arme, ach – einfach alles.

Unten in Bakauheni haben wir endlich nach Tagen der mühsamen Fortbewegung den Hafen am südlichsten Punkt Sumatras erreicht. Mit einem Fährschiff überqueren wir die Meerenge der Sundastrait und legen nach zwei Stunden Fahrtzeit zusammen mit LKWs und einer Schafherde in Merak auf Java an. Das Städtchen ist ein typischer Hafenort, laut und schmutzig. Einige Kurven weiter nehmen wir uns eine Unterkunft. Sie liegt in einer verwahrlosten Siedlung. Das Mädchen an der Rezeption meint es gut und gibt uns ein Zimmer zur ›Seaside‹, wie sie sagt. In der Zimmerdecke sind Löcher in den Maßen 40 cm mal 40 cm, im Speicher drüber knistert es. Das ist noch nicht das Schlimmste, das kennen wir. Ich decke die Gucklöcher mit Plastiktüten ab und hänge Glöckchen daran. Auch der Backstein auf dem Abflußloch in der Naßzelle, als Barrikade gegen Ratten, stört uns nicht. Das Mädchen zieht zur Seite, was vor langer Zeit einmal ein Vorhang war, und sagt erneut stolz: »Seaside« – Blick aufs Meer.

Schier Unglaubliches bietet sich unseren schon einiges gewöhnten Pupillen. Ein zirka 8 m breites, stehendes Gewässer, übersät mit allem, was Menschen so von sich geben. Die Abflußrohre der Toiletten münden direkt in den Bach.

Am gegenüberliegenden Ufer stehen einige Hütten. Die Ge-

Das Zimmer war uns als ›seaside‹ angeboten worden, mit Meeresblick. Wir tauften es aufgrund der stehenden Kloake um in ›WC-Side‹.

meinschaftstoilette ist auf Pfählen gebaut, etwa 2 m hoch, in Ufernähe, und nur andeutungsweise mit einem lose herunterhängenden, transparenten Plastikmaterial verhüllt. Die ›Endproduktion‹ klatscht in das Wasser darunter. Links erkennt man in 100 m Entfernung ein trauriges, trübes Meer. Bei Flut hat der stehende Bach eine flache Verbindung zur See. Jetzt ist Ebbe und ein schmieriger, schlammiger Landstreifen trennt die Wasser. Faulgase blubbern vom Grund hoch, der Geruch ist entsprechend.

Gegen Abend kommen Fischer mit schlanken Booten den Bach entlang, an denen seitlich Schwimmer aus Bambusrohr angebracht sind. Sie haben ein paar silbrige Fische gefangen, die wahrscheinlich froh waren, aufgeben zu dürfen.

Die Männer waten in der morastigen Brühe, die ihnen bis zur Brust reicht. Gleichzeitig verrichtet eine Frau neben ihnen auf der Freilichttoilette ihre Notdurft. Zimmer mit Aussicht – das volle Life-Erlebnis! Aber die anderen Hotels scheinen uns auch nicht viel besser zu sein. Wir schauen immer wieder auf diese Szene. Nicht, weil sie so idyllisch wäre, nein, wir können es einfach kaum fassen. Sicher, die Leute dort drüben gehören nicht gerade zur privilegierten Oberschicht, aber muß man, bei aller Armut, so leben?

In Indien sahen wir primitive Lehmdörfer und bekamen Einblicke in einfachste Verhältnisse, in denen aber trotz allem gewisse hygienische Rituale eingehalten wurden. Das hier übersteigt alles, was wir bisher sahen. Kinder spielen mitten im Abfall, Hunde, Hühner, Enten und Ziegen tummeln sich im Mist. Direkt vor den Hütteneingängen häuft sich der Unrat.

Kurz nach Sonnenaufgang verlassen wir ›WC-Side‹. Muß man erwähnen, daß uns der Abschied leichtfällt? Die Straße führt am Meer vorbei. Es ist schwarz, weiße Schaumteppiche bilden einen farblichen Kontrast dazu. Kinder baden darin.

Am Abend haben wir Jakarta erreicht und mieten uns in einer freundlichen Pension ein. Die heiße Dusche, ein netter ›Herbergsvater‹ und das gegenüberliegende Restaurant ›Borneo‹ machen den Aufenthalt sehr angenehm. Rot und weiß sind die Farben, die derzeitig in Jakarta dominieren.

Die Landesfarben wehen von allen Dächern und sind als Aufkleber auf jedem Auto zu sehen. Indonesien feiert die 50jährige Unabhängigkeit von holländischer Kolonialherrschaft.

Die Bäume in den Parkanlagen hängen voller Lichterketten, auf dem begrünten Mittelstreifen der Straßen erstrahlen nachts bunte Lichtermasten. Es sieht richtig schön aus. Unser Terminkalender sieht vor, daß wir zu American Express fahren, um reichlich Post abzuholen. Am Telefon war über den Posteingang nichts zu erfahren. Das Telefonat verlief etwa so:

»Guten Tag. Unsere Namen sind Erat und Materne. Ich möchte fragen, ob Post für uns da ist.«

»Hallo, hallo!«

»Ja, guten Tag, ich möchte fragen, ob Post für Materne und Erat bei Ihnen ist.«

»Hallo, sprechen Sie Englisch?«

»Ja, was ich spreche, ist Englisch! Sprechen Sie Englisch?«

»Ja, ich spreche auch Englisch. Einen Moment!«

Im Hörer Geraschel und gedämpftes Gekicher, dann eine neue Gesprächspartnerin.

»Ja, hallo?«

»Erat ist mein Name, guten Tag, ich möchte fragen, ob...«

»Wie geht es Ihnen?«

»Danke, gut, ich wollte gerne wissen...«

Am anderen Ende wieder Gekichere, dann wird aufgelegt. Elena versucht es noch mehrmals, aber außer, daß die Mädchen bei American Express erheitert sind, kommen wir zu keinem Ergebnis. Mit einem Tuck-Tuck fahren wir in die Geschäftsstelle. Das sagt sich so einfach. Bevor wir losfahren können, stehen zuerst einmal zähe Preisverhandlungen mit verschiedenen Fahrern an. Wir wissen, wie hoch der wirkliche Preis sein kann und handeln die überzogenen Forderungen in etwa auf Normalstand herunter.

Ein Teil unserer Post liegt im Amex-Büro vor, ein anderer Teil wurde in eine andere Geschäftsstelle in einem anderen Stadtteil gebracht. Auch im Hotel ›Borobudur‹ in einem weiteren Teil der Stadt erhalten wir etwas Post. American Express ist in der letzten Zeit mehrfach umgezogen und hat spannenderweise immer etwas Post in den jeweiligen Büros liegengelassen. Schnitzeljagd. Wie wir telefonisch aus Deutschland erfahren, fehlt aber noch ein großer Teil der dort an uns gesandten Briefe. Sie tauchen nie mehr auf. Laut Information des Geschäftsführers von American Express, an den wir uns letztlich genervt wandten, hat ein weiteres Nachhaken wohl kaum einen Sinn. Es gibt nur eine Angestellte dort, die wirklich Englisch spricht, aber die ist immer sehr beschäftigt und außerdem für die Geschäftsleitung zuständig. Oje.

»Würden Sie vor unseren Deutschschülern einen Vortrag über Ihre spannenden Reiseerlebnisse halten?« Elena und ich sind anderen Tags im Goethe-Institut, wo der Sprachreferent diese Frage an uns richtet.

»Klar, machen wir gerne!«

Einen kleinen Nebenerwerb können wir gut gebrauchen. Am Abend sprechen wir also vor einer Klasse erwachsener Indonesier, deren Deutschkenntnisse schon so weit gediehen sind, daß sie uns nicht nur gut verstehen können, sondern auch viele Fragen zu unserer Reise stellen und zu Deutschland allgemein.

»Ein voller Erfolg! Hätten Sie Lust, das Gleiche nochmal zu machen?«

»Machen wir. Uns hat es auch Spaß gemacht.«

Er fährt uns in eine deutsche Schule, wo wir schon erwartet werden. Auch hier machen die Schüler große Augen, als er uns als ›exotische Deutsche‹ vorstellt. So schnell wird man plötzlich selber zum Exoten.

»Mit dem Fahrrad um die Welt? Das geht doch gar nicht!«

Wir hängen unsere Weltkarte auf und Elena erklärt die Fahrtroute. Fragen über Fragen und Staunen. Längst ist die Unterrichtstunde um, doch wir sind immer noch umringt von den interessierten Schülern. Danach geben wir noch ein paar Autogramme, dann, nach Mitternacht, werden wir ins Hotel gebracht.

»Morgen nochmal?« »O.k., dann bis morgen.«

Insgesamt sprechen wir vor über 100 Deutschschülern und mehreren Klassen. Am nächsten Tag benötigen wir zwei Tuck-Tucks, um zum Goethe-Institut zu kommen – eines ging unterwegs kaputt. Die Schüler passen sehr genau auf, was wir erzählen. Sie müssen über unseren Vortrag eine Aufsatzarbeit schreiben. Einige Journalisten sind gekommen und die Kulturreferentin, Frau Silberberg, mit ihrem Mann, dem politischen Referenten, beide von der Deutschen Botschaft. Am Abend sind wir am

Stadtrand beim Sprachreferenten zum Essen eingeladen. Wir verleben sehr schöne Stunden bei ausgesucht gutem Essen und sehr interessanten Gesprächen. Über dem Nachthimmel streichen Leuchtfinger aus Laserkanonen. Die ganze Innenstadt ist ein buntes Lichtermeer. Dafür fällt zeitweise der Strom in den Wohnhäusern aus.

Im Verlauf der nächsten Tage haben wir viel zu tun. Unsere Weiterreise muß organisiert werden.

Dazu verbringen wir einen Tag zwischen den Schreibtischen diverser Hafenbüros, Reedereien und an den Docks. Wir versuchen noch einmal, mit einem Schiff nach Australien, Südafrika oder Südamerika zu kommen. Das Resultat ist gleich Null. Der Hafen ist voller Ozeanriesen, aber die schippern nach Hongkong, Singapur, Japan oder Europa.

Elena:
An diesem Abend sind wir beim Direktor des Goethe-Instituts eingeladen. Auch er wohnt am Stadtrand in einer gemütlichen Villa mit Pool. Es tut uns gut, mal wieder in einer so schönen Umgebung zu sein und mit netten Menschen zu reden, die unsere Sprache sprechen. Wir erfahren viele interessante Einzelheiten über Indonesien und verstehen so manches Erlebte jetzt besser.

Am Vormittag des nächsten Tages kommt ein Filmteam des staatlichen indonesischen Fernsehens zu uns ins Hotel. Sie drehen zwei Stunden lang verschiedene Einstellungen. Wir mit Rädern, ohne Räder, im Interview und die Fotos mit Königin Noor von Jordanien, Minister Omara von Ägypten, Dalai Lama und Mutter Teresa in Indien.

Wir sind zu einem Presse-Empfang in der Deutschen Botschaft eingeladen und stehen zwei Tage später einer Schar Journalisten Rede und Antwort. Später im Hotel ›Mandarin‹, einem der feinsten in Jakarta, stellen wir fest, daß unser Leben ganz schön abwechslungsreich ist…

Das Restaurant ›Borneo‹ ist so etwas wie unser Büro geworden, denn in unserer Pension ist seit Tagen das Telefon defekt. Einige Journalisten haben sich für den Nachmittag angemeldet. Sie sind von der schreibenden Zunft und sehr an unseren Ausführungen zu den Themen Umweltschutz und Menschenrechte interessiert. Besonders zu letzterem ist es in Indonesien schwierig, darüber zu berichten. Einige ihrer Kollegen sitzen schon seit April im Gefängnis, weil sie kritisch über den Deutschlandbesuch von Präsident Souharto schrieben.

Auch der Umweltschutz ist hierzulande ein heikles Thema. Die gesamte Presse wird staatlich kontrolliert. Dennoch schreiben die jungen Frauen und Männer gute Artikel über uns und berichten auch über die beiden ›verbotenen‹ Themen in dem Zusammenhang. Eine Gratwanderung.

Die Planung unserer Weiterreise nimmt mehrere Tage in Anspruch.

Im Reisebüro:

»Was kostet der günstigste Flug nach Brasilien?«

»Ah, Sie wollen nach Brasilien?«

»Ja bitte, was kostet das?«

»Nach Brasilien?«

»Ja genau, nach Brasilien!«

»Ach so, Brasilien.«

Das Mädchen kichert und sucht das Land lange auf der Weltkarte hinter ihr. Dann ich wieder:

»Wissen Sie, wo Brasilien liegt?«

»Natürlich, das ist eine Insel von Indonesien!«

Ich zeige der Reisebüroangestellten, wo Brasilien liegt. Sie kichert wieder vor sich hin und guckt uns dann abwartend an. Wir gehen vielleicht besser woanders fragen.

»Komm, wir fliegen nach Australien«, schlägt Peter vor.

»Meinst du, die wissen, wo das liegt?«

»Das ist doch in der Nachbarschaft, das finden die. Da fliegen von hier aus viele Touristen hin.«

Ein weiterer Tag geht mit Herumlaufen und Preisevergleichen drauf, aber es lohnt sich. Endlich haben wir einen günstigen Flug nach Darwin erwischt.

Der Mann am Schalter meint, wenn wir bar in US-Dollar bezahlen, sei es billiger, als mit Kreditkarte, aber unsere Dollars reichen dafür nicht aus. Im Geldgürtel hat Peter noch Scheine, aber die haben Schwitzflecken und Knickfalten, der Ticketverkäufer stellt sich quer.

»No good Dollar. No good!«

Zurück zum Geldwechsler, der kann die Scheine heute leider nicht auf Echtheit prüfen, also auch nicht annehmen, weil Mohammed Geburtstag hat und heute Feiertag ist. Und die Bank hat zu – uff!

Wir besorgen über viele Umwege ›gute‹ Dollars, erhalten unsere Flugscheine und haben im Preisvergleich sogar noch einiges gespart, aber das kostete Nerven!

Peter:
Der Himmel scheint zu brennen! Raketen jagen in die Luft, explodieren zu rotem, grünem und weißem Feuerregen. Millionen Augen sind nach oben gerichtet, um das Spektakel zu verfolgen. Das größte Feuerwerk, das wir bisher gesehen haben, dauert über eine Stunde. Viele Menschen drängen sich dicht an dicht auf den Straßen und Plätzen Jakartas. Die Gefühle und Gedanken der Menschen im Land mögen gemischt sein. Schon seit Monaten sind die Festvorbereitungen im Gange, Flaggezeigen wurde zur Pflicht erklärt. Riesige, gemalte Plakate stehen an Straßenkreuzungen. Sie zeigen Spitzenpolitiker aus verschiedenen Staaten der Erde. Helmut Kohl ist auch dabei, in der Mitte strahlt Präsident Souharto.

Man erzählt uns von zwangsenteigneten Bauern, die mit etwa 0,10 DM/m^2 Ackerland ›entschädigt‹ werden. Wer sich weigert, erleidet oft einen tödlichen ›Unfall‹. Vor der indonesischen Botschaft in Australien werden indonesische Flaggen verbrannt, die australische Botschaft in Jakarta wurde von indonesischen Demonstranten angeprangert wegen ihrer Handelspolitik. Erst vor wenigen Tagen fand die australische Küstenwache indonesische Flüchtlinge auf einer Felseninsel, die bei Nacht von Fluchthelfern dort ausgesetzt wurden. Sie seien jetzt in Australien, hatte man den Flüchtlingen gesagt. In vielen Landesteilen werden die ›Orang Asli‹, die Ureinwohner, regelrecht abgeschlachtet, wenn sie ihr Land nicht freiwillig der Regierung zur Verfügung stellen.

Elena:
Seit unserer Ankunft in Indonesien versuchen wir, die typische Gamelan-Musik auf Cassette zu finden. Das ist allerdings nicht so einfach, denn in den Musikgeschäften, die oftmals über ihrer Eingangstür ›Gamelan-Music‹ stehen haben, bekommen wir stattdessen Michael Jackson und andere amerikanische Pop- und Rockgrößen vorgelegt. Ja, das sei Gamelan, hören wir auf unsere Frage nach der Folkloremusik des Landes. Auf unserer langen Reise fällt uns immer mehr eine gewisse ›Egalisierung der Nationen‹ auf, eine Schleifung der kulturellen Unterschiede. Westliche Werte, allen voran amerikanische, sind für die Menschen erstrebenswerter als ihre eigenen Maßstäbe geworden. Das Fernsehen hat hier einen maßgeblichen Einfluß, aber auch der immer stärker werdende Tourismus. Fast überall findet der Tourist Vertrautes wieder, braucht sich nur bedingt auf die fremde Kultur einzulassen. Das geht bis hin zu den amerikanischen Fast-Food-Ketten. Abenteuer mit heimatlichem Komfort und Sicherheit. Amerikanische Zigaretten haben die nationalen Marken weitgehend verdrängt, die hauptsächlich nur noch von den ärmeren Bevölkerungsschichten geraucht werden. Bestimmte US-Marken haben wir bereits in vielen Ländern als wirksames Bestechungsmittel kennengelernt. Sie öffnen Türen manchmal diskreter als Geld.

Peter:
Seit den Unruhen in Ost-Timor gibt es keine offizielle Fährverbindung mehr mit Australien. Ein paar Fischerboote halten zwar die Verbindung noch einigermaßen aufrecht, aber unsere dicken Räder transportieren wir lieber sicher. Im Reisebüro empfahl man uns, beim zuständigen Amt ein Schreiben einzuholen, das uns für den Flug von der Gepäckgebühr befreien soll, weil wir kulturell tätig waren. Um es kurz zu machen: Schon nach zwei Stunden im Büro des Ministeriums hatten wir den Brief. Vielleicht, wenn die Frau an der Schreibmaschine nicht zwischendrin einkaufen gegangen wäre, ja vielleicht wäre es dann schneller gegangen. Und wenn sie unsere Namen nicht zuerst falsch abgeschrieben und das eigentliche Anliegen vergessen hätte, zu erwähnen. Aber was ist schon Zeit? Unser Flug geht ja erst in drei Stunden…

Durch den frühen Nachmittagsverkehr und das heiße Luft-Abgas-Gemisch kämpfen Elena und ich uns zum Flughafen. Das Einchecken geht problemlos, Gepäck und Räder werden kostenlos transportiert, den Brief brauchen wir nicht. Um 18 Uhr Ortszeit hebt der Flieger die Räder von der Startbahn, nur 30 Leute sitzen in der Maschine. Zwischenstop in Denpasar auf Bali, um 3.30 Uhr landen wir in Darwin.

4.
Hol nie Wasser am Alligator Creek!

AUSTRALIEN (August – Oktober 1995)

Peter:
Die Zöllner tragen braune Uniformen mit kurzen Hosen und breitkrempigen Hüten. Robust und energisch aussehende Beamtinnen, den Colt griffbereit an der Hüfte baumelnd, mustern alle Ankommenden intensiv. Das Erscheinungsbild der Beamten in ihrer Uniform erinnert etwas an Pfadfinder. Während des Fluges bekamen wir alle einen kleinen Fragebogen bezüglich mitgebrachter Lebensmittel aus dem Ausland ausgehändigt. Wir geben wahrheitsgemäß an, indonesische Lebensmittel mitzuführen.

An der Gepäckkontrolle kassieren die Zollbeamten erstmal unsere feinen, mit Ei umhüllten Würstchen in der Dose, und auch der eingedoste Cheddar-Käse wandert zum Verbrennungsofen wegen der Gefahr, irgendwelche Keime aus Indonesien einzuschleppen. Hätten wir sie nur gegessen!

Dann fallen unsere Räder unangenehm auf, weil sie so dreckig sind. Das hat bisher noch niemand bemerkt.

»Die müßtet ihr eigentlich erstmal putzen, bevor ihr unser Land betretet!«

Lachend werden wir endlich entlassen. Auf der Toilette gibt es Seife und Papier, alles blitzt vor Sauberkeit. Wann haben wir das zuletzt gesehen?

»Da, das erste Känguruh!«

Es ist schwarz auf gelbem Grund und ziert ein Verkehrsschild. Bald werden wir noch weitere Erlebnisse mit ihnen haben.

13 km radeln wir bis ins Zentrum von Darwin und setzen uns dort in einen kleinen Park. Eben will es hell werden, die Männer von der Straßenreinigung sind schon unterwegs. Bäume und Sträucher werden sorgfältig gegossen, plattenbelegte Gehwege werden abgespritzt, und mit einem großen Staubsauger saugen sie das Laub vom Rasen. Staunend sehen wir zu. Nirgends liegt Abfall herum. Es ist schön, aber für uns schon fast befremdlich sauber.

Unseren ersten, dreistöckigen Riesenhamburger verspeisen Elena und ich beim Schein der Morgensonne und überlegen dabei, wie wir weiter vorgehen.

Die Hotels und Pensionen öffnen erst um 9 Uhr, die Jugendherberge ist auf Wochen hinaus ausgebucht. Was bleibt? Das YWCA, der ›Christliche Verein Junger Frauen‹, hat noch ein schönes Doppelzimmer frei.

»We don't discriminate men!« steht an der Rezeption.

Schön, daß die christlichen Frauen nichts gegen Männer haben. Ein Zimmer mit zwei getrennten Betten kostet 37 australische Dollar und ist damit billiger als ein Zimmer mit Doppelbett, Kühlschrank und Ventilator inklusive.

Am Nachmittag fahren wir mit den Rädern ins Zentrum. In der nett gestalteten Fußgängerzone tauschen wir einen Reisescheck. Der Bankbeamte schiebt uns für 1,15 DM 1 australischen Dollar über den Tresen. Die Preise hier sind gesalzen. Für uns ein Schock nach den bisher preisgünstigen Ländern. Ich spüre, daß ich noch nicht so richtig angekommen bin. Der Ortswechsel von Indonesien in diese so westlich anmutende Welt ging zu schnell, meine Seele muß erst nachkommen. Etwas tranig hänge ich herum. Die wenigen ›Moozies‹, wie die Moskitos hier heißen, übertragen keine Malaria, also können wir unsere Prophylaxe einstellen. Kein Muezzin weckt uns um 4 Uhr früh. Obwohl wir uns an seinen Ruf schon sehr gewöhnt haben, ja, ihn richtig gerne hörten, genießen wir jetzt doch auch die Ruhe.

Einer unserer Ausflüge führt uns zum Hafen, wo originelle Restaurants angesiedelt sind, zum Beispiel in Form einer Lokomotive oder eines Schiffs. Man erzählt uns, daß vor kurzem erst ein paar 4 m lange Krokodile aus dem Hafenbecken gefischt wurden – weil es zuviele geworden sind... Hier im sogenannten ›Northern Territory‹ gibt es in fast allen Gewässern Krokodile, die zum Teil beachtliche Größen erreichen. Aber auch die bis zu 3 m langen Quallen im Meer machen das Baden zu einem begrenzten Spaß. Sie haben bei Berührung die unangenehme Eigenschaft, die Haut zu verätzen. Ohne sofortige ärztliche Behandlung kann das sogar zum Tode führen.

Im Supermarkt müssen wir uns bremsen, um nicht dem Kaufrausch zu verfallen. Es gibt einfach alles, was konsumverwöhnten und von Entbehrungen schwer geprüften Globetrottern das Wasser im Munde fluten läßt. Um 17 Uhr schon schließen die meisten Geschäfte, ein paar saftige Känguruhfilets können wir aber noch aus dem Schlemmertempel davontragen. Kurze Zeit später sind sie in eine leckere Mahlzeit verwandelt, denn in unserer Herberge gibt es eine komplett eingerichtete Küche, in der zirka acht Leute gleichzeitig kochen können. Das Känguruhfleisch erinnert im Geschmack an eine Mischung aus Leber und Wild. Zu oft möchte ich es nicht essen müssen, weil der Geschmack sehr intensiv ist, aber ab und an ist es ein Leckerbissen, vor allem wenn man sich vorstellt, daß die Tiere wohl ein schönes Leben in Freiheit hatten.

Sydney ist unser Ziel, aber bis dahin liegen mehr als 4.000 km vor uns, durch Dürre und Outback. Gehn wir's an!

Elena:
Peter hat gestern noch die Fahrräder gewartet, alles schön geschmiert und repariert. Der vordere Taschenträger bricht immer wieder irgendwo, genauso oft flickt er ihn immer wieder geduldig irgendwie zusammen. Seit Kairo fährt er mit der zweiten Kette und dem zweiten Ritzelsatz am Hinterrad. Meine Fahr-

radkette ist seit unserem Start vor nunmehr fast eineinhalb Jahren dieselbe. Aus Darwin hinaus in südlicher Richtung führt noch ein Stück weit ein asphaltierter Radweg. An den Linksverkehr haben wir uns seit Pakistan schon so gewöhnt, als hätte es nie etwas anderes gegeben. Dunkelgrüne Eukalyptusbäume rauschen im Wind, die Luft hat etwa 38° C, aber das Klima ist trocken und gut zu ertragen.

Wir befahren den Stuart Highway, benannt nach dem Forscher John Stuart, der zwischen 1860–62 mehrere Versuche unternahm, das Land von Süd nach Nord zu durchqueren, was ihm letztlich auch gelang. Ein alter Bekannter kommt uns buchstäblich entgegen: der Wind.

Links von uns erstreckt sich dürre Steppe mit in die Landschaft verstreuten, niederen Büschen, ja richtig, rechts auch. Dazwischen der Highway, lang und schwarzgrau. Am Straßenrand verwest ein totes Känguruh, um das sich bereits viele Fliegen kümmern. Fehlen nur noch die Geier über uns wie in Asien. Am Horizont erwarte ich jeden Moment eine Staubwolke, aus der sich heulende Indianer schälen. Stattdessen tobt ein ›Road-Train‹ an uns vorbei, einer dieser Sattelschlepper mit drei riesigen Anhängern. Der weicht keinen Deut aus, obwohl die Straße breit und gut ist und er uns von weitem sehen kann. Mit einem Ruck ziehen wir die Räder in die Prärie, quer durch die Glassplitter weggeworfener Flaschen.

An den wenigen Tankstellen gibt es kleine Lädchen, die ganz gut mit Lebensmitteln bestückt sind. Saubere Duschen gibt es auch oft. Heissa!

Scheppernd fährt ein Buick vor, der noch aus der Zeit Humphrey Bogarts zu stammen scheint. Sieben schwarze Gestalten krabbeln heraus, vier Männer und drei Frauen. Es sind Aborigines, die Ureinwohner Australiens, die, nachlässig gekleidet, barfuß und schwankend auf einen Laden zugehen.

Schon in Darwin sahen wir einige betrunken vor dem Supermarkt herumhängen. Der Alkoholismus ist nur das, was äußerlich sichtbar ist. Die seelischen Konflikte und ihre innere Entwurzelung sieht man nicht auf den ersten Blick.

40.000 Jahre oder länger besiedelten die Aborigines den riesigen Kontinent allein. Die Männer der 500 bis 600 Stämme gingen zur Jagd, die Frauen kümmerten sich um die Kinder. Ackerbau und Vorratshaltung waren unbekannt. Die Natur bot alles, was diese Menschen brauchten. ›Traumzeit‹ nennen sie noch heute die Epoche, in der Flüsse, Berge und Täler, Menschen und Tiere von ›Traumzeitwesen‹ erschaffen wurden. Pflanzen, Höhlen und Berge sind beseelt. Eine Denkweise und Lebensanschauung, die der weiße Mann nie nachvollziehen konnte, weshalb er auch keine Achtung vor der Natur hat, sondern nur auf ihre Ausbeutung sinnt. Sie haben eine eigenartige Sprache und breite, flache Nasen. Sehr dünne Extremitäten fallen uns auf, einige haben zur dunkelbraunen Haut flachsblonde, die meisten aber schwarzlockige Haare.

Als 1788 die ersten Siedler begannen, Australien urbar zu machen, fing für die Aborigines das Ende ihrer Traumzeit an. Bei der nachfolgenden Erschließung des Landes behandelte man die Ureinwohner als Wesen zwischen Mensch und Tier und sprach ihnen jegliches Recht auf die Wahrnehmung ihrer Interessen ab. Ihre alte, gewachsene Kultur wurde weitgehend zerstört, dabei hätten die weißen Europäer so viel von den Aborigines lernen können. Die Entwicklung Australiens ging ohne sie vonstatten. Erst 1962 sprach man ihnen das Wahlrecht zu. Die technisierte Welt des weißen Mannes bleibt den schwarzen Ureinwohnern weitgehend verschlossen, auch wenn einige von ihnen Autofahrer beziehungsweise berufstätig sind. Viele Neuzeit-Australier, mit denen wir über das Problem sprachen, waren der Meinung, die Aborigines wären faul und dumm. Die Regierung hätte sie zudem dazu erzogen, daß sie auch ohne jegliche Verantwortlichkeit gut leben könnten. Es wäre unmöglich, mit einem Aborigine zusammenzuarbeiten, weil er sich zudem an keine vereinbarten Zeiten hielte. Sie würden sich Wohnungseinrichtungen und Autos ›kaufen‹, wobei der Händler seine Rechnung bei der Regierung einreichte und von dort das Geld erhielte. Zudem bekämen sie eine monatliche finanzielle Unterstützung von der Regierung, die den fast vollständigen Genozid an diesen Menschen einigermaßen wiedergutmachen will und die die einst so autarken Lebenskünstler meist gleich in Dosenbier umtauschen. Ist es ein Wunder? Auch diese sieben Aborigines aus dem alten Buick machen es so. Die Rechnung lassen sie anschreiben, und der Besitzer des kleinen Ladens ist froh, als sie wieder draußen sind.

Die meisten weißen Siedler können bis heute nicht begreifen, daß für die Aborigines in den letzten 200 Jahren die Veränderungen um sie herum viel zu schnell und zu unsensibel vorgenommen wurden. Das Hauptproblem vieler Aborigines besteht darin, daß sie auf der einen Seite zu weit von ihrer eigenen Kultur entfernt sind und sich zu wenig in die Kultur der Weißen integrieren können. Sie leben sozusagen als Zwischenwesen, gehören weder hier noch dort ganz dazu. Einige von ihnen haben es aber geschafft. Sie verkaufen gewissermaßen den Weißen ihre Kultur in Form von Malerei und Musik. Kritische Stimmen bezeichnen das wiederum als fragwürdigen Erfolg, da vor allem die geschäftstüchtigeren Weißen den Profit einstreichen.

Peter:
An einem halb ausgetrockneten Flußbett schlagen wir unser Zelt auf. Frösche springen herum, am Himmel hängen weiße Wölkchen, die Natur um uns herum ist wild und schön. Ein dumpfes Bong! Bong! läßt uns tief in der Nacht aufwachen. Es ist stockfinster, vermutlich hopsen einige Känguruhs um das Zelt herum. Zu sehen ist nichts.

Morgens um 8 Uhr ist es schon schweißtreibend warm. Elena hat aus Deutschland Ersatz für die defekte Benzinleitung des Kochers mitgebracht. Wir zelebrieren beide gern ein ausgedehntes Frühstück, und so hocken wir teeschlürfend im australischen Busch und lassen die Weite der Landschaft und des Himmels auf uns wirken. In den Bäumen zaust der Wind, einige Kakadus lärmen dazu.

Das schier endlose Band der Straße nimmt uns wieder auf. Nur selten kommt ein Auto vorbei; wir genießen die Stille. Termitenhügel, oft mehr als 3 m hoch mit einem ebensolchen Umfang, stehen verstreut in der Landschaft. Das Thermometer an meiner Uhr, die ich am Lenker befestigt habe, zeigt 38,7° C.

Eines der kostbarsten Dinge in diesen menschenleeren Weiten ist Wasser. Bei jeder Gelegenheit – und davon gibt es nicht übermäßig viele – füllen wir alle Flaschen auf. Zusätzlich haben wir jetzt auch noch unseren Wassersack gefüllt, was weiteres Gewicht bedeutet.

Wir machen einen kleinen Abstecher in den Busch, um an einen See zu gelangen. Straßenbelag gibt es keinen mehr. Ausgewaschene Löcher lassen die schweren Räder böse hineinplumpsen. Zudem ist die Straße gewellt wie das Dach eines Hühnerstalls. ›Dauerwellenstraße‹, schimpft Elena. Ihr schmerzen die Knie und die Arme vom ständigen Steuern und Ausweichen. Dann wieder liegt roter Staub, so fein wie Puderzucker, zentimeterhoch unter den Reifen und erfordert alle Muskeln, um die schweren Räder durchzuschieben. Die Pausen werden immer länger und häufiger. Unsere Laune sinkt mit zunehmendem Schwierigkeitsgrad der Strecke. Elena will wieder einmal ihr Rad zerhacken, aber bis ich das Beil ausgepackt habe, ist sie selbst hierfür zu ermattet. Ich denke mir Durchhalteparolen aus und Beschwichtigungen, aber eine langgezogene Steigung macht meine Versuche zunichte.

»Nach dem Hügel geht es runter«, versuche ich schwach, meine Partnerin bei Laune und Zuversicht zu halten.

Es geht runter – aber danach auch gleich wieder hoch.

»Ich kann nicht mehr!« stöhnt Elena und knallt das Rad hin.

Mir reicht es eigentlich auch. Im Schatten eines Termitenhügels raucht sie eine Zigarette und läßt Dampf ab. 100 m weiter vorne warte ich, bis sich die Wolken über Elenas Stirn etwas verflüchtigt haben.

›Lächle und sei froh, es könnte noch schlimmer kommen!‹ denke ich mir.

Und ich lächle und bin froh – und es kommt schlimmer. Ein Pickup prescht vorbei. Der Staubschleier läßt uns unsichtbar werden. Es gibt Momente, da möchte man grad... Aber es sind nur Momente. Mit warmem Wasser spüle ich den Sand die Kehle hinunter, zwischen den Zähnen knirscht ein Stück Australien. Elena rappelt sich wieder auf – weiter! Wir sehen aus wie Schweine nach dem Schlammbad. Zu alledem kommen noch die mistigen Fruchtfliegen, die unbedingt in Mund und Nase krabbeln wollen.

Elena:
Heute reicht es mir voll und ganz. Auch Peter tun alle Gräten weh. Der Zeltplatz entschädigt uns und läßt die Plagen des Tages vergessen. Ein beinahe schon unecht schöner Sonnenuntergang senkt sich in den See, an dessen Ufer unser Süppchen kocht.

Freiheit! Nach dem Essen nähe ich mit letzter Kraft und riesigen Stichen einen neuen Reißverschluß an den Zelteingang. Mögen den indischen Zeltreparierer in Delhi wenigstens die Hälfte meiner Verwünschungen erreichen!

»Was ist das? Hörst du's?«

»Hört sich fast an wie Wölfe? Aber hier gibt es keine.«

»Dingos! – Sind harmlos. Schlaf weiter!«

Der Wind am Morgen auf der Strecke bringt kaum Abkühlung, nur Erschwernis, weil er von vorn drückt. Ich bin mir sicher: würden wir umdrehen, täte es der Wind auch! ›Pling‹ – knallt wieder einmal eine Speiche an Peters Hinterrad. Die Felge nimmt die Form einer 8 an, worauf die Bremsgummis schleifen.

»Stop, alles absitzen!« Peter löst die Bremse etwas, repariert wird später.

Adelaide River ist ein kleiner Ort. Saubere, kleine Häuser stehen dort zwischen grünem Rasen und Büschen. Beim näheren Hinsehen entdecken wir, daß die Häuser Räder haben. Es sind zum Teil lange, flache Holzhäuser, die per Tieflader hierher gebracht wurden. Das wichtigste Bauwerk für uns ist jedoch die Tankstelle. Erstmal schön duschen! Peter wechselt im Schatten erneut zwei Speichen aus, dann sehen wir nach, was der ›Store‹ so im Angebot hat. Souvenirs, Zubehör für LKWs und Lebensmittel gibt es.

Von den Ansichtskarten blecken mir aufgerissene Krokodilschnauzen entgegen. Unter anderem sind diese Urtiere auch hier im Adelaide River beheimatet. Früher soll es hier sehr viele Krokodile gegeben haben, die sich aber vor den Menschen immer mehr zurückziehen. Jetzt leben sie weiter flußabwärts. Wir sollen ihnen noch begegnen…

Während einer Erkundungsfahrt fällt uns ein blutender Baum auf. Tatsächlich, auf seiner Rinde zieht ein langer, blutroter Strom auf feinen Fasern zum Boden hin. Als ob er schwer verletzt worden sei. Aber es ist nirgendwo eine Wunde an der Rinde zu entdecken.

Natürlich füllen wir auch alle Wasserbehälter auf. Insgesamt führen wir etwa 20 l mit uns, was aber auch 20 kg zusätzliches Gewicht bedeutet, das bewegt sein will. Der nächste Wasserhahn ist zwar in 50 km zu erwarten, doch wir wollen lieber nichts riskieren. Die Strecke ist leicht hügelig, nur das Abrollgeräusch des Reifengummis und das Schnurren der Kette ist zu vernehmen. Hayes Creek – Duschen und Wasserauffüllen, Pine Creek – Duschen und Wasserauffüllen. Hier war einer der Schauplätze des australischen Goldrausches, der 1872 begann. Vor allem chinesische Goldgräber waren sehr erfolgreich. Bis Katherine sind es über 90 km. Als wir dort ankommen, fühlen wir uns wie nach einem langen Ritt, und irgendwie ist es ja auch so ähnlich. Noch 1902 lebten hier nur vier Männer und zwei Frauen; 8.000 Menschen sind es heute. Ein nettes Städtchen ist aus der ehemaligen Telegrafenstation geworden. Außerhalb der Stadt zelten wir. Das ganze Outback scheint ein einziger, riesiger Campingplatz zu sein, nur für uns.

Mataranka ist ein tropischer Ort, der nicht so recht hierher passen will. Im Nationalpark sind Wasserschildkröten und massenhaft Vögel, vor allem Kakadus, beheimatet. Palmen, Lotusblumen und andere exotische Pflanzen gibt es zuhauf. Es ist einfach nur schön. Eine heiße Quelle findet man hier auch, doch wir haben dafür keinen Bedarf. In westlicher Richtung liegt eine 6.000 km^2 große Farm, die dem Sultan von Brunei gehört. Oft werden wir von den Australiern gefragt, ob es nicht langweilig ist, Tag für Tag durch diesen großen, leeren Kontinent zu fahren, der zudem außerhalb der Städte so gefährlich ist. Wir aber finden eher die Städte gefährlich, und langweilig ist es auch nicht. Nur anstrengend.

Peter:
Wir genießen es, zwischen der scheinbaren Einöde und dem unendlichen Himmel dahinzurollen. Das Auge sucht und findet immer wieder reizvolle Fixpunkte, Farben und Formen. Da sind die schon erwähnten, riesigen Termitenhügel, manchmal auch ›Kathedralen‹ genannt. Manche sind abgebrochen und ergeben sonderbare Figuren. Lockere Buschlandschaft wechselt mit Prärie und gelbem, hartem Gras. Weidezäune, die kein Ende nehmen wollen.

Rinder- und Schaffarmen, so groß wie das Saarland oder Belgien. Während sich in Deutschland im Durchschnitt 223 Einwohner 1 km^2 teilen, bevölkern hier gerade mal 2,2 Einwohner dieselbe Fläche. Und das bei einer Gesamtausdehnung von 7,7 Millionen km^2. Bei diesen Weiten ist es besonders angenehm, einen Reisepartner bei sich zu haben, mit dem man sich gut versteht.

Die Australier haben eine eher ablehnende Haltung zum ›Outback‹, wie die weite Buschlandschaft genannt wird. So schnell wie möglich durch, wenn's denn schon sein muß, ist die Devise. Das Reisen ist für uns längst zum Alltag, zum ›Job‹ geworden. Wir müssen nicht denken: Nächste Woche um diese Zeit sitzt du wieder im Büro. Bis jetzt sind die Streckenabschnitte bis zu den Tankstellen an einem Tag noch zu schaffen. Mal sind es 80, mal 110 km. Anfangs hielten wir dauernd nach Känguruhs Ausschau, haben es dann aber aufgegeben. Noch sind keine zu sehen… Oft überqueren wir Flüßchen, sogenannte Creeks. Auf der Karte sind sie erfrischend blau eingezeichnet, tatsächlich sind sie zur Zeit aber meistens knochentrocken.

Man kennt hier im Norden nur zwei Jahreszeiten. Jetzt, im August, befinden wir uns im trockenen, heißen Jahresabschnitt, der bis zum Oktober dauert. Dann beginnt die ›wet season‹, die Regenperiode.

Hinter uns ertönt ein Summen, das zu einem Brummen anschwillt und sich zu einem ›Roooaaaammmm‹ steigert. Ein Viehtransporter walzt mit singenden Reifen an uns vorüber. Er zieht sechs lange Anhänger hinter sich her. Sein vorderer Teil pustet uns erst fast vom Asphalt, dann aber werden wir mit Macht zu den rasenden Anhängern hingezogen und müssen mit aller Kraft die Räder halten. Dann ist wieder Stille. Wir kommen zwar voran, aber diese Tage verlangen uns alle Kraft ab. Am Nachmittag zähle ich jeden Kilometer, bis wir endlich die Tankstelle mit dem Wasserhahn erreichen. Nach einer kurzen Erfrischung geht es weiter.

Die Sonnenuntergänge sind gewaltig, die Fliegenschwärme auch. Elena kocht am Abend mit dem Schutznetz über dem Kopf wegen der vielen Fruchtfliegen, die sich in dicken Schwärmen um sie und den Kochtopf versammeln. Die Situation entbehrt nicht einer gewissen Komik: Mit der linken Hand rührt meine Freundin in der Hocke eifrig in einem Blechteller herum, der

Das Kochen war hart in Australien! Um den Kopf zig lästige Fruchtfliegen, an den Füßen und am Kochtopf fette Termiten, die sich nur kurz vom ›magischen Zimtkreis‹ einschüchtern ließen.

wiederum auf einem zweiten Teller liegt. Im obersten Teller ist der Instant-Kartoffelbrei, der zweite Teller verbirgt eine Soße und darunter, im einzigen Kochtopf, köcheln ein paar quietscherot gefärbte Würstchen vor sich hin. Mit der rechten Hand hält sie den Turm in Balance.

Um sich herum hat sie wegen der dicken Ameisen einen ›magischen Kreis‹ aus Zimtpulver gezogen, das auf die emsigen Tiere eine abschreckende Wirkung hat. Schweißgebadet und erschöpft, aber mit wild entschlossenem Gesichtsausdruck serviert Elena aber trotzdem schon nach wenigen Minuten das Essen. Jetzt bleibt nur noch ein Problem: Wie ißt man mit Fliegenschutz? Es ist ein Ding der Unmöglichkeit, vor allem mit dem wackligen Teller auf den Knien. Letztlich schließen wir uns zum Essen im Zelt ein, erschlagen kurzerhand ein paar aufdringliche Fruchtfliegen – und finden endlich Ruhe.

Etwas später kehrt ein Schwarm bunter Papageien in seinen Schlafbaum in der Nähe zurück. Sie haben sich lautstark noch viel zu erzählen, aber der grandiose Sternenhimmel, weit weg vom Smog der Städte, bringt auch sie bald zum Träumen. Das Zelten im Outback ist etwas, was man so schnell nicht wieder vergißt.

Elena:
Aber in der Nacht hören wir plötzlich ganz in der Nähe leises Prasseln. Wenn man wie wir lange Zeit ›on the road‹ ist und in der freien Natur schläft, wacht man beim leisesten Geräusch auf. Schon beim Trippeln einer Maus vor dem Zelt spitzen wir die Ohren. Dieses laute Prasseln kommt aber von keinem Tier!

»Peter – was ist das??«

Ich bin plötzlich hellwach und lausche angestrengt in die Dunkelheit. Auch Peter setzt sich schnell auf und lauscht in die Nacht.

Gleichzeitig erreichen wir den Zelteingang und reißen den Verschluß auf.

»Verdammmmttt – es brennt!!!«

Der Nachthimmel ist blutrot erleuchtet. Nicht weit von uns entfernt brennen die öligen Eukalyptusbäume lichterloh. Flammen lecken am Steppengras und verwandeln es sekundenschnell in schwarze Asche. Die prasselnde Feuersbrunst kommt direkt auf uns zu! Das ist der Moment, den wir schon lange gefürchtet haben!!

»Rauuus – Scheiße – schnell raus hier!«

Peter brüllt wie ein Stier, springt zum Zelt raus und beginnt, in rasender Geschwindigkeit die Spanngummis zu lösen, mit denen die Räder gegen Diebstahl gesichert sind. Gott sei Dank haben wir vom ersten Tag der Weltreise an immer dafür gesorgt, daß unsere Kleidung und die Schuhe auch im Dunkeln stets an der gleichen Stelle sofort zu finden sind. In Windeseile schlüpfe ich in die alten Wanderschuhe, schnappe die Taschen mit den wichtigsten Dokumenten und reiße die Stangen heraus, die das Zelt stützen. »Gib her«, brüllt Peter, packt die vier Ecken des Zeltes zu einem Sack zusammen und wirft ihn sich samt Inhalt über die Schulter. Dann reißt er sein Rad hoch und schreit mir zu:

»Pack dein Rad und renn damit so schnell du kannst zur Straße. Dort fährst du sofort los. Kümmer dich nicht um mich. Ich schaffe das mit dem Zeug allein.«

Mit einem Satz bin ich bei meinem auf dem Boden liegenden Rad und wuchte das schwere Ding hoch, auf dem immerhin noch die meisten Taschen befestigt sind. Dann renne ich los zur Straße. Mein Herz klopft wie wahnsinnig im Hals und in der Brust, der Magen flattert. Im Schein der Feuersbrunst kann ich wenigstens einigermaßen die Landschaft erkennen und die meterhohen Ameisenhaufen vermeiden. Auf dem Asphalt angelangt, hechte ich auf das Rad und trete in die Pedale, was das Zeug hält. ›Verdammt! Der Kerl ist zwar baumstark, aber das Zelt ist schwer mit den Schlafsäcken, Matratzen und Lenkertaschen. Was, wenn er es nicht allein schafft?‹ Jetzt rast mein Herz in den Ohren wie ein Rennwagen auf dem Nürburgring. Das Rad lasse ich auf die Straße fallen und renne zurück.

»Mann, bin ich froh!!«

Peter kommt mir keuchend in Schlangenlinien entgegengeradelt, den riesigen Zeltsack auf der linken Schulter.

»Soll ich dir helfen?«

»Nein! Du sollst sofort weiterradeln. Die Feuerwand kann doch jeden Moment hier sein. Renn' was du kannst zum Rad zurück!! Ich mach' das hier allein.«

Als ich wieder beim Rad bin, habe ich das Gefühl, mir springt die Lunge jeden Moment zum Hals raus. Wie ein Berserker trete ich in die Eisen. Peter sehe ich als kleinen Schatten auf der mondbeschienen breiten Straße im Rückspiegel. Nach ein paar Kilometern halte ich an. Ich kann einfach nicht mehr weiter. –

»Oh, das war knapp!« Keuchend kommt Peter angeradelt, den leuchtend gelben Zeltsack vor sich auf der Fahrradstange, hinter sich den roten Lichtschein am Horizont.

Erleichtert fallen wir uns in die Arme.

»Mann, ich hab' so Angst um dich gehabt!«

»Ging mir genauso mit dir.«

Es ist 2.00 Uhr nachts. Nach einer kurzen Verschnaufpause, in der wir die Sachen aus dem Zelt provisorisch in die Taschen an den Rädern stopfen, geht es weiter. Daß es brennt, kommt auf diesem Kontinent häufig vor. Oft entzünden sich die trockenen Gebiete von allein. Die öligen Blätter der vielen Eukalyptusbäume im Outback Australiens sind wie geschaffen für einen lodernden Steppenbrand. Erstaunlich ist nur, daß es nachts angefangen hat zu brennen, wo kein starkes Sonnenlicht das Feuer durch Glasscherben entfachen kann. Wer weiß, vielleicht hat ja irgendwo jemand gezündelt, wie neulich bei Darwin oben. Völlig erschöpft radeln wir auf der schnurgeraden Straße, bis der Morgen graut. Dann schlagen wir uns in die Büsche und schnarchen, daß die Blätter zittern.

Peter:
Auch wenn wir bei jedem Geräusch wach werden, weil wir die Buschbrände fürchten, bringt uns der Schlaf doch etwas Erholung. Auf der Weiterfahrt am kommenden Tag biegen wir am ›Roadhouse Three Ways‹ links ab, geradeaus geht es nach Alice Springs. Die Straße heißt jetzt Barkly-Highway.

So allmählich beginnt sich die Strecke zu ziehen. Die Entfernungen sind doch gewaltig. Wir treffen einen Berliner, der auch mit dem Rad in Australien unterwegs ist. Auch in Katherine trafen wir einen Tourenradler, doch die beiden sind ausgeruht aus Deutschland eingeflogen und radeln nun im Land herum. Keiner von ihnen hat schon eineinhalb Jahre Tour und 23.000 km auf dem Buckel wie wir. Für ein bis zwei Wochen haben sie zudem nur leichtes Gepäck dabei.

Hinter Barkly Roadhouse hält uns die Polizei an. Freundlich, aber bestimmt fragt uns der Fahrer, wo wir hinwollen, und ermahnt uns, immer genügend Wasser dabei zu haben. Auch im Umgang mit dem Feuer sollen wir vorsichtig sein. Das Gebiet, in dem vorrangig Rinderfarmen angesiedelt sind, erstreckt sich über Hunderte von Kilometern. 150 Millionen Schafe und 30 Millionen Rinder soll es in Australien geben, bei 18 Millionen Einwohnern. Von den Farmen selbst sehen wir nichts. Sie liegen oft 10 bis 20 km von der Straße weg im Outback. Nur ein löchriger Schotterweg führt dorthin. Zu weit und zu holprig, um dort um Wasser zu bitten. Schafherden werden mit Motorrädern zusammengetrieben, der Tierarzt kommt mit dem Flugzeug.

An manchen Tagen blicken wir von morgens bis abends nur auf gelbes Präriegras und schwarzen Asphalt. Weit und breit keine Spur von Känguruhs, so sehr wir unsere Augen auch anstrengen. Manchmal ist es so, als würde man auf dem Hometrainer gegen eine Fototapete anfahren. Ewig gleiche Landschaft, ewig gleiche, flimmernde Hitzeluft. Fast kein Baum und wenn, dann einer, der es erst noch werden will. Vereinzelte Büschel von Präriegras, sonst nur rotgelbe oder verbrannte, schwarze Lehmerde.

Die anfangs gelobte Reinlichkeit der Australier hat nachgelassen. Hier liegt ein zerfetzter LKW-Reifen, dort hat sich ein Trucker von 30 Bierdosen befreit. Es ist unglaublich, was Menschen auf Reisen so ›verlieren‹. Sogar eine Gummipuppe aus dem Sex-Shop liegt am Straßenrand…

Die Hitze drückt uns aufs Hirn. Die Hügel, über die wir die bepackten Räder schieben, sind alles andere als lustig. Elena und ich überlegen, ob wir bei Nacht fahren sollen, um Wasser zu sparen. Landschaftlich werden wir wohl nichts verpassen, es ist nachts kühler, und der Wind schweigt auch. An diesem Tag fahren wir am Abend einfach weiter. Es ist ein ganz besonderes Erlebnis, so in die Nacht hineinzufahren. Die untergehende Sonne taucht die Prärie in ein wahrhaft goldenes, weiches Licht. Die Termitenhügel scheinen zu glühen. Am Nachmittag habe ich noch unsere Radbeleuchtung überprüft. Vorräte und Wasser haben wir genug dabei.

Elena:
Die Idee, bei Nacht zu fahren, ist typisch für Peter, aber ich finde es auch reizvoll, vor allem wenn ich an die 300 km Strecke zwischen zwei Raststätten denke. Schon auf der Karte sieht man, daß es dort keine Siedlung gibt, also auch kein Wasser! Die Leute unterwegs haben uns immer wieder vor diesem Abschnitt gewarnt. In meiner Lenkertasche habe ich haufenweise Kaugummis und Erfrischungsbonbons gebunkert für den Fall, daß wir extrem mit Wasser sparen müssen. Aber ganz ungefährlich ist eine Nachtfahrt natürlich auch nicht, obwohl wir beide relativ gut beleuchtet sind. Allerdings fahren wir immer ins Abseits, wenn ein Auto kommt. Sind Radfahrer hier schon tagsüber so selten wie Känguruhs im Schwarzwald, so rechnen die Trucker bei Nacht schon überhaupt nicht mit uns, und bremsen tun sie erst wieder in Townsville.

Mit Schlangen muß man auf der Straße auch nicht rechnen. Kein Dschungel, keine Abholzung, keine aufgebrachten Schlangen. Obwohl es 140 verschiedene Arten in Australien geben soll und 100 davon giftig sind, sehen wir nicht eine. Auch die Beutelspringer bleiben verborgen. Es macht echt Spaß, so zu fahren. Die Temperatur ist so, daß man sogar eine lange Hose vertragen kann. Wir fühlen uns sauwohl und singen alte Schlager in die Dunkelheit. Vielleicht liegt es an der Nacht, vielleicht an unserem Gesang – jedenfalls sind keine Fliegen da.

Das Städtchen Mount Isa passieren wir bei Nacht. Die Tankstelle hat geöffnet. Es ist kurz nach 2 Uhr, Zeit für eine Pause. Jetzt spüre ich die Müdigkeit in mich kriechen, Peter geht es ebenso. Ein paar Fernfahrer füttern die Spielautomaten oder rühren in ihrem Kaffee. Sicherlich vermutet niemand, daß draußen unsere Fahrräder stehen. Der heiße Kaffee tut gut und ein Sandwich beruhigt etwas den Magen. Müde und schweigsam glotzen wir vor uns hin. Aus der Musikbox singt ein Country-Sänger von Freiheit und wilden Pferden.

»Kannst du noch?«

»Mmhh. Ja, geht schon.«

Flinters Highway steht ab jetzt auf dem Straßenschild. LKWs tasten mit ihren Scheinwerfern durch die Nacht, dann sind wir wieder allein. Die Dunkelheit verschluckt uns förmlich. Nur Peters Rücklicht tanzt wie ein rotes Auge vor meinem Rad herum. Der Morgen hebt sich am Horizont über das Steppengras, bald darauf folgt eine glühende Sonne. Fast 24 Stunden sind wir im Sattel – jetzt reicht's! Die Landschaft zeigt lockeres Buschwerk und vereinzelte, schlanke Bäumchen zwischen Ameisenbauten. Wir stellen das Zelt hin, essen ein Käsebrot und rollen uns ein wie Murmeltiere. Gegen Mittag blinzele ich aus dem Zelt. Die Müdigkeit drückt mir auf die Augenlider, also schlummere ich noch eine Runde.

Peter:
In den Bäumen krächzen Papageien, im Zelt ist es warm. Mal sehen, was der heutige Tag so bringt. Die Tag-Nachtschicht hat uns 269 km weiter gebracht. Das ist schon eine gute Strecke. Der Wasserverbrauch ist eindeutig geringer, zwei Flaschen sind noch voll. Nach dem Frühstück nimmt uns der Flinters Highway wieder auf. Der Autoverkehr hat etwas zugenommen. Die Landschaft wird grüner, buschiger und ist dichter besiedelt. Eukalyptusbäume stehen jetzt in kleinen Wäldchen zusammen. Auch ist es nicht mehr so heiß, finden wir doch nun öfters Schatten.

»Was meinst du, legen wir nochmal eine Nachtfahrt ein?«

Elena gibt ihr o.k. Irgendwie hat es auch Spaß gemacht, nachts durch diese Einsamkeit zu fahren. Die Ortschaften liegen jetzt dichter beieinander. Wir sind in Queensland.

Elena fährt vor mir, bremst und zeigt stumm in den Busch. Ein fast feierlicher Moment – das erste lebende Känguruh bolzt durchs Gelände. Dann bleibt es stehen, dreht sich um und beäugt uns aufmerksam. Es gibt sie also doch! Das ist eines der großen, ›roten‹ Känguruhs. Auch in der kleineren Ausführung kommen sie vor, dann sind sie grau und heißen ›Wallabies‹. Insgesamt sind 90 Arten bekannt, bis hinunter zum Moschusrattenkänguruh, das nur 25 cm lang ist. Einige Arten haben sich spezialisiert, leben in Bäumen oder in felsigem Gebiet. Ihr Kopf mit den langen Ohren gleicht fast einem Hasen.

Für diese Nachtfahrt haben wir nur noch die Flaschen gefüllt, der Wassersack bleibt leer. Bei Sonnenuntergang sehen wir jetzt noch mehr Känguruhs springen. Sie sind vor allem in der Nacht unterwegs. Scheinbar mühelos stoßen sie sich vom Boden ab und federn durch die Luft. Hoppelt es gemütlich durch den Busch, benutzt es den Schwanz als zusätzliche Sprungfeder.

Soll es eiliger vorwärts gehen, wird nur mit den Hinterläufen gesprintet. Bis über 80 km/h bringt ein Känguruh, wenn es in Fahrt ist, auf die Grasnarbe. Ein Sprung kann es dann um fast 12 m weiter bringen. Und Boxen können die Beutler auch noch.

Die letzte durchradelte Nacht sitzt uns noch in den Knochen. Bis es zu dämmern anfängt, furchen wir durch die Dunkelheit, dann zelten wir im Busch. Die Ernte sind 298 km und zerschlagene Knochen. Irgendwann hilft auch kein Kaffee mehr, da bist du nur noch müde und die Kurbelwelle dreht sich immer langsamer. Dennoch hat die Mühe etwas gebracht – wir erreichen ›Charters Towers‹. Jetzt sind auch keine Gewaltfahrten mehr nötig, die Gegend ist dichter besiedelt und Wasser finden wir immer irgendwo. Den Filter haben wir auch nicht mehr benutzt, seit wir in Australien sind.

Viele Holzhäuser stehen hier. Es ist Sonntag, alle Geschäfte sind geschlossen. Schwere Motorräder dröhnen dumpf durch die Straßen. Als Biker fährt man entweder Harley Davidson – oder man geht zu Fuß. Dazwischen scheint es nichts zu geben.

Wir sind froh und auch ein bißchen stolz, das Outback mit den Fahrrädern durchfahren zu haben.

Auf dem Campingplatz gibt es einen kleinen Pool, den wir benutzen. Die Australier campen gerne. Riesige, komplett eingerichtete Wohnmobile stehen hier. Am Nachmittag fahre ich in die Gegend und nutze das goldene Licht zum Fotografieren. Eines der großen Windräder, die Wasserpumpen antreiben, bietet eine interessante Silhouette im roten Abendhimmel. Ist die Sonne verschwunden, wird es fast kühl. Als ich wieder bei Elena bin, gibt es Fischstäbchen mit Kartoffelsalat und Dosenbier.

Im Laufe des nächsten Tages überqueren wir den Burdekin River. Er kann wohl so an die 200 m breit werden, doch jetzt fließt nur wenig Wasser in seinem Bett. Von der Brücke aus entdecken wir einen so schönen Zeltplatz, daß es eine Sünde wäre, hier vorüberzufahren. An einem umgestürzten Baum stellen wir das Zelt hin, einige Meter davon entfernt wird ein munteres Feuerchen entfacht. Bis zur Tankstelle mit Laden ist es nicht sehr weit, so fahre ich die paar Minuten nochmal zurück, um Würste, Grillfleisch und ein Sechser-Magazin Bier zu kaufen. Als die Schatten länger werden, zeichnet sich eine kleine Staubwolke im trockenen Teil des Flußbettes ab. Daraus kommt ein Cowboy in Erscheinung, der jetzt sein Pferd auf uns zusteuert. Wahrhaftig, ein waschechter Typ ist das, wie aus einem Westernroman gefallen. Er stoppt seinen Klepper vor unserem Feuer und tippt an seinen Hut. »Hi«, brummt der Mann hervor und blinzelt dabei. »Warm heute, well, war aber schon wärmer!«

Fast ist es schon zu klischeehaft, aber sein Pferd heißt wirklich Rosa! Er entdeckt unsere Räder, und so entwickelt sich ein Gespräch. Mitessen will Ben nicht, aber zu einem Bier sagt er nicht nein.

»Da unten«, sagt er und deutet mit einer Kopfbewegung nach Süden, »gibt es noch jede Menge Crocs. Sind gefährlich, die Biester!«

Das interessiert uns, und so fragen wir weiter.

»Well, 'n paar der Boongs haben versucht, welche zu fangen. Ist ihnen nicht gut bekommen. Einem haben sie ein Bein abgerissen!«

Mit ›Boongs‹ bezeichnet der Mann die Aborigines. Er steigt vom Sattel und setzt sich zu uns ans Feuer. Kariertes Hemd, dreckige Jeans und ausgelatschte Stiefel mit Sporen. Ich glaub's fast nicht. ›Stockmen‹ heißen die Cowboys hier. Wir fragen ihn, wo die vielen Känguruhs sind, von denen man immer hört. Er lacht.

»Die ganze Gegend ist voll von diesen verdammten Roots.«

Auch so ein australischer Ausdruck für die Känguruhs.

»Fressen den Schafen und meinen Rindern 'ne Menge weg. In einer guten Nacht schießt ein Root-Scooter 20, 30 davon ab. Gibt Hundefutter.«

Aus dem Schatz seiner Erinnerungen erzählt uns der Farmer, wie seine Großeltern nach Australien kamen. Das muß so 1835 gewesen sein. Zu der Zeit wurde gerade Melbourne gegründet. Seine Oma stammte aus Amerika und war eine Indianerin vom Stamm der Apachen. Solche Geschichten erzählt uns Ben am Feuer, und wir vergessen fast, die Wurst umzudrehen. Ob sie wahr sind oder erfunden, ist nicht so wichtig. Spannend sind die Pioniergeschichten allemal. »In Germany war ich auch mal, 'n Dorf in Bayern. Habe einen Onkel dort. Aber eins sage ich Euch: Australien ist das beste Land der Welt!«

Deutschland – ein Dorf in Bayern! Wir schlucken trocken.

»Früher haben sie hier sogar Gold gefunden«, fügt er noch hinzu.

Dann schwingt er sich in den Sattel, bevor es ganz dunkel wird.

»Macht's gut und paßt auf euch auf!«

Schweigend sehen wir dem Reiter noch eine Weile hinterher, dann ist er hinter den Büschen an der Flußbiegung verschwunden.

Elena:
Eine beeindruckende Begegnung. Das mit dem Gold probiere ich aus. Tatsächlich finde ich im klaren Wasser zwischen dem Kies Spuren des gelben Edelmetalls. Der Goldrausch erfaßt mich. Zum Reichwerden ist es allerdings zu wenig, der Fund reicht nur, um ihn ins Tagebuch zu kleben. Ich kann aber gut die Goldwäscher vor 100 Jahren verstehen. Peter will es auch wissen, er interessiert sich aber mehr für die Echsen mit den scharfen Zähnen. Am Morgen macht er sich auf, die Krokodile aufzuspüren. Er geht ein Stück das Flußufer entlang.

Peter:
Die dicken Nuggets haben leider andere schon lange vor uns eingesackt. Elena steht im Wasser und wäscht mit unserem Blechteller die restlichen Goldplättchen aus dem Sand. Der Fluß hat sich in die Mitte seines Bettes zurückgezogen. Bäume und Büsche nutzen die trockenen Stellen zwischen den Wackersteinen. An manchen Stellen hat der Burdekin-River langgezogene, begrünte Inseln zurückgelassen. Hier ist das Gewässer zu flach für Krokodile, aber nach einem Marsch von ungefähr 3 km bildet der Fluß eine Art See und scheint hier tiefer zu sein. Leider habe ich keine Ahnung, auf welcher Uferseite die Tiere, wenn überhaupt, zu erwarten sind.

Die gegenüberliegende Seite ist von dichtem Wald und Unterholz gesäumt, das Ufer schlammig, von der Sonne beschienen. Die Seite, auf der ich gehe, ist voller großer Steine.

Die Crocs werden wohl eher den wärmespeichernden Schlamm und die Sonne bevorzugen, hoffe ich. Mit dem Teleobjektiv suche ich den Landstreifen ab. An einer leichten Linksbiegung verbreitert sich das Ufer. Die leichte Flußströmung hat sich eine freie Bahn geschaffen und das herumschwimmende Laub und Holz an den Rand getrieben. Eigentlich ein ideales Versteck für die Beißschnauzen.

Vorsichtig und angespannt pirsche ich weiter. Da – neben ei-

Diese Tierchen muß man bei Darwin gewaltsam entfernen. Die ›Crocs‹ vermehren sich dort fast so schnell wie die Fliegen und werden mühsam in Reservate transportiert. Irgendwann zieren sie dann so manchen Touristenkopf als Hut...

nem morschen Baumstamm liegt ein Krokodil. Der Mann hatte recht. Es ist etwa 3 m lang. Sein dunkler, grünlicher Panzer hebt sich nur wenig von der Farbe des Ufers ab. Im Abstand von einigen Metern liegen noch mehr dieser Tiere. Manche sind kleiner, andere etwas größer. Wie sie so träge daliegen, sehen sie recht friedlich aus. Zum Streicheln taugen sie dennoch nicht. So eine Echse kann, wenn auch nur für kurze Zeit, bis zu 18 km/h schnell sein. Große Beutetiere zerren sie ins Wasser und reißen, indem sie sich um ihre eigene Achse drehen, maulgerechte Stücke heraus.

Vor allem die Salzwasserkrokodile sind sehr gefährlich. Menschen stehen auch auf ihrem Speiseplan. Klappen die Schnauzen, die mit einem Druck von einer Tonne zubeißen können, erstmal zu, gibt es für die Opfer meistens keine Flucht mehr. Diese

Reptilien aus dem Morgengrauen der Urzeit verstehen es vorzüglich, blitzschnell aus dem Wasser zu hechten. Oft schnappen sie sich vorbeitrottende Hunde. Lange betrachte ich die interessanten Tiere und sehe zu, wie sie leicht ins Wasser gleiten. Einige gute Fotos gelingen mir. Nie würde es mir einfallen, ein Krokodillederprodukt zu kaufen, und die durchdringenden Schreie eines Kaimans, der in einer Krokodilfarm in Thailand abgeschlachtet wurde, gellen mir noch heute in den Ohren. 200 Millionen Jahre haben sie überlebt – es muß auch heute noch einen Platz für sie geben. Sie gehören doch auch zur Schöpfung, denke ich, als der Rückweg mich zu unserem Camp führt.

Elena:
Den Rest des Tages verbummeln wir im Wasser. Am nächsten Morgen brechen wir auf. Das Kugellager von Peters Hinterrad macht ungute Geräusche, und so ist unser erster Weg zwei Tage später in Townsville zu einem Fahrradgeschäft. Eine neue Nabe ist fällig und einige Speichen werden ausgewechselt. Das reißt ein Loch von 91 Dollar in unsere Kasse, aber die Reparatur ist unumgänglich.

Wir haben die Ostküste erreicht! Mehr als 2.500 Radkilometer durch ›Never Never Land‹ liegen hinter uns.

»Tolle Leistung!« sagt Peter.

Ja, wir freuen uns beide, daß wir das geschafft haben.

»Das machen doch nur Verrückte!« hat die Frau in der Herberge in Darwin gesagt. Mag sein. Das Fahrrad wurde auch von einem erfunden, den man seinerzeit so nannte…

Der Pazifik-Highway mit der Nummer 1 führt uns ab jetzt bis nach Sydney größtenteils am Ozean vorbei. Der Wind bläst kräftig und kühl, die Strecke wird hügelig und der Autoverkehr sehr lebhaft. Ach, wir sehnen uns schon nach dem stillen und einsamen Outback. Stellenweise kommen uns die LKW-Reifen sehr gefährlich nahe. Die australischen Verkehrsplaner haben die Radfahrer vergessen. Das Fahren und Schieben wird zum

Des Radlers Dasein ist nicht immer einfach: Elena versucht verzweifelt, dem Tod durch Überfahrenwerden zu entgehen und schiebt das 80 kg schwere Rad über die Grasnarbe, statt zu fahren.

blanken Streß. An einem Flüßchen will Peter Wasser holen, zuckt aber gleich zurück, als er die Namensbezeichnung auf dem Schild daneben liest.

›Crocodile Creek‹ steht da, und auf einer Zeichnung sperrt ein Alligator den Rachen auf. ›Riskiere nicht dein Leben!‹ steht noch dabei und ›Nicht schwimmen!‹

Wir sehen auf das dunkle Wasser und auf den darauf schwimmenden Laubteppich. Ein dort eben noch vermeintlich liegender Baumstamm ist gerade lautlos untergetaucht, ohne die Wasseroberfläche zu bewegen. Peter meint trocken:

»Ich trinke sowieso lieber Milch.«

Entlang der Küste blicken wir auf die weißen Schaumkronen, auf das dunkelblaue Meer und den strahlenden Himmel. Ben, der Cowboy, fällt mir ein, und seine Worte. Australien ist wirklich ein schönes, vielseitiges Land. Grün ist es hier, Wälder wechseln mit Weidegebieten. Für uns ergibt sich aber durch die Besiedelung und die vielen Weidezäune das Problem, einen Zeltplatz zu finden. Oft landen wir dann notgedrungen auf einem Campground.

Die Campingplätze sind gut eingerichtet, verfügen über saubere Toiletten, Duschen und schattenspendende Bäume. Da fehlt auch der Grillplatz mit Wasserhahn nicht. 10 Dollar nehmen die ›Aussies‹ aber mindestens dafür. Sogar in den Wäldern der Nationalparks finden wir noch elektrische Herdplatten, die durch Münzeinwurf funktionieren. Bei der Fahrt durch Wiesen und Wälder hoppeln manchmal ganze Horden von Känguruhs davon. Dann bleiben sie oft stehen und beäugen uns aus einiger Entfernung aufmerksam.

Mackai ist eine ›süße‹ Stadt. Die großen Raffinerien für die Zuckerrohrverarbeitung stehen hier, weiße Dampfschwaden wehen über die Dächer. Die Straße windet sich am Pazifik entlang, von wo wir grandiose Ausblicke genießen. Der Wind bringt eine frische Brise und nachts ist es jetzt fast kalt. Rechts von uns ziehen die grüne Landschaft und donnernde LKWs vorbei. Auf der linken Seite erstreckt sich 200 km weit das ›Great Barrier Reef‹. Vom Nordzipfel bis hinunter nach Bundaberg besitzt Australien eines der reichhaltigsten Korallenriffe der Erde. Seit 1983 steht es unter dem Schutz der UNESCO als ›Erbe der Menschheit‹.

Meeresschildkröten leben draußen auf den Riffen, auch Delphine und Buckelwale kommen gerne hierher. Letztere konnten sich in den vergangenen Jahren wieder vermehren, nachdem die Fangquoten limitiert wurden.

Die Weidezäune sind mehr und mehr ein echtes Problem für uns. 1.750.000 km^2 Queensland, sechsmal so groß wie die BRD, aber wir finden nur schwer 4 m^2 für unser Zelt. Selbst manche Campingplätze sind kilometerweit von der Straße entfernt. Ganze Wolken von Schnaken überfallen uns, trotz Wind.

»Habe ich irgendeinen Geist der Aborigines verärgert, oder was ist los?« ruft Peter entsetzt. – Langweilig, nein, langweilig wird es uns nicht. 14 Dornen zieht mein Freund aus seinem Fahrradreifen. Zuviele Löcher sind im Schlauch, um ihn gleich zu flicken. Neue Ware wird aufgezogen, dann strampeln wir weiter.

»Ist schon verdammt groß, dieses Australien!« brummt Peter.

Ja, mit dem Fahrrad wird die Tour leicht zur Tortur. Rockhampton erreichen wir am Vormittag und durchfahren es. Hier sind die großen Schlachthäuser angesiedelt. Über 2 Millionen Rinder sollen in der Umgebung beheimatet sein. Nach den Weidezäunen zu urteilen, glauben wir es, ohne nachzuzählen.

Peter:
»Donnerwetter«, staunt Elena. »Die haben ganz schön was daraus gemacht seit 1823.«

Brisbane, die Hauptstadt von Queensland, empfängt uns zunächst mit kleinen, schmucken Häuschen. Im Zentrum ragen aber die gewaltigen Wolkenkratzer in den klaren Himmel und an Spiegelglas wurde nicht gespart. Damals war das hier ein riesiger Knast, eine britische Sträflingskolonie. Der Leuchtturm da drüben könnte noch Geschichten aus dieser Zeit erzählen. Vor etwa 170 Jahren war darin eine Tretmühle untergebracht, in der die Gefangenen Korn mahlen mußten. Die heutigen ›Türme der Qualen‹ haben einen Lift, sind voll klimatisiert, und die ›Gefangenen‹ tragen Handies mit sich herum.

Wir holen Post ab und lassen noch zu erwartende Sendungen nach Sydney weiterleiten. Trotz der 1,5 Millionen Einwohner ist Brisbane keine Stadt, die uns erschlägt. Alles ist großzügig, sauber, die Leute freundlich und überhaupt. Von den alten Häusern ist fast überhaupt nichts mehr zu sehen. ›Gadday‹, guten Tag, hört man hier überall. Das Englisch der ›Aussies‹ war für uns anfangs ziemlich gewöhnungsbedürftig. Jetzt haben wir uns aber schon eingehört. Die Stadt zu verlassen ist für uns Radler nicht ganz einfach.

Den Highway dürfen wir erstmal nicht benutzen und suchen lange nach einer Ausweichstrecke. Sie führt uns durch bewaldetes Wohngebiet, in dem hübsche Häuschen stehen. Gepflegter Rasen, geflieste Terrassen, und meist steht ein Jeep mit Hirschfänger, hier Känguruhfänger genannt, davor.

In den Garagen stehen natürlich Boote und Surfbretter. Die eine Hälfte der Küstenbewohner scheint sich ständig mit dem Brett auf den Wellen zu befinden, zumindest tagsüber.

Die breiten, weißen Sandstrände, der stahlblaue Himmel und die gewaltigen Brecher dort draußen laden aber auch geradezu zum Surfen ein. Als wir weiter nördlich in ein Städtchen fahren, verrät schon das Ortsschild, was hier Sache ist: ›Surfers Paradise‹ steht da. Ob teure Nobelkarossen oder Autos, die so alt sind wie der Fahrer – ein Surfbrett ragt meistens heraus. Ein guter Radweg führt am Pazifik vorbei und wir verweilen unter den Bäumen, um den kühnen Wellenreitern zuzusehen.

In Byron Bay, einem ehemaligen Fischerdorf, sind wir am östlichsten Punkt von Australien angelangt. Von hier aus sind es Luftlinie etwa 16.300 km bis zu unserer heimischen Haustür. Die Strände an der Straße sind traumhaft und als idyllischer Zeltplatz für uns bleiben sie auch ein Traum, denn zelten ist hier verboten. Gerade als wir überlegen, ob man vielleicht doch…, schrappt ein Helikopter der Küstenwache über unsere Scheitel.

»Also wieder 10 Dollar für einen Campingplatz berappen«, murrt Elena resigniert.

Das Abendessen schafft dann aber den Ausgleich. Von den Felsen im Meer klauben wir zahlreiche Muscheln ab, die wir uns mit Spaghetti und Brokkoli schmecken lassen. Während Elena kocht, schreibe ich einen Artikel für eine Tageszeitung im fernen Deutschland, in den Ohren das Tosen der pazifischen Brandung. Elena versucht zu schwimmen, wagt sich aber nicht recht ins tiefe Wasser wegen der Kälte und der Haie, die hierzulande dicht ans Ufer kommen. Erst vor kurzem ging ein Surfer mit nur noch einem Bein nach Hause.

Mann, da vorne brennt es! Große weiße und schwarze Schwaden nehmen uns die Sicht. Es prasselt und schmort, und wir staunen, wie schnell Zuckerrohr lichterloh brennt. Gemeinsam mit der Feuerwehr fackeln die Farmer ein Feld ab.

Leider ist die weitere Strecke sehr hügelig, was das Reisen erschwert. So sind wir froh, als wir, bei regenverhangenem Himmel zwar, doch endlich Sydney erreichen.

»Das sagst du so leicht! Bis wir durch die Vororte im Zentrum sind, dauert es bis zum Nachmittag. Und dann ist auch noch meine Fahrradkette gerissen!«

Tja, das stimmt leider auch.

Von der Harbour-Bridge aus bekommen wir schon mal einen ersten Überblick, was die Ausmaße der Heimstatt der über 3 Millionen Menschen betrifft. Unter der Brücke machen wir zuerst einmal einige Fotos von uns und dem berühmten Opernhaus, das seine muschelähnlichen Dächer zum Westen hin auffächert. Wohin betten wir unsere Häupter für die nächsten Nächte? – ist die vorrangige Frage. Alles weitere findet sich. Im Stadtteil Kingscross soll es die billigsten Hotels geben. Der Weg dorthin ist voller Mühsal und Plagen, denn Kingscross liegt auf einem Berg.

Elena:
Mit aller Kraft pressen wir unsere Lastenräder die Steigung hoch und freuen uns darauf, die Stadt zu entdecken. Der Himmel zeigt noch die Farben blau-weiß, aber von Ferne drohen Gewitterwolken. In Kingscross sind zahlreiche Bars und Spielhöllen angesiedelt. Frauen und Männer, die für Frauen gehalten werden wollen, stehen vor den Amüsements... Sydney soll nach San Francisco die zweite Hochburg für Schwule und Transvestiten sein.

Jedes Jahr findet hier ein große Parade statt. In einer Seitenstraße finde ich ein nettes, ruhiges Hotel für uns, das Zimmer kostet für 1 Woche 200 Dollar.

Australiens Hauptstadt ist Canberra, die Fäden der kulturellen, wissenschaftlichen und wirtschaftlichen Belange laufen in Sydney zusammen. Sehr modern wirkt die Stadt und doch nicht unpersönlich. Zwischen den spiegelnden Wolkenkratzern bleibt noch Platz zum Atmen, nur zehn Autominuten entfernt tost der Pazifik an herrliche Strände. Die ›Royal Botanic Gardens‹ mit der Glaspyramide, in der ein Regenwald steht, lädt auf 29 Hektar zum Verweilen ein. Ebenso der Hyde Park mit lichterverzierten alten Bäumen mitten im Zentrum, nahe des Fernsehturms. Der Hafen mit seinem interessanten Umtrieb und den vielen Pantomimekünstlern und Musikern ist ein Touristenmagnet. Trotzdem fehlt die zermürbende Hektik, die anderen Metropolen zu eigen ist.

Die Sydneyer sind sehr höflich und freundlich, die Stadt ist etwas Besonderes in der Welt. Interessante Museen, Kirchen, Vergnügungsparks, das Hard Rock Café, und, und, und – Sydney ist auf jeden Fall eine Reise wert.

Peter:
Unsere Weltreise ist nicht nur von Vergnügen gekennzeichnet, sondern auch von Arbeit. Im Goethe-Institut weiß man durch ein Fax aus Jakarta, daß wir kommen. Wir halten Vorträge und können die Dollars gut gebrauchen. Zwar haben wir versucht, auf Obstfarmen als Pflücker zu arbeiten, die gesetzlichen Arbeitsbestimmungen jedoch sind in Australien sehr streng. Das Land hat genug Arbeitslose, die einen Job suchen. Der Radiosender SBS, dessen Senderadius vergleichbar mit der Deutschen Welle ist, lädt uns zum Interview ein. Mit dem Moderator Thomas de Vogt machen wir eine zweisprachige Sendung für alle deutsch- und englischsprechenden Hörer auf dem Kontinent. Für eine australische Zeitung, die in deutscher Sprache erscheint, schreiben wir einen Artikel. Für SWF 3, einen Radiosender in Deutschland, machen wir gleichzeitig eine Live-Reportage. Unsere immer zahlreicher werdenden Bekanntschaften

warten auf Post. Auch ans jordanische Königshaus geht ein Brief mit unserem neuesten Reisebericht.

In ›The Rocks‹, einem alten Stadtteil Sydneys, findet in einer kleinen Gasse der Versuch eines ›Oktoberfestes‹ statt. Gut gemeint, doch es bleibt ein Versuch. Bereits um 20.30 Uhr schließt das Lokal, und nicht einmal bei der pseudobayrisch-australischen Kapelle mag so recht Stimmung aufkommen.

Trotz des äußerst angenehmen Aufenthaltes muß unsere Reise weitergehen. Johannesburg in Südafrika steht auf unserem Plan, der Flug ist schon gebucht.

Am Vormittag fahren wir die 10 km bis zum Flughafen. Unser Flug geht erst um 21.55 Uhr. Wir haben also viel Zeit, die wir mit Schreiben, Bummeln und Schlafen verbringen.

5.
Nachrichten aus dem Jenseits

SÜDAFRIKA (Oktober 1995)

Elena:
Pünktlich hebt die Maschine in Sydney ab, ebenso pünktlich landet sie um 6.30 Uhr in Johannesburg. Fast zwölf Stunden Flug liegen hinter uns. Müde blinzeln wir im Flughafengebäude herum. Einige südafrikanische Rand haben wir bereits in Sydney getauscht. Für 100 Rand bezahlten wir 38 DM. Zwei deutschsprechende Männer bieten uns eine Unterkunft an, ein Zeltplatz für 20 Rand oder ein Mehrbettzimmer für das gleiche Geld. Dazu würde einer der beiden Männer mit seinem Bus unsere Räder mitsamt dem ganzen Gepäck dorthin transportieren. Die Sache ist geritzt.

Über die Stadtautobahn sind wir schnell in der kleinen Pension. Sie liegt von Bäumen umgeben in der Peripherie Johannesburgs. Unser neuer Dachgeber ist der Sohn einer Ungarin und eines Deutschen aus Hamburg. Er ist in Südafrika geboren und heißt Ralf. Gleich zu Beginn rät er uns, die Innenstadt möglichst zu meiden. Bewaffnete Raubüberfälle sind an der Tagesordnung.

Johannesburg hat als Stadt die größte Mordrate der Welt, noch vor New York. Die meisten Bewohner trachten danach, eine Wohnung am Stadtrand zu erhalten und kommen nur zum Arbeiten in die City, die sie abends zügig wieder verlassen, um zurück in die sichereren Vororte zu kommen.

Obwohl die Verkehrsampel Rot zeigt, halten viele Autofahrer nicht mehr – aus Angst, überfallen zu werden. Viele Hotel- und Restauranteigentümer haben sich in die Vororte der Stadt zurückgezogen, Museums- und Kinobesitzer klagen über Einbußen, kleinere Läden gehen pleite. Bandenkriege, ›Schutztruppen‹ und rivalisierende Taxiunternehmen liefern sich oft Schießereien. Im Umland von Johannesburg gibt es täglich viele Tote. Die Ladenbesitzer haben es auch noch besonders schwer angesichts der vielen billigeren fliegenden Händler, die sie bei weitem unterbieten.

Ein Land im Umbruch, in dem sich demokratische Machtverhältnisse erst noch einspielen müssen. Trotz der offensichtlichen Gefahren preist jedoch das Tourismus-Ministerium Südafrika als sicheres Urlaubsland an, um die Wirtschaft anzukurbeln. Unserer Meinung nach ist es dafür etwas zu früh. Das Risiko ist einfach noch zu hoch.

Während des Einkaufs sehen wir uns die nähere Umgebung an. Um die Pension herum stehen viele Villen. Unsere Blicke treffen auf weiße Mauern, Stacheldrahtzäune und vergitterte Fenster. Bewaffnetes Wachpersonal mit Hunden patrouilliert vor den Anwesen. Schilder warnen vor sofortigem Schußwaffengebrauch. Eine ungemütliche Umgebung. An einer Straßenkreuzung steht ein Wachmann mit einem bissig aussehenden Kampfhund an der Kette.

Einige Geschäfte sind total vergittert, viele Schwarze lümmeln an Kreuzungen und in Hauseingängen herum. Auf Streichhölzern kauend oder mit den Kanten von Geldscheinen die Zähne putzend, beobachten sie das Geschehen auf der Straße. Andere fallen durch ihre witzige Kleidung auf, in der sie sich zur Musik aus dem Walkman tänzelnd auf dem Bürgersteig fortbewegen, mit verträumtem Blick in die Sonne blinzelnd.

An einer Ampel steht nachdenklich eine ältere Schwarze mit üppiger Figur und bemerkenswertem Ausschnitt. Auf ihrem Kopf trägt sie einen großen Einkaufskorb, in dem sie allerlei Obst und Gemüse transportiert. Als die Ampel grün wird, überquert sie unnachahmlich schwingend die Straße. Mit einem Mal ist ihr grellbuntes Kleid mit den schreienden Farben, der zu tiefe Ausschnitt und die aus den Fugen geratene Figur unwichtig geworden. Was allein zählt, ist ihr graziler, langsam-rhythmischer

Voodoo-Gegenstände im Angebot in Johannesburg.

Gang. Sie geht nicht nur. Alles an ihr ist in Bewegung. Ein weiches, fließendes Dahinschreiten ist vielen Schwarzen eigen, neben denen der Gang eines Weißen stocksteif wirkt. Mit einem Mal kommt mir die Frau schön vor, und ich wünschte, ich könnte mich auch so bewegen.

Ein Stück weiter unten gibt es ein paar Geschäfte und einen Supermarkt. In die Bank kommt man nur nach einer Gesichtskontrolle und dann auch erstmal in eine Schleuse aus schußsicherem Glas. Private Schutzleute und Gewehre auch hier überall. Mehr als 60 Prozent der Bevölkerung ist arbeitslos. Das Land befindet sich nach langer Zeit der Apartheid und dem darauffolgenden Aufstand im politischen und gesellschaftlichen Umbruch.

1990 wurde der schwarze Oppositionspolitiker Nelson Mandela aus 27jähriger Haft entlassen. Zusammen mit dem weißen Präsidenten Frederik Willem de Klerk bereitete er den Weg für die schwarze Mehrheitsregierung. Dafür bekamen sie gemeinsam 1993 den Friedensnobelpreis verliehen. Im April 1994 wurden die ersten freien Wahlen abgehalten. 350 Jahre weiße Vorherrschaft und 46 Jahre Apartheid gingen damit zu Ende. Ein Schritt in die richtige Richtung zwar, die Probleme wurden dadurch aber nicht geringer. Neue politische Stimmen weckten bei der schwarzen Bevölkerung hochgesteckte Erwartungen, die oft so nicht zu erfüllen waren. Zu lange hat Weiß versucht, Schwarz klein zu halten.

Jetzt sind die Zeitungen gefüllt mit Berichten über die umgedrehten Verhältnisse. Auf den Titelblättern sieht man obdachlose Weiße, die in Pappkartonverschlägen auf den Trottoirs wohnen, und man wird vor vorgetäuschten Autounfällen gewarnt, bei denen anhaltende Helfer ausgeraubt werden. Von katastrophalen Zuständen ist die Rede. Nach Büroschluß macht die Stadt einen ziemlich ausgestorbenen Eindruck. Im Mai 1994 wurde Nelson Mandela mit großer Mehrheit zum Präsidenten gewählt.

Peter:
In der Pension hängt ein Stadtplan, in dem besonders gefährliche Gebiete in Johannesburg eingezeichnet sind. Die gesamte Innenstadt ist davon vor allem betroffen. Wir haben keine Lust, uns ausplündern zu lassen, also verkneifen wir uns den Stadtbummel.

Szenenwechsel. Die Nacht legt sich bereits über Büsche und Bäume, Elena sitzt im Zimmer und liest, während ich auf der Terrasse Briefe schreibe. Mit einem Mal vernehme ich gedämpftes Rasseln, schweren Atem und einen klagenden Gesang aus dem Zimmer der Haushälterin. Neugierig geworden, rufe ich leise Elena und gehe den Geräuschen nach bis zur Tür, die zur Kammer der schwarzen Haushälterin Susan führt. Licht und Schatten flackern durch das verhangene Fenster. Eine krächzende Frauenstimme formt unverständliche Worte, die von Scheppern und Klappern begleitet sind. Ich öffne die angelehnte Tür und bin in einer anderen Welt. Hier findet eine Anrufung der Gei-

Das schwarze Medium Susan in Südafrika praktiziert weiße Magie. Mittels Voodoo-Zauber ruft sie die Geister Verstorbener herbei und befragt sie nach der Zukunft.

ster der Toten statt! Die alte Susan ist ein Medium. Mit bloßen Füßen bewegt sie sich langsam wie eine Schlange. Sie hat an ihren Fuß- und Handgelenken dicke Büschel aus Tierhaaren und -knochen angebracht und trägt mehrere Ketten aus Muscheln und bunten Holzkugeln, Hemd und Rock sind mit bunten Perlen und Muscheln bestickt. In den Händen hält die alte Frau Wedel aus Pflanzenfasern und Haaren. Auf dem Sofa vor ihr sitzt ein schwarzer junger Mann. Gespannt beobachtet er den Geistertanz zu den rhythmisch aneinanderschlagenden Knochen, lauscht dem tiefen Klang der Trommel in den Händen eines anderen im Hintergrund.

Das Weiße in Susans Augen leuchtet hell im Schein des Kerzenlichts, während sie unter wilden Zuckungen den Blick nach oben richtet und sich mehr und mehr in Trance versetzt. Die Kerzen flackern. Immer lauter und eindringlicher ruft die Alte mit hoher Stimme. Dann geht ihr Atem mit einem Mal schwer keuchend. Aus ihrer Kehle dringen jetzt tiefe Laute in einer fremden Sprache. Eine andere Frau übersetzt leise dem jungen Mann auf dem Sofa die Antworten der Geister auf seine Frage. Das Medium beugt und streckt den Körper, dann fällt Susan erschöpft auf einen Stuhl. Der Kontakt zum Jenseits bricht ab.

Elena und ich ziehen uns still zurück, sprachlos und fasziniert durch das Erlebte. Später erzählt uns der junge Mann, daß er ein Restaurant von seinem Großvater geerbt hat. Weil die Geschäfte nicht so gut laufen, hat er die Dienste der ›Sangouma‹ in Anspruch genommen, um vom verstorbenen Großvater Rat einzuholen.

»Ja und, was hat dein Opa dir gesagt?« wollen wir wissen.

»Ich soll heiraten«, meinte er, »dann wird alles besser werden.«

Nachdenklich gehen wir ins Zimmer zurück.

Am nächsten Tag ist Susan wie immer. Still und freundlich macht sie ihre Arbeit. Auf unsere Frage erzählt sie, daß es viele männliche und weibliche ›weiße Hexen‹, Sangoumas, gibt und fast jeder Schwarze in schwierigen Lebensfragen die Hilfe von medial begabten Menschen erbittet. Sie ist Christin, »... doch darüberhinaus gibt es noch mehr zwischen Himmel und Erde«.

6.
Oktoberfest mit Samba-Rhythmen

BRASILIEN (Oktober – Dezember 1995)

Peter:
Brasilien umfaßt eine Fläche von mehr als 8,5 Millionen km^2 und ist der fünftgrößte Staat der Erde. Noch vor 25 Jahren waren Dreiviertel davon vom größten Regenwald der Welt bedeckt, doch täglich werden zur Gewinnung neuer Agrarflächen riesige Gebiete niedergebrannt, die so groß sind, daß man die Rauchfahnen der Waldbrände sogar aus dem Weltraum sehen kann. Pflanzen und Tiere, von denen noch viele unerforscht sind, fallen dem steigenden Bedürfnis nach Bodenschätzen unwiederbringlich zum Opfer. Nach wenigen Jahren der Nutzung hat der Regen dann die verbleibende dünne Humusschicht fortgeschwemmt – zurück bleibt eine ausgewaschene, sandige Öde.

Hauptexportgüter sind Öl, Maschinen, Kaffee, Stahl, Zucker sowie Bergbauprodukte wie Kohle und Gold. Trotzdem ist die Auslandsverschuldung extrem hoch.

Der steigenden Kriminalität besonders in den Ballungsgebieten versucht die Regierung mit dem Einsatz von Militär zu begegnen. Die Korruption ist weit verbreitet, die Inflation immens und die Armut bei einem Großteil der Bevölkerung gravierend. Nur langsam entwickelt sich das Land, gefördert von zahlreichen Investoren aus Asien, den USA und Europa.

Nach über zehn Stunden Flug mit einem kurzen Zwischenstop in Rio de Janeiro landen wir in São Paulo, auf dem fünften Kontinent unserer Reise. Es ist 22 Uhr Ortszeit, als wir die Fahrräder durch die Zollsperren schieben. Wieder einmal steht uns die Nacht in einem Flughafengebäude bevor, die wir dösend im Wechsel zwischen Sitzen, Liegen und Herumlaufen verbringen werden. Morgen früh spüren wir dann wieder jeden Knochen einzeln.

Elena:
Gleich bei unserer Ankunft spricht uns ein Deutscher an. Er lebt mit seiner Familie schon seit 25 Jahren hier und lädt uns zu sich ein. Sein Haus ist aber am anderen Ende der Stadt und die Fahrt bis dahin erscheint uns doch zu mühsam. So bleiben wir bis zum Morgengrauen im Flughafengebäude. Eine Nacht kann sehr lang sein. Während ich immer wieder kurz einnicke, wacht Peter und vertreibt sich die Zeit mit Musikhören, Lesen oder Schreiben. Ach, wie schön wäre jetzt ein weiches, sicheres Bett! Bei Tagesanbruch steht mein verläßlicher Reisepartner trotz des fehlenden Schlafes startklar und fit vor mir. Also dann...

Es ist November. Ein grauer und trüber 5-Uhr-Himmel empfängt uns, der kühle Wind weht den Schlaf aus den Augen. Katzenwäsche an der Tankstelle. Die Autobahn führt an ärmlichen Bretterbehausungen vorbei in Richtung Stadt. Einige Leute stehen vor Baracken aus Lumpen, Blech, Plastik und Holzstücken und beäugen uns mißtrauisch. Ein paar stinkende Abfallhaufen qualmen vor sich hin. Ein paar Kinder klauben Verwertbares aus dem Müll. Es ist Montag früh, bald sind wir in dichtem Berufsverkehr eingezwängt. Hier fährt man wieder auf der rechten Straßenseite. Nach zehn Monaten Linksverkehr müssen wir uns umgewöhnen. Vielleicht muß man in São Paulo geboren sein, um es zu mögen, vielleicht sind wir aber auch schon zu lange unterwegs oder haben schon zu oft Schöneres gesehen. Hier bietet sich uns eine aus dem graubraunen, dichten Smog aufsteigende Steinwüste aus häßlichen Hochhäusern.

Viele schlafende Bettler liegen auf Plastiktüten inmitten der Abfälle. Schätzungen zufolge leben etwa 12 Millionen Menschen hier, täglich werden es mehr. Noch vor Rio ist die Stadt ein Magnet für alle Armen und Glücksuchenden, die am Wirtschaftsboom teilhaben wollen, der in den 70er Jahren des vorigen Jahrhunderts begann. Kaffee war damals das magische Wort für viele, die das schnelle Geld suchten, und überall wuchsen Plantagen aus dem fruchtbaren Boden. Siedler aus Asien, dem Orient, aber auch aus Italien, Portugal und Deutschland strömten in die Stadt. Dann purzelten 1930 bei der Wirtschaftskrise die Kaffeepreise nach unten. Der Strom der Zuwanderer hielt aber weiter an.

Brasilien ist ein Entwicklungsland geworden, eines der vielen Länder, in denen Unternehmer aus Industriestaaten billig arbeiten lassen. Die niedrigen Produktionskosten kommen vor allem durch die extrem niedrigen Löhne zustande, für die die Menschen hier arbeiten müssen. Die billigsten Kräfte hierbei sind natürlich wieder einmal die Kinder. Sie rackern sich unter anderem in Gipsfabriken, Bergwerken und auf Baustellen ab. 250 Millionen Kinder schuften weltweit allein für den Export – unter meist katastrophalen Lebens- und Arbeitsbedingungen. Der vor allem bei der armen Bevölkerung weit verbreitete Katholizismus verbietet die Empfängnisverhütung jeglicher Art, ist aber nicht bereit, unerwünschten Nachwuchs aufzunehmen, wie es zum Beispiel Mutter Teresa anbot. Die Hilfe der katholischen Kirche ist angesichts der Armut ein Tropfen auf den heißen Stein. Viele Kinder werden gleich nach der Geburt ausgesetzt, viele vernachlässigte Heranwachsende versuchen ihr Glück anderweitig – durch Kriminalität, Prostitution und Drogen. Ein großes Problem der heutigen Zeit, vor allem in Monsterstädten wie Rio de Janeiro und São Paulo, wo man der Kinderbanden nicht mehr Herr wird.

São Paulo, ein Moloch, der geschätzten 18 Millionen Menschen Unterkunft bietet. Oder auch nicht. Viele der ›Landlosen‹ aus der Provinz haben hier schon vergeblich ihr Glück gesucht und landen in einer der über 2.000 Favelas, Slumviertel. Die Zahl der Obdachlosen steigt ständig. Langsam schieben wir die Räder durch die graubraunen Hochhausschluchten der Innenstadt. Ein paar schöne alte Häuser haben den Abbruch der Altstadt überlebt und berichten von besseren Zeiten. In der Jugendherberge legen wir unsere müden Glieder zur Ruhe – endlich! Um das zu erreichen, bin ich zuvor durch die Stadt geflitzt, während Peter auf das Gepäck aufpaßte. Den widersprüchlichen Angaben der Passanten folgend, querte ich auf meiner Suche nach Hotel und Bank im Zickzack-Kurs im Zentrum herum. Ausgerechnet heute ist Zahltag. Um einen Reisescheck zu tauschen, stand ich volle zwei Stunden in einer langen Schlange vor dem Bankschalter. Zudem wurde ich vom Besitzer eines kleineren Hotels schimpfend abgewiesen. Wenn ich mit meinem Mann käme, würde ich ein Zimmer bekommen. Sonst nicht. Basta! Anscheinend versteht er meinen Wunsch nach einem Doppelzimmer völlig falsch. Kann eine Frau hier kein Zimmer mieten, ohne gleich in den Verdacht der Prostitution zu geraten? Verwundert frage ich mich, ob die Frauen hier wohl in alten Wanderstiefeln, Jeans und hochgeschlossenen Outdoor-Jacken dem Gewerbe nachgehen.

Das letzte Bett stand für uns vor ganzen 32 Stunden in Südafrika. Meine ›Batterien‹ sind leer, es reicht! In der Jugendherberge teilen Peter und ich uns ein kleines Fläschchen Wein aus dem Flieger, dann ist erstmal Zappe für die nächsten Stunden.

Die Rua Lisboa, in der das Goethe-Institut liegt, wird von drei Querstraßen unterbrochen und heißt dadurch jedesmal anders. Mit diesem spezifischen Problem hat auch unter anderem die Feuerwehr zu kämpfen, zumal zur allgemeinen Abwechslung die diversen Straßennamen auch noch öfters geändert werden. Momentan sind Institutsferien. Unser Vortragsangebot ist willkommen, aber erst nächste Woche. Solange wollen wir aber nicht bleiben und entschließen uns zur Weiterfahrt, nachdem wir uns einige deutsche Zeitungen zur Informationsauffrischung zu Gemüte geführt haben. Wenn man seit eineinhalb Jahren fern der Heimat ist, stört es nicht weiter, daß die Blätter teilweise nicht mehr ganz frisch sind. Hauptsache man weiß ein bißchen, was daheim so alles passiert.

Die Stadt verlassen wir ohne Wehmut. Bis die grauen Wohnsilos hinter uns liegen, wir uns durch Einbahnstraßen und stinkenden Verkehr hindurchgekämpft haben, ist es bereits Mittag. Auf dem breiten Seitenstreifen der BR 116 radeln wir zügig nach Süden in Richtung Curitiba. Teilweise steigt die Straße leicht an, manchmal müssen wir die schweren Drahtesel sogar schieben. Die Sonne heizt jetzt gut und verschafft uns so manche Pause.

»Trööööt« hupt ein grauer Jeep, überholt und stoppt dann am Straßenrand. Ein etwa 45jähriger Mann steigt aus und begrüßt uns lachend auf Deutsch.

»Ich habe euer D-Schild gesehen – was habt ihr denn vor?«

Das gleiche Nationalitätenkennzeichen prangt über dem brasilianischen Kennzeichen auf seinem Wagen.

»Wie, Weltreise per Fahrrad??? Wie wäre es, wenn ich euch da vorne in der Raststätte zum Essen einlade und ihr erzählt mir eure Geschichte?«

Na, das kommt aber gelegen! Wenige Minuten später sitzen wir mit unserem Gastgeber in dem Restaurant. Auf großen Platten bringt der Ober verschiedene Fleischspieße, Kartoffeln, Reis und Obst, während wir von unserer Tour erzählen. Michael ist deutscher Abstammung und hat sich in der Nähe eine Kunststoff-Fabrik aufgebaut. Er wollte auch immer reisen, hatte aber nie richtig Zeit dazu, meint er bedauernd. So reden wir fast zwei Stunden über Brasilien, über Deutschland, das er schon lange nicht mehr gesehen hat und über das Leben im allgemeinen und im besonderen. Als wir schon auf dem Parkplatz stehen, will Michael uns noch etwas Gutes tun und bietet mir an, meine Eltern von seinem Autotelefon aus anzurufen.

Mit den Worten: »Ruft an, wenn ihr was braucht!« reicht er uns seine Karte und braust davon.

Peter und ich sehen dem Auto winkend nach. Es ist doch immer wieder verblüffend, mit welcher Spontaneität uns die Leute einladen und welche Herzlichkeit sie uns entgegenbringen. Frohen Mutes und mit dicken Bäuchen setzen wir unseren Weg fort und erreichen am späten Nachmittag bei Km 304 ein bewohntes Grundstück, an dessen Zaunpfahl ein rostiges Blechschild quietschend baumelt: ›Camping Do Rizzo‹. Es handelt sich um eine Wiese, auf der man zelten darf. Eine junge Frau pfeift vier deutsche Schäferhunde zu sich und schließt sie in einem Haus ein. Nein, generell würden die Hunde nicht beißen, nur ihren Mann hätte neulich eine Hündin in den Arm gebissen. Aber es sei nicht weiter schlimm. Außerdem wären sie immer eingesperrt und kämen nicht mit uns in Berührung. Wir hatten früher selbst einen großen Hund und haben keine Bedenken. Die Frau zeigt uns die Dusche und unseren Zeltplatz. Der elektrische Boiler in der schmuddeligen Naßzelle ist so risikofreudig verdrahtet, daß mir schon beim bloßen Hinsehen mein Testament einfällt.

Nachdem wir unser Zelt aufgebaut haben, will ich duschen und marschiere zum Haus. Auf halbem Weg stürmen plötzlich die Hunde bellend und zähnefletschend auf mich zu. Ich bleibe stehen, rede ruhig mit ihnen und lasse sie an mir schnuppern. Da fällt mich plötzlich eine der Hündinnen an und gräbt ihre Reißzähne blitzschnell in meinen rechten Oberschenkel.

Schreiend rufe ich um Hilfe, während die Köter wie toll um mich herumtoben. Auf mein Gebrüll hin kommt eine ältere Frau und ruft die aufgebrachten Hunde zu sich. Warmes Blut rinnt an meinem Bein entlang. In die Jeans ist ein langer Schlitz gerissen, durch den eine Fleischwunde sichtbar ist.

Die Frau schließt die Hunde weg und holt mich ins Haus. Mein Oberschenkel brennt höllisch. Aus zwei 10 cm langen Rissen von den Fangzähnen des Hundes tropft das Blut auf den Boden.

»Ach, das ist ja gar nicht schlimm! Da braucht man ja nicht mal was zu machen. Nehmen Sie ein bißchen Klopapier zum

Blutabtupfen. Das läuft ja alles auf den Boden! Gleich ist es getrocknet, dann ist alles wieder gut. Was haben Sie denn mit den Hunden gemacht???«

Die Frau muß geistesgestört sein! Was ich mit den Viechern gemacht habe? Nix, rein gar nichts. Uns wurde gesagt, daß die Hunde eingeschlossen seien und wir zum Duschen gehen könnten. Außerdem bin ich der Meinung, daß die Wunde desinfiziert gehört und will auch noch die Impfpässe sehen.

Schimpfend geht die Campingbesitzerin auf die Suche. Endlich findet sie wenigstens einen Impfpass. Seit einigen Jahren ist keine Tollwutimpfung mehr eingetragen worden, ein Desinfektionsmittel ist auch nicht im Haus. So bestehe ich darauf, zu einem Arzt gebracht zu werden, was mir nach vielem Gezeter über meine »übertriebene Wehleidigkeit« und mein »typisch deutsches Mißtrauen« letztlich bewilligt wird. Sie behauptet, der Tierarzt habe nur die Eintragung vergessen, die Impfung wäre aber erfolgt.

Ein tollpatschig grinsender Schwiegersohn mit beachtlicher Alkoholfahne begleitet mich zurück zum Zelt und zeigt mir dabei strahlend die dicke, leuchtend rosa Narbe auf seinem linken Unterarm. Ja, das wäre auch die Hündin gewesen. Sie hätte halt Junge und wäre deshalb so aggressiv. Früher hätte sie auch schon den Vater in die Hand gebissen. – Na prima!

Beim Zelt angelangt, entdecke ich, warum Peter mir nicht zu Hilfe geeilt ist. Er hört Musik über Kopfhörer und blickt erst entsetzt auf, als er meine blutige Jeans sieht. Mit dem immer noch grinsenden Schwiegersohn und seiner Frau fahre ich im Auto zum nächsten staatlichen Notfalldienst und stelle fest, daß die Familie dort betreffend Hundebisse bestens bekannt ist.

Leider reicht mein Sprachverständnis nicht aus, um dem schnellen portugiesischen Disput zwischen dem ernst dreinblickenden Arzt und der aufgeregt auf ihn einschwatzenden Frau zu folgen. Aber soviel verstehe ich doch, daß sie schon mehrfach auf die fehlenden Impfungen bei ihren Tieren angesprochen worden ist

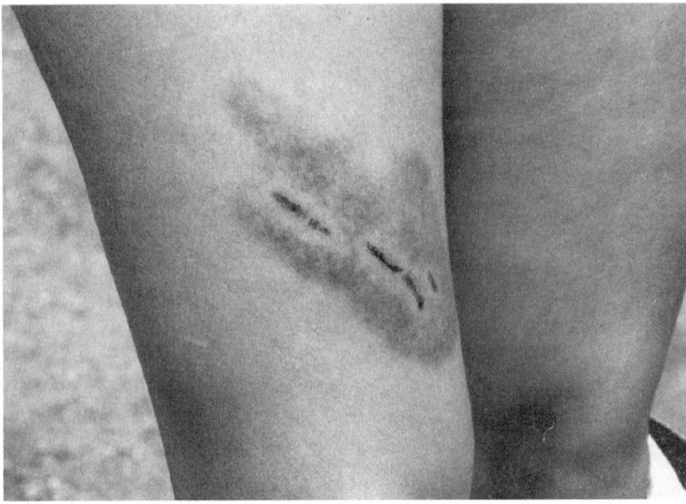

Thrombosegefahr: Eine deutsche Schäferhündin hat Elena auf dem Campingplatz in Brasilien angefallen.

und ich nun auf jeden Fall dreimal gegen Tollwut im Abstand von jeweils einer Woche geimpft werden muß. Da die Bißstelle knapp über dem Venengeflecht liegt, muß ich das Bein vier Tage ruhig halten und mit Eiswürfeln die Wunde kühlen, sonst besteht die Gefahr einer Thrombose. An Radfahren ist in der Zeit überhaupt nicht zu denken. Himmel, das hat mir gerade noch gefehlt! Wenigstens kann die Impfung kostenlos bei jedem Notfalldienst innerhalb Brasiliens erfolgen.

Angesichts der vielen Flecken auf der Arztliege lehne ich die Bitte der nun behandelnden Ärztin, mich hinzulegen, ab und lasse mich lieber im Stehen spritzen. Die Bißstellen werden desinfiziert, die Wundränder zusammengezogen. Die Campingfrau verspricht wieder hoch und heilig, ihre Hunde einzusperren und mich ständig mit frischen Eiswürfeln zu versorgen, dann geht es zurück zu Peter ins Zelt, der besorgt auf mich wartet. Die bissigen Köter sind nirgendwo zu sehen. Das Ehepaar erheitert sich damit, Peter zu schildern, wie übervorsichtig und absolut deutsch ich reagiert hätte. Nur mit Mühe können wir ihren Redeschwall unterbrechen und sie auf den nötigen Eisbeutel hinweisen. Nach einigem Hin und Her holt ihn schließlich der Mann aus dem Haus, und ich kann mich endlich ins Zelt verkriechen, um mein Bein tiefzukühlen. Eine Weile noch lauschen wir dem immer betrunkeneren Paar, das sich lautstark im Haus mal lachend, mal schreiend unterhält, dann herrscht endlich Ruhe und wir schlafen ein. Bis in der Nacht plötzlich ein Hund an unserem Zelt schnüffelt...!

Tatsächlich – am kommenden Morgen steht uns wieder ein Schäferhund gegenüber und will uns nicht aus dem Zelt lassen. Verdammt!

»Rufen Sie bitte sofort die Hunde ins Haus zurück!«

»Hallo! Sie sollen Ihre Hunde einsperren!!«

Peter muß mehrmals rufen, bis endlich der verschlafene Schwiegersohn erscheint. Mit bösem Blick zu uns sammelt er die Hunde ein und bringt sie ins Haus. Hier bleibe ich keine Stunde länger. Der Streß gestern abend reicht völlig. Offensichtlich haben wir es mit völligen Idioten zu tun.

Peter:
Mist. Jetzt haben wir ein Problem! Die Hundebesitzer lachen über uns und meinen, wir würden die Sache aufbauschen, Elena wolle sich nur wichtig machen. Klar, die wollen alles runterspielen und haben Angst vor einer Anzeige. Das Bein mindestens vier Tage schonen – wie sollen wir das nur machen? Die Stimmung zwischen uns und den Leuten vom Campingplatz spitzt sich zu. Wir bitten nochmals eindringlich darum, die großen Hunde wegzusperren, was bei den Hundehaltern aber nur ein müdes Lächeln hervorruft. Am nächsten Tag streunen die Tiere wieder lauernd um unser Zelt herum. Als wir die junge Frau darauf ansprechen, fängt sie an, uns auf Englisch zu beschimpfen. Der verbale Austausch wird laut und lauter und gipfelt letztlich in

offenem Streit. Was machen wir nur? Hier können wir nicht länger bleiben. Einerseits muß Elena das Bein ruhigstellen wegen der Thrombosegefahr, andererseits hat sie Angst, hierzubleiben und will schleunigst weg. Wir packen und ziehen ab. Humpelnd schiebt Elena ihr schweres Rad über den Seitenstreifen der Straße und bleibt oft stehen. So kommen wir nicht weiter; was machen wir bloß?

Wer sagt, daß es keine Engel gibt? Gerade, als wir an einer kleinen Abzweigung stehen und überlegen, was wir jetzt hier in der Wildnis ohne Wasser und Proviant machen sollen, hält der uns schon bekannte graue Jeep – und Michael steigt aus. Schnell ist unser Abenteuer erzählt, und er bietet uns an, die Räder, in ihre Einzelteile zerlegt, in den Jeep zu packen und mit ihm ein Stück mitzufahren, da er sowieso geschäftlich in unserer Richtung zu tun hat.

»Dann habe ich wenigstens Unterhaltung während der Fahrt«, meint er lachend.

Besondere Umstände erfordern besondere Maßnahmen. Ich zerlege die Bikes fast komplett und stopfe mit Ach und Krach den gesamten Kram in Michaels Auto. Dann geht es weiter nach Süden, aber diesmal mit 150 PS. Zu diesem Zeitpunkt wissen Elena und ich noch nicht, was er wirklich mit uns vorhat.

Die Straße schraubt sich in die grünen Berge, entlang der ›Serra Perana Piacaba‹. Da hätten wir uns ganz schön plagen können. Wir durchfahren Curitiba. Eigentlich sind wir hier nächste Woche im Goethe-Institut zum Vortrag angemeldet, aber Michael schlägt vor, uns noch ein Stück mitzunehmen bis zu einem kleinen Hotel unter deutschstämmiger Leitung, wo Elena sich hinlegen kann und außerdem ihre nächste Tollwutspritze vom staatlichen Notdienst bekommt. Von dort aus können wir ja dann immer noch nach Curitiba zurückfahren. Zum Mittagessen lädt uns Michael in ein Restaurant ein. Die Zeit vergeht wieder mit angeregter Unterhaltung wie im Flug. Auch unser neuer Freund ist vom Reisebazillus befallen und stellt uns viele Fragen. Er erzählt von seiner Yacht und der Crew einschließlich Kapitän, die das ganze Jahr abrufbereit in einem Hafen darauf wartet, daß er sich wenigstens für kurze Zeit freinimmt.

Am Nachmittag haben wir Joinville erreicht. Hier leben viele deutsche Auswanderer, und so ist es nicht verwunderlich, daß wir bald im urdeutschen Restaurant des Hotels ›Zum Angler Hof‹ sitzen und – typisch deutsch... – zwei Schnitzel mit Pommes und Bier bestellen.

Aus der Musikbox tönen Roy Black und Heino, Schloß Neuschwanstein grüßt vom Poster an der Wand.

Wir bitten Michael, uns irgendwo in der Botanik abzusetzen, wo wir zelten können. Aber unser Freund hat anderes mit uns vor. Er besteht darauf, uns ein Zimmer hier im Hotel zu spendieren, weil wir ihn so gut unterhalten hätten. Widerstand zwecklos.

Wir befinden uns in 900 m Höhe. Draußen prasseln kalte Regenschauer gegen die Fenster und lassen unser »ja aber –« schnell verstummen. Zelten muß jetzt wirklich nicht unbedingt sein.

Michael muß noch einen Termin wahrnehmen. Mit der Adresse seiner Cousine in Blumenau in der Tasche verabschieden wir uns herzlich und bedanken uns für seine überaus großzügige Hilfe.

»Ruft mich mal an die Tage!« – dann ist er in der Regennacht verschwunden. Hat man da noch Worte? Wir staunen und freuen uns über seine Hilfsbereitschaft.

Elenas Bein hat die Entspannung im Auto gutgetan. Am nächsten Morgen wird sie von den Wirtsleuten zum Arzt gebracht, während ich im Hotel die Räder zusammenmontiere und wir erfahren, daß Michael heimlich alles schon für uns arrangiert hat, bevor er ging. Donnernd toben sich mehrere Gewitter über den Bergen aus, Nebelwände ziehen dicht über die Pinienwipfel und erinnern an kalte Novembertage zu Hause. Breite Reifen lassen den Kies auf dem Parkplatz vor dem Haus knirschen. Vor mir steht der schon vertraute Jeep.

»Na, habt ihr schon gefrühstückt?«

Michael steigt lachend über mein verdutztes Gesicht aus, gerade in dem Moment, in dem Elena mit den Hotelbesitzern vom Arzt zurückkommt.

»Kommt Leute, wir fahren ans nahe Meer, essen dort, und ich zeige euch die schöne Gegend, bevor ich nach Hause zurückfahre.«

Gesagt, getan. Michael bucht unser Zimmer für eine weitere Nacht, dann fahren wir im Jeep spazieren. Elena legt ihr Bein quer über den Rücksitz und genießt die Fahrt.

Das Meer ist in nebliges Grau gehüllt, aber die frischen Krabben auf unseren Tellern trösten uns darüber schnell hinweg.

Am Nachmittag verabschiedet Michael sich nun endgültig und setzt uns im Hotel ab, nachdem er ganz genau beschrieben hat, wie wir zu unserer Hauptstrecke zurückfinden.

»Du, weißt du was? Vielleicht hatte Michael hier überhaupt nichts zu tun, sondern hatte einfach Spaß daran, uns zu helfen!« überlegt Elena.

Mir kam der Gedanke auch schon. Michael wollte immer noch mehr über unsere Reiseerlebnisse hören, und wir denken wieder einmal, daß wir nicht nur für uns diese Reise machen, sondern auch für all jene Menschen, die sich dafür interessieren, es aber selbst aus irgendeinem Grund nicht erleben können.

Jetzt aber erstmal auf nach Blumenau, wo wir bereits von Freunden erwartet werden. Die Strecke ist größtenteils flach. Große Plakatwände neben der Straße weisen auf diverse Bierfeste nach deutscher Art und auf das alljährliche Oktoberfest in Blumenau hin. Vor 145 Jahren wurde das Städtchen von dem Philosophen Dr. Blumenau aus Braunschweig gegründet. Damals, im Jahr 1852, suchten deutsche Bauernfamilien aus dem Hunsrück eine

Alternative zu ihrem ärmlichen Leben daheim. Im fernen Brasilien mit seinem fruchtbaren Klima hoffte man auf einen guten Neuanfang und Wohlstand.

Hier am Itajai-Fluß und in den Bundesstaaten Parana und Santa Catarina fanden die Siedler ihren neuen Lebensraum. In dichtem Dschungel rodeten sie Felder, aus schlammigen Wegen wurden befahrbare Straßen, Holzhütten entwickelten sich zu ansehnlichen Villen. Heute bemühen sich Vereine und mehrere Organisationen darum, das deutsche Brauchtum zu erhalten. Es gibt Musik- und Tanzveranstaltungen mit extra aus Deutschland eingeflogenen Gruppen oder auch Lesungen junger Literaten.

Die indianischen Ureinwohner, denen das Land ursprünglich gehörte, wurden von den Spaniern und Portugiesen, später von den deutschen Siedlern rücksichtslos dezimiert. Sie wurden ermordet oder starben an Krankheitserregern, die die Siedler mitbrachten. Während den Neueinwanderern Krankheiten, wie zum Beispiel eine Grippe, nur zeitweise zusetzten, kostete sie so manchen Ureinwohner das Leben, der dagegen keinerlei Abwehrkräfte hatte. Und bis dahin auch nie brauchte. Die Indianer leben heute am äußeren Rand der Gesellschaft. Sie verkaufen unter anderem selbstgeflochtene Korbwaren und schlagen sich mühsam durchs Leben. Dabei hätte man einiges von ihnen lernen können. Arroganz und die Dummheit vieler haben dies verhindert.

Die Indianer sind in ihrem Bestand massiv gefährdet. Die brasilianische Regierung sieht sich kaum veranlaßt, diesen Zustand zu ändern und die Indianer-Schutzbehörde FUNAI schöpft die diesbezüglichen Möglichkeiten nur wenig aus. Franz Fluch von der ›Gesellschaft für bedrohte Völker‹ schreibt im Menschenrechtsreport Indigener Völker von 1993:

»Goldrausch im Yanomami-Gebiet

Die Yanomami, das größte noch freilebende Regenwaldvolk unseres Planeten, siedeln in jahrtausendealter Tradition im Grenzgebiet von Brasilien und Venezuela. Heute sind die rund 10.000 auf brasilianischem Boden lebenden Yanomami praktisch vom Aussterben bedroht. Unter ihren Gemeinschaftshütten, den Malocas, befindet sich eines der reichsten Mineralvorkommen der Erde: Uran, Titan, Bauxit, Edelsteine – und vor allem Gold. Die Yanomami sterben ohne viel Aufhebens für den Fortschritt des Bundesstaates Roraima. Hier im nordwestlichsten Zipfel Brasiliens hat die Goldmafia das Sagen. Der Genozid an diesem Regenwaldvolk begann Anfang der 70er Jahre mit dem Bau der Straße Perimetral Norte.

Damals entschloß sich die brasilianische Regierung, den ›menschenleeren Raum in Amazonien‹ – wie es in einem offiziellen Papier heißt – durch ein großflächiges Besiedlungsprogramm zu bevölkern. Man begann, riesige Waldflächen zu roden.

Mit großzügigen Subventionen und Steuerbegünstigungen wurden Firmen in das Amazonasgebiet gelockt. So entstanden zahlreiche Rindergroßfarmen, aber auch der Bergbau wurde vorangetrieben und neu entdeckte Bodenschatzvorkommen erschlossen. An dieser wirtschaftlichen Erschließung Amazoniens beteiligte sich in erster Linie das Großkapital, wie einer Studie des inzwischen aufgelösten Ministeriums für Wissenschaft und Technik zu entnehmen ist.

Demnach haben sich Bergbaugesellschaften im Amazonasgebiet schon 1,3 Millionen km^2 Regenwald für den Mineralabbau gesichert. Davon befinden sich 41 Prozent in ausländischer Hand, 36 Prozent im Besitz brasilianischen Privatkapitals und 23 Prozent haben sich nationale Staatsbetriebe gesichert.

Im Jahr 1987 setzte auf Betreiben der Regierung des Bundesstaates Roraima die bislang rücksichtsloseste Ausbeutung von Goldvorkommen auf brasilianischem Boden ein. Von der Hauptstadt Boa Vista aus gelangten innerhalb von drei Jahren mehr als 45.000 Goldsucher über eine Luftbrücke in das Yanomami-Gebiet und fielen dort buchstäblich aus heiterem Himmel in den Regenwald ein. Binnen weniger Monate wurden über 130 illegale Landepisten gerodet. Auf dem Luftweg schmuggelte man das Gold ins benachbarte Ausland.

An die 500 Kleinflugzeuge versorgten die ›garimpeiros‹ (Goldsucher) mit Lebensmitteln, Ausrüstung und Munition. Finanziert wurde dieser regelrechte Goldrausch von ›empresários‹, zumeist finanzkräftige Geschäftsleute in Brasilien und von skrupellosen Kredithaien, die gegen Gewinnbeteiligung von 70 Prozent am Goldertrag, die Transportkosten, Ausrüstung und Verpflegung der ›garimpeiros‹ vorfinanzierten. Die Abenteurer und Glücksritter, die sich in den Goldgruben für die ›empresários‹ verdingen, kommen vor allem aus dem Nordosten des Landes, einem trostlosen Dürregebiet, wo bis heute noch feudale Großgrundbesitzer das Sagen haben. Sie vertreiben die Kleinbauern mit Waffengewalt, um auf diese Weise ihre Fazendas zu vergrößern. Mit den ›nordestinos‹ wurden aber auch bisher unbekannte Infektionskrankheiten, wie Tuberkulose, Grippe, Masern und vor allem Malaria in das Yanomami-Gebiet eingeschleppt, die für die Indios fatale Folgen hatten.

Die Goldgräberinvasion führte auch zu einem Rückschlag in der bisherigen offiziellen Politik gegenüber den Yanomami. Die Indianerpolitik ging hervor aus der jahrezehntelangen Kleinarbeit unabhängiger, privater Indianerschutzorganisationen, allen voran der Kommission zur Schaffung eines Yanomami-Reservats, kurz CCPY, in Zusammenarbeit mit der Indianerbehörde FUNAI.

Auf Initiative der CCPY besuchte im Juni 1989 eine Parlamentarierdelegation das Yanomami-Gebiet und machte die Regierung für den dort stattfindenden Genozid verantwortlich. Am 20. Oktober 1989 erkannte der oberste Gerichtshof in Brasília das 9,4 Millionen Hektar große Gebiet als Indianerland an und verfügte die sofortige Entfernung der Goldgräber. Zu diesem Zeitpunkt waren schon mehr als 1.000 Yanomami an den Folgen eingeschleppter Krankheiten und durch bewaffnete Konflikte mit weißen Eindringlingen gestorben. Der Druck der in- und ausländischen Öffentlichkeit setzte die Regierung in Brasília immer mehr unter Zugzwang. Aus dieser Situation heraus versuchte der neugewählte Präsident Fernando Collor de Mello politisches Kapital zu schlagen. Er nutzte die Gelegenheit, um durch eine Kehrtwende in der Indianerpolitik das schlechte Image Brasiliens im Ausland abzubauen. Der mediengewandte Präsident kündigte via Fernsehen den sofortigen Abzug der 45.000 Goldgräber an und nahm sogar persönlich an der als Medienspektakel inszenierten Sprengung von Fluglandepisten teil. Doch schon bald, nachdem sich der Staub wieder gelegt hatte, und die Polizeieinheiten wieder abgezogen waren, kehrten die ›garimpeiros‹ wieder in ihre ›barrancos‹ zurück. Fünf Schritte vor, drei Schritte zurück; so charakterisierte ein Kolumnist einer brasilianischen Tageszeitung später treffend die Indianerpolitik des inzwischen wegen Korruption vom Parlament abgesetzten Präsidenten.

Aufgrund des massiven, internationalen Protests sah sich Collor de Mello im Vorfeld der im Juni 1992 in Rio de Janeiro stattfindenden UNO-Konferenz für Umwelt und Entwicklung schließlich gezwungen, das seit Jahren von den Indianerschützern geforderte Dekret zur Schaffung eines Yanomami-Reservats zu unterzeichnen. Am 15. November 1991 wurde den Yanomami ein 94.000 km^2 großes Territorium als Habitat zugesprochen. Die dafür erforderlichen Vermessungsarbeiten, die sogenannte Demarkation, ist inzwischen abgeschlossen. Doch die Bedrohung durch die ›garimpeiros‹ ist nach wie vor nicht gebannt. Im Januar 1993 hat selbst die Regierung eingestanden, daß über 11.000 Goldsucher in das Yanomami-Reservat zurückgekehrt sind.

Mittlerweile zeichnet sich zwar eine Neugestaltung der brasilianischen Indianerpolitik ab, die vor allem auch in der staatlichen Indianerbehörde FUNAI Platz greift. Die Anordnungen aus Brasília werden jedoch nach wie vor von den mächtigen Gouverneuren boykottiert, die in der neuen Indianerpolitik der Regierung in erster Linie einen Hemmschuh für die wirtschftliche Entwicklung in ihrem Bundesstaat sehen.« (5)

Rüdiger Nehberg, Deutschlands bekanntester Abenteurer und Aktionist für Menschenrecht, setzt sich schon seit vielen Jahren sehr für die Einhaltung der Grundrechte der Yanomami-Indianer ein. In zahlreichen Filmen im deutschen wie auch im brasilianischen Fernsehen weist er immer wieder auf die Gefährdung der Indianer hin und zeigt Lösungsvorschläge auf. Aber er beschränkt sich nicht auf Worte, sondern setzt sich auch selbst aktiv ein. Auf seine Initiative hin entstand ein Schul- und ein Sanitätsprojekt für die Yanomami-Indianer.

Am 10. Dezember 1992 hielt der Indianerhäuptling Davi Yanomami vor der Vollversammlung der Vereinten Nationen anläßlich der Eröffnung des Internationalen Jahres der Eingeborenen Völker der Welt eine Rede:

»Es ist mir eine große Ehre, hier im Namen des Yanomami-Volkes und für alle Waldvölker des Amazonas vor der Vollversammlung der Vereinten Nationen zur offiziellen Eröffnung des Internationalen Jahres der Eingeborenen Völker der Welt sprechen zu dürfen, deren aller Geschichte über Jahrhunderte hinweg nicht anders verlief als unsere eigene.

Es ist das erste Mal, daß ich vor einem Weltforum spreche, und dafür bin ich sehr dankbar. Ich glaube, daß meine Anwesenheit hier den Geist der ›neuen Partnerschaft zwischen den Völkern‹ ausdrückt, proklamiert von der Vollversammlung.

Ich erinnere mich sehr gut an meinen ersten Besuch bei den Vereinten Nationen. Es war im April 1991, und ich wurde empfangen von dem damaligen Generalsekretär Javier Perez de Cuellar. Ich erklärte ihm die Aggression, unter der mein Volk litt, und er versprach, unserem Fall seine besondere Aufmerksamkeit zu widmen. Später schrieb er an den brasilianischen Staatspräsidenten Fernando Collor de Mello und brachte seine Sorge zum Ausdruck. Seine Intervention war wichtig für uns. Nachdem er das Schreiben erhalten hatte, begann Präsident Collor den Indianern und ihren Rechten mehr Aufmerksamkeit zu widmen. Es war der Beginn einer Entwicklung, die uns sehr gutgetan hat. Sie führte zunächst einmal zu der Entscheidung im November 1991, ein zusammenhängendes Schutzgebiet für uns zu gründen, das unser ganzes angestammtes Land einschloß, und dann, im Mai '92, kurz vor dem Erdgipfel in Rio de Janeiro, zur Ratifizierung der Demarkation unseres Schutzgebietes, das die Fläche von 96.650 km^2 hat.

Eine Weile sah es so aus, als hätten wir die Woge der Angreifer zurückgedrängt, die uns mit Krankheiten infiziert und das Land unserer Vorfahren zerstört hat. Wir erhielten die vollen gesetzlichen Rechte, und sowohl die FUNAI als auch die Bundespolizei warfen die Eindringlinge aus unserem Land. Im Juli gab es nur noch 200 bis 300 Goldsucher auf unserem Boden, an Stelle von 40.000 in den schlimmsten Zeiten, Ende 1990.

In den vergangenen Wochen allerdings wurden wir mit dem Wiedereinmarsch der Goldsucher konfrontiert. Fährschiffe bringen sie über den Rio Bauaburí in den westlichen Teil unseres Landes. Und im Osten fliegen viele kleine Flugzeuge von Boa Vista aus in unser Land. Sie kommen vom Flughafen der Stadt und von illegalen Pisten der umliegenden Farmen. Die Goldsucher haben die Landepisten, die die Polizei (bei uns im Wald) mit Dynamit gesprengt hatte, wieder repariert. Es sind zur Zeit wieder mindestens 8.000 Goldsucher in unserem Land.

Die Goldsucher fliegen ständig über unser Land und belästigen uns mit dem Lärm ihrer Maschinen. Sie bedrohen die Menschen, die uns helfen wollen, wie Gesundheitsarbeiter und die Angestellten der brasilianischen Regierungsorganisation FUNAI. In einigen Gebieten überreden sie sogar einige Leute meines Volkes, für sie zu arbeiten, und locken sie mit falschen Versprechungen. Gleichzeitig werden wir krank. Meine Verwandten sterben. Wir haben Angst vor einer neuen Epidemie wie der in den Jahren 1987–91, die so viele von uns getötet hat.

Der Justizminister der neuen Regierung des Präsidenten Itamar Franco versprach im letzten November zu helfen. Wir sind auf die Regierung angewiesen, daß sie ganz entschieden klarmacht, daß unser Land nur unser Land ist, und darauf, daß das Wirtschafts- und Planungsministerium schnell Geld zur Verfügung stellt, damit die FUNAI und die Bundespolizei die Invasoren hinauswerfen kann und damit wir des weißen Mannes Medizin bekommen können, um uns von den Krankheiten des weißen Mannes heilen zu können.

In dieser schwierigen Situation wenden wir uns erneut an die Vereinten Nationen. Wir bitten den neuen Generalsekretär Boutros Boutros-Ghali, uns zu helfen wie sein Vorgänger. Wir bitten ihn, Präsident Itamar Franco aufzufordern, uns dringend die erforderliche Hilfe zu senden.

Wir appellieren gleichzeitig an die Internationale Gewerkschaftsorganisation (ILO), die Bedingungen zu untersuchen, unter denen die Goldsucher arbeiten. Die Goldgräberei ist nicht nur illegal, weil sie in unserem Land stattfindet, sie schadet auch den Goldsuchern selbst. Viele von ihnen werden wie Sklaven gehalten. Sie sind, genau wie wir, Opfer der Gier einer Handvoll Männer, die den Goldhandel kontrollieren.

Wir unternehmen alles in unserer Macht Stehende, um uns selbst zu helfen. Um uns gegen weiße Krankheiten zu schützen, bauen wir ein eigenes Gesundheitsprojekt auf. In meiner Region, den Flußtälern des Deminií, Balawaú und Tootobí, also im Yanomami-Land, haben wir 24 Dörfer mit einer Einwohnerzahl von 1.048 Yanomami. Mit Hilfe von Regierungsorganisationen in Kanada, Deutschland, Großbritannien, Holland, Norwegen und Brasilien bauen wir ein Gesundheitsprojekt auf, das sie alle erreichen soll. Es ist die ›Neue Partnerschaft‹ zwischen den Völkern.

Schließlich möchte ich Ihnen eine Botschaft von Oman geben. Oman ist der Schöpfer der Yanomami und der Schöpfer der ›shaboris‹, die unsere Schamanen sind. Die Shaboris besitzen alles Wissen, und sie haben uns gesandt, ihre Botschaft den Vereinten Nationen zu übergeben.

Die Botschaft lautet: Stoppt die Zerstörung, stoppt den Abbau unterirdischer Bodenschätze und stoppt den Bau von Straßen durch Indianergebiete. Wir plädieren für den Schutz der Natur, des Windes, der Berge, des Waldes, der Tiere – und das möchten wir euch lehren.

Die Führer der reichen industrialisierten Welt glauben, sie seien die Eigentümer dieser Welt. Aber die Shaboris sind diejenigen, die das wahre Wissen besitzen. Sie sind die wirkliche erste Welt. Und wenn ihr Wissen zerstört sein wird, dann werden auch die Weißen sterben. Es wird das Ende der Welt sein. Das ist es, was wir vermeiden möchten.«

In Interviews und Vorträgen in Brasilien haben wir dieses Thema immer wieder zur Sprache gebracht und dabei festgestellt, daß die Aktionen Rüdiger Nehbergs sowohl bekannt sind als auch großen Zuspruch aus der Bevölkerung erfahren. Auch hier in Blumenau sprachen wir mit den Journalisten über die Yanomami-Indianer. Während unserer Reise durch Amerika fanden wir die Aufschrift auf dem Segel von Nehbergs Floß, mit dem er in einer spektakulären Aktion den Atlantik überquert hat, immer wieder bestätigt:

»500 Jahre Amerika ist die Geschichte einer 500jährigen Ausbeutung.«

Das hiesige Oktoberfest nach Münchner Vorbild gilt als das zweitgrößte Fest Brasiliens nach dem Karneval von Rio de Janeiro. Über 1 Million Menschen, unter anderem auch aus Argentinien und Uruguay, strömen jedes Jahr hierher, um die deutsch-brasilianische Gemütlichkeit zu genießen.

Als wir mit unseren Rädern vor der Pforte stehen, stürzen sich einige Journalisten von Radio- und Fernsehsendern auf uns. Stundenlang geben wir Interviews, lachen in Foto- und Filmkameras, werden dem Bürgermeister und den Honoratioren der Stadt vorgestellt, müssen demonstrativ 5-Liter-Bierkrüge für Fotos stemmen. Von Freunden in Deutschland haben wir Adressen in Blumenau erhalten.

Oktoberfest-Plakat in Brasilien.

Jetzt sitzen Carlotta und Walter seit Stunden geduldig auf einer Bank und warten, bis die Journalisten von uns ablassen und sie uns endlich zu sich nach Hause bringen können. In den Hallen und Bierzelten tobt »Rosamunde« und »Herzilein« durch die Lautsprecher und Lieder vom blauen Enzian, als wir endlich losziehen.

Die meisten Trachten-Musikgruppen wurden auch dieses Jahr wieder aus Deutschland eingeladen. Neben deutscher Folklore haben sie aber auch Sambarhythmen im Programm, mit denen sie besonders die Jugendlichen um Mitternacht herum begeistern. Bei Carlotta und ihrer Familie erfahren wir für die nächsten Tage eine sehr herzliche Aufnahme. Ohne große Umstände sind wir sofort in die Familie integriert. Am nächsten Morgen stehen bereits kurz nach 8 Uhr zwei Fernsehteams vor der Tür, die ein paar Aufnahmen von uns machen wollen für die Nachrichtensendung am Abend.

Elena:
Die folgenden Tage aber gehören wieder uns. Mit Carlotta, ihrer Familie und ihren Freunden Marga und Walter verbringen wir eine schöne Zeit. Direkt am Strand von Itajai hat Carlotta ein Haus, in dem wir Muscheln und Fische braten und vom Leben in Deutschland beziehungsweise Brasilien berichten. In Pomerode, einem vorwiegend von deutschen Kolonialisten bewohnten Ort, sind wir zum Auftritt einer Blaskapelle aus Süddeutschland eingeladen. Wie auch in Blumenau, stehen hier viele Fachwerkhäuser, in vielen Vorgärten kauern Gartenzwerge am Teich. Viele junge Leute sprechen nur noch gebrochen Deutsch, und sehen doch mit ihren oft strohblonden Haaren und sehr blauen Augen so nordisch aus, wie man es fast nur noch aus alten Filmen kennt. Sie wissen oft nur, daß die Großeltern vor langer Zeit aus Europa eingewandert sind, aber von wo genau können sie meist nicht sagen. Die Kulturen der hier versammelten Nationen beginnen, sich friedvoll zu vermischen. Rockmusik und Mode eint die neue Generation. Blumenau ist ein Zentrum für die Jeans- und T-Shirt-Produktion.

In Curitiba, einer mittelgroßen Stadt in der Nähe von Blumenau, wird unser Vortrag im Goethe-Institut von den Deutschstudenten sehr interessiert mitgestaltet.

»Ist das denn nicht sehr gefährlich, als Frau eine Weltreise mit dem Fahrrad zu machen?« werde ich gefragt und dann, wieviele Jahre ich vorher trainiert habe.

»Speziell trainiert habe ich gar nicht, abgesehen von ein paar kleineren Radtouren. Meine Kondition steigerte sich langsam während der Reise. Und Gefahr ist ein relativer Begriff«, ist meine Antwort.

»Meine Eltern halten Brasilien für sehr gefährlich, allein schon deswegen, weil es so weit weg und so fremd ist für sie. Ihr wiederum denkt sicherlich, daß es in einem anderen Land gefährlich ist – wahrscheinlich aus dem gleichen Grund. Aber passieren kann überall etwas, denken wir nur mal an die Chance, durch einen Verkehrsunfall ums Leben zu kommen. Das Leben an sich ist ja schon lebensgefährlich...«

Lachend berichtet eine Studentin, daß ihre Eltern sie gebeten haben, mit einem Deutschlandbesuch noch zu warten, weil es dort für eine junge Frau einfach zu riskant sei – tja...

Nach Curitiba hat es auch einen mutigen Teil meiner Verwandtschaft versprengt. Liebevoll begrüßt uns meine Tante, die ich bisher nur vom Hörensagen kenne. Der selbstgebackene Kuchen, die Schokoladentafel auf dem Kopfkissen und die umsorgende Tante lassen uns wie zu Hause fühlen.

Wieder zurück in Blumenau. Zum Abschluß des Oktoberfestes gibt es noch einen großen Umzug durch die Stadt mit einer witzigen Mischung aus Schuhplattlern, deutschen Musikkapellen und Sambatänzern. Wir verabschieden uns von unseren neuen Freunden. Es war ein erlebnisreicher Aufenthalt, den wir sicher nicht vergessen werden.

Bald führt uns die Straße am Atlantischen Ozean vorbei. Um weniger Ballast durch die Hitze transportieren zu müssen, haben wir uns von einigen Hemden getrennt. Aber kaum sind wir wieder unterwegs, stoppt vor uns ein PKW, aus dem ein Textilunternehmer steigt und uns freudig zwei neue Hemden schenkt mit dem Aufdruck in Portugiesisch ›Paßt auf unseren Planeten auf!‹ rund um eine gezeichnete Weltkugel. Viele Kilometer radeln wir an Viehweiden vorbei. Stacheldrahtzäune rechts und links der Straße machen das Zelten unmöglich. Endlich finden wir einen Feldweg, der von der Straße weg zu einem kleinen Wäldchen führt und direkt zu einem Platz zwischen großen Büschen. Aber kaum dort angekommen, blicken wir plötzlich in zwei vorgehaltene Gewehrläufe. Dahinter zwei Männer, finster blickende Kerle, die uns unmißverständlich auffordern, sofort zu verschwinden. Hinter den Bäumen sei eine Farm, die sie beschützen. Wir sind unerwünscht. Eine Sache ist, daß arme, sogenannte ›Landlose‹ in Brasilien oft Grundstücke besetzen, von denen sie nur durch Waffengewalt weichen. Andererseits werden einsame Höfe gern überfallen und ausgeraubt oder sogar angezündet. Zudem muß ein Großgrundbesitzer auch noch fürchten, als Geisel mitgeschleppt zu werden.

Die Zeitungen berichten ständig über solche Fälle. So übernachten wir wenige Kilometer weiter hinter einer Hecke am Straßenrand, knapp vor einem der vielen, vielen Weidezäune und nur etwa 2 m vom Randstreifen entfernt…

Nachts zu radeln ist hier einfach zu gefährlich. Die Autofahrer haben einen rasanten Fahrstil und manchmal mehr Alkohol als Blut im Körper. Mehrfach wurden wir bereits von den Leuten auf der Straße vor ›Hetzjagden‹ gewarnt. So mancher soll schon mit Absicht überfahren worden sein.

»Wo keine Zeugen, da keine Anklage!«, meint ein alter Mann in einem kleinen Dorf unterwegs.

Ein paar Tage später endlich entdecken wir eine Blumenwiese am Hang, ohne Zaun und direkt vor einem dichten Wald. Eine Kuh grast friedlich vor sich hin, das Haus auf der anderen Seite der Straße ist verrammelt und scheint unbewohnt. Aber kaum steht das Zelt am Waldrand, kommt eine ältere Frau über die Wiese auf uns zu, in der rechten Hand einen glänzenden, schwarzen Revolver. Jetzt ist es gut, daß ich als Frau dabei bin. Erst radebreche ich halb italienisch, halb portugiesisch, dann stellt sich heraus, daß die Revolver-Lady aus Deutschland eingewandert ist. Ob wir wirklich nur eine Nacht bleiben und ihr auch nicht den Wald oder das Haus anzünden wollen, fragt sie auf Deutsch, und hört mit wachsendem Erstaunen, daß wir mit den Rädern auf der Durchreise und nur ganz einfach müde sind. Ungläubig mustert sie uns und die Bikes, bevor sie kopfschüttelnd geht und uns zelten läßt. Sicherheitshalber nimmt sie ihre Kuh aber doch mit zum Haus. Man weiß ja nie!

Die nächsten Tage radeln wir von einem Regenguß zum anderen. Dichte, graue Wolken hüllen die großen Weiden in trübes Licht. Öffnet sich der Himmel, ist es, als ob man über uns einen Wasserhahn aufgedreht hätte. Binnen Sekunden sind wir bis auf die Haut patschnaß. In den Schuhen quietscht das Wasser. Immer noch reiht sich Zaun an Zaun. Die Wiesen sind darüber hinaus oft noch so steil, daß man im Zelt fast stehend schlafen müßte. Wieder einmal suchen wir bei Sonnenuntergang nach einer Bleibe.

»Es ist doch wohl nicht möglich, daß wir auf der Fläche von über 85 Millionen km^2 in Brasilien keine 2 m^2 für unser Zelt finden!« schimpft Peter vor sich hin.

Endlich, es ist schon fast völlig dunkel, stellen Peter und ich unser Stoffhaus zwischen ein paar Bananenstauden hinter einer Bambushecke neben der Straße, wieder einmal keine 5 m entfernt von den vorbeipolternden LKWs. Wenn heute Nacht hier einer reinbrummt, sind wir platt. Aber wir haben keine andere Wahl. Wenigstens gibt es eine kleine Grasfläche, so daß wir nicht ganz auf nassem Ackerboden zelten müssen. Man wird bescheiden mit der Zeit.

Wir hocken im offenen Zelteingang und essen zerkrümeltes Brot mit einer Dose Ölsardinen. Dichter Nieselregen verwandelt alles um uns herum in eine Miniatur-Seen-Platte. Für heute reicht es. Gerade, als ich mich hinlegen will, sagt Peter plötzlich:

»Stop! Bleib ganz ruhig, beweg dich nicht!«

Wie erstarrt bleibe ich bei seinem seltsamen Tonfall halb sitzend, halb liegend.

»Schau mal, was auf deinem Schlafsack sitzt!«

Im hellen Licht der Halogenlampe sehe ich eine fast handtellergroße, fette, schwarze Spinne über den Kopfteil meines Schlafsacks krabbeln. Und ich hätte mich fast draufgelegt... Gebannt starren wir auf die Vogelspinne, die langsam zur linken Zeltecke marschiert. Anscheinend schläft sie auch lieber im Trockenen. Aber nicht mit uns! Ganz langsam, damit die Spinne

Übernachtung am Rande eines brasilianischen Zuckerrohrfeldes. Kurz danach entdeckten wir unsere Mitbewohnerin …

nicht in Panik kommt und womöglich im dunklen Zelt rumsaust, bugsieren wir sie mit einem Päckchen Papiertaschentücher zum hinteren Zeltausgang. Brav marschiert das Tierchen zum Reißverschluß hinaus. Uff!!

Ich weiß ja, daß ich für die Vogelspinne viel gefährlicher bin als sie für mich. Aber hier drin will ich sie doch ganz bestimmt nicht haben. Soll sie unter dem Vordach den Regen abwarten, das reicht auch. Was uns aber nachträglich zu denken gibt, ist die Tatsache, daß die Spinne unbemerkt zwischen uns beiden durchmarschiert ist, als wir im Zelteingang saßen. Es hätte auch eine Schlange oder ein Skorpion sein können. Wir müssen in Zukunft vorsichtiger sein!

»Hey, sieh mal, das sind die aus dem Fernsehen!«

Der das sagt, ist ein dicker Tankstellenbesitzer, der bis zu unserem Aufkreuzen ruhig seine Zapfsäulen betrachtete. Jetzt zappelt er herum und alarmiert alle Gäste der kleinen Raststätte, die er nebenher betreibt. Sein so unverhofftes Wiedererkennen bringt uns kostenlos Taccos und gebratene Hähnchenschlegel ein. Immer wieder, seit wir Blumenau verlassen haben, erkennen uns unterwegs die Leute und grüßen freundlich.

Viele fragen, ob das wirklich stimmt, daß wir die Welt mit Fahrrädern umrunden, und wünschen uns, daß wir durchhalten und uns nichts passiert. Interessant dabei ist vor allem das Verhalten der Leute uns gegenüber. Männer sprechen nur mit Peter und beachten mich nicht, während die Frauen sich nur mit mir abgeben und Peter ignorieren. Sofern sie nicht zu den vielen Frauen und Mädchen gehören, die sich entlang der Straße den LKW-Fahrern anbieten und Peter einige tiefe Einblicke und verheißungsvolle Worte widmen. Mich streifen dann nur verächtliche Blicke.

Die hiesige Methode, das benutzte Toilettenpapier wegen der zu engen Abwasserrohre in einen meist übervollen Papierkorb oder gleich in die Ecke zu werfen, ist gewöhnungsbedürftig. Vor allem aber auch die etwa 1 Million fetter Schmeißfliegen, die darauf eine Party feiert, bevor sie einen Ausflug auf die Teller mit Essen machen in der Kneipe nebenan.

Wieder einmal ist an Peters Gepäckträger eine Schraube gebrochen, wieder darf er mühselig abladen und reparieren. Ach, wie oft hatten wir das schon. Armer Kerl, denke ich.

»Guck mal, ist das ein dicker Käfer da unten?«

»Nein, das ist wieder eine Vogelspinne, nur diesmal eine Halbwüchsige...«

Von den Viechern scheint es hier mehr als genug zu geben. Die hier findet Peters Speichen interessant und turnt über die Felge. Mit einem Grashalm schubst Peter sie sanft von dannen. »Los, geh zu deiner Mama!«

Ein böiger Wind aus Nordost treibt uns von Regenschauer zu Regenschauer. Wenigstens schiebt er ein bißchen von hinten an und kommt nicht von vorn, wie sonst bei Radlern üblich. Dieser Luxus wird aber bald dadurch zunichte gemacht, daß der Randstreifen der Straße voller Löcher ist, die von Grasnarben überwuchert sind. Der rasende Autoverkehr zwingt uns aber an den Rand der Straße, und wir dürfen wieder einmal schieben – trotz Rückenwind. Links und rechts erstreckt sich weites, flaches Grasland, Reiher und Möwen kämpfen mit dem Wind. Peters Barometer an der Armbanduhr zeigt 1.008 mb mit steigender Tendenz, und tatsächlich blinzelt bald die Sonne zwischen den schwarzen Wolken stechend hervor. Sofort ist es wieder knalleheiß.

Peter:
Wir haben das Zelt auf einer Anhöhe hinter einem Wäldchen aufgeschlagen. Elena zeichnet Weihnachtskarten und beschreibt Bananenblätter, die sie mit Stachelschweinborsten ›klammert‹, für unsere Leute daheim. Ihr Tagebuch ist sehenswert. Alles, was sie unterwegs proportional passend und interessant findet, klebt sie in ihr Buch. Dazu gehört auch ein Stück Gürteltierpanzer sowie diverse kleinere, überfahrene und getrocknete Schlangen… Gebeugt hockt sie im Zelt und bastelt mit Hingabe. Ihre Art der Entspannung.

Ich mache ein paar Dias von den großen, nassen Blättern, durch die das Sonnenlicht gleißt. In der Glut des kleinen Feuers vor uns brutzeln ein paar Kartoffeln und Zwiebeln, im Topf brodelt eine Gemüsesuppe. Irgendwo kläfft ein Hofhund, leises Ziegengemecker dringt von Ferne zu uns. Schön.

Elena:
Die Straße ist von Seen gesäumt, in denen sich die Wolken spiegeln. Kleine, flache Häuschen stehen dazwischen, Reusen und Netze hängen an den Türen. Hier leben die Fischer. Ein Mann kommt aus einem Haus, geht den Weg vor zum Gartentürchen und will es öffnen. Dreimal versucht er es, immer wieder fällt es zu. Da packt der Mann das Türchen, reißt es samt Pfosten aus

dem Boden, wirft es in hohem Bogen weg, trampelt wütend darauf herum und schimpft dazu wie ein Rohrspatz. Er scheint sich schon öfter darüber geärgert zu haben – jetzt ist Schluß! Wir halten an und lachen schallend. Der Anblick ist zu komisch.

Die Mechaniker einer Tankstelle schenken uns eine Spezialität aus der Gegend, die hier in Rio Grande do Sul hergestellt wird. Es macht nicht gerade schlank, ist aber eine feine Sache zum Knabbern für unterwegs.

11.11.1995 – In Deutschland beginnt der Karneval wieder mal ohne mich. Regenwald umgibt uns und eingezäunte Viehweiden. Über leichte Hügel, die wir fahrend oder schiebend bewältigen, erreichen wir das Städtchen Gravatai, kurz vor Porto Alegre. Hier werden wir wohl ein Hotel suchen müssen. Die Gegend ist dicht besiedelt. Alvorada, Canoas oder auch Novo Hamburgo heißen die ineinander greifenden Orte rund um Porto Alegre. Während wir die Lage besprechen, nähert sich uns ein etwa 50jähriger Mann und erkundigt sich nach unserer Tour. Als er hört, daß wir um die Welt radeln, beginnen seine Augen zu leuchten.

»Warum übernachtet Ihr nicht einfach bei mir? Ich würde gern noch so vieles wissen, und meine Familie würde sich sehr freuen! Ich bin Zirkuszauberer und auch schon viel herumgekommen. Mein Name ist Danisio und mein Haus ganz in der Nähe. Hier ist die Adresse! Ich fahre mit dem Bus voraus, und Ihr kommt ganz einfach nach.«

Peter und ich haben beide das Geheimzeichen für ›o.k.‹ gemacht, und da die von Danisio angegebene Adresse auch noch in unserer Richtung liegt, radeln wir los. Auf der vielbefahrenen Strecke kämpfen wir bergauf gegen den starken Abendwind an. Jetzt kommen wir doch an einigen Stellen vorbei, wo wir notfalls hätten übernachten können. Aber wir wollen den wartenden Zauberer nicht enttäuschen, letztlich haben wir ihm ja fest versprochen, zu kommen. Unterwegs werden wir von einem städtischen Bus überholt. Aus einem Seitenfenster hängt Danisio heraus und schreit, was die Lunge hält:

»Es ist nicht mehr weit. Ich verlasse mich darauf, daß ihr kommt. Meine Frau wird kochen!«

Alle Passagiere im Bus recken sich nach uns die Hälse und winken freundlich. Danisios ›ganz in der Nähe‹ beträgt exakt 24 km hügelauf, hügelrunter, durch dichten Berufsverkehr. Kurz vor dem angegebenen Ort kommt uns ein kleiner PKW entgegen, der rasant die Fahrbahn wechselt und vor uns zum Stehen kommt. Danisio mit seinem Schwager! Es ist schon fast dunkel. Wenn das mit der Unterkunft jetzt doch nicht klappen sollte, sind wir ganz schön aufgeschmissen!

Das Auto holpert mehrere Kilometer vor uns her über die Schlaglöcher quer durch die kleine Stadt. Längst ist es Nacht geworden.

Peter stöhnt, ich jammere. Links, rechts, wieder links, über Brücken und holprige Straßen geht es. Endlich erreichen wir am anderen Ende der Stadt das kleine, weiße Häuschen von Danisio und seiner Familie – und werden herzlich aufgenommen! Wir sind ausgepowert und hundemüde und hängen in den Sesseln wie reingeworfen.

Danisio zeigt uns ein paar seiner Zaubertricks und freut sich, als auch Peter ihm seine Magiekünste vorführt. Ich darf als Übersetzerin agieren, obwohl ich ja eigentlich nur Italienisch kann.

Wenigstens sind sich Portugiesisch und Italienisch etwas ähnlich, so daß ich doch einiges verstehe.

Mit den erwachsenen Kindern zusammen essen wir zu Abend, dann wird das Familienalbum herumgereicht. Danisio hat schon mit Raubkatzen gearbeitet, als Hochseilartist, als Entfesselungskünstler und natürlich als Zauberer. Seine Spezialität ist die Befreiung aus einer mit Ketten verschlossenen Piratenschatztruhe innerhalb kürzester Zeit. Der Abend wird lang. Gegen Mitternacht räumt Danisio für uns seinen Künstler-Tournee-Wagen aus. Die weiße Taube, die er sonst in einem Zylinder verschwinden läßt, wird umquartiert. Wir schlafen inmitten von Glitzerhemden, Smokings und Schminkschachteln endlich ein.

Beim Frühstück am nächsten Morgen telefoniert Danisio eifrig. Erst achten wir nicht darauf, dann aber fragt er plötzlich nochmal, wieviele Länder wir schon durchkreuzt haben und wo wir jetzt hinwollen. Kurze Zeit später steht die Presse vor der Tür und bittet um ein Interview und ein paar Action-Fotos für die große Tageszeitung ›Zero Hora‹. Den interessierten Journalisten berichten wir von fremden Völkern, die wir kennenlernten, vom Umweltschutz und daß jeder etwas in seinem Bereich dafür tun kann. Zwei Stunden lang stehen Peter und ich Rede und Antwort, dann radeln wir wieder zur Stadt hinaus in Richtung Porto Alegre. Ein Stück werden wir noch von den Presseautos begleitet und immer wieder fotografiert, dann sind wir allein und kämpfen uns durch den dichten Berufsverkehr auf der breiten Ausfallstraße nach Porto Alegre.

Peter:
Porto Alegre ist eine Stadt mit etwa 1,3 Millionen Einwohnern. Sie ist die Hauptstadt der Region ›Rio Grande do Sul‹. Wir fahren entlang des Hafens und biegen links ab zum Zentrum, in dem die Fußgängerzone liegt mit vielen Geschäften. Dann geht es weiter zum Goethe-Institut, wo wir mit dem Leiter verabredet sind. Beim Kaffee erzählen wir von unseren Abenteuern und Erlebnissen und bekommen auch einige Fragen zu Land und Leuten beantwortet.

Aber die interessanteste Information für uns ist, daß unser Bundespräsident Roman Herzog hierher kommt! In zwei Tagen wird er während eines Brasilienbesuches im Goethe-Institut sein. Abends soll dann ein Empfang zu Ehren des Präsidenten stattfinden mit den Honoratioren der Stadt und Vertretern der Wirtschaft. Und wir sind dazu eingeladen!

Die Zeit wird uns nicht lang. Im Institut können wir nach Herzenslust Zeitschriften, Zeitungen und Bücher in der großen Bibliothek lesen oder Videofilme anschauen. Wir bummeln durch die Stadt oder lassen einfach die Seele baumeln und sehen den

Menschen zu. In Porto Alegre leben vor allem viele italienische und spanische Einwanderer, was sich deutlich im Gastronomieangebot zeigt. Um die Stadt herum wird Zuckerrohr und Tabak angebaut. Aber es ist leichter, eine echte ›Brasil‹-Zigarre in Blankenese oder in Klein Lüsewitz in Deutschland zu bekommen, als hier in Brasilien. Fast alle guten Zigarren werden ins Ausland exportiert.

Erwartungsvolle Geschäftigkeit breitet sich am Nachmittag vor dem Empfang im Goethe-Institut aus. Schon den ganzen Tag über wurde der Hörsaal vorbereitet, geputzt und Stühle aufgestellt. Eine Polizeieskorte auf schweren Motorrädern prescht heran und sperrt die Straße ab. Aus dem nachfolgenden Reisebus strömt eine Flut dunkler Anzüge. Journalisten und Sicherheitsbeamte betreten mit Professor Roman Herzog das Gebäude. Der Bundespräsident kommt gerade aus der Landeshauptstadt Brasília.

»Dort hatte eine Kapelle für ihn und seine Frau versehentlich die falsche Nationalhymne gespielt – nämlich die der früheren DDR...«, murmelt uns jemand grinsend zu.

Der Besuch in Porto Alegre bildet jetzt den Abschluß seiner Brasilienreise. Wir werden dem deutschen Generalkonsul vorgestellt und dem Leiter des akademischen Austauschdienstes. Man freut sich über unseren Abenteuergeist und Mut. Reden werden gehalten, der Präsident macht sich Notizen über die verschiedenen Anliegen, die an ihn herangetragen werden.

Vornehm gekleidete Damen und Herren stehen beisammen, ein Smoking schüttelt dem anderen die Hand. Nur wir dürfen als exotische Weltreisende ›mit Rucksack und Bergstiefeln‹ kommen und müssen nicht extra zum Kostümverleih, um uns einzukleiden. Gerade heute erschien ein ganzseitiger Artikel über uns in der Zeitung.

So ergibt sich so manches interessante Gespräch, und wir beantworten viele Fragen zu unserer Reise. Generalkonsul Gutmann stellt auch uns in seiner Ansprache den Anwesenden vor und verweist auf unsere sportliche Leistung. Dann werden wir unserem Präsidenten vorgestellt.

Elena:
TRANSGLOBE FRIENDSHIP BICYCLE TOUR prangt auf unseren neuen, weißen Hemden. Weltreisende unter sich. Wir erzählen dem Präsidenten von unserer Reise und den vielen interessanten Begegnungen. Roman Herzog ist extra von seinem Tisch aufgestanden und zu uns gekommen. Für ihn ist es leichter, durch die Masse der Sicherheitsbeamten und Fotografen zu kommen als für uns. »Wenn der Prophet nicht zum Berg kommt, muß der Berg zum Propheten kommen,« lacht der Präsident.

Während die Pressefotografen ein Blitzlichtgewitter auf uns niederprasseln lassen, können wir Roman Herzog kurz von der Weltreise berichten. Dann wünscht er uns alles Gute für die Weiterfahrt und wendet sich den bereits wartenden Wirtschaftsbossen zu. Alle bedrängen ihn mit irgendwelchen Anliegen. Wir sind froh, nicht mit ihm tauschen zu müssen. Es ist sicher kein leichter Job, Bundespräsident zu sein.

Mühsam kämpfen wir uns durch die Menge und steuern das großartige kalte Buffet in der Mitte des Saales an. Herrliche Sachen gibt es da auf langen Tischen, um die sich jetzt die Gäste scharen. Während des Essens spricht uns ein deutsches Lehrerpaar an. Spontan bieten sie uns ihre Wohnung an für die Zeit, in der sie ihren Urlaub in Deutschland verbringen. Aber wir müssen weiterziehen. Es liegt ja noch eine lange Strecke vor uns.

Am kommenden Morgen stehe ich früh auf. Eigentlich hatten wir die Weiterreise für heute geplant, aber ein Blick aus dem Fenster treibt mich zurück ins warme Bett. Es regnet in Strömen. Passend zum Wetter spielen wir eine Runde ›Schiffe versenken‹ und verbringen den Rest des Tages lesend im Bett. Der zweite Anlauf tags darauf gelingt. Porto Alegre liegt im Frühnebel, als wir es verlassen. Die Elemente toben aber heftig. Teilweise haben wir sogar bergab Mühe, gegen den Wind anzugehen. Der Himmel ist steingrau, eilige Wolken treiben nach Osten. Der Wind treibt uns Sand, Staub und Regen in die Augen, die Böen zerren an den Rädern. Bereits seit einiger Zeit habe ich Probleme mit den Kniegelenken, die sich entzündet haben. Heute macht mir das linke Knie besonders zu schaffen. Kaum sind wir unterwegs, beginnt es zu regnen, was das Zeug hält. Durch den Regenschleier kann ich Peter gerade noch erkennen. Er strampelt vor mir gegen den Wind an. Mist! Aber das ist immer so bei uns. Immer, wenn wir einige sehr schöne Tage erlebten, kommt es anschließend knüppeldick. Mitten in dieser miesen Situation – wie kann es anders sein? –, springt auch noch die Kette von meinem Zahnrad ab und verklemmt sich. Peter nimmt's gelassen.

»Beklag dich nicht. Die Kette hat von Deutschland bis hierher gehalten. Das ist viel mehr, als man erwarten kann.«

In der darauffolgenden Nacht im Zelt werden wir gegen 3 Uhr früh durch mehrere Schüsse und Stimmengewirr aufgeschreckt. Anscheinend stromern ein paar Jäger durchs Unterholz. Nach einer Weile entfernen sich die Stimmen, und wir nehmen noch eine Mütze voll Schlaf.

Das Wetter setzt uns ordentlich zu. Bei der Fahrt schmerzen die Hände, weil der Sturm am schweren Vorderrad zerrt und man zu tun hat, nicht ins Schwanken zu kommen. Auch die Knie und der Po melden sich durch die harte Tretarbeit. Zwischendurch wird der Wind so stark, daß ich mein Rad sogar auf ebener Strecke schiebe. Nachts reißt der Sturm an der Zeltplane. Es knattert, pfeift und stöhnt. Nicht genug, beißen uns auch noch große Ameisen regelrechte Hautfetzchen raus, bis es blutet. Ja, gibt's denn so was?

Endlich bessert sich das Wetter. Hinter Pelotas führt uns die BR 471 an flachen Seen vorbei, in denen ›Seekühe‹ weiden oder es zumindest versuchen. Die braunen Rinder stehen bis zum Hals im Wasser und blinzeln zufrieden in die spärliche Sonne. Wasserschildkröten und graubraune Meerschweinchen überqueren die Straße, die uns viele Kilometer lang allein gehört. Der Wind ist unser Freund geworden. Er tobt zwar immer noch, aber jetzt schiebt er von hinten an. Mit zwei Stangen und einem Tuch baue ich mir ein Segel – dann geht es ab im Sausewind! Viehweide reiht sich an Viehweide.

Mitten in dieser Einsamkeit begegnen uns Gauchos wie aus dem Bilderbuch. Sie tragen schwarze, flache Hüte, Lederschutzkleidung über den Hosen, an den Stiefeln blitzen Sporen. Am Sattel hängt ein ledergeflochtenes Lasso zum Rindereinfangen. Stolz und freundlich grüßen sie von ihren Pferden zu uns herunter.

Possierliche Meerschweinchen hocken am Straßenrand und huschen erst knapp vor uns ins Gras. Es sind so viele, daß wir Gefahr laufen, sie zu überfahren. Mehrere Tage fahren wir so dahin

Achtung, Meerschweinchen kreuzen! Sie sind auch als Grillgericht nicht zu verachten…

und begegnen kaum einem Auto. Vor uns liegt die lange Straße, über uns der inzwischen wieder blaue Himmel, rundherum nichts als saftiges Grün. Kurz vor der Grenze zu Uruguay sehen wir an einer einsamen, kleinen Raststätte ein bepacktes Fahrrad lehnen. Den Globetrotter müssen wir uns ansehen!

Lachend empfängt uns drinnen ein junger Schweizer. Aus Uruguay kommt er gerade, sagt er, während er sich eine üppige Mahlzeit schmecken läßt. Er ist zwei Monate auf Radurlaub hier, legt es aber mehr auf Geschwindigkeit an als wir, und so ist er sehr erstaunt, als wir über die vielen Meerschweinchen reden. Er hat keines gesehen... So manche Ecke der Welt hat er schon bereist, und so fachsimpeln wir über Länder, Menschen und Gangschaltungen. Währenddessen bringt der Wirt frisches Weißbrot, Hähnchenherzen und Rindfleisch am Spieß, dazu Kartoffeln und schwarze Bohnen. Mit vollen Bäuchen radeln wir später in entgegengesetzten Richtungen weiter.

›Tankstelle geschlossen‹. So ein Mist! Wir brauchen dringend Wasser, aber dem Wasserhahn können wir außer einem widerborstigen Quietschen nichts entlocken. Nebenan ist ein Wohnhaus, dessen Tür sich plötzlich leise öffnet. Hervor lugt ein rotznäsiger Fünfjähriger, der drinnen sofort Alarm schlägt. Im Nu sind wir umringt von einer sechsköpfigen Familie, die in der verlassenen Tankstelle haust, und haben bald eine Tasse heißen Kaffee vor uns und eine Tüte Gebäck. Nach ein paar Tips, wie wir zur Grenze kommen, verabschieden wir uns und radeln weiter.

In Chuy, dem Grenzstädtchen zu Uruguay, ist es gar nicht so einfach, den Grenzposten zu finden. Wo ist denn hier der Ausgang aus Brasilien? Erst fahren wir verkehrt, aber dann finden wir uns schließlich vor einem langgestreckten Bau wieder, in dem ein paar müde Zöllner uns lustlos die Einreise nach Uruguay bestätigen. Es ist Mittagszeit – nur keine unnötige Hast! Die heiße Luft steht. Träge summen ein paar grünschillernde Fliegen um uns herum, sonst ist alles ruhig und scheint zu schlafen.

7.
Wie zu Opas Zeiten

URUGUAY (Dezember 1995)

Peter:
»Mensch, guck mal, wie die hier ihre Hunde transportieren!« ruft Elena hinter ihrem Rad vor.

Tatsächlich, eine merkwürdige Art. Vor uns fährt ein cremefarbener PKW aus Bonny & Clydes besten Zeiten. Auf dem Trittbrett an der Beifahrerseite ist ein nach oben offenes Metallgitter angebracht, in dem ein Hund mit flatternden Ohren fröhlich den Fahrtwind genießt, während er sich von seinen Besitzern durch die Gegend kutschieren läßt. ›Windhund‹ wörtlich genommen.

Unsere letzten brasilianischen Real haben wir in einer Bäckerei gegen Brot eingetauscht und als Wechselgeld uruguayische Pesos erhalten. Heute ist Sonntag, alle sonstigen Wechselmöglichkeiten sind uns verschlossen.

Landschaftlich ändert sich zunächst wenig. Seitlich der neuen Straße dehnen sich wieder saftige, grüne Weideflächen aus. Bereits in Brasilien lagen viele überfahrene Schlangen auf der Straße, aber hier scheinen noch viel mehr nachts den warmen Asphalt zu suchen. Wunderschöne grüne und hellblaue Schlangen liegen plattgewalzt vor uns, einige sind bis zu 1 m lang. Aber auch die Verwandten der großen Spinnenfamilie treffen wir. Bei einer Rast klettert ein kleiner, pechschwarzer Skorpion durch Elenas Speichen. Wir haben uns schon so an die Anwesenheit solcher Tiere gewöhnt, daß sie uns nicht mehr groß erschrecken.

Elena (Tagebucheintrag Montag, 4.12.95):
»Geld gewechselt: 4,59 Pesos = 1 DM. Eine kleine Flasche Cola

Ein echter ›Windhund‹ an der uruguayischen Grenze…

kostet 2,20 DM. Heiße Sonne, wenig Wind, und wenn, dann von vorne. Schöne, hügelige Landschaft, aber alles eingezäunt. Etwas mehr Bäume als in Brasilien, und die Zäune sind nicht so direkt am Straßenrand. Aber der Zugang zu allen Gewässern ist versperrt. Gestern an einer Lagune wäre das Baden möglich gewesen, aber man hätte gleich die Campingplatzgebühr für eine Nacht zahlen müssen. Das Meer ist 5 km entfernt von der Straße. Zuviel bei der Hitze für ein einziges Bad! An Tankstelle in Rocho geduscht. 41° C zeigt das Thermometer – im Schatten … Die Sonne scheint hier noch heißer zu brennen.

Schlapp, schlapp, schlapp. Zwei Käfer aus Peters Klingel befreit, die diese von innen durch ihre Ausbruchsversuche leise in Gang setzten. Ein Stück Gürteltierpanzer ins Tagebuch geklebt. Peter lacht mich aus und meint, daß ich alles ins Tagebuch klebe, was ich finde, aber wo soll ich es denn aufbewahren? Alle Taschen sind voll, und das Ding ist zerbrechlich.«

Peter:
Tagelang fahren wir durch das scheinbar unendliche Weideland. Zwischen gelben Blumen stehen widerkäuende, braune Rinder; kleine Eukalyptusbaumgruppen wachsen auf den Wiesen entlang unseres Weges. 9 Millionen Rinder und 25 Millionen Schafe bevölkern die Grasflächen – bei nur 3,1 Millionen Einwohnern. Pferde gehören bei den Gauchos auf den Gutshöfen natürlich als unverzichtbare Arbeitstiere dazu, aber auch wer nicht als Gaucho arbeitet, sieht gern sein Pferd auf der Weide stehen. Ähnlich wie in Australien gibt es im Landesinnern Uruguays riesige Farmen, die nicht selten ein paar tausend Quadratkilometer groß sind. Mit Bodenschätzen ist das Land nicht so sehr gesegnet, von einem geringfügigen Halbedelsteinvorkommen mal abgesehen. Schafwolle, Rindfleisch und Agrarprodukte sind deshalb die Hauptexportgüter. Im Grenzland zu Argentinien und Paraguay wird an den Ufern des Rio Uruguay auch Wein angebaut.

Zu Hause eröffnen die Christbaumverkäufer die Saison, der Wetterbericht meldet: »Ein Tief über Deutschland bringt erneut Kaltluft und Schnee.«

Uns läuft der Schweiß nur so aus den Poren. Hier ist Sommer und Schatten ist rar. Etwa alle 20 Minuten schnurrt ein Auto vorbei. Ein Auto? Vehikel sind das aus dem Morgengrauen des Automobilbaus. Ich weiß nicht, wie sie es machen, aber sie fahren. Manche Karossen stammen aus der Zeit Charlie Chaplins und sind um ein Mehrfaches älter als ihr Fahrer. Unter einer Ansammlung von Bäumen schlagen wir das Zelt auf. Fliegen haben Schaumnester in die Zweige geklebt, die wie Spucke aussehen. Unaufhörlich tropft dieses Zeug auf uns runter. Man kann dem nicht entgehen, die Spuckenester hängen überall. Aber es ist ein schöner Platz mit weichem Boden, auf dem wir unsere müden Glieder ein paar Stunden entspannen.

Wir radeln weiter durch diese Gemäldelandschaft mit ihren stark duftenden Blumen und Eukalyptusbäumen. Laut zirpen die Grillen im hohen Gras. Bei einem Straßenposten schenkt uns ein Polizist eine Flasche warmen Sprudel. In der drögen Mittagshitze steuern wir eine kleine Tankstelle an. Der Chef ist sein einziger Mitarbeiter und liegt in einem Klappstuhl schlafend in der Sonne, neben ihm sein schnarchender Hund. Aus dem Transistor auf dem Fensterbrett unterstreichen leise Tangorhythmen die träge Stimmung. Der Mann macht das einzig Richtige um diese Zeit. Wir wollen ihn nicht stören und lehnen die Räder in einiger Entfernung leise an eine Mauer.

Im Hintergrund die Viehweiden und Zäune im gleißenden Licht, dazu Herr und Hund in trauter Zweisamkeit. Was könnte in diesem Moment besser hierher passen, als die leisen Tangoklänge?

Traurigkeit, Wut, Resignation, Liebessehnsucht und auch Lebensmut – alles das liegt in den vibrierenden Klängen des Bandoneons, dessen Stimme aus dem kleinen Apparat dringt. Still füllen wir am Wasserhahn unsere Flaschen und radeln weiter.

Elena:
José Artigas sieht uns zu, wie wir genüßlich schmausen. Nach dem Einkauf in einem Supermarkt haben Peter und ich uns auf einer Bank im Park des Städtchens Rocha unter dem Reiterstandbild des Volkshelden niedergelassen. José Gervasio Artigas war ein Vorkämpfer für die Unabhängigkeit Uruguays im Kampf gegen die Spanier in den Jahren 1811 bis 1819. Er starb im paraguayischen Exil 1850. Ein Lehrer versucht vor dem Denkmal, seinen Schülern etwas Landesgeschichte beizubringen, aber die rennen lieber um die dicken, alten Bäume herum. Geduldig ruft er sie immer wieder zu sich.

Zwar biegt sich die Straße über ungezählte Hügel, aber wir kommen trotzdem gut voran. An den Lenker habe ich mir unseren kleinen Weltempfänger gebunden und höre – ja was schon! – Tangomusik.

Der Besitzer einer alten Billardkneipe hat kalte Limo und eine Dusche; beides ist uns in der Affenhitze hoch willkommen. Die Wände um den Spieltisch weisen alle Schattierungen der Farbe Gelb auf, die von den jahrelangen Nikotinschwaden in der Kneipe geprägt wurden. Hinter dem Regal mit den Schnapsflaschen hängt ein uralter Spiegel mit vielen Rostblüten. Die Fotos an den Wänden, von der Zeit gebräunt, geben Kunde von glorreichen Billardsiegen und großen Feiern. Immer wieder trifft man auf solche Pinten, die in Ehren gealtert sind und viele Geschichten demjenigen zu erzählen wissen, der still sitzt und zuhört.

Von San Carlos aus lenken wir die Bikes in Richtung Meer und erreichen Maldonado, das von einigen spanischen Familien im 18. Jahrhundert gegründet wurde. Eine Kathedrale und ein Uhrturm, der den spanischen Eroberern als Wachturm diente, sind zu besichtigen. Die Stadt konzentriert sich sehr auf den beginnenden Tourismus. Die Besucher kommen noch vorwiegend aus dem eigenen Land oder aus dem nahen Argentinien, aber man hofft, bald über die Grenzen hinaus bekannt zu sein.

Der Ort Punta del Este schließt sich fast nahtlos an. Hier lockt das Meer mit schönem Strand und Seebädern. Mich begeistert eine riesige Steinhand, die plötzlich am Ufer aus dem Sand ragt und sehr real aussieht.

Peter:
Schon seit ein paar Tagen überlege ich heftig, wie ich Elena eine Freude machen kann. Es muß heute sein, denn wir feiern unseren Jahrestag. Im vorigen Jahr waren wir zusammen auf dem zugigen Hoteldach in Jerusalem, und ich habe damals prompt das Jubiläum vergessen, das darf jetzt nicht wieder passieren. So wie wir reisen, sind die Möglichkeiten zum Feiern sehr begrenzt. Mit diesen Gedanken radle ich durch das Städtchen, Elena strampelt mir hinterher.

Ja, was ist denn das? Sehe ich da nicht auf der Straßenseite gegenüber eine blauweiße Fahne wehen und eine zweite mit der

Aufschrift ›Löwenbräu‹? Schon die Lektüre der Speisekarte an der Straße läßt das Wasser im Mund zusammenfließen. ›Spätzle‹ lesen wir, und von Sauerkraut und Bratkartoffeln ist die Rede. Die Preise sind zwar für diese Schmausereien in Ordnung, für unser knappes Budget aber doch etwas hoch. Vielleicht können wir aber wenigstens ein kühles Bier trinken.

Aus einer Garage kommt ein Mann und spricht uns an. Wohin wir denn unterwegs sind, will er wissen, und ob wir tatsächlich eine Weltreise machen, fragt er dann und stellt sich als der Wirt des deutschen Restaurants vor.

»Das müßt ihr mir genauer erzählen. Kommt rein, ich lade euch zu einem Bier ein!«

Gesagt, getan. Kaum sitzen wir vor dem kühlen Gerstensaft unter einem Sonnenschirm, fragt unser deutscher Gastgeber, ob wir denn nicht hungrig wären. Na, da ist der Mann aber bei uns richtig. Weltumradler haben immer Hunger.

Nach kürzester Zeit stehen dampfende Schüsseln auf dem Tisch, voll mit feinen Sachen aus der Heimat. Schnitzel, Pommes frites, Braten, Salat, Dessert und Kaffee wandern in unsere Mägen wie in große Rucksäcke.

Während des üppigen Mahls erzählen wir von unseren Reiseerlebnissen und neuen Bekanntschaften. Er will immer noch mehr hören, und es sprudelt nur so aus uns heraus. Als wir uns verabschieden wollen, macht er ein großzügiges Angebot:

»Meine Familie ist zur Zeit in Deutschland. Falls ihr hier übernachten wollt – ich habe ein kostenloses Zimmer frei!«

Elena und ich sehen uns verblüfft an. Na, das ist ein Ding! Mit Freuden nehmen wir an und wuchten gleich das Gepäck in den oberen Stock. Der freundliche Wirt hat noch etwas Zeit, bevor am Abend die Gäste kommen. So fährt er uns mit seinem Auto etwas durch die Umgebung und zeigt uns Villen, wie sie in Nizza oder an den Hängen von Beverly Hills nicht prächtiger sein könnten. Viele bekannte Leute haben sich hier ein Feriendomizil gebaut, aber auch so mancher Peso aus dunklen Geschäften wurde so untergebracht. Vor allem reiche Chilenen und Argentinier kommen am Wochenende in ihr Sommerhaus mit Gärtner und Personal. Vor reetgedeckten Fachwerkhäusern wird englischer Rasen bewässert, aus den Garagen ragen die Kühlerhauben von Ferraris, Lamborghinis oder teuren, restaurierten Oldtimern. Nicht, daß wir die Besitzer beneiden, die hier ihr Geld vor der Steuer sichern. Im Gegenteil. Wir fühlen uns herrlich frei ohne diesen ganzen Ballast. Viele der Fenster sind vergittert, die Grundstücke werden mit Videokameras überwacht. Man fürchtet sich.

In der Ortsmitte gibt es alles, was gut und teuer ist. Discos, exclusive Restaurants und Bars sind bis Morgengrauen geöffnet. Hier sieht man, wird gesehen und kann die Juwelen spazierenführen.

Elena:
Den Rest des Nachmittags verbringen Peter und ich am nahen Atlantischen Ozean. Der Strand ist kilometerlang, zig Meter breit und sehr sauber. Als wir beim letzten Tageslicht in den Gasthof zurückkommen, werden uns Heringe nach mexikanischer Art serviert, selbstgemachte Leberpastete und Schwarzbrot. Mensch, wann haben wir das letzte Mal Schwarzbrot gesehen?

Genüßlich schmausen wir mit vollen Backen und feiern unseren Jahrestag. Der Gesprächsstoff geht bis weit nach Mitternacht nicht aus.

Früh am Morgen verabschieden wir uns. Ein Stück noch fahren wir am Meer entlang, dann führt die Straße durch vereinzelte Wohnsiedlungen und Industrieanlagen. Montevideo liegt nur noch wenige Kilometer vor uns, als sich die Sonne für heute verabschieden will. Vorbei geht es an schönen, alten Villen mit Blick auf die Strände und auf die Mündung des Rio de la Plata, der hier über 200 km breit ist. Peter und ich steuern die Gassen der Altstadt an. Dort gibt es erfahrungsgemäß die meisten billigen Hotels. Für 50 Pesos, etwa 11 DM, bekommen wir ein dunkles Zimmer im ›Hotel Universal‹, das mehr einer Felsenhöhle gleicht. Die Vermieter sind freundliche Leute, und wir wohnen relativ zentral. 2 km sind es von hier bis zur Stadtmitte.

Gegenüber, neben dem ›Mercado del Puerto‹, dem Hafenmarkt, ist die Markthalle, in der es viele verschiedene Imbißstuben gibt. Flohmarkthändler und Cafés wetteifern um Kunden, halbe Rinder drehen sich am Grill, Tangogitarristen, Trommler und Jongleure zeigen ihr Können, und alle haben offensichtlich gute Laune.

»Das scheint die Königin des Hafenviertels zu sein. Bleib mal kurz stehen – ich frage sie, ob ich sie fotografieren darf«, murmelt Peter mir zu und verschwindet in der Menge.

Ich traue meinen Augen nicht, als ich sehe, wen er da anpeilt. Eine in schrillen Farben gekleidete rundliche Lebedame, die sich schon weit jenseits ihrer besten Jahre befindet. Mit extralangen falschen Wimpern über kohlrabenschwarz umrandeten Augen schäkert sie gurrend mit einigen Männern an einem Asado-Stand. Immer wieder streichen blutrote lange Nägel geschmeichelt die wasserstoffblonde Mähne zurück, um sich dann erneut spielerisch der langen, falschen Perlenkette zuzuwenden. Als Peter sie anspricht und um ein Foto bittet, lacht die Löwin siegreich in die Runde und nickt huldvoll. Wow! Die Frau genießt es sichtlich, fotografiert zu werden und schürzt den kirschroten Mund zum Kuß.

Das Bankenviertel ist ganz in der Nähe mit seinen pompösen Bauten und mächtigen Marmorsäulen vor großen Portalen. Dann wieder ducken sich halb oder sogar ganz zerfallene Häuser daneben, die Geschichten aus der Kolonialzeit erzählen. Bunte Blumen ranken sich um rostige Balkongeländer, Stuckverzierungen einer kunstvollen Epoche zerbröseln, und so manchen Hinterhof hat die grüne Natur bereits wieder zurückerobert. Dazwischen sind immer wieder kleine Bars und Cafés geklemmt. Aber auch Arme und Kranke hocken in den Häusernischen. An der Ecke verkauft eine Oma ein paar verschrumpelte Rüben, unweit daneben mit ernstem Kindergesicht ein Mädchen sich selbst.

An den Felsen der nahen Bucht schleudern Angler ihre Schnüre ohne Angel in die schmutzig-braunen Fluten des Rio de la Plata. Am Wochenende stehen sie dicht an dicht am Ufer, während ihre Familien sie mit Mate-Tee versorgen.

Man findet sich schnell zurecht in Montevideo. Die Stadt ist in Quadraten gebaut und übersichtlich angeordnet.

Viele scheinbar ›einarmige‹ Leute begegnen uns. Meistens können sie nur den rechten Arm gebrauchen, weil sie in der linken Hand den Matebehälter tragen und unter der Achsel die Thermosflasche eingeklemmt ist. Mate, das uruguayische Wunderkraut gegen allerlei Beschwerden, wächst hier überall. In einem kleinen, ausgehöhlten Kürbis, einem Holzbecher mit Metallumhüllung oder in Bechern aus gegerbten Stierhoden werden die Mateblätter mit heißem Wasser übergossen. Durch ein silbernes Saugrohr mit einem Sieb am Ende schlürft man den Sud, ohne die Blattstücke in den Mund zu bekommen. Dann werden die Blätter erneut mit heißem Wasser aufgegossen.

Den Tee trinkt man immer, überall und zu jeder Tages- und Nachtzeit. Die einen schwören auf seine beruhigende Wirkung, den anderen gilt er als Aufputschmittel. Wie auch immer, ist der Tee auf jeden Fall das Nationalgetränk des Landes und unverzichtbarer Teil jedes guten Gesprächs. Für den Teebehälter gibt es in den Autos spezielle Haltevorrichtungen. Selbst Mopedfahrer kurven einhändig durch Montevideo, denn unterm anderen Arm klemmt ja der Wasservorrat. Um es kurz zu sagen: Ohne Mate geht nichts!

Oft sind die Thermosflaschen mit dem Werbeaufdruck des Lieblings-Fußballvereins beklebt. So weiß das Gegenüber auch gleich noch, was Sache ist. Die Thermosflasche als Kommunikationsmittel an sich. In einer kleinen Gasse entdecken wir einen Laden mit religiösen Artikeln. Im Schaufenster prangt eine Madonnenfigur aus Gips in himmelblauem Kleid, die allerdings mehr wie ein Filmstar aussieht. Ihre langen, pechschwarzen Haare reichen bis zum großzügigen Decolleté, das einen beachtlichen Busen mühsam zusammenhält. Hart daneben ein kohlrabenschwarzer Teufel mit wildem Gesichtsausdruck und feuerrotem Wams, zu seinen Füßen das allerliebste Jesukindlein. Dann Jesus als Kerze zum Abfackeln, schon halb geschmolzen durch die Hitze im Schaufenster. Damit jeder findet, was er vielleicht sucht, gibt es noch Buddhas und indische Pailletten-Elefanten sowie Räucherstäbchen mit wundersamen Eigenschaften. Manche sollen die Familie vereinen, andere sorgen für die Gesundheit, die Arbeit, das Geld oder schützen ganz einfach vor bösen, geistigen Einflüssen.

»Sie wirken immer! Ich kann Ihnen einige Beispiele aus meiner Nachbarschaft zeigen«, meint der Verkäufer zuversichtlich und guckt grimmig, als er unsere zweifelnden Gesichter sieht.

Fußball ist eine nationale Leidenschaft in Uruguay, direkt gefolgt von Basketball. Noch heute schwärmt Jung und Alt vom legendären 2:1 Weltmeisterschaftssieg 1950 über Brasilien, den starken Nachbarn im Norden.

Aber auch im Tortenbacken sind die Uruguayer große Meister. Da werden ganze Straßenszenen auf den Cremekuchen nachgestellt, etwa zur bestandenen Führerscheinprüfung, oder eine Wohnungseinrichtung ist in Zuckerguß nachgebildet für das junge Brautpaar. Schön bunt muß die Torte jedenfalls sein und eine Freude fürs Auge.

Während wir so an einem heißen Dezembertag über die Avenida 18 de Julio gehen, rennen plötzlich direkt vor uns zwei schweißtriefende Nikoläuse über die breite Straße. Es ist Sommer hier im Dezember, und bei den Temperaturen will sich eine weihnachtliche Stimmung nicht so recht einstellen. Ein harter Job für den Nikolaus in seinem warmen, pelzbesetzten roten Mantel.

»Der saust wahrscheinlich grade zum nächsten Kühlschrank«, grinst Peter.

Wir schreiben Briefe und Karten, und berichten auch Königin Noor aus Jordanien von unserem Reiseverlauf, wie wir es ihr ja versprochen haben.

Die aufgesprungenen Lippen werden gesalbt, denn seit Monaten haben wir unter schmerzhaften Hitzebläschen zu leiden, trotz Sunblocker mit hohem Schutzfaktor.

Am Samstag ist vor und in der Markthalle Partystimmung. Akkordeonspieler und Gitarristen geben mit schluchzenden Stimmen eins zum besten, Trommler mit Congas und Bongos hauen auf die Felle, daß die Magengrube bebt. Viele Leute sind unterwegs und genießen die fröhliche Stimmung.

Welch krasser Gegensatz dazu am Sonntag. Montevideo wirkt wie ausgestorben. Ein paar Leute sitzen auf dem Balkon oder grillen auf dem Trottoir, natürlich immer mit dem Matebecher in der Hand. Aber die Straßen sind weitgehend wie leergefegt, die Stadt wirkt verlassen. Aus einem Fenster dringen todtraurige Liebeslieder, in denen immer wieder das Wort ›Corazon‹ vorkommt, Herz, das Lieblingswort der südamerikanischen Schlagersänger.

Peter:
Die Schiffstickets für die Überfahrt nach Buenos Aires haben wir schon vor Tagen gekauft. 38 US-Dollar mußten wir dafür berappen, die Erlaubnis zum Betreten der Anlegerampe kostet nochmal 6 Dollar. Jetzt stehen wir mit den Rädern erwartungsvoll am Kai. Die Zollformalitäten werden noch auf uruguayischem Boden abgewickelt. Mit einem schnittigen Schnellboot, das innen wie außen eher wie eine Hochseeyacht aussieht, wenn man mal vom Parkdeck absieht, flitzen wir mit 100 km/h über die riesige Mündung des Rio de la Plata rüber ans argentinische Ufer.

8.
Gauchos gegen Pumas

ARGENTINIEN (Dezember 1995)

Peter:
Wir sind im Land der spektakulären Naturkontraste zwischen den Anden und dem Südatlantik. Das trockene, kühlgemäßigte Steppenhochland Patagoniens, das feuchte Waldgebiet von Misiones und die grasbewachsene Tiefebene La Pampa sowie das von Steppe, Trockenwald und Dornbüschen beherrschte Flachland Chaco haben völlig unterschiedliche Klimazonen. Im Norden ist es subtropisch warm, unten in Feuerland dagegen ziemlich kalt. Vor allem die Agrarwirtschaft in der Pampa stellt den größten Teil der nationalen Exportprodukte her. Die Hauptstadt Buenos Aires liegt an der riesigen Mündung des Rio de la Plata und wurde 1536 von dem Spanier Pedro de Mendoza gegründet.

Der Tag ist noch jung, so fahren wir gleich weiter nach Florida, einem Stadtteil von Buenos Aires. Unsere neuen Freunde in Brasilien haben uns bereits bei ihren hiesigen Verwandten angekündigt, von denen wir sehr gastfreundlich aufgenommen werden. Als erstes bekommen wir eine hiesige Spezialität vorgesetzt: Kalter Kaffee mit Zitrone und Zucker. Es scheint uns erstmal seltsam, schmeckt aber erfrischend gut. Im Schatten des wilden Weins berichten wir wieder von unserer nun bereits 20monatigen Reise. Mit Staunen und Verwunderung hören unsere Gastgeber zu.

Am Nachmittag werden wir in die Stadt geführt. Die Familie besitzt eine Eisdiele oder vielmehr einen gläsernen Eispalast in einer großen Einkaufsgalerie. Wir sehen uns vor die schwierige Aufgabe gestellt, zwischen 40 verschiedenen Eissorten zu wählen. Herrliche Eiscremes gibt es da in phantasiereichen Variationen, und alle sind selbstgemacht.

Am folgenden Tag holen wir die Post beim gut ausgestatteten Amex-Büro in der Avenida Santa Fé ab. 18 Briefe warten auf uns. Auf einem prangt die goldene Krone der jordanischen Königin Noor. Ihre Majestät erkundigt sich nach unserem Befinden und bringt ihre Anerkennung darüber zum Ausdruck, wie weit wir auf unseren Rädern schon gekommen sind. Manchmal staunen wir selbst darüber.

Buenos Aires macht trotz seiner Größe von 12 Millionen Einwohnern einen guten Eindruck. Die Viertel sind meist rechtwinklig angelegt. Auch hier findet man sich in den Quadraten gut zurecht, die durch breite Straßen, wie zum Beispiel die Avenida 9 de Julio unterteilt sind. Im Stadtkern trifft man immer wieder auf Parkanlagen mit alten, rauschenden Bäumen, unter denen man sich erholen kann. Auf dem Rasen sitzen aufstrebende, frischgebügelte Banker, das Handy in Reichweite daneben. Man weiß ja nie, ob einen nicht doch jemand anruft. Die Bürger sind meist gut gekleidet. Vor allem die Frauen fallen durch unaufdringliche Eleganz auf. Doch wie so oft, hat auch diese Medaille zwei Seiten.

»Wenn du die Avenida José Madero hochgehst am Hafen vorbei, kommst du nach La Boca. Das ist das alte Hafen-, Kneipen- und Künstlerviertel«, erzählt mir ein junger Argentinier beim Plausch.

»Aber ab Einbruch der Dunkelheit solltest du da nicht mehr in den Gassen sein – die Leute dort sind arm. Da kann ein Bummel gefährlich werden!«

Um uns herum verteilen Nikoläusinnen in rotem Minikleid Werbeprospekte für ein Reisebüro, Kinder schlecken Eis. Weihnachtszeit in Buenos Aires, die Stadt der ›guten Luft‹. Es ist wahr: Der Smog hält sich vergleichsweise wirklich sehr in Grenzen. Eigentlich wurde die Stadt ja zweimal gegründet. Der erste

Versuch begann um 1536 durch die Spanier, aber dagegen wußten sich die Indianer damals zu wehren. Hungersnöte und kriegerische Auseinandersetzungen mit den Ureinwohnern dezimierten die neuen Siedler. Der Rest wurde vertrieben.

Der zweite Siedlungsversuch im Jahr 1580 gelang, aber über Handelsgeschäfte mit ihren Landsleuten am anderen Ufer des Rio de la Plata kamen die spanischen Kolonialisten nicht hinaus. Erst als 1776 Buenos Aires zur Hauptstadt des spanischen Vizekönigreichs erklärt wurde, erfuhr die Siedlung einen raschen Aufstieg. Heute ist die Metropole das absolute Zentrum Argentiniens. Die wichtigsten Industrien des Landes haben hier ihren Sitz, die großen Banken, der Hafen und die Hochschulen sind für jeden dritten Argentinier Grund genug, in Buenos Aires zu leben. Die größte Einwanderergruppe sind Italiener, die sich in dem südamerikanischen Land angesiedelt haben.

Ich schlendere durchs Zentrum und komme dabei an der hübschen, russisch-orthodoxen Kirche vorbei mit ihren blauen Zwiebeldächern und den Goldverzierungen. Leider ist sie zwischen halb zerfallenen Wohnhäusern eingeklemmt. Im etwas vergammelten Park ›Lezama‹ spielen alte Männer im Schatten geruhsam Schach. ›La Boca‹ bedeutet der Mund, was einen Sinn ergibt, wenn man weiß, daß der Stadtteil am Riachuelo liegt. Eigentlich sollte das ein Fluß sein, aber was da im alten Hafenbecken um verrostete Schiffswracks herumgluckst, ist mehr schillernder Ölsumpf und massenweise Abfall. Hier stehen die bunten Häuser, die wir schon von Ansichtskarten her kennen. Sie sind aus Blech oder mit Wellblech verkleidet, und in mutigen Farben gestrichen. Der erste Stock ist rot, der zweite dafür blau, der Anbau wiederum grün oder gelb. In den Gassen bieten Kunstmaler ihre Werke an, direkt ab Staffelei. Die Motive? Die Freuden der Liebe, der Schmerz bei Nichterfüllung derselben – und immer wieder der Tango! Ich spreche nicht vom Tango, wie er in den Tanzturnieren getanzt wird. Ich meine den Tango, der gelebt wird, der in rauchgeschwängerten Spelunken ›zelebriert‹ wird.

Tango ist nicht nur Tanz, auch nicht nur einfach Musik. Er ist eine Lebensanschauung. Die Liedertexte sind von Wehmut getragen, berichten vom Kampf um Anerkennung, Befreiung, Hingabe, tiefer Traurigkeit und Liebesschmerz. Ohne die großen Tangomusiker zu nennen, wie Carlos Gardel oder Enrique Santos, die in den 20er und 30er Jahren die absoluten Stars waren, kann man nicht vom Tango reden. Gardel soll sogar wundertätig sein. Wer eine Zigarette zwischen die Finger seiner Statue steckt, die auf dem Friedhof von Chacarita steht, dem, so die Sage, erfülle sich ein Wunsch.

Bis heute streitet man sich bei einem Becher Mate noch gern darüber, wer denn diesen Ausdruck von melancholischem Lebensgefühl und das Verlangen, das im Tango zur Geltung kommt, erfunden hat. War es ein Mann aus Uruguay oder doch ein Argentinier? Der berühmteste Tangosänger Carlos Gardel jedenfalls war ein gebürtiger Franzose.

Der Tanz kommt, wie auch der Blues, von den Geknechteten, den Benachteiligten der Gesellschaft und wurde von italienischen, irischen, kubanischen und spanischen Emigranten geformt. Als es in den 30er Jahren des vorigen Jahrhunderts den schwarzen Sklaven erlaubt wurde, sich freizukaufen, brauchten sie Geld. Dafür veranstalteten sie Tanzfeste. Quebrados und Cortes, wie die wichtigsten Tanzschritte heißen, kamen hinzu. Die Tanzwelle schwappte in die Kneipen, dort griffen die Arbeiter aus den Schlachthöfen am Stadtrand die neue Musik auf, mit der sie das Schicksal der kleinen Leute zum Ausdruck bringen konnten. Vulgär und gewöhnlich nannte die Oberschicht anfangs den erotischen Tanz, der die Emotionen weckt. Die Musik wurde auf Gitarren gespielt, auf Geigen und Flöten, später kam noch das Klavier hinzu. Der Deutsche Hans Band mußte aber 1845 erst sein Bandoneon erfinden, denn damit hatte der Tango den Klangkörper, der bislang noch gefehlt hatte. Der sinnliche Ausdrucks-

Schuhputzer in Buenos Aires gehören zum Straßenbild.

tanz entwickelte sich mit der großen Stadt Buenos Aires, und obwohl letztere mittlerweile eine moderne Metropole geworden ist, ist der Tango nach wie vor lebendig und in der Zwischenzeit sogar gesellschaftsfähig geworden.

Im Vorort Fiorito stehen keine glänzenden Cabrios, und es gibt keine großen Villen. Auch Luxusyachten liegen dort nicht im Rio de la Madanza. Die Behausungen sind aus Lumpen, Blech und Brettern gezimmert. Abfallhaufen qualmen vor sich hin, und die Kinder haben keine Zeit zum Spielen, denn sie sind auf Arbeitssuche oder bereits als Schuhputzer, Autowäscher oder Taschentuchverkäufer in Buenos Aires unterwegs. Die Arbeitslosigkeit liegt hier bei 20 Prozent. Und doch hat es einer aus ihren Reihen zu Geld und Weltruhm gebracht. Sein Name treibt trotz mancher Skandale vielen der Jungs Schauer der Ehrfurcht über den Rücken: Diego Armando Maradona – größter Fußballspieler aller Zeiten, wie er schon genannt wurde. Von Fiorito bis zur ›Pralinenschachtel‹, dem riesigen Stadion, mögen es vielleicht 25 km Luftlinie sein, doch Maradona brauchte viele Jahre, bis er dort den enthusiastischen Applaus seiner Fans entgegennehmen konnte.

Die späte Nachmittagssonne streut weiches Licht über die Plaza de Mayo, als ich in Richtung Bahnhof gehe. Gegenüber befindet sich der rosafarbene Regierungspalast. Eine schöne Geschichte erzählt, daß Präsident Sarmiento 1873 die Farben der politischen Kontrahenten, nämlich rot und weiß, eigenhändig gemischt hat, um für die Einheit Argentiniens ein Zeichen zu setzen. Der frühere Staatspräsident Juan Perón begann, vom Balkon der ›Casa Rosada‹ aus dem Volk alle wichtigen Entscheidungen mitzuteilen. Und alle nachfolgenden Präsidenten tun es ihm bis heute gleich.

Zur Zeit der Militärjunta 1945 demonstrierten auf der Plaza de Mayo 100.000 Arbeiter für die Freilassung und Rückkehr Peróns, der zuvor verhaftet wurde und in Verbannung lebte. Bis dahin war Perón Sozial- und Arbeitsminister gewesen. Er setzte sich erfolgreich für feste Löhne und Gerechtigkeit gegenüber den Arbeitern ein. Im Juni 1946 wählte Argentinien mit großer Mehrheit Perón zum Präsidenten.

Evita Perón, die zweite Frau Juan Peróns, wurde vom Volk sehr verehrt. Sie war im Volk als Wohltäterin bekannt, als eine, die selbst ›von unten‹, von der Straße aufgestiegen war, die aber ihre ärmlichen Ursprünge nie vergessen hatte und Macht und Einfluß dazu benutzte, den Armen zu helfen. Die einfachen Menschen liebten sie und verehren sie bis heute wie eine Heilige, wenn es auch Stimmen gibt, die sie als machtgierig und extravagant bezeichnen, als eine Frau, die Gutes tat, um damit zu glänzen, und ihre politische und gesellschaftliche Position zu festigen. Mittlerweile haben sich um sie viele Legenden gesponnen. In Liedern, Filmen und Theaterstücken wurde sie unsterblich. Sie hat ihr Ziel – so oder so – erreicht. Nach ihrem frühen Tod 1952 konnte Perón sich nicht mehr lange an der Macht halten. Ein Militärputsch zwang ihn 1955 zur Flucht nach Spanien.

In den folgenden 18 Jahren regierte mehr oder weniger das Militär mit wechselnden Präsidenten. Gewerkschafter wurden umgebracht, Arbeiterrevolten wurden niedergeschlagen und linke Guerilla-Organisationen brachten ihre Unzufriedenheit durch Terroranschläge zum Ausdruck. Tausende Menschen wurden verhaftet, verschleppt, ermordet. Das Wahlergebnis von 1973, auf das Perón aus dem Exil heraus Einfluß nahm, forderte ihn wieder an die Macht. Im Juni des gleichen Jahres kehrte Juan Perón nach Argentinien zurück und wurde im September erneut zum Präsidenten gewählt. Doch Mitte des folgenden Jahres starb er an einer Lungenentzündung, die er sich bei einer seiner Balkonreden geholt haben soll. Seine dritte Frau Maria Estela Perón übernahm, seinem Willen gemäß, die Präsidentschaft.

Die parteipolitisch linken und rechten Flügel waren gespaltener denn je. 1976 übernahmen die Militärs erneut die Macht. Alle, die von der Militärregierung als sogenannte ›subversive Elemente‹ angesehen waren, wurden auf brutalste Weise verfolgt. Dazu gehörten Intellektuelle, Künstler, Journalisten, Studenten oder sonstige, in irgendeiner Weise kritisch denkende Personen. Zigtausende wurden gefoltert und ermordet. In dieser Zeit entstand die Bewegung der ›Mütter von der Plaza de Mayo‹. Hunderte von Frauen versammelten sich jeden Donnerstag vor dem Regierungsgebäude und verlangten Auskunft über den Verbleib ihrer Kinder. Obwohl das Militär die Gründerin der Bewegung ermordete, gingen die Demonstrationen der mutigen und verzweifelten Mütter weiter. Bis heute werden immer wieder furchtbare Greueltaten des Militärs von damals bekannt, und bis heute findet man immer wieder neue Massengräber. 1983 standen erneut Hunderttausende auf dem Platz. Dieses Mal bejubelten die Menschen das Ende der Militärdiktatur.

Einige Zeit beschäftigten sich die Medien mit dem Fall des 82jährigen ehemaligen SS-Offiziers Erich Priebke, der für die Massaker in den Ardeatinischen Höhlen bei Rom verantwortlich ist. Dabei haben die Nazis aus Rache für den Tod von 33 deutschen Soldaten 335 Menschen ermordet. Seit 1948 hielt sich Priebke in Argentinien versteckt. 1995 wurde er endlich gefaßt und nach Italien ausgeliefert.

Elena:
Unsere Gastgeber haben uns für den Abend zum Essen in ein Restaurant eingeladen, damit wir eine landestypische Spezialität kennenlernen: Asado, eine Mischung aus verschiedenen Sorten gegrilltem Fleisch und Wurst. Ein Asado wird nicht einfach gemacht. Es wird zelebriert, und alle Argentinier sind darin Weltmeister. Fleisch, Rippenstücke und Würste werden sorgfältig ausgewählt. Unter einem Grillrost sind die Holzscheite schon durchgeglüht, es kann losgehen. Der Koch legt noch Därme und Drüsen von Rindern auf den Rost, den Parrilla. »Sie stammen von Kälbern, die nur mit Milch ernährt wurden«, klärt uns der Ober auf.

Das Fleisch darf durchaus etwas fett sein. In den Parrilladas, den Grillrestaurants, steht der große Grill mit dem pikant gewürzten Fleisch mitten im Lokal. Morgen früh wollen wir weiterfahren, doch heute schmausen wir erstmal bis in die Nacht.

Ein weiteres, sehr gutes Nationalgericht ist der Puchero, eine Art Eintopf, den man gut ›on the road‹ nachkochen kann (Globetrotter-Kochbuch).

Die Panamericana geht nahe am Haus vorbei, und so sind wir gleich nach dem herzlichen Abschied von der Familie auf unserem Weg. Dieter fährt uns noch ein Stück mit dem Auto voraus und bedauert, daß wir mit dem Fahrrad von einer Baustelle zur anderen, aus einer Staubwolke in die nächste radeln müssen. Radlerschicksal. Die große Straße reicht von Feuerland bis hoch nach Alaska und mißt bis dahin fast 25.000 km. Sie gabelt sich nur einmal, und zwar an der Abzweigung, die nach Buenos Aires und Rio de Janeiro führt. Der hiesige Abschnitt gleicht einer achtspurigen Autobahn und ist entsprechend befahren.

Ein böiger Gegenwind verlangt uns alle Kräfte ab. Papierfetzen und Sand wirbeln durch die heiße Luft, die durch die vielen Baustellen aus Staub zu bestehen scheint. Der Himmel ist trüb, die Sonne sticht – vorbei sind erneut die schönen Zeiten. Wir sind wieder ›on the road‹. Der Fahrtwind der LKWs und Windböen beuteln uns so, daß wir es nach einer Weile vorziehen, die Räder zu schieben. Trotzdem kommen wir kaum voran und fühlen uns wie einer der herumwirbelnden Papierfetzen.

Der Asphalt hört auf zu existieren, eine kilometerlange Baustelle bahnt sich an. Mühsam wälzen sich die Reifen durch Schotter und weichen Sand. Längst sind wir mit einer dicken Staubschicht überzogen. Die Brillengläser sind undurchsichtig geworden, zwischen den Zähnen mahlt Sand. An der nächsten Tankstelle wird geduscht, die Wasserflaschen werden befüllt, dann kämpfen wir weiter. Das ist keine Urlaubsreise, o nein, das ist harte Arbeit. Am Nachmittag erreichen Peter und ich das Städtchen Pilar. Für heute reicht es. Vom Verkehr und dem Staub haben wir regelrecht die Nase voll.

Gerade mal 50 km haben wir heute geschafft. Rechts der Straße steuert Peter ein Wäldchen an. Wir rollen den schmalen Waldweg entlang, biegen scharf rechts ab und – schallender Applaus ertönt. Ein Spalier von etwa 30 applaudierenden Männern und Frauen auf einer weiten Rasenfläche empfängt uns. Drehen die hier einen Film, oder was ist los? Nein, die meinen wirklich uns! Wir sind mitten auf dem Gelände des örtlichen Mountainbike-Vereins gelandet und haben – schwupps – jeder ein Glas kalten Sekt in der Linken.

Mit der Rechten schütteln wir begeisterte Hände, mit dem Ellbogen wird das Rad gehalten. Alle begutachten unsere Tretmaschinen. Das Training für ein Biketurnier ist in vollem Gange. Vor uns stehen die feiernden Trainer. Zelten können wir gleich da drüben, wir sollen nur schnell die Sachen hinlegen, denn es gibt gleich zu essen, und zwar Asado!

Na, das sind tolle Aussichten. Das Wörtchen ›gleich‹ ist hier aber lateinamerikanisch zu verstehen – und entsprechend dehnbar, denn bis wir tatsächlich in ein Steak beißen, dauert es dann doch noch ein paar Stunden.

Auf Englisch und Italienisch kann ich dem Vereinsvorsitzenden von uns berichten. Er will vor allem etwas über Deutschland hören, da sein 18jähriger Sohn demnächst seinen Urlaub dort verbringen wird. Der Vater ist besorgt wegen der Moral. Ob Deutschland nicht zu freizügig wäre für den Jungen?

Bis wir uns endlich in die Schlafsäcke rollen können, ist es fast Mitternacht geworden. Für morgen früh sind wir zum Frühstück eingeladen. Spätestens um 9 Uhr wollen alle wieder hier am Tisch sitzen. Mal sehen, ob sie es schaffen. Um 9 Uhr ist noch alles still im Vereinsheim. Durch die Vorhänge können wir die Zecher vom Vorabend erspähen. Es sieht nicht so aus, als würde es hier bald lebendig werden, so hinterlassen wir ein schriftliches Dankeschön und rollen vom Platz.

Der Wind ist heute unser Freund. Er bläst kräftig aus Osten und schiebt uns an. Es ist Sonntag. Im Städtchen Lujan findet ein Kirchenfest statt. Viele Marien und Jesusse, mit und ohne Kreuz, sind in den Verkaufsbuden im Angebot. Gleich daneben gibt es Dolche, Messer und Spielzeuggewehre für den kleinen Krieger zu kaufen. Die Kirche ist voller Menschen. Mangels Orgel wird zu Gitarrenbegleitung gesungen, vor den Beichtstühlen stehen die Leute Schlange.

Manche der Kirchgänger erklimmen die Stufen zur Kirche auf den Knien als Buße. Das Fest findet zu Ehren der ›Santa Virgen‹ statt, der heiligen Jungfrau, die hier viele Wunder vollbracht haben soll.

Ein paar Tage später – bei der Fahrt durch öde Pampa – hätten wir ein Wunder gut gebrauchen können. Das schwarze Band der Straße rollt sich schnurgerade vor uns aus. Fast 300 km weit nichts als das grüne Meer des Weidelandes. Das Thermometer zeigt 37,6° C. Vom Wind aufgewirbelter Staub hüllt den Horizont in gelben Nebel. Ab und zu liegt eine Ortschaft, ein Städtchen oder auch nur ein kleines Haus an der Straße. Wasser und Lebensmittel bekommen wir dort, aber mit Zeltplätzen sieht es schlecht aus. Wie schon zuvor in Brasilien, reiht sich auch hier Zaun an Zaun. Wir schlagen uns abends in die Büsche am Straßenrand, hinter denen wir das Zelt aufbauen.

Die richtige Pampa, das Land der Gauchos und der Pferde, erstreckt sich weiter südwestlich auf einer Fläche von 900.000 km^2. Das bis zum Horizont reichende Weideland mit den ›Estancias‹, den weitverstreuten Farmen, ist der Arbeitsplatz der modernen Zentauren – der Gauchos. Manchmal sehen wir sie von weitem, als schwarze Silhouetten vor dem Horizont, manchmal überqueren sie auf ihren Pferden direkt vor uns die Straße, grü-ßen erstaunt und reiten weiter. Ihre Kleidung erinnert an alte Western: Beinschützer aus Leder, die Sporen sind oft an den nackten Füßen befestigt.

Die Männer sitzen meist den ganzen Tag im Sattel, vor allem dann, wenn es gilt, die großen Rinder- oder Pferdeherden vom Fuße der Anden auf die höher gelegenen Weiden zu treiben. Eine harte Arbeit, die viel Kraft und Konzentration erfordert. Das Zureiten der Pferde gehört genauso zu ihrem Job wie das Einfangen der Kälber mit dem Lasso. Die Zeit scheint hier stehengeblieben zu sein. Auf manchen Estancias gibt es über 1.000 Pferde und noch mehr Rinder und Schafe. Doch bei aller Arbeit bleibt noch Zeit, den Tag in geselliger Runde bei einer Kalebasse Mate-Tee zu beschließen. Der Mate ist wichtig, er darf auf keinen Fall fehlen! Auch in Argentinien wächst vielerorts das Kraut, aus dem der Tee gebrüht wird.

Peter:
Elena und ich wälzen uns mit den schweren Rädern vorwärts durch die Weiten Argentiniens, stemmen uns gegen den Wind, kämpfen gegen Hitze und Staub, setzen uns Etappenziele, bevor

wir die nächste Pause einlegen. Vielleicht, weil wir abgekämpft aussehen, vielleicht aber auch einfach, weil er ein netter Mensch ist, jedenfalls bietet uns ein Bahnhofsvorsteher einen kleinen Raum mit Waschgelegenheit zum Übernachten an, als wir vor dem Bahnhofsgebäude eine Verschnaufpause machen. Auf einem rostigen Eisengestell liegt eine wunderbar weiche Matratze. Im Bahnhofsbüro hängt ein uraltes Telefon, wie man es von früheren Filmen her kennt. Hörer und Sprechmuschel sind separat, darüber prangen zwei große, blankgeputzte Schellen. Um die kleine Hütte tost der Wind und singt in den Fensterritzen sein wimmerndes Lied.

Morgens um 5 Uhr ziehen wir weiter quer durchs Weideland. Abends zerrt der Wind wieder an unserem Zelt. Irgendwie ist es gemütlich, wenn Elena und ich bei Kerzenlicht in unserem kleinen ›Haus‹ hocken und die Erlebnisse des Tages aufarbeiten. Das Tagebuchschreiben ist schon längst ein wichtiges Ritual geworden.

Das Städtchen San Luis lassen wir hinter uns und durchqueren die Provinz Mendoza. Das Landschaftsbild ändert sich. Agrarflächen und Vororte kündigen die gleichnamige Hauptstadt der Provinz an. Mendoza ist schön. Große, schattenspendende Bäume säumen die breiten Straßen. Der Autoverkehr in der 600.000-Einwohner-Stadt ist gemäßigt. Mendoza wirkt ruhig, aufgeräumt und nett. Die Touristeninformation liegt zentral an der Avenida San Martin. Wir fragen nach günstigen Unterkünften und erhalten freundlich und umfassend Informationen. Gerade überlegen wir, wo wir die Nacht verbringen werden, als uns Fatima anspricht, eine junge Frau mit Kind, die sich als Mitglied des hiesigen Fahrradclubs ›Cycloturismo‹ vorstellt und uns spontan zu sich nach Hause einlädt.

»Vielleicht brauchen unsere Radler mal eure Hilfe in Europa«, lacht sie, schreibt ihre Adresse auf und sagt, wir sollen um 16 Uhr bei ihr sein.

Es bleibt noch Zeit für einen Besuch beim Goethe-Institut und dem ›Deutschen Club‹, aber es ist Ferienzeit und nicht möglich, einen Vortrag zu halten. Im ›Deutschen Club‹ spricht nur die chilenische Sekretärin etwas Deutsch, aber es gibt in der Kantine für 6 Pesos Lomos, wie hier das Rumpsteak heißt, mit Pommes frites. Im Goethe-Institut lernen wir die Leiterin Frau Schwarzenberger kennen. Sie ist sehr hilfsbereit, stellt uns die Bibliothek und eine Schreibmaschine zur Verfügung. Es ist mal wieder Zeit, der Presse in Deutschland einen Zwischenbericht zu liefern.

Noch ein paar Einkäufe, einige Gastgeschenke und Süßigkeiten für die Kinder, dann radeln wir raus in den Vorort zu Fatima, die mit ihrem Mann Daniel, dem befreundeten Ballettänzer Chairo, den Kindern und Hund und Katze bereits mit dem Essen wartet. Für unseren Empfang hat Fatima alle Nachbarn alarmiert. Der Opa läßt es sich nicht nehmen, die schweren Räder eigenhändig in der Garage zu verstauen und die Kinder sind von Elenas Hupe kaum wegzukriegen. Endlich um den Küchentisch versammelt, erzählen wir den interessierten Radsportlern und deren Nachbarn von unseren Reiseabenteuern. Von Radpannen, Hitze, Sandsturm reden wir, berichten erneut von der Teestunde im Königspalast Jordaniens bei Königin Noor, der Friedenskonferenz des Dalai Lama in Indien, und auch vom Überfall hinterm Zuckerrohrfeld in Pakistan. Es wird spät in dieser Nacht. Kurz vor Mitternacht kocht Fatima das Essen. Gegen 2 Uhr früh fallen wir halb tot in die Betten, während die Familie fröhlich weiterdiskutiert, von uns nur durch einen Vorhang getrennt.

Am nächsten Morgen entdecken wir, daß in der Nacht noch mehr Besuch gekommen ist. Ein junges Pärchen schläft auf einer Matratze auf dem Boden. Fatima bittet uns, noch ein paar Tage zu bleiben und von unseren Erfahrungen zu erzählen, aber wir wollen weiter. Schließlich haben wir noch eine riesige Strecke vor uns.

Nach dem Frühstück versammeln sich alle für das Abschiedsfoto. Wir tauschen die Adressen aus und haben das Gefühl, neue

Freunde gefunden zu haben. So etwas passiert einem doch in Europa selten.

Es gibt noch einiges zu tun. Unser Sponsor für Diafilme, Im-electronic in Deutschland, muß via Fax die neue Adresse in Ecuador erfahren. Desweiteren werden wir für ein Interview in der Redaktion des ›Los Andes‹ erwartet und in der italienischen Botschaft.

Elena:
»Hey, in einer Woche ist schon wieder Weihnachten!«

Peter wirft einen Blick in den Kalender. Bei den sommerlichen Temperaturen und so fern der Heimat hätten wir das fast ›verschwitzt‹. Hier in Mendoza ist es auch überhaupt nicht weihnachtlich. Wir haben noch keine Ahnung, wo wir den Weihnachtsabend verbringen werden.

Peter:
Als ich in Buenos Aires auf der Post war und mich mit unserer Gastgeberin auf Deutsch unterhielt, sprach mich ein Mann an. Er interessierte sich für unsere Reise, und so erzählte ich ihm kurz, wie und warum ich nach Argentinien gekommen bin. Er gab mir die Adresse seines Freundes in Mendoza mit dem Hinweis, daß der für uns vielleicht eine Übernachtungsmöglichkeit wüßte.

»Mein Freund spricht Deutsch. Rufen Sie ihn einfach mal an und sagen Sie ihm einen schönen Gruß von mir. Das weitere findet sich.« Sprach's und verschwand.

Wir rufen unter der angegebenen Nummer in Mendoza an. Tatsächlich interessiert sich der Mann sofort für unsere Unternehmung, und wir verabreden uns in einem Straßencafé. Erkennungszeichen: Zwei schwer bepackte Fahrräder, zwei müde Radler. Herr Casar ist Anfang 50. Er kommt in Begleitung von Anni, einer blonden Deutschen Anfang 30. Wir verstehen uns auf Anhieb gut. Wie uns Anni erklärt, ist Herr Casar so etwas wie ein guter Geist für alle Belange und stets hilfsbereit. Sie stammt aus Stuttgart, lebt aber schon seit einigen Jahren in den Anden und macht mit ihren Pferden mehrtägige Ausritte mit Touristen. Nebenher ist sie in der Bergrettung aktiv und holt mit dem Hubschrauber höhenkranke Kletterer aus den Felsmassiven. Anni hat am Stadtrand von Mendoza ein kleines Haus, in das sie uns spontan einlädt.

Die junge Deutsche lebt allein in einem Einfamilienhaus, das sie eigenhändig gebaut hat. Sie ist schon viel herumgereist, und so geht der Gesprächsstoff nicht aus. Zu dritt kochen wir, was wir in dem kleinen Haushalt und in unseren Satteltaschen so finden. Mate-Tee wird zubereitet, und bis wir unsere müden Häupter zur Ruhe betten, ist es wieder 2.30 Uhr.

Anderntags brechen wir auf. Wir wollen nach ›Las Vegas‹, einem kleinen Dorf, 2.000 m hoch in den Anden. Dort oben grasen Annis Pferde auf saftigen Weiden, und dort steht auch ihr neuestes Projekt: ein weiteres kleines Haus, mitten im Gebirge. Auch dieses Haus baut sie allein, mit viel Einfallsreichtum, Muskelkraft und Zuversicht.

»Eine Ecke steht schon …«, erzählt sie lachend.

Nach den fruchtbaren Hängen Mendozas, wo der gute Wein wächst, wird die Landschaft um so rauher, je höher man kommt. Höher und höher steigt die Straße, windet sich am Flußlauf des Mendoza entlang, überquert ihn, um sich weiter in die Höhe zu schrauben. Wir biegen scharf links ab und erreichen Las Vegas, das aus wenigen, weit verstreuten Höfen besteht. Ohne Lichtermeer und Spielhöllen liegt das Dorf mit dem berühmten Namensvetter in den USA friedlich eingebettet zwischen den Bergmassiven. Von hier hat man herrliche Ausblicke auf schneebedeckte Bergriesen, kleine Bauernkaten, Pferde, Katzen, Hunde und Hühner.

Elena:
Anni erwartet uns bereits bei einer befreundeten Gaucho-Familie. Auch hier werden wir herzlich aufgenommen. Zwar könnten wir im Haus übernachten, doch wir wollen die Gastfreundschaft der Leute nicht zu sehr strapazieren und bauen das kleine Zelt im Garten auf. José, einer der beiden Söhne, arbeitet in Mendoza. Marco ist Gaucho wie schon sein Vater und Großvater vor ihm. Der Wandschmuck im Wohnzimmer deutet auf eine lange Familientradition hin. Feine Lederriemen, kunstvoll verzierte Sporen, Hutbänder und Sättel im ganzen Haus zeugen von der künstlerischen Fertigkeit der rauhen Gesellen.

Wie schon sein Vater beherrscht auch Marco die Kunst der Lederverarbeitung. Das gesamte Zaumzeug für die Pferde inklusive Lasso fertigt er bis spät in der Nacht im Schein der kleinen Gaslampe mit seinen groben Händen selbst an. Für mich flicht er ein Lederarmband, das er mir am nächsten Morgen strahlend überreicht.

»Wenn du es immer am Handgelenk läßt, bis es eines Tages von allein herunterfällt, wird es dir Glück bringen!«

Wie stets in Argentinien, trinkt man auch hier fortwährend Mate-Tee zu jeder sich bietenden Gelegenheit. Je nachdem, wieviel Kräuter in die verzierten Holzbecher gefüllt werden, schmeckt der Tee manchmal etwas herb. Gegen Abend nähert sich ein Reiter dem Gehöft. Enrico trägt hohe Lederstiefel, Jeans, ein blaukariertes Hemd und einen flachen Lederhut. Im Sattelhalfter stecken die Machete und ein Gewehr. Er wohnt in der Nachbarschaft und will sein Pferd von Marco neu beschlagen lassen.

Enrico kommt von den oberen Weiden, die in 2.500 m Höhe liegen, und berichtet, daß es noch weiter oben während der vergangenen Nächte geschneit hat.

»Wir müssen dringend die Pferde runterbringen. Oben hat es geschneit, und die Pumas sind auf die Koppeln gekommen. Sie haben bereits ein paar Fohlen gerissen!«

Von Hand geflochtenes Zaumzeug der Gauchos in Argentinien.

»Heute ist es schon zu spät, aber morgen reiten wir früh los und holen die Pferde auf die tiefer liegenden Hänge«, antwortet Marco.

Gleich nach dem ersten Mate am frühen Morgen werden drei Pferde gesattelt und Peter, Anni und Marco reiten los.

Peter:
Ich bin zwar nicht der wilde Kosakenreiter, aber bei einem ruhigen Trab kann ich mich schon auf dem Pferderücken halten. Die vierjährige Stute trottet ruhig und sicher auf dem steinigen Pfad hoch in die Berge. Vom Sattel aus schweift mein Blick über die Pferdeohren durch die Landschaft.

Bis zum Dorfende begleiten uns noch ein paar aufgeregt kläffende Hunde. Dann sind wir allein in der Welt der Berge. Die Hänge sind voller Geröll. Vereinzelt stehen blühende Kakteen auf den Geröllhängen, ab und an biegt sich ein dürrer Busch im Wind. Trotz der warmen Sonne bläst es kalt von den verschneiten Fünftausendern herunter. Das wahre Glück der Erde, so behaupten manche Leute, liegt auf dem Rücken der Pferde. Es ist in der Tat ein tolles Gefühl, auf dem warmen Tier zu sitzen und dessen Bewegungen zu spüren, dazu noch in dieser fantastischen Kulisse. Schade, daß Elena nicht dabei ist. Sie hat etwas Respekt vor Pferden und wäre eher mit einem Kamel geritten, doch das gibt es hier oben nicht.

Drei Stunden Ritt, dann haben wir die Weiden erreicht. Ein weites, flaches Areal ist in mehrere Koppeln unterteilt, auf denen etwa 60 Pferde stehen. Die Hengste schnauben aufgeregt, als wir am Gatter ankommen. Ein paar Fohlen drängen sich ängstlich an ihre Mütter. Marco hat im Vorbeireiten dem Verwalter, der hier oben wohnt, bereits gesagt, daß wir Annis Pferde mitnehmen auf die unteren Hänge. Er hilft mit, ihre Pferde von den seinen zu trennen. Lassoschwingend und unter lauten ›Hoho‹-Rufen werden die Tiere durch die Wolken aufwirbelnden Staubes in eine separate Koppel getrieben.

Das Gestampfe vieler Hufe bringt den Boden zum Vibrieren. Bald sind drei Stuten, zwei Fohlen und ein Hengst in der Umzäunung. Beruhigend geht Anni von einem Pferd zum anderen, verteilt Mohrrüben und krault Hälse. Jetzt müssen die Tiere erstmal in Ruhe gelassen werden. Zeit für einen Mate im Haus des Verwalters.

Der flache Holzbau erinnert an die ›Ponderosa‹ aus Bonanza. Nach einer Stunde Mate-Schlürfen und dem zweiten Teeaufguß reiten wir wieder zurück zu den Pferden. Eines der Tiere wird aufgezäumt und geführt. Die anderen trotten brav hinterher, die Fohlen dicht an die Stuten gedrängt. Zunächst geht es durch saftige Wiesen, dann wird der Weg steiniger und schmaler. Steil geht es bergab.

Plötzlich werden die Pferde unruhig und wollen ausbrechen. Beruhigend reden Anni und Marco auf die Tiere ein. Schließlich steigt Anni ab und geht ein Stück ins Gelände. Etwa 100 m neben uns liegt ein zerfetztes Fohlen, das von einem Puma gerissen worden ist. Der Verwesungsgeruch hat die Pferde unruhig gemacht. Weiter geht es steil bergab. Steine und Geröll kommen ins Rutschen. Letztlich steigen wir ab und führen die Pferde an den Zügeln. Rote, graue und grüne Kakteen stehen am Steilhang verstreut, am stahlblauen Himmel kreisen schwarze Vögel. Leise spricht Marco mit den Pferden und tätschelt ihre Hälse. Jetzt nur keinen Fehler machen! Wenn die Tiere über das Geröll rutschen, können sie sich leicht ein Bein brechen. Schritt für Schritt tasten wir uns langsam vor. Immer wieder brechen Steine unter den Hufen weg. Keiner von uns sagt etwas. Konzentration und Anspannung steht in den Gesichtern. Nur das Knirschen des Gerölls unter den Hufen unterbricht die Stille.

Bis wir das Dorf erreicht haben, ist es später Nachmittag. Begeistert berichte ich Elena von den Erlebnissen.

»Seit einigen Stunden liegt eine junge Ziege für den Weihnachtsbraten gefesselt auf dem Boden«, erzählt Elena empört.

»Sie haben ihr die Füße so fest gebunden, daß sich das Blut gestaut hat! Das Tier schreit schon den ganzen Nachmittag erbärmlich!«

Endlich schneidet Marco dem Zicklein die Kehle durch, nicht ohne das Tier vorher wie einen Kartoffelsack nochmals in die richtige Position auf den Betonboden zu knallen. Als er bemerkt, wie entsetzt Elena darauf reagiert, kehrt er erst recht den brutalen Macho raus. Das abgezogene Tier könnte überall ausbluten, aber er hängt es später direkt neben die Toilette, so daß Elena immer wieder daran vorbeigehen muß.

»Wart nur, es wird dir schon schmecken an Weihnachten!«

Der sonst eher sanftmütige Gaucho Marco lacht schadenfroh.

Der Weihnachtsabend kündigt sich an. In der Küche dampft und köchelt es aus zahlreichen Töpfen und Pfannen. Ein Christbaum ist hier nicht üblich, und bis auf die Vorbereitungen für das Festmahl deutet nichts auf Weihnachten hin.

Elena:
Der Appetit ist mir durch die unnötige Quälerei des Ziegenkindes gründlich vergangen. Um mich zu beruhigen, gehe ich auf der Dorfstraße spazieren. Über den Bergen steht die dünne Mondsichel, die Milchstraße entfaltet ihre volle Pracht. Schwarz sind die Berge ans Firmament gezeichnet. Irgendwo kläfft ein Hund, sonst ist es ganz still. Um 24 Uhr gibt es Essen. Die Mutter hat eine Art Lasagne gemacht mit verschiedenen Gemüsen, Käse, Wurst und Salaten. Zusätzlich gibt es eine riesige Torte, die man als Kalorienbombe bezeichnen könnte. Danach liegt die Ziege gebraten auf dem Tisch. Ich verzichte dankend. Am Gatter des Grundstücks ist Pferdegetrappel zu hören. Wir folgen José ins Freie. Plötzlich peitschen Schüsse durch die Nacht. Ein paar Gauchos aus der Umgebung sind zu Besuch gekommen und schießen kehlig lachend mit ihren Revolvern in den Nachthimmel. Die Pferde tänzeln nervös. Während die Schüsse an den Bergen widerhallen, macht eine Schnapsflasche die Runde. Dann reiten die Männer weiter. Feliz Navidad – Fröhliche Weihnachten!

Die bei uns in Deutschland übliche Schenkerei an Weihnachten kennt man hier nicht. Aus einem Tannenzweig und etwas Watte habe ich die Andeutung eines Weihnachtsbaumes für Peter und mich gebastelt. Darunter liegt mein Geschenk für ihn, eine Musik-Cassette von Brian May. Peter schenkt mir ein ledernes Portemonnaie, über das ich mich sehr freue. Die ganze Familie ist am Tisch versammelt. Der Tierarzt José berichtet von seiner Kampfhunde-Züchtung. Eine schneeweiße Hündin und ein Rüde sind in Zwingern unterbracht. Jedes Jahr verdient José viel Geld mit dem Verkauf der durchschnittlich sechs Welpen.

»In der Einsamkeit hier ist auch viel Gesindel unterwegs. Von vielen Höfen wurden nachts Pferde gestohlen. Die Gauchos kaufen gern meine scharfen Hunde, die nachts wirksamer die Gelände bewachen als jede Alarmanlage.«

Das Verhältnis der Gauchos zu den Tieren beschäftigt mich.

Marco fragt mich, warum ich nichts vom herrlichen Ziegenbraten essen wollte. Es wäre doch ganz normal, daß man eine Ziege schlachtet.

»Klar ist das in Ordnung. Ich hätte ja auch davon gegessen, wenn das Tier vorher nicht so lange gelitten hätte. Es hat stundenlang hart gefesselt auf dem Boden gelegen und mit hervorquellenden Augen um sein Leben geschrien. Man hätte es auch einfach an einen Pfahl binden können, ohne die unnötige Quälerei. Mit den Pferden gehst du so zart um. Bloß, weil du sie brauchst?«

Nachdenklich blickt Marco mich an.

»Wir züchten Tiere, um sie zu essen. Haben eure Tiere so viel Auslauf wie unsere in Argentinien? Sicher nicht. Aber ich verspreche dir, daß die nächste Ziege nicht mehr so lange leiden muß.«

Einen Tag bleiben wir noch, ordnen unsere Sachen und begutachten Annis Neubau, natürlich immer mit dem Mate-Becher in der Hand. Dann zieht es uns wieder auf die Straße, neuen Abenteuern entgegen.

»Schreibt mal, wie es euch geht. Und besucht uns wieder!«

Peter und ich rollen im warmen Sonnenschein auf den Rädern die Straße runter bis zur Abzweigung. Wir sind voller Lebensfreude und Tatendrang. Links hoch windet sich die Straße weiter in die Anden, der chilenischen Grenze entgegen. Wie kleine Krümel bewegen wir uns zwischen den Bergriesen hindurch. Rechts wälzt sich der Mendoza durch sein Bett. Er ist erdig braun durch das viele Sediment, das er mit sich führt. Die immer dünner werdende Luft erschwert das Schieben. Der Höhenmesser pendelt zwischen 1.700 und 1.900 m. Das Herz klopft stärker, wir sind schneller außer Atem als sonst, die Pausen werden zahlreicher. In den Bergen oben scheint es geregnet zu haben. Mühselig filtert Peter etwas Trinkwasser aus dem reißenden Mendoza. Der feine Schlamm verstopft schon nach wenigem Pumpen den Katadyn-

Filter. Nach wenigen Hüben muß der Filter wieder gereinigt werden, damit wir sauberes Wasser bekommen.

Das Zelt steht heute nacht in einem winzigen Wasserspeicher an einer stillgelegten Schienenstrecke. Der rötlich-düstere Himmel droht erneut mit einer Wasserflut. Aber außer ausführlichem, dumpfen Grollen über mehrere Stunden hinweg, das als lautes Echo von den Felsen widerhallt, wird es nichts mit dem Gewitter. Dabei hatte ich schon unsere Faltschüsseln und sämtliche Becher und Teller aufgestellt, um sauberes Regenwasser einzufangen. Schwarze Wolken stehen am Gebirgskamm vor Chile. Der Regen scheint auf die Nachbarn im Westen runterzugehen. Bei uns bleibt es trocken.

Uspallata ist eine kleine Siedlung auf 1.750 m Höhe und der Ausgangspunkt vieler Bergsteiger, die den Aconcagua erklimmen wollen. In einer Gaststätte ruhen wir uns bei einem Åsado aus. Das Nest macht den Eindruck eines Schweizer Skiortes in der Hochsaison. Bunte Rucksäcke auf noch bunteren Touristen mit Skiern in der Hand, wohin das Auge auch blickt.

Wir decken uns mit neuem Proviant ein, tanken Trinkwasser und radeln weiter, vorbei an einem kilometerlangen Stau aus PKWs und Reisebussen mit schlafenden Busfahrern in den großen, offenen Kofferräumen. Entlang der Fahrzeugschlange sitzen Familien beim Picknick. Man spielt Karten oder vertreibt sich die Wartezeit mit Fußballspielen. Weiter vorne ist die Fahrbahn durch einen breiten Erdrutsch verschüttet. Hier also ging das Gewitter letzte Nacht runter.

Die Straße steigt nur wenig an, teilweise ist sie sogar eben. In sanften Kurven schlängelt sie sich immer weiter hoch. Der Erdrutsch hat den Vorteil, daß die Straße für eine ganze Weile nur uns gehört. Mit den Rädern kommen wir durch den schmalen Pfad, den die Planierraupen freilegen. Die PKWs aber müssen warten, bis der Bagger die Erdmassen beiseite geschoben hat. Graue Geröllfelder erstrecken sich links und rechts der Straße. In der Ferne erspähen wir einige Guanachos. Sie gehören mit den größeren Lamas, den Alpakas und den Vicuñas, einer Wildform der domestizierten Alpakas, zu den kamelartigen Gebirgstieren. Die Indianer nutzten die Tiere als Lieferanten für Fleisch und Felle. Später wurden sie von den weißen Siedlern gejagt, weil sie den Schafherden das Futter streitig machten. Ihre rotbraunen, flauschigen Felle brachten satte Gewinne. Heute unterliegen die Guanachos einem Handelsverbot.

Die Nächte sind von absoluter Stille erfüllt. Tagsüber schimmern die mächtigen Felsriesen in matten Blautönen, durch dunkle Büsche schwarz gepunktet. Am späten Nachmittag taucht die Sonne die Landschaft in ein warmes Rosé. Der Mendoza, der hier oben bei 2.145 m nur noch wenig Wasser in seinem 200 m breiten Bett führt, rauscht leise unterhalb der Straße. Am Abend ist die Grenze zu Chile geschlossen. Durch den Erdrutsch fahren keine Autos. Wir sind in der totalen Einsamkeit der Berge allein. Der kleine Benzinkocher faucht unter dem Suppentopf. Dampf weht ums Zelt, während ich auf einem Felsen sitze und Tagebuch schreibe. Kann es schöner sein als hier und jetzt?

Puente del Inka, die Brücke der Inka. Das ehemalige Kurhaus des früheren Heilbades ist seit einem Erdrutsch außer Betrieb. Das heilsame Quellwasser sprudelt aus allen Ecken und Ritzen. Eine Naturbrücke aus Wasserkalk spannt sich über diesen Teil des Ursprungsgebiets des Mendoza. Heiße, schwefelhaltige Quellen dringen aus dem Boden. In der Ruine des Kurhauses sieht es aus, als wären die Bewohner in Urlaub gefahren und hätten den Wasserhahn nicht zugedreht. In allen Räumen rauscht, gluckert und plätschert Wasser über Wände und Beckenränder. Stuckarbeiten, Fresken und abblätternde Farbreste lassen feudale Zeiten erahnen. Die kalk- und schwefelhaltigen Fluten haben den gesamten Platz mit einer gelb-rot-bräunlichen Schicht in bizarren Gebilden überzogen. Schön sieht es aus. Wir bleiben eine Weile in der gleißenden Sonne sitzen und stellen uns den früheren Badebetrieb hier vor.

Etwas weiter oben hat man einen guten Ausblick auf den Aconcagua. Die Indios verehren den 6.959 m hohen, immer schneebedeckten Berg, der als das Dach der Anden bezeichnet wird und zu dessen Füßen ein Bergsteiger-Friedhof liegt. Anni erzählte, daß vor allem der schnelle Abstieg und der damit verbundene Höhenrausch für die Kletterer gefährlich sei. Für so manchen Europäer kam der Hubschrauber der Bergwacht zu spät.

Ein Problem haben wir, dessen Lösung uns noch nicht ganz klar ist. Wir müssen den Andentunnel durchqueren, um zur chilenischen Grenze zu gelangen. Aber mit den Fahrrädern ist die Durchfahrt verboten, weil es im langen Tunnel keine Belüftung und keinen Randstreifen gibt. Was wir brauchen, ist ein Auto. Doch welches der wenigen Fahrzeuge, die jetzt wieder auf der Straße sichtbar sind, würde unsere dicken Räder mit der gesamten Ausrüstung aufnehmen? Unser Equipment umfasst immerhin zehn Gepäckstücke.

Peter:
Nachdenklich schieben wir die Mountainbikes bis kurz vor den Tunnel die Straße hoch. Wie sollen wir nur durch den Berg kommen? Plötzlich überholt ein großer, blauer Bus und hält direkt vor uns an. Die Türen gehen auf, ein junger Mann guckt raus und fragt auf spanisch, ob wir mitwollen.

Und ob wir wollen! In Windeseile sind die Bikes abgeladen und im Mittelgang des leeren Busses verstaut, direkt unter der Hängematte des brasilianischen Fahrers. Von São Paulo in Brasilien bis nach Los Andes in Chile sind es 3.600 km. Der junge Mann überführt städtische Omnibusse und fährt diese Strecke zweimal die Woche. Die Busse bringt er vom brasilianischen Werk rüber nach Chile. Zurück nach São Paulo fliegt er. Der Tunnel ist 3 km lang, eng, unbeleuchtet und voller weißgrauer Abgasschwaden. Kein Wunder, daß Fahrräder nicht passieren dürfen. Am Ende des Tunnels steigen wir aus. 3.186 m über dem

Meeresspiegel liegt die Straße nach Chile. Vor dem Schild mit der Aufschrift ›Bienvenido a la Republica de Chile‹ machen wir ein paar Fotos. Ein kalter Wind läßt uns die warmen Pullover aus den Taschen holen.

Schroffe, braune Felsmassive erheben sich rings um uns. Die Straße führt abwärts. Der chilenische Zollposten liegt noch vor uns. Wir stülpen uns wieder die Helme auf und ab geht's in rasanter Fahrt den Berg hinunter. In Uspallata haben wir uns noch mit genügend Proviant eingedeckt. Laut Karte dauert es noch eine ganze Weile, bevor wir wieder in eine Ortschaft kommen.

Aber jetzt stehen wir plötzlich vor einem neuen Problem. Die Einfuhr jeglicher Lebensmittel aller Art nach Chile ist laut einem Schild vor dem Zoll strengstens verboten. Für Autofahrer ist es ja kein Problem, ohne Proviant die nächste Ortschaft abzuwarten. Aber für uns? Am Wegrand liegen die weggeworfenen Kartoffeln, Tomaten, Orangen und Brote der Autofahrer. In unserer Bordküche befindet sich noch ein leckeres Stück Käse und Brot, dazu etwas Obst. Wegwerfen? Niemals! Auf einem Felsen sitzend kauen wir mit vollen Backen den verbotenen Proviant, so weit wir können. Der Rest wird wieder in den Taschen verstaut.

9.
Im Tal des Mondes

CHILE (Dezember 1995 – Januar 1996)

Peter:
Sieben Tage lang hatte der Schöpfer an seinem Werk gearbeitet. Er glaubte schon, fertig zu sein, als er entdeckte, daß noch Wüstenteile, Flußabschnitte, Urwaldfetzen, Vulkane und Berge übrig waren. Gott befahl daraufhin den Engeln, diese Reste hinter das Bergmassiv der Anden zu kippen – und es entstand Chile.

Ungefähr so beschreibt die Legende die Entstehung des Landstreifens, der nur 90 km an der schmalsten und 380 km an der breitesten Stelle mißt. Von den sturmumtosten Felsen des Kap Hoorns über die glühenden Wüsten bis an die peruanische Grenze sind es 4.200 km. Ein ungewöhnliches Land, das wir jetzt unter den Reifen haben.

»Ist das eine Straße – oder eine Darmverschlingung?«

Kaum sind wir in Chile, geht es mit uns bergab. Und wie! Eine breite Betonstraße windet sich in engen Schlingen steil dem Tal entgegen.

»Nur gut, daß wir von Argentinien nach Chile reisen, und nicht umgekehrt. Sonst hätten wir einige Tage lang gut zu schieben«, murmele ich bei diesem Anblick, aber der kalte, schneidende Wind zerfetzt meine Worte.

Also, gehn wir's an. Doch mit Karacho geht gar nichts. Die Straße ist so steil, die Kurven so eng, daß wir uns nur mit angezogenen Bremsen runterschleichen. Schwere Sattelschlepper fahren Schrittempo. Die Landschaft schmeichelt nicht gerade den Sehnerven. Graubrauner Fels und Geröll liegen seitlich der Straße. Die Fahrbahndecke ist voller Löcher und breiter Risse.

Schon deshalb ist langsames Rollen erforderlich, aber auch wegen des steilen Neigungsgrades der Straße. Aber immerhin geht es bergab. Nach all dem Schieben haben wir das verdient.

Die schönste Abfahrt wäre doch langweilig und verliefe viel zu glatt, führe man einfach nur so den Buckel runter. Gegen diese Langeweile hat der Gott ›Knallpeng‹ die Reifenpanne gesetzt. Auf dem Randstreifen hockend, repariere ich das Malheur, während Elena sich ansieht, was an der Böschung so wächst. An dünnen, trocken aussehenden Ästchen prangen winzige gelbe und blaue Blüten über dem kargen Boden. Trotz der ausgedehnten Wüstengebiete gibt es in Chile ca. 5.000 verschiedene Blütenpflanzen.

Elena:
An der Grenze konnten wir die Zöllner erfolgreich von einer Gepäckdurchsuchung ablenken, indem wir begeistert von der Paßabfahrt und unserer Tour erzählten. Denen haben sicherlich die Ohren gesaust, als wir endlich weiterfuhren – mit unserer Verpflegung im Gepäck ... Während der Abfahrt von über 3.000 Höhenmeter hinunter wird die Landschaft immer grüner.

Der letzte Tag des alten Jahres wird um ein Haar auch mein letzter. Während der steilen Abfahrt nach der Grenze runter über die Serpentinen, bei der ich ständig bremsen muß, weil das Rad noch zusätzlich vom schweren Gepäckdruck beschleunigt wird und der Straßenbelag in einem miserablen Zustand ist, knallt plötzlich vor einer scharfen Kurve die Luft mit einem Schlag aus meinem Vorderrad. Die Bremskraft ist vermindert. Mit ungeheurer Geschwindigkeit rast mein Mountainbike auf einen Felsen in einer Haarnadelkurve zu. Der Vorderreifen walkt sich von der Felge, das Rad schlingert.

»Peter, Hilfeeeee!!«

In letzter Sekunde springe ich mit einem fürchterlichen Schrei gerade noch vom Rad runter und schmeiße es gegen den Stein – 1 m vor der Felswand! Mein Herz jagt, der Puls schleudert. Mit zitternden Händen und butterweichen Knien drücke ich die heiße Stirn gegen den kühlen Stein. O Mann!

Peter hat mich schreien gehört und im Rückspiegel meinen Sprung gesehen. Jetzt kommt er die Straße zu mir hochgerannt und nimmt mich in den Arm.

»Mensch, das hätte ins Auge gehen können!«

»Das kannste laut sagen«, flüstere ich mit zugeschnürter Kehle.

Bei der Untersuchung des Vorderrades stellen wir fest, daß das gesamte Ventil abgerissen ist durch das viele Bremsen bergab, bei dem sich der Schlauch immer mehr erhitzt und verschoben hat. So lange, bis der Gummi gerissen ist. Hier ist keine Reparatur mehr möglich. Peter montiert den Reserveschlauch auf die Felge – und weiter geht es bergab. Schaudernd sehe ich links der Straße weiße Holzkreuze. Denen ist es wohl so ähnlich ergangen wir mir, nur schlimmer.

In den Felsspalten klemmen Büsche wie bunte Haarspangen, auf den Bergplateaus wachsen Bäume und Gras. An der ersten Raststätte auf chilenischer Seite halten wir an. Etwas abseits der Gasthütte steht ein komisches Gebilde. Respektlos könnte man sagen, ein Dach mit Gerümpel darunter. Bei näherem Betrachten sieht man eine Art Altar. Autofahrer, die eine gefährliche Strecke gesund hinter sich gebracht haben oder einen Unfall glimpflich überstanden, opfern hier der Madonna irgendwelche Gegenstände. Lenkräder, Turnschuhe, Schokolade, Armbanduhren, Spielzeug, Blumen, Geld und Dankesbriefe sind nur einige der Sachen, die um einen Felsen drapiert sind. Die Stätte hat etwas von einem ständig wachsenden Kunstwerk.

Während wir bei Sandwiches im Garten sitzen, halten immer wieder LKW-Fahrer an und bedanken sich bei der Madonna, daß sie die Serpentinen gut hinter sich gebracht haben. Bei den abgefahrenen Reifen und den kreischenden Bremsen ihrer Trucks haben sie auch allen Grund dazu.

Bevor wir weiterziehen, bittet der Wirt, uns ins Gästebuch einzutragen, was wir gerne tun. Ein Blick auf Peters Kalender veranlaßt uns, noch einen Tetrapack Wein zu kaufen. Es ist der 31.12.95. Wir freuen uns auf den 2. Jahreswechsel auf Tour, dieses Mal inmitten der Anden.

Einige Kilometer rollen wir noch die Straße hinunter, die Köpfe wie Wendehälse drehend auf der Suche nach einem stillen Zeltplatz. Links der Straße rauscht jetzt der Rio Colorado ins Tal, rechts erheben sich die gigantischen Berge. Am Nachmittag drücken Peter und ich die Räder einen steilen Feldweg zu einem Plateau hoch. Steil? Es geht fast senkrecht nach oben. Das Plateau ist mit Felsen bestückt, dazwischen Gräser und einige Blumen. Aber für den schönen Platz hat sich die Mühe gelohnt. Das Zelt ist schnell aufgebaut – jetzt kann der gemütliche Teil beginnen.

Peter:
Zunächst stromere ich herum und erforsche die nähere Umgebung. Von unserem Platz aus schlängelt sich ein schmaler Weg zwischen Felsen hindurch und führt zu hügeligem Grasland. Hier kommen wohl nur Hirten und Ziegen her. 20 m vom Zelt entfernt erhebt sich eine Felswand über 100 m senkrecht in den blauen Himmel. Und sonst – Einsamkeit. Von Ferne ertönen italienische Gesänge. Als ich auf meinem Rundgang um die letzte Biegung zurückkomme, sitzt Elfe Elena auf einem Felsen und trällert aus Leibeskräften das ganze Repertoire aus unserer mitgeführten Liedersammlung. O.k., die Party kann beginnen. Mit Stimme und Mundharmonika gehen wir gemeinsam gegen das Gurgeln des tiefer liegenden Rio Colorado an. Geölt werden die Kehlen mit der ›Pappenburger Auslese‹. Die Kamera mit dem Selbstauslöser steht schußbereit, und pünktlich um 20.00 Uhr Ortszeit prosten wir uns und unseren Leuten in Deutschland mit unseren Plastikbechern voll Wein zu.

»Prost Neujahr, Freunde, und Prost Neujahr auch für dich!« Glücklich und zufrieden umarmen wir uns.

Elena:
In Deutschland ist es jetzt 24 Uhr. Gedanklich lassen Peter und ich unsere Freunde zu Hause an unserem Felsen vorbeischweben. Zeit der Rückblende und der Besinnlichkeit. Wie viele Mühen und Plagen liegen während dieser Weltreise schon hinter uns! Berge und Hitze, Kälte, Nässe und Krankheiten haben wir zusammen bewältigt, aber auch die eine oder andere Streitigkeit zwischen uns. Mehr als 20 Monate ziehen wir nun schon durch die Welt, sind Tag und Nacht beisammen, und noch immer sind wir glücklich miteinander. Peter ist ein prima Partner.

In der Nacht werden wir mehrmals von rollenden Steinen geweckt. Jedesmal stellt sich die Frage, ob es sich um einen Überfall oder einen Erdrutsch handelt. Sollen wir in der stockfinsteren Nacht in Windeseile abhauen oder vielleicht lieber Deckung suchen? Jedesmal beruhigen wir uns gegenseitig damit, daß die Steine sicherlich von irgendwelchen Tieren bewegt wurden. Man wird mit der Zeit auch etwas abgebrühter auf so einer langen Reise, und so legen wir uns in dieser Nacht mehrfach wieder schlafen.

Mehrere Meter hohe Kakteen recken ihre stachligen Arme zum blauen Himmel.

Wir erreichen das Städtchen Los Andes, in der die größte Erdbebenhäufigkeit der Erde gemessen wurde. Der Ort ist, wie auch San Felipe, das wir als nächstes durchfahren, Zentrum für die Agrarerzeugnisse der Gegend. Wein, Kartoffeln und Obst gedeihen hier im Aconcagua-Tal auf etwa 1.500 m Höhe. Die Landschaft erinnert entfernt an die Toskana, Zypressen runden das Bild ab.

Heute ist Freitag. Alle Banken sind geschlossen, wir können kein Geld tauschen. Für solche Fälle haben wir immer einige US-Dollar in bar dabei. In leichtem Gefälle führt die Straße weiter bergab. Wir kommen gut voran. Die digitale Tachoanzeige zeigt 75 zurückgelegte Kilometer, als sich meine Augen an einem Schild festsaugen.

»Da, das Schild – hast du das Schild gesehen?«

»Ha«, ruft Peter lachend zurück, »was glaubst du, wie viele Schilder ich schon gesehen habe!«

»Aber keines in Chile, worauf in deutsch ›Kaffee-Haus, Kuchen und Strudel‹ steht!«

Peter knallt die Bremsklötze gegen die Felgen und stoppt.

»Tatsächlich. Ich seh's, aber ich glaub's nicht.«

Auf der anderen Straßenseite steht ein kleines Café. Rotkarierte Vorhänge leuchten freundlich, ein großer Baum davor lädt in seinem Schatten zum Verweilen ein. Nicht nur, daß die Chefin Deutsch spricht – ihr Großvater war Deutscher –, auch ihre selbstgebackenen Obstkuchen und Torten schmecken wie bei Muttern zu Haus. Im Schatten unter dem mächtigen Baum trinken wir zunächst eine Cola und kommen auch mit dem Chef ins Gespräch. Er ist Italiener und bietet uns an, hinter dem Café zu zelten.

Während wir das Zelt aufbauen, umringen uns die Kinder des Hauses aufgeregt. Der Schäferhund tobt enthusiastisch um uns herum. Jedes Kind krabbelt ins Zelt und erst, als auch der dünne Hund namens ›Dick‹ die ›neue Hütte‹ von innen begutachten will, greifen wir ein. Aber da ist er schon mit einem Satz drin und guckt fröhlich zum Eingang raus.

»Beder un Eläna, wißt ihr was? Wir laden euch ein zum Essen in unser Haus, wenn das Café ist zu.«

»Super, vielen Dank. Aber unser Zelt und die Räder – was machen wir damit?«

»Kennt ihr alles lassen stähen. Wir wohnen in dem Haus hinter die Bäume, 100 m von hier, nur iber den Acker hier.«

Na, so ein Ding. Chile und das neue Jahr fangen gut an. Zwei Stunden später machen wir einen Rundgang durch das große Bauernhaus. 150 Jahre ist es schon alt. Dicke Eichenbalken stützen die Decken, alte Gemälde ergänzen die schweren Möbel. Die älteste Tochter ist 18. Sie spricht gut Deutsch und besuchte jahrelang eine deutsche Schule.

Dampfende Schüsseln werden aus der Küche auf den großen Tisch getragen. Es gibt Empanadas, mit Hackfleisch und Zwiebeln gefüllte, frittierte Teigtaschen. Unsere Gastgeber haben viele Fragen zur Weltreise per Fahrrad. Wir reden über Deutschland und Italien, warum wir reisen und warum sich die Erde dreht. Gegen 24.00 Uhr stolpern wir todmüde über den Acker zu unserem Zelt zurück.

Peter:
Fünf Tage sind seither ins Land gegangen, fünf anstrengende Tage. Zwei fettig glänzende halbe Hähne stehen vor uns auf dem Tisch im Städtchen La Serena. Aber nicht, daß wir da so ganz locker hingefahren wären. Wir haben geflucht und geschwitzt, verzweifelt gelacht – und weiter geschoben.

Hügel, ach, was sag' ich, Berg reihte sich an Berg. Zugegeben, runter kamen wir gut voran. Und – auch zugegeben –, die Aussicht auf das Meer war herrlich, von den vielen stacheldrahtumzäunten Weiden mal abgesehen.

»Hör bloß auf«, winkt meine Gefährtin ab, und säbelt an ihrem toten Gockel herum. »Mir tun jetzt noch alle Gräten weh, und von meinem Hintern will ich erst gar nicht reden. Und überhaupt: Warum ist überall Stacheldraht am Meer? Haben die hier Angst, daß es davonläuft? Ich wäre so gerne baden gegangen.«

Recht hat sie. Mir geht es genauso.

»Und was machen wir jetzt?«

»Herumbummeln, die Stadt ansehen«, entgegne ich.

»Kirchen gibt es 29 Stück für 100.000 Einwohner und schöne Fassaden und Verzierungen an fast jeder Ecke. Auf der Plaza de Armas, die es in jeder lateinamerikanischen Stadt gibt, findet ein Kunstgewerbemarkt statt. Manchmal spielen dort auch Musikgruppen.«

Auf der Plaza sind die Händler an Touristen gewöhnt und können sich mehrsprachig verständigen. Aber eine plötzliche schwere Gehör- und Sprachlosigkeit überfällt den Sonnenbrillen- und Ansteckerhändler, mit dem ich eben noch über Preise gesprochen habe, als ich in seinem Sortiment Anstecknadeln mit SS-Runen und dem Hakenkreuz der Nazis entdecke. Auf die Frage, woher er das habe und ob er den Verkauf dieser Sachen gut findet, versteht er nichts mehr und wendet sich schulterzuckend ab.

Chile war eines der beliebtesten Auswanderungsziele in Lateinamerika für flüchtende Nazis und Kriegsverbrecher nach dem Zweiten Weltkrieg. Unten, im Süden um den Llanquihve-See, findet man noch heute deutsche Siedlungen. Viele der Einwohner leben bereits seit Generationen dort und haben mit Deutschland kaum noch Verbindung. Besonders die Siedlung ›La Colonia Dignidad‹, die ›Siedlung der Würde‹, sorgt immer wieder für Gesprächsstoff, vor allem in Deutschland. In einem verschwiegenen Bergdorf zur argentinischen Grenze hin stellte die ›Wohltätigkeits- und Erziehungsgesellschaft‹ ihre Räume der Pinochet-Regierung für Folterungen und Morde zur Verfügung.

Bis heute suchen Angehörige nach den Plätzen, wo die Opfer, vor allem Regimekritiker der Pinochet-Militärjunta, verscharrt wurden. Kindesmißhandlungen und Freiheitsentzug sind weitere Anschuldigungen, die gegen die Siedler und vor allem ihren deutschen Anführer Paul Schäfer erhoben werden. Schäfer wurde verhaftet, aber aufgrund guter Beziehungen und mangels konkreter Beweise verlief die Angelegenheit letztlich doch im Sand.

Außerhalb der Städte ist die Umgebung sandig, staubig, steinig. Ab und zu wachsen ein paar Kugelkakteen oder Büsche in der Pampa. Die Steigungen werden gemäßigter, aber zum Schieben reichen sie immer noch.

Die Radreifen wurden durch die 80 kg Radgewicht dauernd von den Felgen aufgescheuert. Der sonnenbrandgeplagte Peter näht die Radmäntel solange zusammen, bis sie fast nur noch aus Fäden bestehen…

Oben: Beim Hausbau in Thailand muß der Geist, der das Grundstück vorher bewohnte, ein Häuschen gebaut bekommen, damit er nicht Unglück über die neuen Bewohner bringt. Täglich erhält er darin etwas Obst und Wasser als Opfergaben.

Links: Der Wassermarkt in Bangkok ist von ›Klonks‹ (Kanälen) durchzogen. Hier findet reger Handel statt. Auf den Booten werden auch leckere Sachen gekocht und an Passanten am Ufer verkauft.

Unten: Malaysia – Oben an der Böschung angelangt, findet Elena plötzlich einen fetten Blutegel an ihrem Bein…

Bundespräsident Roman Herzog empfing uns in Porto Alegre, Südbrasilien, und ließ sich von den Abenteuern auf der Fahrrad-Weltreise berichten.

So macht man den herrlichen Zuckerrohrsaft in Brasilien.

Der Tag in Uruguay beginnt und endet mit Mate-Tee.

Die Gauchos sind die argentinischen Cowboys und pflegen bis heute ihre Tradition.

Auf 3.185 m Höhe überqueren wir den Andenpass.

Es geht hoch her beim Karneval im peruanischen Andendörfchen Pisac. Und bei der Hitze gönnt man sich gern mal ein kühles Bierchen.

Die Magier Siegfried & Roy luden uns als Ehrengäste in ihre Show in Las Vegas ein.

Impressionen in Arizona.

Wieder in Europa angelangt. Pause vor dem Eiffel-Turm in Paris.

Freudiger Empfang auf dem Freiburger Rathausplatz mit Lorbeerkränzen und Sekt nach 45.000 geradelten Kilometern.

Die Panamericana ist nur wenig befahren, die Asphaltdecke in durchgehend gutem Zustand. Hin und wieder zieht ein Bus an uns vorbei, das wichtigste Verkehrsmittel des Landes. Dann sind wir mit dem Endlosband der Straße und dem blauen Strahlehimmel wieder allein.

Chiles Geschichte ist geprägt von den Bodenschätzen, die unter dem trockenen Wüstenstaub liegen. Als die Spanier Anfang des 16. Jahrhunderts mit den Inkas in Peru fertig waren, kamen sie nach Chile und wühlten hier nach Gold und Silber. Kriegerische Auseinandersetzungen mit den Ureinwohnern, den Araukaner-Indianern, zogen sich bis in die Mitte des letzten Jahrhunderts. Ab 1830 etwa wurde Kupfer im großen Stil abgebaut und exportiert.

Schon 1801 hatte der Naturforscher Haenke im brasilianischen Regenwald das ›weiße Gold‹ entdeckt – Salpeter. Auch in Teilen Chiles, die damals noch zu Peru gehörten, fand man dieses Steinsalz. Bezeichnenderweise wurde zuerst einmal Schießpulver daraus gemacht, später dann Dünger. Viel Geld konnte man mit dem nitrathaltigen weißen Pulver machen. Das entdeckten auch Bolivien und Peru, die von den satten Gewinnen etwas abhaben wollten. Die Grenzen zwischen den Ländern waren in den ausgedehnten Wüstengebieten nie klar umrissen.

Die bolivianischen Minenbesitzer behandelten ihre chilenischen Arbeiter so schlecht, daß es zur Revolte kam. So entstand ein Krieg, bei dem die Indios aus Südchile den Nordchilenen gegen die Peruaner und die Bolivianer halfen. Als Folge des dann ausbrechenden Salpeterkrieges von 1879–83 verlor Bolivien die wichtige Hafenstadt Antofagasta und die Salpeter- und Kupferlager in der Atacama-Wüste. Peru mußte Tarapacá und die Provinz Arica von der Landkarte streichen. Chile erhielt das Weltmonopol auf Salpeter. Bolivien verzeichnete durch die Einbuße des wichtigen Handelshafens große Verluste.

Man sagt, daß die Bolivianer so sehr in ihrer Tradition verhaftet seien, daß sie den Anschluß an die Neuzeit verpassen. Zudem

High noon in der chilenischen Wüste.

nehmen sie zur Erleichterung ihrer Arbeit in den großen Höhen der Berge viel Kokain zu sich. Dadurch seien sie zu nichts zu gebrauchen und gefährlich.

In den folgenden Jahren entstanden überall in Nordchile sogenannte ›Officinas‹, primitive Büros, die gleich neben den Salpetervorkommen standen. 250.000 Menschen wohnten unter ausbeuterischen Bedingungen dort und förderten im Ersten Weltkrieg 3 Millionen Tonnen Salpeter pro Jahr.

In deutschen Labors erfand man 1918 eine Methode, das weiße Gold künstlich herzustellen, worauf die Weltnachfrage nach chilenischem Salpeter über Nacht sank.

Heute sind nur noch zwei ›Officinas‹ aktiv. Durch die geschichtsträchtigen Überreste der Vorväter pfeift nun der Wind.

Entlang der Panamericana stehen immer wieder Gräber. Meist ein weißer Stein mit ein paar Angaben über den Toten. Davor ein, zwei Büsche und eine Plastikflasche mit Wasser in der

Hoffnung, daß immer mal wieder jemand die Pflanzen etwas gießt.

Letzte Nacht haben wir in einem ausgetrockneten Flußbett verbracht. In dieser Gegend hat es schon seit Jahren nicht mehr geregnet. Die Büsche, Kakteen und blühenden Pflanzen beziehen die nötige Feuchtigkeit aus dem Kondenswasser in der Nacht.

Aus knorrigen, scheinbar vertrockneten Stachelbüschen sprießen über Nacht plötzlich leuchtend weiße oder gelbe kleine Blüten hervor und verändern das gesamte Bild. Trotz der Einöde, oder vielleicht gerade deswegen, hat die Landschaft einen besonderen Reiz. Oft werden Kakteen als natürliche Weidezäune gepflanzt. Bizarr geformte Felsen mit interessanten Farbspielen zeichnen eine Kulisse, wie man sie nicht oft findet. Elena und ich bleiben häufig stehen und lauschen einfach nur in dieses absolut stille Bild hinein.

Vereinzelt kommen wir an ärmlichen Ansiedlungen vorbei. Hier hausen die Minenarbeiter in zusammengeklopften Holzbuden. Hunde liegen in der Sonne. Kleine Jungs spielen mit Plastikkanistern Fußball und winken uns schüchtern zu. Dann sind wir wieder allein. Ab und an liegt eine Raststätte an der Straße für die Trucker auf ihrem Weg quer durchs Land. Etwas zu essen bekommen wir dort immer, das Wasser schöpft man aus einem Tank. Der Hahn tropft, drumherum ist der Boden matschig und mit aufgeweichtem Hühnerkot vermengt. Fliegenschwärme schwirren um mich herum, wollen in Mund und Nase dringen. Im nach oben offenen Tank haben dicke, schwarze Spinnen ihre Hängematten gespannt, im Wasser schwimmen grüne Algenflocken. Am Nachmittag, als die größte Hitze vorbei ist, ziehen wir weiter.

Elena:
8 km haben wir jetzt in der brütenden Hitze am Stück steil bergauf geschoben. Kein Baum, kein Strauch spendet Schatten. Die

kleine Raststätte aus hellblau gestrichenem Holz mit Veranda erscheint plötzlich unverhofft wie eine Oase. Gekochte Eier, Würstchen und Tomaten sind der Tip des Tages. Im abgedunkelten Gastraum ist es einschläfernd heimelig. Über dem Tresen summen Fliegen oder naschen von der verkleckerten Limonade auf der Wachstuch-Tischdecke. Leise Musik streicht durch den Raum.

Draußen gleißt das Licht in der Wüste und zwingt die Augen zu Schlitzen. Das Schild ›Posada del San Francisco‹ schaukelt quietschend im heißen Wind. Träge beobachte ich ein paar Fliegen, die versuchen, den Deckenventilator zu überholen. Es gelingt ihnen.

In dieser Stimmung betritt in Filmen üblicherweise ein schwarzgekleideter, stoppelbärtiger Mann den Raum. Schwere, staubige Stiefel schlurfen über die knarrenden Dielen. »Whisky!« knurrt er über den Tresen zum dösenden Barkeeper. Sein Name ist wahrscheinlich Django. – Hirngespinste in der chilenischen Mittagshitze.

Draußen liegt die tote Pampa, Pampa muerta, und die Wüste, el desierto, wo es außer Sand und Steinen nichts gibt. Abends beim Zelt in den Sandbergen. Knochentrockene Wüste, der Himmel und dazwischen wir.

Ein paar Berge noch und das dunkelgraue Band der Straße. Sonst nichts. Zu Zeiten der Inkas war die Gegend noch dicht bewaldet und voller Tiere. Die Menschen haben das ganze Holz abgeschlagen und verbraucht. An manchen Stellen wird ja mittlerweile eine Aufforstung versucht, aber der Kampf Mensch gegen Wüste ist schwierig.

Die Stille ist hörbar. Ich sitze ganz allein auf einem kleinen Sandhügel und lausche in das absolute Nichts hinein, das mich umgibt. Kein Vogel, kein Rascheln, kein Lüftchen regt sich hier. Tiere gibt es scheinbar nicht mehr, und doch soll es in Chile eine Möwenart geben, die auf die abstruse Idee gekommen ist, ihre

Gelege in den glühenden Sand zu betten. Aber das ist wohl mehr in Strandnähe. Hier ist jedenfalls nichts Lebendiges zu entdecken. Über den Bergen rechts der großen Straße steigt majestätisch ein riesiger, kugelrunder und orangefarbener Mond auf, während links von mir die gleichfarbige Sonne in einem Strahlenmeer versinkt. Die Berge unterhalb des Mondes schimmern in verschiedenen Violettönen, indessen vor der Sonne alles schwarz zu sein scheint. Eine Szenerie wie für eine Oper. Ich bin überwältigt von soviel Schönheit und Erhabenheit.

Wir sind mitten in der trockensten Wüste der Welt, und ich fühle mich sehr, sehr klein unter dem unendlichen, jetzt immer deutlicher hervortretenden, klaren Sternenzelt. Man ist total mit sich, seinen Gedanken und seinem Herzklopfen allein. Ich bin froh, daß Peter meinen Wunsch nach Einsamkeit respektiert. Und doch ist es gut zu wissen, daß er in meiner Nähe ist. Das Gefühl der Einsamkeit könnte zu groß werden.

Tage später, irgendwo zwischen den sandigen Bergen, treffen wir Ricardo. Der chilenische Geschäftsmann ist fassungslos über unseren Wagemut und unser Durchhaltevermögen. Er will mehr über uns erfahren. Er weist uns auf die freilebenden Seehunde und Pelikane an der Küste hin und auf den Naturschutzpark Pan de Azúcar, Zuckerbrot.

Wir sollen ihn unbedingt anrufen, wenn wir nach Antofagasta kommen, der von Bolivien übernommenen Hafenstadt, wo er mit seiner Familie wohnt. Die Stadt wollen wir auf jeden Fall besuchen und freuen uns schon jetzt auf ein kühles Bier bei Ricardo. Peter freut sich speziell auf Informationen über die Kupfermine, in der Ricardo mit seiner Elektronikfirma die Anlagen betreut.

Aber erstmal besuchen wir den Naturschutzpark kurz hinter der kleinen Industriestadt Chañaral, wo es noch Kormorane, Pinguine, Seehunde, Pelikane und viele andere Tierarten geben soll, gesponsert unter anderem von den heimischen Fabrikbesitzern.

Die Fahrt durch das Naturschutzgebiet Pan de Azúcar in Chile war wegen der Schotterstraßen anstrengend. Die schweren Räder gruben sich tief in den Sand.

Auf einer sandigen Küstenstraße erreichen wir nach wenigen Kilometern das Terrain. Für 1.700 Pesos pro Nase dürfen wir das Gelände betreten, weitere 4.000 Pesos, 15,87 DM, kostet der Campingplatz. 252 Pesos entsprechen etwa 1 DM. Das Campinggelände ist ein großer Strand mit einem kalten, schwach ans Ufer dümpelnden Meer und Stengeln im Boden, die vielleicht irgendwann einmal Bäume werden. Vom Wärter bekommen wir einen von einem Mäuerchen eingefaßten Platz für das Zelt zugewiesen, für 1,50 DM umgerechnet verkauft er uns »ausnahmsweise« sogar noch 6 trockene Brotfladen.

Mittlerweile ist es dunkel geworden. In völliger Finsternis stapfe ich mit einer Taschenlampe durch tiefen Sand. Mein Ziel sind die Toiletten und Duschen. Nach nur 10 Minuten Suchen habe ich sie schon gefunden, aber das Häuschen ist leider geschlossen und damit auch der Zugang zum einzigen Trinkwasser der Gegend. Mist! Also retour zum Strandchef.

»Es gibt einen Schlüssel irgendwo, aber den haben gerade andere Camper mitgenommen. Morgen früh sind die Toiletten wieder offen.«

Sprach's und verschwand.

Die einzige ›Deckung‹ hier ist das Häuschen mit den Klos. Also hinter die Hütte – ahh! Die Idee hatten schon einige vor mir. Ungezählte Papierfähnchen flattern lustig im Wind. Anscheinend hatten schon sehr viele Touristen vor uns die gleichen Probleme und Bedürfnisse. Jedenfalls ist der Platz hinter der Hütte dicht an dicht voller ›Tretminen‹. Der Besuch anderer Bedürftiger während der ›Geschäftszeiten‹ ist nicht ausgeschlossen…

Wie sich später herausstellt, hat keiner der anderen Camper einen Schlüssel. Der wird vom Wärter höchstpersönlich aufbewahrt und nur widerwillig hergegeben, da die Touristen ja doch nur alles schmutzig machen. Den Toilettenschlüssel erhalten wir leihweise von dem Hochzeitspärchen neben uns, das den Verwalter beschwatzen konnte. Wissen muß man's halt. Schade, daß die Spülung nicht funktioniert.

Wer diese planierte Beschränktheit »Zuckerbrot« genannt hat, muß ein Spaßvogel gewesen sein.

Ohne Wasser und Toiletten hätten wir auch irgendwo kostenlos zelten können, so reisen wir in der Frühe weiter, zumal sich keines der angekündigten Tiere blicken läßt. Nur für weitere 20 US-Dollar per Boot hätte man eine vage Chance auf den Anblick einiger Pinguine. Je mehr Touristen mit dem Parkverwalter mitfahren wollen, desto teurer wird die Bootstour, weil der Mann dann mehr zu tun hätte. Auch eine Logik.

Um den Weg abzukürzen und ein Stück mehr vom Naturschutzgebiet zu sehen, radeln wir auf einem ›Wellblechweg‹ quer durch die Berge weiter in unserer Richtung zurück zur Panamericana. Die Querrinnen lassen beim Darüberfahren die Gebisse klappern. Fahren ist wohl zuviel gesagt, denn bereits nach 3 km wird der Sand so tief, daß wir die schweren Mountainbikes nur noch schiebend fortbewegen können. Eine Weile noch führt der Weg flach geradeaus. Dann kommt die Steigung – und mit ihr die Tageshitze. Die Stimmung sinkt wie die im tiefen Sand einsackenden Reifen.

Stellenweise liegt der Sand so locker, daß das Vorderrad ausbricht. Außer einer fast handzahmen Eidechse, die es wohl gewöhnt ist, von Touristen gefüttert zu werden, ist weit und breit nichts Vierbeiniges zu sehen. Nur Sand, Sand, Sand. Dazwischen Felsen, Steine, Berge. Wären wir jetzt mit dem Auto voller Proviant und Wasser hier – kein Problem, die Natur und ihre Stille zu genießen. Aber so? 95 Prozent der insgesamt 25 km legen wir abwechselnd schiebend und mehrsprachig fluchend zurück.

Endlich erreichen wir auf einer Anhöhe die Panamericana wieder. Und tatsächlich sehen wir später auf einem Felsen im Meer munter vor sich hingrölende Seehunde. Ein ganzer Chor ist dort versammelt, der versucht, das Tosen der Brandung zu übertönen. In der Nähe ein paar Pelikane mit Gesichtsausdrücken wie alte Lords. Durch den nahen Humboldt-Strom ist das Meerwasser eisig kalt. Nichts zum Baden für unsereins. Wir überlassen das Vergnügen den Tieren.

Peter:
Der Himmel verfinstert sich, grauschwarze Wolken türmen sich über uns auf. Jetzt fehlt nur noch, daß es anfängt zu regnen und wir womöglich noch gegen Wasser ankämpfen dürfen, das mit Sand vermischt ist. Und prompt öffnen sich die Schleusen über uns. Aber es regnet nur wenig und kurz, gerade lange genug, um den obersten Staub zu binden. Bis das erste von insgesamt vier Autos an diesem Tag vorbeiprescht, ist der braune Puder aber bereits wieder getrocknet. Der ›Bestäubung‹ von zwei armen Radlern steht nichts mehr im Wege. Freundlich winken uns die Autofahrer zu, während wir hustend zurückbleiben.

Am Abend des nächsten Tages erreichen wir die alte ›Ex.Officina Alemania‹, die ehemalige Salpetermine. Ein einziges Trümmerfeld liegt vor uns. Alles, was irgendwie beweglich war, wurde abmontiert und weggebracht. Zerstörte Bürogebäude, Mauerreste und offene Gruben mit Brühe und Altöl darin liegen hier mitten in der Wüste. Dazwischen Salpeterbrocken, zerfetzte Arbeitshandschuhe, Glassplitter, Kabel, zerbeultes Kochgeschirr und vieles mehr. Hier spielt der Wind mit einem Stück Stoff, das halb in der verkarsteten Erde steckt, dort klappert er mit einem Blech. Wo früher Menschen waren, blieben Zerstörung und Schutt. Dahinter erheben sich dunkel schroffe Berge.

Wir versuchen, uns vorzustellen, wie hier gearbeitet wurde, welche Geräusche die Maschinen machten und wie die Menschen lebten, weitab von jeder größeren Ansiedlung. Die Ruine eines Ladens berichtet vom Leben, vom Sterben die Gräber am Rande der Siedlung, deren verrostete Kreuze lange Schatten in die Wüste werfen. Elena und ich beschließen, für diese Nacht hier zu bleiben. In eine der gemauerten Hütten stellen wir unser Zelt. Ein maisgelber Mond steigt hinter den Bergen auf, und bald darauf erstreckt sich die Milchstraße in unbeschreiblicher Fülle am Firmament. Die Stille und Einsamkeit der Wüste, die Ruinen und die Gräber im fahlen Mondlicht rufen eine eigenartige Stimmung hervor. Der Kosmos zeigt uns, wie klein wir eigentlich sind.

Den ganzen nächsten Tag verbummeln wir auf dem Gelände. Ich finde viele interessante Fotomotive, repariere an den Rädern herum. Ein Ruhetag tut uns gut. Elena näht, schreibt, malt und ruht sich aus. Am Abend baue ich einen Ofen, in dem wir selbstgemachte Brotfladen backen. Wir haben uns an die Einöde gewöhnt. Obwohl wir den ganzen Tag von Sand, Steinen und Geröll umgeben sind, finden unsere Augen immer wieder interessante Farben und bemerkenswerte Formen, die sich fortwährend verändern. Einmal kommt ein PKW vorbei. Der Fahrer steigt

Das wichtigste Lebensmittel, besonders in der Wüste, ist Wasser. Unseres kochte leider öfter…

aus, um sich nach uns zu erkundigen. Als er hört, daß wir aus Deutschland kommen, ist er ganz aus dem Häuschen. Sein Bruder sei in Deutschland, und die Deutschen würden in der ganzen Welt bewundert wegen ihrer Technik und Präzision. Er versorgt uns mit Trinkwasser und fährt weiter.

In den nächsten Tagen nutzen wir jede Gelegenheit, unsere Wasserflaschen zu füllen. Mal schnorren wir einen LKW-Fahrer an, mal finden wir eine Copec-Tankstelle oder eine Posada. Im Durchschnitt karren wir oft 10 l Wasser mit uns herum. Heute schenkte uns ein LKW-Fahrer ein paar Avokados. Auf Brot mit Pfeffer und Salz, bei Kerzenlicht und dem Kreuz des Südens über uns – einfach nur toll!

Antofagasta liegt am Pazifik. 15 km geht es steil bergab in die Stadt. Zu bremsen war diesmal nicht nötig. Der extrem starke Gegenwind schob uns fast rückwärts den Berg hoch. Unterwegs begegnen wir zufällig wieder Ricardo, der gerade von der Kupfermine zurück ins Büro will. Begeistert lädt er uns erneut zu sich ein. Von der Höhe haben wir einen schönen Blick auf das blaue Meer. Leider auch auf die weißen Schaumteppiche, denn Antofagasta ist das industrielle Zentrum der gleichnamigen Region. 200.000 Menschen leben hier. Im Hafen wird Salpeter aus der ›Officina Maria Elena‹, die 200 km nördlich liegt, verladen, und Kupfer aus den umliegenden Minen. Das rote Gold kommt aus einer Schmelze kurz vor der Stadt und vor allem aus der größten Kupfermine der Welt in Chuquicamata, dem Riesenloch in der Atacama-Wüste. Wir fragen einen Tankstellenbesitzer, in welche Richtung die Meeresströmung geht.

»Die Meeresströmung geht nicht weg. Solange ich hier lebe, ist sie jedenfalls noch nie weggegangen«, ist seine Antwort. Na denn!

Nicht nur dem Salpeter verdankt die Stadt ihre ursprüngliche Existenz. Silber aus bolivianischen Minen wurde vor und nach der Jahrhundertwende in Antofagasta geschmolzen und verschifft.

Die Ruinen der alten Silberschmelze Huanchaca passieren wir gleich zu Anfang. Auf der Avenida Batmaceda, der Promenade am Meer entlang, wiegen sich Palmen und bunt blühende Büsche im Wind. Der Strand ist weniger schön. Berge von angeschwemmten Seeanemonen faulen stinkend vor sich hin. Von den Felsen im Sand strömt übler Geruch her, Glas und Abfälle liegen überall herum. Rohre ragen aus der Kaimauer und entlassen undefinierbare Flüssigkeiten. Ein besonders dickes führt 300 m ins Meer hinaus – Antofagastas Abwasserentsorgung. Kinder und Erwachsene tummeln sich auf den Steinen im Wasser, manche schnorcheln begeistert.

Unser Plan sieht vor, daß wir uns ein günstiges Hotel suchen und dann Ricardo anrufen. Es kommt aber ganz anders. Gemütlich steuern Elena und ich unsere Stahlrösser die Straße entlang in Richtung Innenstadt. Plötzlich ragen von rechts direkt vor mir zwei Hände zwischen den parkenden Autos hervor, in jeder eine Flasche Bier: Ricardo und sein Freund und Kollege Enno! Wir stehen direkt vor Ricardos Ingenieurbüro. Was für eine Begrüßung!

Neben dem Büro wohnen weitere Freunde Ricardos, die gleich erscheinen und unsere dicken Bikes in ihren kleinen Hof schieben. Die Chilenin Celia und Manuele, ihr italienischer Mann, haben einige Jahre in Konstanz an der Schweizer Grenze gearbeitet und übernehmen gerne die Rolle der Dolmetscher. Auf unsere Bitte, uns ein günstiges Hotel zu nennen, ernten wir Entrüstung.

»No, no, no, Sie musse komme zu uns. Wir habe viel Platze zum Slafen!«

Ricardo schaltet sich auf spanisch ein: »Sie kommen zu mir. Meine Frau ist mit den Kindern verreist, die ganze Wohnung ist leer, und ich bin dauernd unterwegs.«

Unsere Köpfe schwenken zwischen den beiden Parteien hin und her wie beim Tennis-Open. Wir wollten doch eigentlich nur ein Hotel, aber das ist natürlich noch viel besser. Entschlossen greift sich Ricardo eine unserer Satteltaschen und trägt sie zu seinem Auto. Die Räder stellen wir bei Celia und Manuele ab und trinken dort erstmal Kaffee, derweil Ricardo im Büro arbeitet. Celia ist Fernseh- und Pressejournalistin. Außerdem ist sie aktiv im Umwelt- und Kinderschutz tätig. Momentan arbeitet sie an einem Artikel für die große Zeitung ›La Estrella del Norte‹, der Nordstern, und ruft gleich dort an. Kurze Zeit später erscheinen zwei ihrer Kolleginnen, um uns zu interviewen und zu fotografieren, dann erscheint ein Reporter des Fernsehsenders ›TeleNorte‹, um uns auf der Straße mit den Rädern zu filmen und zu interviewen. Am selben Abend noch wird unser Bericht in den Nachrichten ausgestrahlt.

Celia erzählt, daß sie während der Pinochet-Regierung nach Deutschland geflüchtet war und als Spanischlehrerin an der Volkshochschule gearbeitet hat. Damals lernte sie ihren Mann

Manuele kennen. In Abwesenheit wurde sie in Chile währenddessen vom Pinochet-Regime wegen ihrer aufrührerischen Artikel zum Tode verurteilt. Sie erzählt, daß es ein Gefängnis gibt, in dem etwa zehn der damaligen Generäle sitzen. Der 85jährige Ex-Diktator Augusto Pinochet hat sich unter anderem in der Zeit von 1973 bis 1998 vieler Menschenrechtsverletzungen, Folterungen und Verschleppungen mehrerer hundert spanischer Staatsangehöriger in Chile schuldig gemacht. Er stand lange nach seiner aktiven Zeit noch dem Militär vor. Anlässlich seines Klinikaufenthaltes in England wurde er 1998 dort aufgrund eines spanischen Ersuchens inhaftiert, aber nach vielen öffentlichen Debatten letztlich doch der chilenischen Regierung übergeben. Verschiedene Ärzte und Gutachter haben ihm aus gesundheitlichen Gründen die Haftunfähigkeit attestiert. Neben zwei Schlaganfällen leidet er an Herz- und Nierenproblemen.

Das Verständnis von Demokratie und Gerechtigkeit hat sich im heutigen modernen Chile positiv gewandelt. Und auch wenn sich Pinochet nach wie vor einer relativ zahlreichen Anhängerschaft erfreut, hat das Land insgesamt doch begonnen, seine Vergangenheit aufzuarbeiten und ist im Wandel begriffen.

Ricardo läutet an der Tür – Zeit zum Essengehen und zu einem Besuch in der Mine, in der er arbeitet. In einem Restaurant am Stadtrand lernen wir uns erstmal gegenseitig etwas kennen. Ricardos Frau ist Englischlehrerin und zur Zeit in Santiago de Chile auf einem Lehrgang, die beiden Kinder sind bei den Großeltern. Nach dem Essen bringt uns Ricardo in seine Wohnung, wo wir das Zimmer seines Sohnes beziehen.

Elena:
Zuerst schlägt der Kaffee in der Tasse leichte Vibrationswellen, dann zittert der Fußboden. Als nächstes tanzt der Kühlschrank Samba, die Tassen im Schrank klirren, der Herd klappert. Erdbeben – und wir im 5. Stock eines Wohnblocks! Ich rase ins Kin-

derzimmer, schnappe die wichtigste Tasche und will zur Tür rausflitzen, als mich Ricardo lachend zurückhält.

»No problem«, meint er seelenruhig, »letztes Jahr ging das fünf Minuten lang so. Da, die Risse in den Wänden aller Häuser stammen daher. Damals sind sogar die großen Wassertanks auf den Flachdächern übergeschwappt. Der große Wasserfleck an der Wand ist davon. Die Bilder fielen von den Wänden, und seitdem schließt keine Schranktür mehr richtig. Erdbeben gehören zu dieser Region.«

Na servus, das sind ja schöne Aussichten. Ricardo drückt Peter den Hausschlüssel in die Hand, sagt, daß wir einfach alles benutzen sollen, was wir brauchen und geht zurück ins Büro.

»Wenn du mir sagst, wann du heimkommst, koche ich dir was zu essen«, kann ich ihm gerade noch hinterherrufen.

»Vergiß es, es wird wohl spät werden. Ciao«, kommt es aus dem Treppenhaus zurück.

Doch als wir gegen Abend beim Essen sitzen, kommt Ricardo reingeschneit und erzählt aus seinem Leben. Trotz des Mischmaschs aus Spanisch, Italienisch und Englisch verstehen wir uns prima.

»Ach, und übrigens«, fügt er noch hinzu, »morgen um 10 Uhr müßt ihr im Fernsehstudio TeleNorte sein. Ihr habt eine Talkshow mit Celia. Manuele fährt euch hin.«

Peter und ich sehen uns verblüfft an. So eine geballte Ladung von Gastfreundschaft hat uns schon lange nicht mehr getroffen. Es ist fast unglaublich, wieviel Freundlichkeit und Vertrauen diese Leute uns wildfremden Globetrottern entgegenbringen. Wir freuen uns natürlich darüber, aber wie können wir uns revanchieren? Ricardo will nicht, daß wir etwas kaufen, und ein Geldangebot würde ihn nur beleidigen. Er bittet lediglich um Prospekte deutscher Firmen für sein Unternehmen, wenn wir wieder zu Hause sind in Deutschland. Das ist eine unserer leichtesten Übungen. Am folgenden Morgen treffen wir uns mit Celia und Manuele zur Fernsehübertragung, die gleichzeitig live ausgestrahlt wird.

Ein Ausflug mit Ricardo führt uns zu ›La Portada‹, einem natürlichen Felsentor im Meer hinter Antofagasta. Wegen der vielen Erdbeben hat es einen Erdrutsch an dieser Stelle der Steilküste gegeben. Auf vielen Schildern wird freundlich darum gebeten, nicht an den Strand runterzugehen, weil es sehr gefährlich ist und um die Natur vor weiteren Erdrutschen zu schützen. Hinter uns hält ein Reisebus mit hauptsächlich deutschen Touristen. Viele tragen weiße T-Shirts mit Öko-Aufdrucken – und klettern prompt zusammen unter der Absperrung durch und über den Erdrutsch runter zum Strand. Ricardo bittet mich, die Touristen auf Deutsch vor der Gefahr zu warnen. Erst vor ein paar Tagen sei ein Junge unter Steinen verschüttet worden. Aber die Deutschen lachen mich nur aus und marschieren weiter.

Mit Ricardo und Enno fahren wir im Jeep in die Wüste zum Salzsee beim Atacama-Vulkan und zu den bizarren, dicht stehenden Felsformationen im ›Tal der Dinosaurier‹. In den Anden gibt es noch 100 Vulkane. 40 davon sind bis heute noch aktiv. Durch das ›Tal der Geduld‹, eine riesige, platte Sandfläche, erreichen wir pittoreske Quarzfelsformationen mit hochhausgroßen Sanddünen dazwischen. Seit den Bildern, die die Satelliten von der Mondoberfläche zur Erde funkten, haben wir eine Vorstellung davon, wie es dort oben aussieht. Das ›Valle de la Luna‹, das Mondtal, trägt seinen Namen zurecht. Ich denke an den US-Astronauten Neil Armstrong und versuche mir vorzustellen, wie er sich fühlte, als er 1969 als erster Mensch den Mond betrat. Scharf umrissene Gebilde aus Salz und zusammengebackenem Sand zeichnen sich gegen den blauen Himmel ab. Gebirge, Höhlen und Schluchten erstrecken sich über eine große Fläche. Das eigentliche Tal aber mißt nur etwa 500 m im Durchmesser. Vor der Mondlandung sollen die Astronauten hier den Ernstfall geübt haben.

Im Sonnenlicht glänzen die Salzkristalle. Manche sind reiskorngroß, andere so dick wie Glasbausteine. Hier, wo wir so leichtfüßig gehen, sind vermutlich schon tonnenschwere Saurier herumgetrampelt. In den Schluchten hat man versteinerte Eier der Urviecher gefunden. Die Atacama-Wüste bildet heute eine natürliche Grenze des Lebens, die nur oben im Hochland Feuchtigkeit durch Nebel erhält.

Wir besuchen ›Miss Chile‹ im kleinen Indiodörfchen San Pedro. Sie ist braungebrannt, hat lange, schwarze Haare – und ist tot. Die Indiofrau starb vor 1.200 Jahren. Bei ihrem Tod war sie etwa 25 Jahre alt und gehörte zum Stamm der ›Kunza‹-Indianer. Anhand der ledrigen, mumifizierten Hautreste in ihrem gut erhaltenen Gesicht läßt sich vage eine Schönheit erahnen, weswegen sie zu ihrem Titel kam. Als ›Miss Chile‹ wird sie nun im Museum ausgestellt im malerischen San Pedro bei den hohen Vulkanen.

Hinter San Pedro, mitten im heißen Wüstensand, fragt Ricardo plötzlich, ob wir Lust haben zu schwimmen. Er lacht, als er unsere fassungslosen Gesichter sieht.

»Dort hinter den Dünen haben sich die Einwohner von San Pedro ein Schwimmbad gebaut. Kommt, ihr werdet ja sehen!«

Tatsächlich – mitten in der Wüste tummeln sich Hunderte von Kindern und Erwachsenen um ein großes Schwimmbassin herum. Es wird gezeltet, gegrillt, getanzt und in lauwarmem Wasser gebadet. Eisverkäufer marschieren herum, ein Lama wartet auf zahlende Fütterer, Kinder spielen Räuber und Gendarm zwischen den Sandhügeln.

Am Abend setzen uns Ricardo und Enno vor einem kleinen Hotel in Calama ab. Es ist Sonntag, die beiden müssen morgen früh wieder im Büro sein. Wir aber wollen das weltgrößte Kupferbergwerk ›Chuquicamata‹ besichtigen, 3.000 m über dem Meeresspiegel.

Um 7 Uhr früh ist es noch ziemlich kühl. Mit einem Sammeltaxi fahren wir nach Chuquicamata und melden uns für 1.000

Ein traumhafter Zeltplatz, weitab jeglicher Zivilisation am Rande der chilenischen Wüste.

Pesos pro Person, etwa 4 DM, im Besucherbüro des Werks für eine Besichtigungstour an. Bis zum Start der Rundfahrt wird ein Videofilm auf spanisch vorgeführt, in dem der Arbeitsablauf im Bergwerk erklärt wird. Dann fährt uns ein Bus durch das Gelände zur Grube.

Man muß es mit eigenen Augen gesehen haben, sonst glaubt man es nicht. In einem riesigen Erdloch kratzen Bagger tief unten das kupfererzhaltige Gestein aus der Wand, winzig kleine Muldenkipper fahren aus der Grube auf der Serpentinenstraße immer höher. Mit jeder Umrundung sind sie ein Stück größer geworden. Endlich oben angelangt, stehen Ungetüme von 10 m Höhe vor uns. 3 m Durchmesser haben allein schon die Räder. Bei jeder Fuhre liegen ca. 170 Tonnen Gestein in der Mulde. Gearbeitet wird in drei Schichten rund um die Uhr.
An einer anderen Stelle raucht und brodelt es. Rotglühendes,

flüssiges Kupfer wird in spezielle Formen gegossen. Später werden Profile oder Bleche daraus gemacht. Mit dem Umweltschutz ist es nicht so weit her in der Kupfermine. Schwefeldioxyd und Arsen verpesten die Luft. Der Tourbegleiter meint allerdings, daß das Nutzwasser nach dem Filtern sauberer sei als vorher.

Mit einem Reisebus fahren wir nach der Bergwerks-Tour zurück nach Antofagasta, wo unsere Räder stehen. Nach einer erneuten telefonischen Live-Reportage für den Radio-Sender SWF 3 verabschieden wir uns von unseren neuen Freunden. Ricardo will uns in Deutschland besuchen kommen, wenn wir wieder zu Hause sind. Peter neckt ihn und erklärt, daß die deutschen Grenzer aber mit Ausländern eine Jodelprüfung vornehmen. Bis zu seinem Besuch sollte er also einigermaßen jodeln können. Lachend fängt Ricardo schon mal mit Üben an. Mit Celia und Manuele wollen wir uns später in La Tirana treffen. In dem geschichtsträchtigen Dörfchen mitten in der Wüste haben sie ein kleines Ferienhäuschen gebaut. Es liegt fast auf unserem Weg nach Peru, und so versprechen wir, sie nochmals kurz zu besuchen.

Peter:
Langsam trotteln wir zur Stadt hinaus. Am Armenviertel von Antofagasta vorbei geht es wieder einmal raus in die einsame Wüste. Der Abschied fällt schwer. So manches interessante und gute Gespräch mit Ricardo, Enno, Celia und Manuele liegt hinter uns.

Die Straße leitet uns durch die Extreme. Links rauscht das tiefblaue Meer, rechts erstreckt sich die beige Sandwüste bis zur ›Cordillera de Los Andes‹, hinter der Bolivien liegt.

Gezeltet wird in den folgenden Nächten natürlich am Meer. Die Mahlzeiten klauben wir von den Felsen im Wasser. Muscheln und 10 cm lange Seeschnecken sitzen dicht an dicht auf den Steinen, feuerrote Krebse bringen sich seitswärts rennend schnell noch in Sicherheit. Chile liegt an einer der fischreichsten

Küsten der Welt. Aber immer häufiger kaufen die reichen Industrieländer den armen Ländern die Fischereirechte ab. Wenn dann noch ›El Niño‹ kommt, das alle paar Jahre zur Weihnachtszeit auftretende Schlechtwetter-Phänomen, das nach dem Christuskind benannt wurde, gibt es kaum noch Fische und Vögel im Land, weil das Wasser zu warm wird. Das wegen der über 4.000 in einem halben Liter Wasser lebenden Mikroorganismen stets etwas trübe Meer wird durch den kalten Humboldt-Strom normalerweise nie wärmer als etwa 12° C.

Während ich einen Steinofen baue, knetet Elena in einer Plastiktüte das mitgebrachte Mehl mit dem salzigen Meerwasser und etwas Trinkwasser aus den Flaschen zu einem Brotteig. Die Teigfladen werden auf einem quergelegten, flachen Stein über dem offenen Feuer gebacken. Als sich die ersten Sterne zeigen, weht ein Duft von frischem, selbstgebackenem Brot und mit Knoblauch angebratenen Muscheln über den Strand.

Jetzt sind wir schon fast zwei Jahre auf Achse, und ich staune immer wieder, unter welch widrigen Umständen Elena die leckersten Gerichte zaubert. Da droht der Topf vom Kocher zu kippen, oder der ganze Kocher mitsamt dem gefüllten Topf will sich im weichen Sand zur Seite legen. Auch mit der Flamme gibt es manchmal Probleme. Entweder sie feuert zu stark, dann dreht man sie runter. Jetzt brennt sie zu schwach, weil der Druck inzwischen nachgelassen hat. Oder sie geht ganz aus. Trotzdem ist der Benzinkocher praktisch, weil man überall leicht an Sprit kommt. Ohne rußige Hände und Benzingeruch geht es allerdings selten ab. Bequemer wäre ein Gaskocher, doch die sperrigen Kartuschen findet man nicht so häufig. Zur Not kann man den Kocher auch mit Petroleum, Diesel oder sogar Whisky füllen.

Tocopilla hat 25.000 Einwohner. Auch hier geben die nahe gelegene Mine und der Hafen Brot und Arbeit. Im Schweiße unseres Angesichts schieben wir die Räder zur Stadt hinaus, eine steile Anhöhe hoch. Dann kurven wir zwischen Spitzkehren und Felsen herum. Die Fahrt geht in leichtem Gefälle zurück zur Panamericana, vorbei an der noch aktiven Salpetermine ›Maria Elena‹. Ein starker Südwind drückt von rechts und schleudert uns Staub in die Augen. Mit offenem Mund sehen wir einem LKW nach, auf dessen Heckklappe ein zerfließendes Speiseeis gemalt ist. Das wär' jetzt das Richtige! Weit und breit ist nichts außer Sand, Straße und Felsen zu sehen. Weiter geht's, nur nicht stehenbleiben. Bald sind wir auf der Panamericana und haben dann den Wind im Rücken. Das ist doch auch was!

Seitlich der großen Straße ist der Sand wie ein gepflügter Acker aufgeworfen und verkarstet. Wir fahren durch einen ausgetrockneten Salzsee. Mit dem Zelten wird es heute wohl ein Problem geben, weil es weit und breit kein glattes Stück Boden gibt. Es wird dunkel, dunkler, dann ist es endgültig Nacht. Das Licht unserer Scheinwerfer verschluckt der schwarze Asphalt, der Lichtstrahl der Taschenlampe verliert sich im Nichts. Neben uns knackt, knirscht und wimmert es.

Ich weiß, daß es das Salz unter der Einwirkung der Nachtfeuchte ist, dennoch ist es unheimlich. Weit und breit ist kein Auto zu sehen. Wir sind ganz allein in der Wüste. Einige Kilometer weiter finden wir dann doch noch einen Platz für die Nacht. Auf Urwaldboden stand das Zelt schon, auf blühenden Wiesen, in Bananenplantagen, auf thailändischen Friedhöfen – warum heute nicht mal auf Salz! Bis wir bei Kerzenlicht endlich ins Zelt kriechen, ist die Geisterstunde schon lange vorüber. Erschöpft sinken wir ins Traumland.

Äußerst stachlige Gesellen passieren Elena und ich am nächsten Tag. Die Bäume der kleinen Waldinseln am Straßenrand sind über und über mit respektablen Dornen besetzt. Hier soll ein Naturschutzgebiet entstehen. Die Chilenen versuchen eine teilweise Wiederaufforstung mit tiefwurzelnden Bäumen, die das

Grundwasser erreichen. Wir sind beide sehr müde, die Nacht war kurz. Die Sonne drückt aufs Haupt, die Landschaft wirkt einschläfernd langweilig. Öde zieht sich der ›Salar de Pintados‹ durch die Wüste. ›Tal der Traurigkeit‹ könnte man es auch nennen.

Bevor wir das Feriendomizil von Celia und Manuele aufsuchen, müssen wir uns erst etwas ausruhen. Im Schatten einiger Bäume schläft Elena, während ich den Ameisen zusehe. Die Gelegenheit ist gut, um eine Sonnenuhr zu bauen. Schon zu Hause haben wir uns mit einigen Überlebenstricks und einfachen, praktischen Hilfsmaßnahmen aus der Schatzkiste von ›Sir Vival Rüdiger Nehberg‹ vertraut gemacht. Feuermachen ohne Streichhölzer und Feuerzeug auf nassem Boden haben wir im Winter vor unserem Weltreise-Start im Schwarzwald geübt. Gegen 15 Uhr rappelt Elena sich auf, wir radeln nach La Tirana. Das 400 Seelen zählende Dörfchen liegt noch im mittäglichen Schlaf. Siestazeit. Erst am Abend wird es hier auf dem Kirchplatz lebendig. Zentraler und wichtigster Punkt ist die Kirche, die der ›Virgin del Carmen‹ geweiht ist.

Man schreibt das Jahr 1535. Das Reich der Inkas in Peru ist von den Spaniern bereits zerstört worden. Diego de Almagro zieht mit seiner Mörderbande in Nordchile ein, das Schwert in der einen, das Kreuz in der anderen Hand. Es ist vor allem die Gier nach Gold, die die Spanier vorantreibt. Die Tochter des Indio-Prinzen Huillac Ñusta, Carmen, separiert sich mit einigen Anhängern und herrscht vier lange Jahre tyrannisch über die Einwohner der Gegend. So entstand der Name des Ortes, ›La Tirana‹, die Tyrannin. Während ihrer Herrscherzeit wurde Carmen von ihren Sklaven ein portugiesischer Gefangener namens Almeyda gebracht, in den sie sich ziemlich spontan verliebte. Der Ältestenrat beschloß, den portugiesischen Eindringling zu töten, aber Carmen verzögerte das Urteil, indem sie vorgab, die Sterne vorher befragen zu müssen. Nach einer Weile teilte sie dem

Volk mit, die Sterne hätten gesagt, daß mit der Hinrichtung des Gefangenen noch vier Monde gewartet werden muß. Es galt, die Zeit zu nutzen.

Carmen liebte Almeyda, aber sie war sehr herrschsüchtig und wollte, daß er sich ihr unterwarf. Vor lauter Verliebtheit in den portugiesischen Gefangenen vernachlässigte die Tyrannin die Amtsgeschäfte, ihre Untergebenen gewannen die Oberhand. Der Missionar aus Portugal überzeugte die Indianerin nicht nur von seinen Qualitäten, sondern auch vom Christentum. Im nahen Wald ließ Carmen sich von Almeyda an einer Quelle taufen, um sich mit ihm vermählen zu können. Das war wohl etwas leichtsinnig von den beiden. Es kam, wie es kommen mußte. Die Sklaven Carmens bekamen Wind von ihrem Treffen, schlichen sich hinterrücks an die Quelle – und töteten das Liebespaar mit originalen Inkapfeilen. Im Sterben wünschte sich die abtrünnige Carmen ein christliches Grab mit einem Kreuz und allem Drum und Dran. Und genau auf der Stelle, wo ihr Grab dann war, steht heute noch die alte, malerische Kirche von La Tirana, draußen am Dorfrand, wo der Wind über die trockene Sandfläche pfeift, und wo früher ein dichter Wald war. Und so mancher will die Tyrannin in Vollmondnächten herumirren gesehen haben, hier draußen am anderen Ende der Welt.

Die katholische Kirche fügte dieser Legende später noch den Marienglauben hinzu. Maria und Carmen vermischen sich in einer Person. Für uns ist das schwer nachvollziehbar, aber man wollte wohl den heidnischen Indioglauben ›zurechtbiegen‹. Jedenfalls kommen alljährlich Tausende von Indios aus den Bergen von Peru, aus Bolivien und Chile hierher, um Carmen-Maria zu huldigen. Am 16. Juli finden in den zehn Längs- und vier Querstraßen farbenfrohe Umzüge und Prozessionen statt.

Weihnachten ist gerade erst vorbei. In der neu gebauten kleinen Kirche neben der alten ist noch eine Miniatur-Andenlandschaft aufgebaut. Davor eine Krippe mit dem Jesuskind, der schwarzhaarigen Maria und Josef. Im Hintergrund kommen gerade kleine Bolivianer von den Bergen herunter, die eine Herde Guanachos vor sich hertreiben. Kuh, Esel, Ochs und Schaf stehen vor dem Stall und gucken. Um das Ganze etwas moderner zu gestalten, hat jemand noch einen knallroten Plastikporsche dazugestellt.

In der kleinen Kneipe am Kirchplatz bestellen wir uns erstmal was zu trinken. Es ist Siestazeit, da wollen wir Celia und Manuele nicht beim Mittagsschlaf stören. Kaum haben wir uns hingesetzt, kommt sie jedoch bereits zur Tür herein. Einer der Nachbarn hat uns entdeckt und Celia und Manuele sofort von unserer Ankunft informiert. Peki, der kleine Pekinese, hechelt aufgeregt um uns herum, während wir alle zusammen zu ihrem kleinen Ferienhaus gehen, das Manuele in Eigenarbeit nach Augenmaß gerade baut. Im Nu steht unser Zelt im kleinen Innenhof, und wir sitzen mit Celia, Manuele und deren Nachbarn und Freunden im Kreis um einen großen Tisch. Es wird gegessen, erzählt und bis in die Nacht hinein Gitarre gespielt und gesungen. Um alle herum balgen sich vergnügte Hunde der verschiedensten Rassen, die allesamt zugelaufen sind.

Am Tag danach lädt uns Manuele zum Spaziergang durchs Dorf ein. Beim Gang über den Friedhof begegnet uns Wundersames. Über den eigentlichen Gräbern stehen kleine Häuschen mit einem Raum darin. Durch die meist offenen Türen sieht man die Bilder der Toten, umrahmt von Kerzen und Blumen. Bunte Gardinen an den kleinen Fenstern und Spielzeug auf den Kindergräbern verstärken den freundlichen Eindruck. Einige der neu ausbetonierten Grabschächte sind offen. In den eingelassenen Nischen sieht man braune Holzsärge stehen. Alle Gruften sind von kleinen Gartenzäunen umfaßt.

Niemand außer uns befindet sich auf dem Gottesacker, und doch trägt der Wind immer wieder eine feine, dünne Melodie zwischen den Gräbern hindurch zu uns herüber. Wir folgen der geheimnisvollen Musik bis zu einem Grab, auf dem eine bunte Geburtstagskarte liegt. Der Wind öffnet die Karte immer wieder, aus der von einem kleinen Band die Melodie ›Happy Birthday‹ ertönt. So wird hier der Geburtstag der Toten gefeiert.

Eine junge Frau kommt uns auf dem Friedhof entgegen. Vor einem der Gräber bleibt sie stehen und zündet zwei Zigaretten an. Sie setzt sich an den Rand des Grabes, steckt eine der brennenden Zigaretten zwischen die Umfassungssteine und raucht die andere selbst, während sie versonnen zusieht, wie der Wind um die Gräber spielt.

»Der Tote war Priester und ein guter Freund von mir«, erzählt sie, »er hat immer gerne geraucht. So komme ich halt nach seinem Tod immer wieder hierher, um mit ihm eine Zigarette zu rauchen und Zwiesprache zu halten.«

Die Räder lassen wir bei Celia und Manuele stehen. Mit dem örtlichen Bus machen wir einen kleinen Abstecher nach Pica. Dort gibt es eine Thermalquelle, in deren warmem Wasser viele Menschen dichtgedrängt baden. In dem Touristenort kann man Souvenirs kaufen und für 200 Pesos ein zierlich guckendes, schneeweißes Lamababy fotografieren. Eigentlich haben wir vor, abends wieder mit dem Bus zurückzufahren nach La Tirana.

»Zwischen 17 und 18 Uhr fahre ich wieder zurück, vielleicht auch etwas später. Chilenische Zeit eben…«, meinte der Busfahrer, um gleich eventuellen Beschwerden wegen Verspätungen vorzubeugen. So halten wir am Nachmittag den Daumen in den Wind und fahren mit einem breit lachenden Gemüsehändler zurück.

Celia weint am nächsten Tag, als wir uns von ihr und Manuele verabschieden. Auch uns fällt der Abschied von den Leuten mit den großen Herzen nicht leicht. Wir fühlen uns bei ihnen zu Hause. Alles ist hier so unkompliziert und herzlich.

Elena:
»Hast du denn keine Angst, mit Peter nachts allein in der Wüste zu zelten? Was ist, wenn euch etwas zustößt? Niemand wird euch finden und helfen können!«

Celia macht sich große Sorgen um uns.

Aber mit Peter an meiner Seite habe ich keine Angst. Er ist sehr verantwortungsbewußt und geht nicht unüberlegt ein Risiko ein. Obwohl der Abschied schwer fällt, bin ich doch auch wieder gerne mit Peter auf Tour und radle neuen Erlebnissen entgegen. Herzklopfen, immer wieder schönes Herzklopfen. Während einer Rast sitze ich neben dem Rad und lasse den heißen Sand durch die Finger rieseln. Dabei denke ich an das alte Lied ›El condor pasa‹ und seinen Ursprung.

Im 18. Jahrhundert leitete der Inka-Häuptling Tupac Amaru den Aufstand gegen die spanischen Besatzer, der von letzteren blutig niedergeschlagen wurde. Tupac Amaru geriet in Gefangenschaft, wurde aber gegen das Versprechen, den Spaniern das versteckte Inkagold zu geben, freigelassen. Kaum hatte er es ihnen absprachegemäß überbracht, metzelten sie den beliebten Inkaführer nieder, der von seinen Untertanen Condor genannt wurde, nach dem großen, mächtigen Vogel. Der Condor flog weg.

Tupamaros nennt sich heute auch eine peruanische Guerrillaorganisation, die im sozialistischen Sinne gegen die Herrschenden kämpft.

Die Uruguayer nannten die Argentinier arrogant, die Brasilianer trauten den Uruguayern nicht über den Weg. Die Argentinier warnten uns vor den Chilenen, die Chilenen raten uns ab, die Spitzbuben in Peru zu besuchen und wundern sich, daß wir die Strecke durch Argentinien lebend überstanden haben. Mit bedeutungsschwer heruntergezogenen Mundwinkeln und mahnender Handbewegung raten sie uns zu größter Vorsicht. Mal sehen, vor wem uns die Peruaner warnen und ob sie nicht doch ein gastfreundliches Volk sind, hauptsächlich ehrlich und herzlich wie all die anderen auch.

Fremdenfeindlichkeit ist wohl nicht allein ein deutsches Problem. Wir finden das Herdenbewußtsein leider in jedem Land auf unserer langen Reise.

Peter:
Unterwegs sehen wir im Abgrund tief unter der Straße viele verunglückte LKWs. Die Fahrer sitzen bis zu 20 Stunden durchgehend am Steuer. Allein, durch meist monotone Landschaft, fahren sie bis zur absoluten Erschöpfung. Völlig übermüdet schaffen sie dann oft nicht mehr die Kurven durch die Berge. Entlang der Straße liegen viele Limonadenflaschen – gefüllt mit Urin. Die Fahrer nehmen sich nicht mal die Zeit zum Pinkeln…

»Früher habe ich nicht an sowas geglaubt. Aber ich habe es vor einem halben Jahr selbst gesehen. Es war so lang wie mein LKW und extrem hell.«

Wir sitzen in der ›Pampa de Camarones‹, einer Fernfahrerkneipe, und unterhalten uns mit Moises, dem Trucker, über die Geoglyphen der alten Inkas und UFOs. Unterwegs kamen wir an einem Hochplateau vorbei, vor dem sogar ein offizielles Regierungsschild darauf hinwies, daß hier ein UFO-Landeplatz sei.

»Schon zweimal habe ich sie gesehen in dieser Gegend«, berichtet der Fernfahrer. »Jedesmal war es nachts, wenn ich mit dem Truck durch die Wüste fuhr. Ich weiß sicher, daß es kein Flugzeug war. Es war völlig geräuschlos, hatte die Form einer Zigarre und war unglaublich hell. In hohem Tempo raste es über den Nachthimmel. Ich bin nicht der Einzige, der hier ein UFO gesehen hat. Und es ist mir nicht wichtig, ob das jemand glaubt. Ich weiß, daß es Außerirdische gibt!«

Der Mann macht nicht den Eindruck eines Aufschneiders. Ernst und ruhig erzählt er von seinem Erlebnis und berichtet weiter, daß vor etwa 10 Jahren ein UFO am hellichten Tag tief über Arica geflogen sei. Alle Zeitungen hätten damals darüber berichtet. Wir staunen und kramen in unseren Köpfen alles zusammen, was wir je von solchen Erscheinungen gehört haben.

Die Kornkreise in England, deren Glaubwürdigkeit durch zwei geldgierige Rentner zunichte gemacht wurde, die bislang ungelüfteten Rätsel der Pyramiden in Ägypten, die überdimensionalen Linien in Nazca fallen uns ein. Wir sollten im Verlauf unserer Reise noch mehrmals mit dem Phänomen der UFO-Erscheinungen und dem Besuch von Außerirdischen in Berührung kommen.

Der Rio Camarones hat sein Bett tief in den Fels gegraben. Hinter Cuya erstreckt sich entlang des Flußlaufs eine grüne Oase. Obst und Gemüse werden hier angebaut. Hoch oben am Fels haben Indianer überdimensionale Zeichnungen eingeritzt. Während der Weiterfahrt sehen wir schon von weitem die Umrisse eines Menschen und einer Spinne. Die Menschenfigur ist etwa 20 m groß und aus einzelnen Steinbrocken gelegt. Die Abbildungen sind so groß, daß man sie nur aus größerer Entfernung als solche erkennen kann. Warum, so fragen wir uns, haben sich die Indianer diese mühselige Arbeit gemacht? Affen, Lamas und Schlangen wurden in der gleichen Art aus Felsbrocken gelegt.

Elena und ich lassen das Gepäck im Hotel in Arica und machen mit den leeren Rädern einen Abstecher in die Wüste. Auf den Berghängen finden wir weitere Figuren, die 12 m lange und 8 m breite Affen und roboterhaft wirkende Menschen darstellen. Was mögen sich die Künstler wohl dabei gedacht haben? Am nächsten Morgen mache ich für 6.000 Pesos allein einen Busausflug.

Elena bleibt im Hotel und legt einen Ruhetag ein mit Briefe- und Tagebuchschreiben, Nähen und Zeichnen. Im Morgengrauen geht es los. Vorbei an meterhohen Kandelaber-Kakteen schaukelt der Bus durch enge Spitzkehren. Höher und höher schrauben wir uns durch die Berge, bis zum Lago Chungara. Als

›kobaltblau‹ beschreibt der Reiseführer die Farbe des Sees. Mag sein. Jetzt ist das Wasser allerdings so grau wie der Himmel und der hohe Vulkan vor mir. Oben auf dessen Spitze sehe ich Schnee. Sicher ist das schön, aber die 4.500 m über dem Meeresspiegel, auf denen ich mich jetzt befinde, machen mir sehr zu schaffen. Mir ist schwindlig, jede Bewegung strengt an. Ich pumpe wie ein Maikäfer vor dem Abflug. Kalt ist es noch dazu, und mir wird schlecht. Für noch extremere Fälle wie den des kleinen Mädchens, das einen Kreislaufkollaps erleidet, hat der leidgeprüfte Busfahrer bereits routinemäßig ein Sauerstoffgerät dabei. Nichts wie runter in die Tiefebene!

In Parinacota machen wir einen Zwischenstop. Ein malerisches, altes Hochandendorf, mit einer Kapelle aus dem 17. Jahrhundert. Indiofrauen verkaufen Souvenirs an die Touristen. Gegenüber grasen gleichgültig guckende Lamas. Auf der Rückfahrt springt ein silbergrauer Fuchs neben dem Bus her. Riesenhasen mit Ringelschwänzen hopsen querfeldein.

Elena:
Ich würde gerne die Osterinseln besuchen, es ist gar nicht so weit weg. In mehreren Reisebüros höre ich, daß ein Besuch der Inseln mindestens 828 US-Dollar kostet – entschieden zu viel für unsereinen, zumal man vorher erst noch nach Santiago de Chile muß. Von dort aus geht der eigentliche Flug auf die Inseln.

Arica ist ein nettes Städtchen mit einer interessanten Fußgängerzone. An mehreren Geschäften werden ›künstliche Popos‹ verkauft, zwei Halbkugeln aus graubeigem Schaumstoff, die zeigen sollen, was nicht vorhanden ist. Der Lateinamerikaner steht auf Formen. –

Den einsamen Nachmittag genieße ich auf den Felsen am Meer. Eigentlich wollte ich ja beim Leuchtturm von Arica schwimmen gehen, aber angesichts der vielen weißen Papierfetzen und des braunweißen Schaums auf dem Wasser verzichte ich dankend, zumal es entsprechend riecht. Den Leuten hier scheinen die ›biologischen Rückstände‹ der Siedlung nichts auszumachen. Fröhlich quietschend baden sie in der Kloake. Peter kommt gegen Abend zurück. Ich freue mich auf ihn, es gibt viel zu erzählen. In einem kleinen Restaurant essen wir für 800 Pesos eine klare Gemüsesuppe mit Huhn, frittierten Fisch mit Reis und drei Tomatenscheiben. Das ist das Standardessen in Arica, das man fast überall und zum gleichen Preis findet.

Die Gegend ist seit ca. 9.000 Jahren bewohnt. Viele Menschen leben vom Obst-, Gemüse- und Weinanbau im ehemaligen Flußtal. Ich wundere mich, daß die Siedler am Stadtrand ihre armseligen Hütten aus Holz gebaut haben. Hier liegen überall kostenlose Steine herum. Ein Haus aus Stein wäre stabiler, kühler und wohl auch beständiger.

Wir radeln auf der guten Straße noch einige Kilometer weiter, quer durch den goldgelben Sand, der peruanischen Grenze entgegen.

10.
Agua, agua! Oder Karneval bei den Indios

PERU (Januar – Februar 1996)

Elena:
Peter und ich stehen vor dem peruanischen Zollgebäude, je einen Vierersatz Formulare zum Ausfüllen in den Händen. Pauspapier gibt es nicht, einen Tisch zum Schreiben auch nicht. Ratsch, wird uns das gesamte Papier von einem Uniformierten aus der Hand gerissen. Zack, sind alle Fragen abgehakt und mit Künstlerschrift unterschrieben.

»O.k., o.k., o.k. Ihr könnt gehen!«

Dann zupft uns ein anderer Uniformträger am Ärmel und blickt uns beschwörend an. Mit der Rechten zeichnet er direkt vor unseren Nasen ein Kreuz in die Luft und murmelt:

»Ihr seid gesund!«

»Was macht der da?« zischt Peter durch die Zähne.

»Na, der Schalterbeamte sagte, wir müßten noch zum ›Controllo Agrario y Salud‹, um uns auf Krankheiten untersuchen zu lassen, bevor wir nach Peru einreisen dürfen. Tja, und der Meister hier ist die Gesundheitsbehörde! Er hat uns gerade gesund gesprochen.«

»So, jetzt noch zur ›Agrarbehörde‹. Wir brauchen insgesamt fünf Stempel. Drück die Daumen, daß sie uns nicht unseren Proviant abnehmen!«

»El Controllo Agrario?«

Der Gesundbeter knallt fröhlich seinen Stempel aufs Formular, deutet auf einen herbeieilenden Kollegen und meint lachend:

»Hier ist die Agrarkontrolle, und da ist das Schwein!«

Peng, ein weiteres Papier wird gestempelt und dem grinsenden Zöllner übergeben. Wir dürfen den Schlagbaum passieren und drei Monate ohne Visum im Land herumradeln. Auf Antrag auch länger.

Bis wir Tacna, die erste Stadt auf peruanischem Boden, erreichen, sind wir ziemlich ausgepowert. Es ist nicht allzu weit, aber die Gleichförmigkeit der flachen Wüstenlandschaft und die sengende Sonne über uns machen die Fahrt zur Qual. Peters Thermometer zeigt 45° C. Eine Affenhitze, bei der der Asphalt mit will und sich klebrig an die Reifen heftet. Unsere Schatten sind direkt unter uns. Bleiben wir stehen, um vom heißen, schalen Wasser aus den Plastikflaschen zu trinken, drücken sich die Reifenprofile in den weichen Teer. Die Schuhsohlen qualmen fast. Riesige Werbetafeln neben der Straße versprechen kühles Eis mit Schmelztropfen, perlende Limonade, rotierende Ventilatoren vor gepflegten Menschen. O Mann!

Die Grenzstadt war in der Vergangenheit heftig umstritten. Der letzte Zugehörigkeitswechsel zwischen Chile und Peru fand 1929 statt.

Vogelmist ist die hiesige Wohlstandsgrundlage. Draußen auf den Felsen im Meer kratzen Arbeiterkolonnen ab, was Seevögel und Pinguine so zurücklassen. In Tüten verpackt heißt das Zeug dann ›Guano‹ und bringt als Dünger gutes Geld. 10 kg produziert so ein Vogel im Jahr. Natürlich gibt es auch hier einen ›Plaza de Armas‹, den Waffenplatz, in der Stadtmitte. Nach den Plänen von Gustave Eiffel wurde hier 1872 mit dem Bau einer Kathedrale begonnen. Auch drüben auf der chilenischen Seite hat Eiffel eine Kirche gebaut, da aber aus Stahl. Der bronzene Brunnen vor Eiffels Kirche in Tacna stammt aus Belgien.

›Clever‹, wie wir nunmal sind, haben wir vergessen, die Post für Deutschland in Chile aufzugeben und sie stattdessen mit nach Peru genommen.

Als die ›Christel von der Post‹ endlich mit Verspätung ihr

Amt öffnet, stellt sie fest, daß sie keine Briefmarken hat. Letzte Woche seien aber noch welche da gewesen, beteuert sie.

»Nein, leider, die Frankiermaschine geht auch nicht, weil der, der sie bedienen kann, das Kabel übers Wochenende mit nach Hause genommen hat und bisher noch nicht eingetroffen ist. Kommen Sie etwas später wieder, dann ist er vielleicht da.«

Sprach's, drehte sich um und begann aufzuräumen. Eine Stunde später sind wir wieder da, der Mann mit dem Kabel auch. Super. Die Briefe werden frankiert. Leider hat das Frollein aber auch kein Wechselgeld und will uns schon wieder wegschicken, um Kleingeld zu holen. Peter verweist sie streng an ihre Kollegin im Hintergrund, und siehe da: Sie kann rausgeben. Zu allem Überdruß ist hier das Porto auch noch viel teurer als in Chile.

Auf der Plaza de Armas gibt es einen Tumult. Die johlende Menge steht im Kreis um zwei sich prügelnde Frauen herum. Die eine zieht die andere an den Haaren zu Boden, die wie am Spieß brüllt und um sich tritt, so gut sie kann. Begeisterte Männer feuern die Kampfhennen laut schreiend an und schließen untereinander Siegeswetten ab. Zu allseitigem Bedauern beenden drei Polizeibeamte abrupt die Schlägerei und reißen die beiden Furien auseinander. Schimpfend und murrend geht jeder seinen Weg.

In der Bank tauschen wir Dollar ein. Um die Preise besser einschätzen zu können, rechnen wir alles in DM um. Für 1 DM erhalten wir ungefähr 1,40 Soles. Auf der Suche nach einer Touristeninformation, Landkarten und Peru-Aufklebern für die Räder werden wir kreuz und quer durch das Städtchen geschickt. Ohne Erfolg; wir finden weder Karten noch Aufkleber, und das Touristenbüro scheint, wenn es überhaupt noch existiert, geschlossen zu sein. Für 15 Soles mieten wir uns in einem billigen Hotel ein und gehen erstmal essen. ›Picante al la Tacneña‹ ist die hiesige Spezialität in der Markthalle. Für 2,50 Soles steht ein Teller voll Reis, Kartoffeln, Bohnen und feingeschnittenen Kutteln in scharfer Soße vor uns. Es schmeckt sehr gut. Abends im Hotel freuen wir uns auf eine kalte Dusche.

»Sorry, hier gibt es nachts kein Wasser. Aber morgen früh ganz bestimmt!«

Bestimmt... Mit der Geschwindigkeit eines Intercity saust unsere Stimmung auf den Gefrierpunkt zu. Wir sind verschwitzt und staubig, heiße Luft steht im Zimmer. Den Toiletten sieht man an, daß es wohl schon seit mehreren Stunden kein Wasser mehr gibt. Am Morgen sitzen wir vor einer Tasse mit pelziger Milch, in die ein Löffel Kaffee gekippt wurde. Es gibt immer noch kein Wasser, unsere Stimmung ist noch da, wo sie gestern abend angelangt war. Die Haut beginnt zu jucken. Nichts wie weg hier.

Dick und sehr bunt angezogene Indios begegnen uns unterwegs. In Wollstrümpfen und mit langen Ärmeln gehen sie ernst durch die Straßen. Die meisten haben abgearbeitete Hände mit schwarzumflorten, kantig gebrochenen Fingernägeln. Wohlgenährte Hunde stromern gutgelaunt umher. Vielleicht, weil es nicht eine Katze zu geben scheint. Hier fahren viele amerikanische Autos herum mit abenteuerlich aussehenden Chauffeuren.

Chilenen und Peruaner drücken Wohlstand und Modernität gern mit auffälligen Brillen aus. Verspiegelte Gläser in dicken, silber glänzenden Rahmen unter schwarzglänzendem, pomadigem Haar verstecken verstohlene Blicke. Die meist harmlosen Gesichter erhalten so einen gefährlichen Ausdruck.

Die Ausläufer der Anden ziehen sich bis an die Küste zu den langen, menschenleeren Sandstränden hinunter und ersparen uns keinen einzigen Schweißtropfen. Bergige Wüste um uns herum. Darüber die brennende Sonne. Ab und zu steht das Zelt zwischen den zerfallenen Mauern eines Geisterhauses, dessen Bewohner den Kampf ums Überleben hier draußen längst aufgegeben haben und die langsam vom Wind zerbröselt werden. Gewaltige Sonnenuntergänge sind die Belohnung für einen harten Tag.

Peter:
Richtig interessant wird es, als wir die alte Stadt Nazca erreichen, die alte Siedlung mit den ›Lineas‹, den Scharrzeichnungen der Inkas. Der geschäftstüchtige Besitzer des ›Hostal Alegria‹ hat nicht nur für 14 Soles ein ruhiges Doppelzimmer parat, sondern vermittelt auch gleich eine kleine Rundreise zu verschiedenen Sehenswürdigkeiten sowie einen Flug über die berühmten Linien für 35 US-Dollar. Mit einem Kleinbus geht es zum Flugplatz und von dort mit einer zweimotorigen Maschine gleich in die Luft. Der Flieger steigt in den blauen Himmel auf und überfliegt auf etwa 4.500 m Höhe die Pampa um Nazca.

Das Pärchen neben mir unterhält sich per Wörterbuch. Sie ist Peruanerin, er Japaner. Jedesmal, wenn sie ein Wort in der Sprache des anderen gefunden haben, schauen sie sich verliebt in die Augen.

Erst 1939 hat der Amerikaner Paul Kosok die Linien und Figuren publik gemacht. Entdeckt wurden sie schon einige Jahre früher, doch erst seit Kosok sind sie zu Berühmtheit gelangt. Zunächst sehe ich lauter Felsen unter mir, braune Hügel und eine Ebene, die unendlich zu sein scheint. Der Pilot hat mir einen Plan in die Hand gedrückt, auf dem die verschiedenen Figuren und ihre Lage eingezeichnet sind. Gespannt schaue ich nach unten.

Hinter mir schnattert das ungleiche Paar und blättert heftig in den Konversationshilfen.

»Der Wal!« schreit der Pilot plötzlich und zeigt nach rechts.

Meine Augen müssen sich erst an die Konturen der Zeichnungen gewöhnen. Aber dann sehe ich ganz deutlich die Umrisse eines Pottwales mit Augen, Maul und Schwanz klar zu erkennen. 60 m ist die Figur lang. Wir überfliegen den Affen, der einen langen, spiralförmigen Schwanz hat und mit 90 m die Größe des Wales noch übertrifft. Es folgen zwei Hände, ein Baum, ein Kolibri, eine Spinne und ein Zeichen, das Condor genannt wird und 135 m lang ist. Insgesamt befinden sich auf einer Fläche von 525 km^2 über 20 solcher in den sandigen Boden gescharrte Zeichnungen. Eines der hervorstechendsten ist der ›Astronaut‹. Dieses Männchen mit dem runden Kopf, das auf der Schräge eines Berges liegt, hebt die rechte Hand wie zum Gruß.

Als die Raumsonde ›Pioneer‹ 1970 von der Erde abhob, um in unser Sonnensystem zu starten, hatte sie eine vergoldete Scheibe mit an Bord. Darauf sind unter anderem eine Frau und ein Mann abgebildet, der seine Hand genauso hält wie diese uralte Figur hier unten im Sand. Die Zeichnungen von Nazca kann man nur aus der Luft als solche in ihrer Symmetrie erkennen. Wer hat sich auf dieser kargen Hochebene solch eine Arbeit gemacht? Und warum? Konnten die Indianer, lange bevor die Gebrüder Wright 1902 das Flugzeug erfanden, vielleicht bereits fliegen?

Erich von Däniken versteht die ›Lineas‹ als mögliche Landebahnen von oder für außerirdische Intelligenzen, die vor langer Zeit hiergewesen sein sollen. Die deutsche Mathematikerin und Astronomin Maria Reiche hat fast ihr halbes Leben mit der Erforschung der Figuren zugebracht. Seit Jahrzehnten hat sie mit einem Besen die Linien der Inka von Flugsand befreit und der Nachwelt erhalten. Als Ergebnis ihrer Forschungen sieht sie in den seltsamen Zeichnungen in überdimensionaler Größe einen astronomischen Kalender. Zwar decken sich einige Linien mit den Gestirnen, doch wozu sollte ein Kalender nützen, den man nur aus der Luft erkennen kann? Das hätte man auch handlicher haben können.

Unterm Strich bleibt momentan nur zu sagen, daß noch niemand weiß, warum und wozu diese Linien und Figuren erstellt wurden. Wir versuchen, bei Frau Reiche in ihrem Domizil in Nazca einen Gesprächstermin zu bekommen. Aber die 94jährige hat einen Schwächeanfall erlitten und liegt im Krankenhaus in Lima. Die am 15. 5. 1903 in Dresden geborene Forscherin gründete 1976 eine Stiftung in Nazca und starb am 8. 6. 1998 in

Lima, betreut von ihrer Schwester Renate. Von der Bundesrepublik Deutschland hatte sie die Ehrendoktorwürde sowie das Bundesverdienstkreuz erhalten und bezog bis zuletzt eine Ehrenrente. Der peruanische Staat ehrte die berühmte Forscherin zu Lebzeiten mit seiner höchsten Auszeichnung, dem ›Orden der Sonne‹.

Die japanisch-peruanische Konfusion neben mir blättert immer noch im Wörterbuch, als die Maschine wieder auf dem Rollfeld aufsetzt. Mit dem kleinen Bus geht es 23 km raus aus Nazca gen Osten. In einer Senke befindet sich ein riesiges, chaotisches Gräberfeld. Menschliche Beinknochen, Rippenbögen, Wirbelsäulen, Schädel und Teile davon liegen verstreut auf dem ganzen Gelände. Dazwischen sitzen einige Mumien im Sand. Zum Teil sind noch auf der ledrigen Haut die Gesichtszüge erkennbar. Das Fleisch ist hartfaserig geworden und sieht aus wie Holz. Grobgewebte Kleidungsstücke umhüllen die sterblichen Reste. Rote, sehr lange Haare wehen von den bleichen Schädeln, auf denen teilweise die Kopfhaut noch vorhanden ist.

Einige weitere tausend Mumien werden noch unter dem Sand vermutet, die in der für die Zeit der Inkas typischen Hockstellung bestattet wurden.

Die Nazca-Kultur hatte ihre Hoch-Zeit um 100 bis 800 n. Chr. Berühmt sind die Keramik und die Malereien, die in dieser Zeit entstanden und in denen man teilweise die Figuren wiederfindet, die man vom Flugzeug aus sehen kann. Es ist Mittagszeit. Das Licht zum Fotografieren steht ungünstig, und der Busfahrer will zurück. Ich nehme mir vor, am Nachmittag nochmals allein hierherzukommen, um bei gutem Licht und in Ruhe Fotos zu machen. In Nazca gibt es ein Brüderpaar, das nach der Methode der alten Nazcaner auch heute noch Keramik herstellt. Vorbilder sind Funde, die im Museum stehen. Die Farben werden aus Naturstoffen hergestellt.

Mumie in der peruanischen Wüste bei Nazca.

Elena:
Peter ist total begeistert vom Erlebten. Im Schatten des Hotelhofes versuchen wir, eine Lösung für das Rätsel der Linien zu finden. Aber der heutige Wissensstand reicht einfach noch nicht aus. So gehen wir erstmal essen. Obwohl die peruanische Küche bestimmt viel zu bieten hat, findet man hier meistens das Gleiche: Reis, Fleisch und Tomaten. Aus der Suppenschüssel ragen mir vier abgehackte Hühnerfüße samt Krallen entgegen.

Bis spät in der Nacht herrscht reges Marktleben auf den Straßen. Bei einem Händler entdecken wir in einem Jutesack getrocknete Coca-Blätter. Für einen halben Sol bekommen wir 50 g zum Probieren. Man kaut das trockene Laub, schluckt den Sud runter und spuckt die harten Blätter letztlich wieder aus. Man kann aber auch Tee daraus machen. Vier Blätter benötigt man für eine Tasse.

»Coca hat eine leicht berauschende Wirkung. Es macht die Menschen fröhlich. Außerdem verträgt man dann die Höhenluft besser«, erklärt der Verkäufer.

Daß Coca zu den verbotenen Rauschmitteln gehört, verschweigt er. Auf uns haben die Blätter keine Wirkung.

Interessant ist das Verhalten der anderen deutschen Touristen, die wir hier treffen. Sie achten streng auf absolute Isolierung untereinander und ignorieren Landsleute. Fragt man sie, woher sie kommen, gucken sie erst erschreckt, dann abweisend. Ob sie wohl zu Hause was ausgefressen haben und jetzt auf der Flucht sind? Aber vielleicht fürchten sie auch einfach, daß man mit ihnen Kontakt suchen könnte. Die in vielen Ländern auf Separation bedachten deutschen Touristen kommen mir sehr verkrampft vor im Gegensatz zu anderen Nationen. Nur wenige scheinen untereinander zu einer lockeren Unterhaltung fähig zu sein. Schade.

Die peruanische Kellnerin fragt alle Gäste in ›Ausländer-spanisch‹, woher sie kommen und wohin sie gehen.

»Du gehen Lima heute?«

Sie erzählt, daß sie nicht gerne mit Deutschen spricht. Sie wären schwierige Gäste. Deutsche, Japaner und Nordamerikaner wären meist unter sich und anderen gegenüber ziemlich verschlossen. Am liebsten sind ihr Schweizer und Holländer.

Peter:
Die Zeichen und die Mumien beschäftigen mich sehr. Gestern habe ich mit Elena noch lange über diese sonderbaren Phänomene diskutiert. Ich muß heute nochmals los, um mir die Sache genauer anzusehen. Zwei Männer in einem PKW bieten an, mir die Gegend zu zeigen. An der Straße nach Lima steht in 25 km Entfernung der von Maria Reiche gebaute Aussichtsturm. Von dort oben kann man die ›Hände‹ und die Figur des Baumes gut sehen. Zwei Wachleute auf Motorrädern achten darauf, daß allzu Neugierige nicht über die Linien laufen, von denen Autospuren schon

mehr zerstört haben, als es der Wind und die Zeit je vermochten.

Maria Reiche begann 1932 mit dem Studium der Linien. Damals kam sie als 29jährige in die unwirtliche Steinwüste und hat sie seitdem praktisch nicht mehr verlassen. Ich sehe mir ihr Arbeitszimmer im Museum an. Die Wände hängen voller Pläne, Zeichnungen und Rekonstruktionen der ›Lineas‹, die auch uns faszinieren. Dazwischen ernste Bilder der Forscherin. Die zwei Freunde mit ihrem Privattaxi wollen mir noch mehr interessante Stationen zeigen. Bei den Feldern von Nazca führen sie mich zu Piktogrammen, wie wir sie schon in Chile sahen. Aus Felsbrocken gelegte Raster und Spiralen mit einem Durchmesser von etwa 25 m. Im weiteren Umkreis findet man Piktogramme an den Berghängen, die roboterhaft wirkende Wesen zeigen.

Niemand kann sagen, wie alt diese Zeichen sind. Von einer Anhöhe aus betrachte ich die Gebilde und lasse die Gedanken schweifen. An die Theorie von Frau Reiche, daß es sich um einen astronomischen Kalender handelt, kann ich nicht glauben. Hier hat man Zeichen gesetzt, die für jemanden bestimmt waren, der aus großer Höhe kommt und die für lange Zeit Bestand haben sollten. Das Klima ist dafür günstig. Es regnet nur wenige Minuten im Jahr. Stehen diese Figuren vielleicht in einem Zusammenhang mit den Kornkreisen, die man in den Weizenfeldern Englands entdeckt hat? Wir wissen über die Atmosphäre auf dem Mars Bescheid, doch über die Hinterlassenschaften der Nazca-Indianer wissen wir so gut wie nichts.

Am Nachmittag radle ich zum Gräberfeld raus. Im weichen Licht hocken die Mumien vor mir, die leeren Augenhöhlen zur Sonne gerichtet. Jetzt bin ich ganz allein und kann mich in Ruhe umsehen. Unter einer Baumgruppe sitzt die gut erhaltene Mumie einer Frau. Ihre Kleider lassen die grobe Webart und die Farben von damals erkennen. Die Tote ist etwa 1.500 Jahre alt. Was war sie wohl für ein Mensch? Wieviele Kinder hatte sie, welches

Weltbild existierte damals, und welches Wissen über die Linien verbarg sich unter der bleichen Schädeldecke? Der Wind spielt mit ihren langen Haaren, die die Sonne rot gefärbt hat. Aus ihren hohlen Augenhöhlen scheint die Frau mich direkt anzublicken. Die Nasenwurzel, die Wangen und Teile der Hände sind mit alter, ledrigbrauner Haut überspannt. Die Nazcaner waren Bauern. Ihre Zeit ging vor der Blütezeit der Inka-Kultur zu Ende, und heute richte ich meine hochtechnisierte Fotokamera auf ihre Mumien. – Es will bereits dunkel werden, als ich das Schädelfeld verlasse. Die Körper werfen schon lange Schatten. Bei Einbruch der Nacht erreiche ich Nazca.

In einem Bauernhof im Ort hat jemand eine Goldgrube entdeckt. Mit einfachsten Mitteln graben sich einige Männer in die Erde und fördern den Aushub eimerweise nach oben. In einer flachen Spülpfanne wird dann das gelbe Edelmetall herausgewaschen. Ein dickes Quecksilberauge schwimmt darin und bindet das Gold. Das Quecksilber wird mittels einer Flamme verdampft. Zurück bleibt der pure Goldstaub. Die Leute gehen sehr sorglos mit dem hochgiftigen Schwermetall Quecksilber um. Da versickert schon mal was im Boden, die Dämpfe gehen direkt in die Luft. Hier ist es nur ein Goldwäscher, und ich denke an das Indianerland im brasilianischen Regenwald. Dort sind es ein paar Tausend ›Garimpeiros‹, die mit Quecksilber arbeiten und die Flüsse vergiften.

Elena:
Lange bevor wir die Hauptstadt des Landes erreichen, sehen wir ihre schmutzige Dunstglocke. Darunter liegt Lima. Der Straßenverkehr ist eine Prüfung. Bis wir durch Vororte und Slums das Zentrum erreicht haben, sind wir eigentlich reif für die Insel. Gegenüber des Klosters ›San Francisco‹ nehmen wir uns ein Zimmer für 13 Soles im Hotel ›Europa‹, das für die nächsten Tage unser Domizil sein soll. Den überlauten Globetrotter-Treffpunkt im Hotel ›España‹ um die Ecke, der im Reise-

führer empfohlen wird, tun wir uns nicht an. Das schon eingespielte, übliche Programm läuft ab. Post holen bei American Express, Schecks tauschen und das Goethe-Institut besuchen. Die Stadt ist laut und schmutzig. Auf der Plaza de Armas, wie auch an vielen anderen Orten, stinkt es nach Urin. Es gibt keine öffentlichen Toiletten. Die Anwohner gehen mit indischen Räucherstäbchen dagegen an, vor den Kirchen riecht es stark nach Weihrauch. Auf der belebten Fußgängerzone reiht sich Geschäft an Geschäft. Davor bieten fliegende Händler allen möglichen Schnickschnack an. An den Kreuzungen verkaufen Leute Hundewelpen mit zum Teil noch geschlossenen Augen, direkt ab Kofferraum.

Oft sieht man asiatische Gesichtszüge. Kein Wunder, wenn man bedenkt, daß vor etwa 40.000 Jahren die heutige Beringstraße im Norden eine feste Landbrücke darstellte, über die eine Völkerwanderung aus Asien nach Lateinamerika möglich wurde. Manche Menschen haben regelrecht mongolische Gesichter. Auch die Musik erinnert oft an Asien.

Unterwegs haben wir Hella kennengelernt, die Kamerafrau aus Heidelberg, die allein mit dem Zug quer durch Ecuador und Peru gereist ist. Sie ist in Quito, der Hauptstadt Ecuadors, auf dem Weg zum bekanntesten Aussichtspunkt der Stadt, dem sogenannten ›Engel‹, von drei mit Messern bewaffneten Männern überfallen und ausgeraubt worden.

»Geht bloß nicht da hoch! Ich bin nicht die Einzige, die sowas erlebt hat. Um mich herum standen viele Leute, die gelacht haben, als die Typen mich auf den Boden warfen und ausraubten. Mit hoher Wahrscheinlichkeit werdet ihr schon auf dem Weg dorthin um euer Gepäck erleichtert.«

Hella wird morgen nach Hause fliegen und erklärt sich bereit, unsere Souvenirs mitzunehmen. Nach ihrer Arbeit bei den Olympischen Spielen in Atlanta wird sie auch die Welt bereisen. Interessiert tauschen wir unsere Reiseerfahrungen aus und beschließen, in Kontakt zu bleiben. In einer kleinen Kneipe auf der

Straße genehmigen wir uns einen Pisco sour, den erfrischenden Cocktail der Gegend.

Ich marschiere in eine große Bank, um Geld zu tauschen. Kaum sind zwei Stunden mit Schlangestehen im Geldinstitut vorbei, komme ich auch schon wieder raus zu Peter, der sich derweil bei den Rädern die Beine in den Bauch gestanden hat. Alles geht schwerfällig und langsam, die Angestellten haben kein Interesse an einer flotten Geschäftsabwicklung. Wo ist das südamerikanische Temperament?

Als wir mit dem Leiter des Goethe-Institutes in dessen Büro sitzen, umgibt uns eine erholsame Ruhe im Chaos der Großstadt. Wir vereinbaren einen Vortragstermin und geben den Redakteuren der Schülerzeitung ein Interview. Peter und ich wollen uns Cuzco und Machu Picchu ansehen hoch oben in den Anden. Für den Kurztrip per Bus nehmen wir nur einen kleinen Rucksack mit den nötigsten Sachen, die Schlafsäcke und die Fotoausrüstung mit. Peter hat genügend frische Diafilme von unserem Sponsor lm-electronic in Deutschland geschickt bekommen, das Tonbandgerät ist mit neuen Batterien versehen. Für die späteren Diavorträge wollen wir interessante Originalgeräusche einfangen.

Im Busterminal herrscht am Nachmittag reger Betrieb. Wir sind etwas zu früh und bummeln noch durch die umliegenden Gassen. Ein Teil der Verkaufsstände bildet einen Schwarzmarkt, auf dem allerhand technisches Gerät zweifelhafter Herkunft angeboten wird. Aber auch verschieden starke Brillen, getragenen Schmuck und Handtaschen aller Art kann man hier günstig erstehen.

Um 19.45 Uhr soll der Bus losfahren. Es ist 19 Uhr, als wir uns einige Schritte vom Terminal entfernt auf die Treppe einer Schule setzen.

Passanten gehen an uns vorbei, während wir uns bei einbrechender Dämmerung unterhalten. Zwei Geschäftsmänner kommen eilig vorüber. Plötzlich stoppt der Erste, bückt sich neben Peter und hebt einen Lippenstift von der Treppenstufe auf.

»Den haben Sie wohl verloren, Madame. Bitteschön.« Mit freundlicher Geste reicht er mir den Lippenstift. Dann nickt er freundlich, und beide Männer gehen eilig weiter.

»Das war aber nett von ihm.«

»Das ist nicht mein Lippenstift. Aber egal, es war trotzdem nett.«

Plötzlich durchfährt mich ein Schreck. Ich hatte meinen rechten Fuß auf dem Trageriemen der Fototasche stehen, bevor die Männer kamen. Als sie uns ansprachen, habe ich mich rübergebeugt und dabei die Tasche losgelassen. Prompt ist sie jetzt weg, das Ganze war nur eine Finte, um uns abzulenken!! Wir rasen die Straßen entlang in der Hoffnung, die Männer noch zu erwischen. Aber das ist nur verlorene Zeit, zumal wir sie uns nicht genau angesehen haben. Selbst wenn wir sie entdecken sollten, haben sie die Tasche sicher nicht mehr bei sich – und wir haben keinerlei Beweise. Unser Ärger ist grenzenlos! Immer, immer haben wir aufgepaßt, sind auf keinen dubiosen Geldwechsler reingefallen, haben unser Camp mit Alarmanlagen versehen, die Taschen waren nie ohne Aufsicht, und überhaupt haben wir alle nur mögliche Vorsicht walten lassen, auf Tausenden von Kilometern.

Und jetzt das – ausgerechnet die Fototasche mit der teuren Kamera und dem Tonbandgerät, ein paar Reservefilmen, den Objektiven und – was das Schlimmste ist, weil wir es nicht wiederbesorgen können – den Tonaufnahmen der letzten Zeit, auf denen auch die Zauberin aus Südafrika zu hören war bei der Beschwörung der Toten.

»Wir müssen sofort zur Polizei gehen!«

»Vergiß es! Denen müssen wir erstmal 10 Prozent des angegebenen Verlustes cash bezahlen, damit sie überhaupt die Anzeige aufnehmen. Das wäre in unserem Fall schon mal 300 DM, ohne den ideellen Wert der Tonaufnahmen. Außerdem erinnere dich, was die anderen Touristen bisher von ihren Erfahrungen mit der Polizei erzählt haben. Sie haben sich nur geärgert. Zudem geht jetzt gleich unser Bus.«

Stimmt. Eine Touristin hatte uns berichtet, daß ihr Freund in einer Toilette krankenhausreif geschlagen und ausgeraubt worden ist. Sie brachte ihn in die Klinik und ging zur Polizei, um Anzeige zu erstatten. Als erstes verlangten die Beamten 10 Prozent des gestohlenen Wertes als ›Bearbeitungsgebühr‹, dann fingen zwei der Uniformierten an, die Frau zu belästigen. Fluchtartig verließ sie die Polizeistation. Stumm hocken wir in den Polstersitzen des Civa-Reisebusses und schaukeln durch die nächtliche Stadt hinaus. Irgendwo hat jetzt jemand Grund zum Feiern. Auch wenn die Kamera und das Tonbandgerät nicht neu sind, bringen die Markenfabrikate den Dieben auf dem Schwarzmarkt um den Busbahnhof herum doch gutes Geld. Wir ärgern uns schwarz über unsere Unachtsamkeit und den dadurch entstandenen Schaden.

Peter:
Eigentlich bin ich weniger wütend, vielmehr traurig. Ich brauche meine Arbeitsgeräte. Ohne Foto und Bandgerät gibt es keine Reisedokumentation. Die Fahrt in die Berge ist zudem ein Horrortrip par exellence. Zwischen dem Passagierraum und dem Fahrerabteil ist eine Tür, die nur von der Fahrerseite her zu öffnen ist. Zwar ist eine Reisebegleiterin in schicker Uniform an Bord, doch die sitzt vorne beim Fahrer, der ohne Pause stundenlang durch die engen Serpentinen hoch in die Anden rast. Das Kleinkind neben uns übergibt sich und brüllt dazu, was die Lungen hergeben.

Verzweifelt klopft der Vater an die Scheibe zum Führerhaus und bittet, anzuhalten. Die einzige Reaktion des Fahrers besteht darin, daß er die Musik noch lauter aus den Lautsprechern dröhnen läßt. Zu den heißen, lateinamerikanischen Rhythmen schreit das schon rot angelaufene Kind, der laut schimpfende Vater und die beschwichtigende Mutter runden das Bild ab. Die heiße Luft stinkt nach Erbrochenem, die Fenster lassen sich nicht öffnen. Es ist einfach nur grauenvoll.

Plötzlich bricht die Musik ab. Wir versuchen zu schlafen. Aber nach wenigen Minuten geht der Fernsehapparat an. Ein Videofilm wird gezeigt, in dem hysterisch schreiende Schauspieler sich abwechselnd lautstark schlagen und küssen. Unsere vorsorglich mitgebrachten Ohrstöpsel sind für die Katz. Ein weiteres Problem taucht auf: Ich muß mal, und das mittlerweile dringend. Gemeinsam mit vier anderen Frauen klopfe ich verzweifelt an die dicke, mit einem schwarzen Vorhang verhängte Fahrertür. Ohne Erfolg. Der Verbrecher am Steuer denkt nicht mal daran zu reagieren.

Irgendwann mitten in der Nacht stoppt der Bus in den Bergen bei einer Raststätte ohne Toiletten. Hemmungslos entleeren sich alle Passagiere rund um den Bus und seine Umgebung. Mich plagen Magen-Darm-Krämpfe. Mühsam schleppe ich mich zu einem etwas entfernteren Erdhügel durch die stockfinstere, sternenlose Nacht. Plötzliche Geräusche dicht neben mir lassen mich zusammenfahren. Ich habe einen tief schlafenden Esel aufgeschreckt. Als sich meine Augen an die Dunkelheit gewöhnt haben, entdecke ich ein paar Meter weiter einen Mann, der offensichtlich die gleichen Bedürfnisse hat wie ich. Wir stören uns nicht aneinander.

Endlich um 12 Uhr mittags kommen wir in der Zwischenstation Arequipa an. Um 16 Uhr soll es mit einem anderen Bus weitergehen. Übernächtigt, hungrig und zerschlagen fahren Elena und ich mit einem Taxi in die kleine Stadt.

Die wenigen Foto-Fachgeschäfte führen fast nur einfache Sucherkameras oder gebrauchte, russische Geräte. Nur widerwillig zeigt mir der Verkäufer in einem Laden seine verstaubten Fotoapparate aus dem Schaufenster. Für Kameras mit Wechselobjektiv, die in Deutschland etwa 500 DM kosten, verlangt man hier 800 US-Dollar. Das reißt ein ordentliches Loch in unsere Reisekasse. Wir beschließen, mit dem Kauf der neuen Fotoausrüstung bis Cuzco zu warten. Vielleicht finden wir sie da günstiger. Es ist schon 18 Uhr, als der Bus endlich wieder vom Terminal losfährt und bereits Nacht, als wir Juliaca erreichen und am Titicaca-See vorbeifahren. Wir befinden uns auf 3.800 m Höhe und poltern über schlechte Straßen durch die Finsternis. Auch in diesem Bus dudeln ständig die gleichen Musikcassetten ohrenbetäubend laut vor sich hin.

Das erste Morgenlicht zeigt nebelverhangene Terrassenfelder, durch die sich tief unten der Urubamba-Fluß schlängelt. Bunt gekleidete, braunhäutige Indios schleppen schwere Lasten entlang des Straßenrandes. Die Frauen tragen melonenförmige Hüte und lange, schwarze Zöpfe, die auf dem Rücken mit einem Wollfaden zusammengebunden sind. Kinderköpfe lugen aus den bunten Decken auf dem Buckel der Mutter hervor, rotznäsig, mit schönen, schwarzbraunen Kirschaugen. Jede der kurzen Haltemöglichkeiten nutze ich, um wie ein geölter Blitz eine Toilette zu suchen. Mal ist es eine Polizeistation, mal nur ein Gebüsch. Kaum bin ich in größter Not schweißgebadet dort angelangt, höre ich schon wieder das Hupen und Fluchen des Busfahrers wegen seines Zeitverlustes. Wir sind anscheinend an einer Rallye beteiligt. Gegen 8 Uhr erreichen wir endlich Cuzco. 37 Stunden zermürbende Busfahrt liegen hinter uns. Es reicht uns vollkommen. Wir wanken mehr, als daß wir gehen. Ein junger Hotelbesitzer bietet uns nach einigem Feilschen ein Doppelzimmer für 11 DM an und bringt uns in seinem alten Opel Record hin. Bei der Fahrt quer durch die Innenstadt wird ihm von einem anderen PKW die Vorfahrt genommen. Blitzschnell kurbelt unser Fahrer das Fenster runter und brüllt:

»Du Guanako!«

Bei uns müssen die Rinder für Schimpfworte herhalten, hier die Lama-Arten.

Elena:
O ja, wir sind fertig wie Brezeln und legen uns erstmal für einen komaähnlichen Schlaf ins Bett, nachdem wir heiß geduscht haben. Am nächsten Morgen tippeln wir zu Fuß runter in die Stadtmitte. In einem kleinen Fotoladen erstehen wir nach zähem Handeln für 740 US-Dollar eine Canon mit Objektiv und probieren sie gleich auf dem Gemüsemarkt in einem stillgelegten Bahngelände aus. Auf der Steintreppe von der Brücke runter zu den tiefer liegenden Gleisen, auf denen die Indios ihr Gemüse, Fleisch und Obst feilbieten, besteht höchste Rutschgefahr. Zermatschte Gemüseblätter, Urin, Exkremente und Ausgespucktes überziehen die Stufen mit einer glitschigen Masse.

Unterhalb der Treppe gibt es eine öffentliche Toilette. Durch die offene Tür sieht man Männlein und Weiblein auf einer Betonfläche hocken und ihre Geschäfte verrichten. Trennwände gibt es nicht. Die Klofrau steht mit einem gefüllten Wassereimer gleich daneben und spült die Hinterlassenschaften in eine Rinne. Von dort fließt alles ins offene Gelände. Unmittelbar daneben sitzen die Marktfrauen hinter ihren ausgebreiteten Feldfrüchten auf dem Boden zwischen den Gleisen. Fotomotive gibt es hier in Hülle und Fülle, wenn auch nicht immer umsonst. Die Marktfrauen sind sich ihrer Rolle als Fotomodelle durchaus bewußt und kaum, daß der Fotoapparat wieder verschlossen ist, schnellt auch schon eine Hand hervor und verlangt einen Obulus. Die Motive sind es allemal wert, und die Bauern aus dem Hochland schwelgen wirklich nicht im Reichtum.

Wir folgen dem Geheimtip der Einheimischen und besuchen den Schwarzmarkt unter den Plastikplanen gleich nebenan. Man findet vorwiegend Geräte aus dem Foto- und Hifi-Sektor, meist mit Markennamen versehen, und doch freche Fälschungen. Für 50 DM erstehen wir einen Cassettenrecorder von Sony, um wieder interessante Geräusche einfangen zu können. Kaum im ruhigen Hotelzimmer angelangt, stellt sich heraus, daß es sich doch um eine billige Fälschung mit sehr mangelhafter Qualität handelt.

Das Andendörfchen Cuzco hat sich in den letzten Jahren zu einem Touristenmagnet entwickelt, von dem sich auch viele Taschen- und Trickdiebe anziehen lassen. Während wir über den Markt schlendern, spüre ich plötzlich, daß wir beobachtet werden. Zwei junge Männer fallen mir auf, die bereits seit einer Weile immer dicht hinter uns sind. Immer wieder kreuzen sie unseren Weg und ziehen ihre Kreise um uns immer enger. Plötzlich kommen wir uns vor wie Goldfische im Haibecken. Peter und ich drehen uns um und blicken den Pomadenjünglingen voll in die Augen. Sofort spricht uns eine Marktfrau an.

»Das ist die Touristenpolizei, die paßt nur auf, daß euch hier nichts passiert!«

Aber genau das glauben wir nicht. Die ca. 20jährigen haben etwas Lauerndes an sich, das uns vorsichtig macht. Als sie sehen, daß wir auf sie aufmerksam geworden sind, tuscheln sie kurz miteinander und gehen in die entgegengesetzte Richtung davon. Daß sie sich jetzt davonschleichen, ist die Bestätigung unserer Vermutung. Der herbe Verlust in Lima hat unsere Sinne noch mehr geschärft.

Die Frauen tragen mehrere weite Röcke übereinander, die bis knapp über die Knie reichen. Über einer bunten Bluse tragen sie noch buntere Strickwesten, auf dem Kopf einen Stroh- oder Filzhut, der die Stämme voneinander unterscheidet. Da gibt es kleine, schwarze Hüte mit schmaler Krempe, braune, hochgezogene mit rotem Band, zierliche Melonen und weiße Zylinder mit blauem Band.

Die Männer sind meist schlicht in dunkle Hosen und Jacken gekleidet. Die nackten Füße stecken in ausgetretenen, zerrissenen Lederschuhen oder Sandalen.

Viele der Menschen sind erkältet. Dicke Rotznasen furchen die Oberlippen. Geschneuzt wird in die Hand oder in den Jackenärmel.

Aus den Bündeln auf dem Rücken schauen große Kinderaugen in die Welt da draußen. Der Nachwuchs ist immer dicht bei der Futterquelle. Selbst größere Kinder werden noch an Mutters dickem Busen gesäugt. Um die Plaza de Armas herrscht reges Treiben. Indiofrauen haben einige englische Brocken gelernt, sagen schüchtern ›Mister and Madam‹ und bieten wunderbar weiche Hüttenschuhe aus Alpacaleder an, Schals, Decken und Pullis oder Dosen, die sie aus Kürbissen herausarbeiten und verzieren. Jugendliche Schuhputzerkolonnen streifen umher, klopfen mit den Bürsten auf ihre Holzkisten und lachen einen mit strahlendem Kindergesicht an.

Wieder einmal befinden wir uns am ›Nabel der Welt‹, wie Cuzco in der Indiosprache Quechuan heißt. Vor einigen Marktfrauen liegen haufenweise dunkle Kugeln, die unglaublich billig sind.

»Trufa, trufa«, rufen sie immer wieder lachend.

Trüffel ist das einzige, was ich von ihrer Indianersprache Quechuan verstehen kann. Bei dem niedrigen Preis ist das aber kaum möglich. Gibt es hier überhaupt Trüffel? Wir riskieren es und nehmen ein paar der Dinger mit. Als wir sie unserem Hotelier zeigen, lacht er und fragt, wozu wir denn Kartoffeln gekauft haben?...

Die Kathedrale steht da, wo der Palast des letzten Inka-Herrschers Viracocha schon seinen Platz hatte. Der Altar ist verschwenderisch mit Silber ausgeschlagen, wie auch der Altar der Jesuitenkirche ganz in der Nähe mit unbeschreiblichem Reichtum versehen ist. Wir gehen die Calle Rumiyoc hoch, in der sich die Mauer mit dem berühmten 12-Ecken-Stein befindet. Faszinierend, wie genau die Steinquader auf- und ineinander passen. Zur Außenseite hin sind sie wie Kissen leicht ausgebuchtet. Der Altar der kleinen Kirche San Blas am Ende der alten Kaiserstraße ist aus Zedernholz geschnitzt. Dämonen, Geis-ter und Heilige ruhen hier vereint in Holz und Gold und Überfluß.

»Die Inkas müssen mit Gold umgegangen sein, wie unsereins mit Alufolie«, bemerkt Peter trocken.

»Das hier ist nur das Gold, das die Spanier nach dem Abtransport für die Ausschmückung ihrer pompösen Kirchen zurückbehielten, um Gott zu gefallen. Tonnenweise liegt noch heute Gold auf dem Meeresboden von den Schiffen, die ihr Ziel in Spanien nie erreichten.«

Nach 15 Gehminuten haben wir das Kloster Santo Domingo erreicht. Hier stand einst das größte Heiligtum der Inkas, der Sonnentempel. Heute kann man als Betrachter, der vor den nüchternen Kirchenmauern steht, nur schwer ermessen, welche religiöse und psychologische Bedeutung der Tempel besaß. Die Vielfalt der massiven Goldverzierungen können wir nur im Ansatz erahnen. Überlieferungen berichten von einem Garten um den Tempel herum. Von Maispflanzen wird erzählt, die aus purem Gold bestanden und von mehr als 20 Lamas mit Hirten, alle in Lebensgröße und alle aus massivem Gold, mit Edelsteinen besetzt. Um den Sonnentempel herum zog sich ein zentimeterdickes, breites Goldband, und auch die Eingangstore waren mit Goldplatten belegt. Im Inneren saßen die Mumien der verblichenen Inka-Könige, in kostbare Stoffe gehüllt und mit Goldschmuck behangen. Die meisten Kunstobjekte haben die raffgierigen spanischen Räuberbanden eingeschmolzen. Wie unverständige Kinder haben ihre Hände fast alles zerstört. An der Straßenecke vor dem Sonnentempel geht eine dicke Indiofrau in die Hocke, direkt neben uns. Wir trauen unseren Augen kaum, als unter ihren vielen Röcken ein Bächlein die Straße hinunter läuft…

Cuzcos Plaza de Armas in der Ortsmitte ist schön angelegt. Sternenförmig gehen kleine Gassen von dem Platz aus, an dessen einer Seite die große Kirche steht. Eine Gasse gehört den Reisenden aus aller Welt. Dort ist die Jugendherberge, und auch einige Discotheken und Speiserestaurants finden sich hier. An der Ecke ist eine gemütliche Musikkneipe mit Aussichtsbalkon auf die Plaza und die Grünanlage in deren Mitte. Eine Indiofrau in bunter Tracht spricht mich auf der Straße an.

»Mamita, kauf mir etwas ab! Ich habe so schöne Sachen, und alle sind selbstgemacht.«

Auf ihrem Rücken schläft ein Baby mit pechschwarzen, langen Haaren. Neben der etwa 30jährigen steht ihr Sohn und bohrt andächtig in der Nase. Auf dem einen Arm hat die Frau ein dickes Bündel mit Wollpullis der verschiedensten Art und buntbestickte oder gewebte Gürtel, die Hand hält eine blaue Plastiktüte, in der viele Kürbisse sind. In Windeseile breitet die Indianerin ihre Schätze vor mir auf dem Bürgersteig aus.

»Mein Mann und ich stricken die Pullover aus echter Lamawolle nachts. Wenn ich tagsüber meine Sachen an die Touristen verkaufe, sitzt mein Mann allein zu Hause und brennt Verzierungen in die Kürbisse, die man als Gefäß im Haushalt verwenden kann. Er ist ein richtiger Künstler. Sind seine Zeichnungen nicht wunderschön?«

Tatsächlich finde ich sofort Gefallen an den ausgehöhlten Gefäßen, die liebevoll mit allerlei Urwaldtieren und Ornamenten verziert sind. Auch die flauschigen Pullover gefallen mir gut. Die Indiofrau strahlt glücklich, als ich ihr einiges abkaufe und ihrem Sohn noch ein paar Kaugummis schenke.

Eine Weile noch sitzen wir zusammen auf dem Trottoir und erzählen uns lebhaft von unseren so unterschiedlichen Leben. Ich erfahre, daß es hier noch Naturheiler, Schamanen, gibt, an die sich die einheimischen Indios wenden, wenn sie Hilfe brauchen. Aber die Schamanen wohnen draußen am Rande von Cuzco. Als Tourist hat man kaum Chancen, ohne Hilfe eines Indios mit ihnen in Kontakt zu kommen. Peter und ich fragen die Indianerin, ob sie bereit ist, uns einige Worte in Quechuan auf das Tonband zu sprechen. Da schaltet sich eine andere Frau dazwischen. Sie ist wohl schon sehr alt. Gebückt, mit runzliger Haut, zeigt sie mit ihrem knochigen Finger auf den Cassettenrecorder und lacht:

»Ihr telefoniert! Wo kommt ihr her? Aus Deutschland? Ist das weit weg?«

»Ja, ziemlich.«

»Ich telefoniere jetzt mit Deutschland«, grinst sie glücklich mit zahnlosem Mund. »Hallo, Deutschland, ich grüße dich. Uns geht es gut. Sei glücklich und besuch uns mal wieder!«

Alle Versuche, der Frau den Sinn eines Cassettenrecorders zu erklären, scheitern. Sie ist fest überzeugt, daß es sich um ein Telefon handelt, und lacht laut, weil sie mit Deutschland ›telefonieren‹ kann. Peter nimmt ihre Stimme auf Band. Lachend und händeschüttelnd verabschieden wir uns.

Peter:
»Achtung, duck dich!!«

Zu spät. Es klatscht und spritzt uns um die Ohren. Elena und ich sind mit dem Bus unterwegs zum Dörfchen Pisac am Rio Urubamba. Es ist Mitte Februar, Karnevalszeit. Die Dorfjungs machen sich einen Riesenspaß daraus, die vorbeifahrenden Autos mit wassergefüllten Luftballons zu bombardieren. In den Gassen segeln die Geschosse von Hof zu Hof, und auch in offenstehende Fenster rein. Manche der braunen, vor Aufregung schniefenden Dreikäsehoche sehen aus wie schwanger vor lauter Wasserballons, die sie unter den Pullis versteckt halten. Als Opfer ist jeder willkommen, ganz besonders aber Fremde wie wir.

Nicht immer sind es nur Ballons. Die Radikaleren unter den Wasserwerfern kippen einem auch schon mal von einem Balkon herunter eine gut gefüllte Eimerladung Wasser in den Hemdkragen.

Sonntags findet auf der Plaza Constitución ein Markt statt. Ähnlich wie schon in Cuzco sitzen junge und alte Frauen bei ihren Waren, bieten Pfefferschoten, Zwiebeln und Kartoffeln an und säugen während des Verkaufs ihre Jüngsten. Andere haben Plastikrasierer, Hosenträger, Schraubenzieher oder Büstenhalter, fast so groß wie Hängematten, im Angebot. Natürlich findet man auch die gesamte Souvenirpalette von selbstgewebten Teppichen bis zu Mini-Indios für die Puppenstube. Die Einheimischen kümmern sich nicht viel um die Touristen, bei denen ein Ausflug nach Pisac sehr beliebt ist.

»Agua, agua!« Wasserplanschereien machen auch den Erwachsenen Spaß.

Es ist nicht wie in arabischen Ländern, wo man dauernd angesprochen und zum Kaufen animiert wird. Man macht seine Geschäfte mit den Fremden, ansonsten geht jeder seinen Weg.

Spitze Schreie dringen aus dem Hof eines kleinen Bauernhauses. Es kracht, scheppert und schreit darin, als ob eine Schlägerei stattfinden würde. Fünf Erwachsene hüpfen und springen um einen Brunnentrog herum und spritzen sich gegenseitig naß. Ein Opa kippt einen Eimer Wasser über seine Frau, die versucht, seinen Kopf in den Trog zu tauchen.

Der Schwiegersohn setzt die Tochter gleich ganz ins kalte Wasser. Alle sind patschnaß und haben großen Spaß. Am liebsten würden wir gleich mitmachen.

Die runzlige Bäuerin winkt uns ins Haus. Immer noch kichert und gluckst es um uns herum, die Wasserschlacht droht erneut auszubrechen. Der einzige Raum des Hauses dient als Wohnzimmer, Küche, Schlaf- und Vorratskammer gleichzeitig. Mit den tropfenden Kampfhähnen hocken wir auf einer Holzbank an der Wand, die anderen sitzen uns gegenüber auf einem der Betten.

»Chicha?« fragt die Alte.

Aber gern doch! Chicha ist das traditionelle Maisbier der Indios. Es ist schwach alkoholhaltig, dunkelrot und schmeckt leicht süßsäuerlich. Sehr erfrischend wirkt es in dieser Februarhitze auf 2.900 m Höhe, und wir versuchen, nicht daran zu denken, wie Chicha hergestellt wird. Hierzu kaut man Mais weich, spuckt ihn in ein Gefäß und läßt das Ganze eine Weile gären. Für Chicha morada nimmt man schwarzen Mais.

Unter der Bank und um unsere Füße herum wird es lebendig. Zehn, fünfzehn puschelige Meerschweinchen wuseln über den gestampften Lehmboden auf der Suche nach Freßbarem. Die Leute lachen, als sie unsere überraschten Gesichter sehen. Meerschweinchen werden gezüchtet, um später als Braten im Topf zu landen. Die Tiere haben es hier aber bestimmt schöner als die bei uns in Deutschland im Käfig. Sie dürfen zeitlebens frei herummarschieren, bis der Schlag auf den Kopf kommt.

Wir bedanken uns herzlich für die Einladung, bezahlen die Chicha und trollen uns. Ein gewundener Weg schlängelt sich über gras- und maisbewachsene Terrassenfelder steil hoch zu den Resten der Inkafestung ›Intihuatana‹, der Ort, wo die Sonne angebunden ist. Tatsächlich liegt dort oben ein Felsplateau, aus dessen Mitte eine Art Pflock herausgearbeitet wurde. Die Inkas glaubten, daß sie durch Rituale und Opfergaben den Lauf der Sonne beeinflussen könnten. Auch Menschen wurden geopfert, wenn der Priester die Sonne anband. Von dort oben hat man einen herrlichen Ausblick über das Urubamba-Tal und Pisac mit seinen Feldern und saftig grünen Bergen. ›Valle Sagrado de los Incas‹, heiliges Tal der Inkas, hieß es schon seit Urzeiten.

Während die Großen feiern, schaut die Kleine vergnügt am Rande zu.

»Paß auf – gleich platzt er!« ruft Elena begeistert.

Aber der Trompeter der Drei-Mann-Kapelle platzt nicht. Er sieht aus wie ein Feuermelder mit Backen. Hochrot im Gesicht pustet er voll Inbrunst in sein Instrument. Der Paukenspieler drischt aufs Fell wie ein Besessener, nur der dritte im Bunde rührt mit gleichmütiger Miene auf der Trommel herum. Immerhin: Sie fangen zusammen an zu spielen und hören auch meistens zusammen auf. Aber dazwischen herrscht ein lustiges Chaos. Manchmal ist der Mann an der Pauke etwas aus dem Takt, dann hämmert er halt um so schneller, um die beiden Mitspieler wieder einzuholen. Tusch – aus.

Der Bürgermeister betritt den Marktplatz und ergreift das Mikrofon, das an einer Lautsprecheranlage in einem Müllauto eingestöpselt ist. Das Auto wurde neu angeschafft und wird jetzt zur Karnevalsfeier den Dorfbewohnern vorgestellt.

Elena:
Mit der Hand vor dem offenen Mund stehen die Indios im Sicherheitsabstand um das Auto herum und wissen nicht, was sie davon halten sollen. Auf den Köpfen tragen sie bunte Wollmützen, ein paar Wollzöpfe hängen seitlich herunter. Die Gesichter sind teilweise mit weißer, pinkfarbener oder gelber Farbe eingerieben. Viele tragen traditionelle Trachten, wie sie wohl schon zu Zeiten der Inkas existierten. Gespannt betrachten sie Bürgermeister und Müllauto, an dessen Windschutzscheibe eine Pappe voller Fotos und einige chinesische Schriftzeichen befestigt wurden. Sie zeigen den Gemeinderat auf dem Fabrikhof der Autofirma, wie er stolz das chinesische Müllauto in Empfang nimmt. Der Bürgermeister erklärt den staunenden Bewohnern des 400-Seelen-Dorfes, wie das mit dem Müll in Zukunft funktionieren soll. Man will ja schließlich mit der Zeit gehen. Zur Demonstration bringt jemand einen Karton voll Laub und Abfall und stellt ihn hinten auf die Laderampe. Die Inkasöhne trauen ihren Augen nicht. Das Müllauto zieht den Karton in

seinen Bauch – und weg ist er! Ja gibt's denn sowas? Einige klatschen Beifall, aber viele hat die vollautomatische Müllbeseitigung erschreckt. Sie weichen noch einen weiteren Meter zurück.

Die schnarrende Megaphonstimme des Bürgermeisters erklärt ausführlich die ungezählten Vorteile der überaus wichtigen Anschaffung. Wie das Maul eines Nilpferdes öffnet währenddessen das Auto den Müllbehälter, kippt ihn sogar nach hinten. Und was soll ich sagen? – Der Karton ist wieder da, alle können es sehen! Anerkennend und staunend nicken sich die Männer zu. Ein Raunen geht durch die Menge.

Plötzlich ertönt ein Schrillen und Dröhnen, genau in dem Moment, als sich der Bürgermeister dem Vorderteil des kleinen, chinesischen Müllautos nähern will. Halt, das war zu früh. Der Bürgermeister will noch was sagen, aber die Kapelle ist nicht mehr zu bremsen. Gnadenlos bläst der Feuermelder mit vollen Backen in seine Tröte. Ein paarmal versucht der gestreßte Bürgermeister noch, seine Rede über das Mikrofon fortzuführen, aber man gibt ihm keine Chance. Musikstück Nummer zwei tost wie ein Orkan über die Köpfe hinweg. Und weil die Combo nur zwei Stücke auswendig kann, wird danach wieder das erste Lied gespielt.

Vorne an der Stoßstange des Autos baumelten eine Bierflasche und ein Hammer. Der mittlerweile entnervte Bürgermeister knallt den Hammer auf die Flasche, tauft das Auto eiligst und singt mit dem Gemeinderat leicht schräg die peruanische Nationalhymne, die Hand fest aufs Herz gedrückt. Diesmal sicherheitshalber ohne Kapellenbegleitung. Wir fragen den Mann neben uns, wohin denn der Müll aus Pisac gebracht wird.

»Na, runter zum Fluß natürlich!«

Das sind ganze 200 m. Ob die Bewohner des Dörfchens weiter unten am Urubamba wohl den Müll aus Pisac brauchen können?

In einer langen Prozession ziehen alle Bewohner johlend und lachend durch die engen Gassen, allen voran das Müllauto. Zwei

Männer tragen einen mit Goldfolie verkleideten Stuhl. Die diesjährige Karnevalsprinzessin soll von zu Hause abgeholt werden. Im Filmvorführ-, Theater- und Versammlungsraum haben sich Clevere schon die besten Plätze gesichert.

Hinter dem roten Vorhang auf der Bühne zuckt und blinkt es schon seit geraumer Zeit geheimnisvoll zwischen den Falten hervor. Peter macht mit einem Flötenduo Musik und trommelt begeistert dazu. Draußen ist die Wasserschlacht jetzt hemmungslos im Gange. Aber nicht nur Kinder machen mit.

Gestandene, dicke Indiofrauen in voller Tracht mit Melone drängeln genauso kichernd am Wasserhahn im Hof und füllen die Luftballons. Das Werfen überlassen sie allerdings den Männern und Kindern, die überall versteckt auf Passanten lauern. Niemand wird böse, wenn er eine volle Ladung Wasser abbekommt. Man stelle sich sowas bei uns vor!

»Tääterääă!!«

Irgendwer hat die Kapelle in den Saal gelassen. Der Vorhang der Bühne geht auf und – aaahhhh, ooohhh, Beifall und anerkennende Pfiffe schwirren durch den Raum. In Reih und Glied sitzen sechs Grazien auf der Bühne, aufs Feinste herausgeputzt. Ein dickes Indiomädchen, das gewisse richtige Verwandtschaften haben soll und zudem noch aus wohlhabendem Hause stammt, wird zur Karnevalsprinzessin gewählt. Wir mischen uns unter die feiernden Indios vor dem hölzernen Tanzboden auf dem Dorfplatz. Entweder ist das Chicha doch nicht so ohne, oder einige Inkasöhne haben sich irgendwelchen gemeinen Sprit in die Kehle gekippt. Jedenfalls kämpfen manche gegen eine Schlagseite an wie ein alter Windjammer auf hoher See.

Wasserballons klatschen weiterhin unaufhörlich in die Menge.

Auf den Brettern der Tanzbühne geht es hoch her, daß es nur so staubt. Etwa 30 Tanzgruppen mit Musikern wechseln sich ab. Jede Gruppe gibt ein oder zwei Tänze zum Besten. Bunte Röcke fächern sich auf, unter denen beinlange Unterhosen sichtbar werden. Die Musiker spielen, was das Zeug hält. Viele Indios

Viele Indios kommen einmal im Jahr von ihren einsamen Berghöfen herunter nach Pisac, um dort Karneval zu feiern – und vielleicht auch einen Ehepartner zu finden.

sind aus weit entlegenen Bergdörfern zu Fuß heruntergekommen, um einmal im Jahr hier zu tanzen und zu feiern.

Bei den Tänzen gibt es ein vorherrschendes Thema. Der Mann umwirbt die Frau, die sich ziert, ihn aber gleichzeitig lockt. Er umwirbt sie immer heftiger, immer schneller und wilder drehen sich die Tänzer, bis schließlich der Mann versucht, die Frau vom Tanzboden zu entführen. Die aber wehrt sich heftig, strampelt und schreit zur Gaudi der Zuschauer und wird schließlich huckepack abtransportiert. Als bei einer Tanzgruppe eine Frau einen Mann auf diese Art und Weise entführt, ist die Menge begeistert. Emanzipation auf peruanisch. Die Trachten der Tänzer und der Zuschauer, die vielen bunten Masken, Decken und Tücher vereinen sich zu einem großen Farbenrausch. Gelb, Pink, Rot, Grün und leuchtendes Blau sieht man am häufigsten. Ein paar Männer tragen historische rote Inka-Uniformen mit goldenen Verzierungen. Mit einem Mal schreit Peter auf. Ein Wasserballon hat ihn voll ins Gesicht getroffen.

»Das gibt Rache. Bleib hier, ich komme gleich wieder!« meint er und verschwindet in der Menge.

Peter:
Ich will es wissen. Bevor wir nach Hause gehen, muß ich es wenigstens einmal mitgemacht haben. Eine Indiofrau verkauft mir eine Handvoll bunter Luftballons, dann stehe auch ich in der lachenden und triefenden Menschentraube um den Wasserhahn. Mit fünf prall gefüllten Ballons in der Tasche geht es zurück auf den Platz. Hinter dem Rücken eines dicken Indios starte ich den ersten Wurf. Ein halber Liter Andenwasser klatscht voll auf den schwarzen Pony eines ca. 20jährigen, als dessen Nachbar auch schon den Gegenangriff startet. Er hat neben sich einen großen Eimer voller gefüllter Ballons. Damit hatte ich nicht gerechnet. Rosa und Blau kann ich eben noch auf die Flugbahn bringen, als die Gegenseite mit einer Attacke ungeahnten Ausmaßes antwortet. Johlend schmeißen mir etwa 15 junge Männer ihre Was-

serbomben um die Ohren, während Elena seelenruhig auf den Auslöser der Kamera drückt. Mein Vorrat an Wasserballons ist zu Ende – jetzt können nur noch schnelle Beine helfen. Patschnaß und lachend erreichen wir den bereits knallvollen Bus unten am Urubamba. Drei Hände zerren und drücken uns zwischen die Passagiere, dann geht es los, zurück nach Cuzco. Schaukelnd und schlingernd hangelt sich die ächzende Rostlaube die Serpentinen hoch über die Berge. Von den vielen Fensterscheiben sind nur noch vier erhalten. Der Rest wird von vergilbten, im Wind flatternden Plastikplanen ersetzt. Die Fahrt geht durch bergige Landschaft und vorbei an urigen Hütten. Großäugige Indios mit bronzener Haut treiben ein paar Lamas auf einer Wiese zusammen, alte Mütterchen hocken auf noch älteren Holzbänken und bewachen die bunten Enkel. Kaum sind wir am Ortseingang von Cuzco angelangt, gellt wieder der Warnruf durch den Bus:

»Agua! Agua!«

Hektisch schmeißen sich die Leute gegen die Plastikplanen vor den Fenstern, viele Finger drücken die Folie gegen die Metallrahmen. Für die vorderen Sitze kam die Warnung zu spät. Ein paar Jungs am Straßenrand kugeln sich vor Lachen, als die Eimerladung braunen Wassers voll die ersten Buspassagiere durch die offenen Fenster trifft. Wegen der kurvenreichen Abfahrt runter ins Dorf kann der Bus nicht schnell fahren. Es bietet sich genug Gelegenheit, viele Eimer Wasser zu werfen. Letztlich sind doch fast alle im Bus naß geworden, aber trotzdem lachen die Leute fröhlich.

Rummms! Ein Stück Holz knallt mir in den Rücken. Von vorn bin ich von einem Sack Rüben eingekeilt, von rechts drücken Kohlköpfe in die Rippen. Auf dem kleinen Bahnhof in Cuzco herrscht am nächsten Morgen Hochbetrieb. Von hier fahren die Züge ab ins Urubambatal und hoch zum Machu Picchu. Es ist 7 Uhr früh. Mit großem Gedränge und Geschiebe tragen Frauen, ihre Kinder im Bündel auf dem Rücken, große Körbe zu den Waggons. Mir fällt auf, daß die meisten Männer nur leichte Plastiktüten tragen, während die Frauen sich abrackern müssen.

Man hat die Wahl zwischen dem Touristenzug, der ohne Aufenthalt durchfährt, und dem Indiozug, mit dem die Einheimischen fahren und für den ich mich entscheide. Bereits gestern abend habe ich mir noch schnell ein Ticket und eine Platzkarte besorgt.

Jetzt bin ich froh darüber angesichts der Menschenmassen, die sich mit Unmengen von Feldfrüchten, Kindern und Hausrat in den Zug quetschen. Die Sperre zu den Gleisen wird um 7.30 Uhr geöffnet, die bepackte Menschenflut eilt auf die fünf gelbrot gestrichenen Waggons zu. Nach dem gestrigen Markttag geht es nun heim ins Bergdorf. Der Zug stellt die einzige Verbindung zwischen den Dörfern am Maccu Picchu und Cuzco dar, eine Straße gibt es nicht. Die Gepäcknetze platzen fast von der Fülle der hineingepreßten Tüten und Körbe. Im Gang stehen Kartoffelsäcke, und auch die Toilette wird nach und nach zum Lagerraum. Mir gegenüber am Fenster sitzt ein junges Ehepaar mit einem rundlichen Kind. Auf dem Bahnsteig wird Tee aus fahrbaren Karren verkauft, Cocablätter gegen die Höhenkrankheit und hartgekochte Eier. Zwei Männer wollen einen Kürbis mit enormen Ausmaßen ins Abteil wuchten, doch er paßt nicht durch die Tür. Kurzerhand wird er draußen halbiert, die triefenden Hälften durch die Leute hindurch ins Abteil geschoben. Ein Pfiff ertönt. Eine ganze Weile lang passiert gar nichts, dann plötzlich kommt der erwartete Ruck – es geht los.

Schlaftrunkene Kinder und Erwachsene stehen vor ihren Hütten und schauen erstaunt. Dabei fährt der Zug jeden Tag an ihnen vorbei. Hunde, Schweine, Hühner und Enten tummeln sich entlang der Strecke. Eine Frau hängt Wäsche auf, ein Mann hackt Holz. Alle schauen interessiert zum Zug herein, der sich mühsam die Strecke entlangschafft. Und fast alle im Zug hängen an den Fenstern und gucken neugierig raus. Nach kurzer

Fahrt bleibt der Zug eine halbe Stunde lang stehen. Niemand weiß, was los ist. Dann, wie ein Film, den man rückwärts laufen läßt, fährt er mit dem Ende zuerst wieder zurück in den Bahnhof, an den immer noch staunenden Leuten vorbei.

»Die Lok ist kaputt!« Von Mund zu Mund geht die Meldung durch die Waggons. Der Kartenverkäufer gestern sagte, Abfahrt wäre um 7.30 Uhr, und fügte mit einem Lächeln hinzu:

»Peruanische Zeit!«

Nach einer dreiviertel Stunde wagen wir den zweiten Anlauf. Wieder schieben sich die gelben Wagen an Schweinen, Hühnern und zerlumpten Leuten vorbei, die wieder genauso fassungslos dastehen. Dieses Mal scheint der Start geglückt zu sein, doch schon bald stoppt die Bahn erneut.

»No problem!« lacht mich die Mutter mir gegenüber an.

»Der Zug muß über den Berg, aber das kann er nur, wenn er sich im Zickzack vorwärts und rückwärts hochwiegt. Immer ein Stück vorwärts, dann ein Stück rückwärts.«

Ein gekochter Schweinekopf schwebt an mir vorbei. Ein Stück von der Schnauze und ein Ohr fehlen schon. Die Bauersfrauen verdienen sich ein paar Soles dazu, indem sie die Reisenden mit Selbstgemachtem versorgen. Eine Frau schenkt Kaffee aus und verteilt Kuchen, andere wieder Milch, Säfte, Honig oder Marmelade. Draußen laufen Felder und Blumenwiesen vor den Fenstern vorbei. Klar und frisch zieht der Urubamba seine Bahn. Wir halten an einer Station. Eilig werden Fenster und Türen aufgerissen, Zwiebelsäcke, Chilischoten und halbe Schweine wechseln die Besitzer. Vor den Fenstern sind Gitterstäbe, durch die Händlerinnen aus Weidenkörben Süßigkeiten und Zigaretten an die Reisenden verkaufen. Manche streiten sich um die Gunst der Kundschaft, und – klatsch! – gibt es auch schon mal eins auf die Ohren.

Eine Bäuerin mit weißem Zylinderhut steigt ein. In der rechten Hand trägt sie drei an den Füßen zusammengebundene Hühner, die vor Schreck keinen Ton herausbringen. Die Bäuerin plumpst schwer auf einen Sitzplatz und – peng! – knallt das gefesselte Geflügel unter ihre Bank. Als eines der Hühner doch einen Schrei wagt, wird es kurzerhand durch einen Tritt zum Schweigen gebracht.

Weiter schaukeln wir durch die milde Landschaft. Die Berge der Cordillera Vilcabamba erheben sich saftig grün und mächtig jenseits des glitzernden Flusses. »Agua!« ertönt wieder der Schrei, dann klatscht es auch schon gegen die Scheiben. ›Heckenschützen‹, mit Ballons und Wassereimern bewaffnet, haben aus dem Hinterhalt zugeschlagen.

Im Abteil ist es heiß und stickig, verschiedenartigste Gerüche hängen in der Luft. Die Toilette ist jetzt vor lauter Säcken und Kisten nicht mehr als solche zu erkennen, wird aber trotzdem benutzt. Die Tür schlägt bei jeder Bewegung des Zuges gegen die Wand. Trotz der Gefahr, bis auf die Haut naß zu werden, reiße ich doch wieder das Fenster auf.

Gemächlich ruckelt der Zug dahin, während das runde Kind mir gegenüber seiner Mutter die Brust leertrinkt. Bei der nächsten Wasserwarnung ist es für mich zu spät. Ich unterhalte mich gerade mit meinem peruanischen Sitznachbarn, der in Deutschland Maschinenbau studiert hat, als mich ein Eimer voll Urubambawasser trifft. Kalt tropft die braune Brühe von mir herunter, vor Schreck bleibt mir das Gesicht stehen. Im Abteil ist es plötzlich still geworden. Alle Augen sind gespannt auf mich gerichtet. Wie wird der Fremde wohl reagieren?

Plötzlich muß ich lachen, der Bann ist gebrochen. Während ich mich wie ein nasser Hund schüttele, prusten alle im Abteil mit einem Mal so laut los, daß auch die Passagiere aus dem nächsten Waggon ihre Köpfe in unseren Wagen strecken, um zu sehen, was hier los ist. Einen Touristen hat es voll erwischt? Herrlich! Alles um mich rum zeigt auf mich, haut sich vor Freude auf die Schenkel und lacht sich kringelig.

Wieder bleibt der Zug stehen. Mitten in der grünen Landschaft steht unser Farbschrei aus gelb und rot auf der Strecke.

»Die Lok ist jetzt endgültig kaputt«, murmelt mein Sitznachbar.

»No problem, Mister!« Der Lokführer kratzt sich hörbar am Hinterkopf, schiebt die Mütze tief ins Gesicht – und legt sich ins Gras zum Schlafen.

Bald soll eine andere Lok gebracht werden, bis dahin kann man sich entspannen. ›Bald‹ auf peruanisch. So allmählich sind alle Insassen ausgestiegen und haben sich aufs Gelände verteilt. Der herbeigeeilte Eisverkäufer macht das Geschäft seines Lebens. Einige essen, manche schlafen, andere klauben sich gegenseitig Flöhe aus der Frisur. Ein Zeitvertreib, den man in Peru oft sieht. Kaum sind zwei Stunden rum, setzt sich der Zug schon wieder in Bewegung. Um 15 Uhr erreichen wir endlich Puente Ruinas. Ich steige aus. Jetzt heißt es, schneller als die anderen in das Bahnhofsgebäude zu sausen, wo die Karten für die Mini-Busse verkauft werden, die hoch zur Festung fahren. Der Mann mit Aktenkoffer verkauft die Tickets nicht etwa der Reihe nach. Ein Pulk von Menschen streckt ihm dicht an dicht Geldscheine entgegen. Mit gleichgültiger Miene greift er sich jeweils den nächsten. Dann rasen wir alle zum Bus, denn um 17.30 Uhr soll die Anlage Machu Picchu bereits wieder geschlossen werden.

Über schlammige Serpentinen arbeiten sich die Fahrzeuge steil nach oben. Nichts ist von der berühmten Siedlung zu sehen. Oben angelangt, ist es noch 1 km zu Fuß. Dann kann man für 10 US-Dollar eine Eintrittskarte kaufen. Ich gehe den gewundenen Weg entlang, und plötzlich liegen die sagenumwobenen, geheimnisvollen Ruinen von Machu Picchu vor mir. Vom ›Totenfelsen‹ aus verschaffe ich mir einen ersten Überblick und lasse das Panorama auf mich wirken. Hier oben waren die Gräber der Inkas, in denen man vorwiegend die Mumien von jungen Frauen gefunden hat. Ob es sich um die ›Sonnenjungfrauen‹ handelte?

Täglich am frühen Morgen wurde dem Schöpfergott Viracocha ein Lama geopfert, an hohen Festtagen wurden sogar Menschen als Opfergabe dargebracht. Sie wurden mit dem Gesicht nach Osten gedreht, dann schnitt man ihnen die Kehle durch. Die Hohepriester öffneten den Brustkorb und rissen die Lunge, die Leber und die Nieren heraus. Handelte es sich bei den Opfern um Kinder, wurden sie vorher mit Cocablättern betäubt. Auch das Herz wurde entnommen, und je nach Lage der Eingeweide stellten die Priester ihre Prognosen für das kommende Jahr oder für den Ausgang der Ernte.

600 m weiter furcht sich der Urubamba durch die steilen Berge. Man nimmt an, daß zur Blütezeit der Inka-Kultur etwa 1.000 Menschen hier oben gelebt haben. Die Erde, die die Terassenfelder bedeckt, wurde damals mühevoll Sack für Sack vom Tal heraufgetragen. Das Rad kannten die alten Inkas noch nicht, auch nicht das Pferd. Und große Seefahrer waren sie auch nicht gerade, aber zähe Fußgänger. Ihr 11.000 km langes Straßennetz reichte von Kolumbien über Ecuador und Peru bis nach Chile.

Ich gehe die alten Granitstufen hinunter und komme ins Palastviertel. Der Getreidespeicher lag hier, aber auch die Räume der Prinzessinnen. In den vom Regenwald bewachsenen Bergen hängt dichter Nebel, leichter Sprühregen setzt ein. Weiter unten grasen einige Lamas. Beim Gang durch die Gassen und Ruinen bin ich immer wieder erstaunt, wie absolut genau die Granitquader aufeinanderpassen. Noch nicht einmal eine Nadel kann man in die Fugen schieben. Die Ecken und Kanten der Steine wurden kunstvoll verzahnt und geschliffen.

Wie haben die Inkas die Steine bearbeitet? Etwa mit Bronzewerkzeugen und anderen Steinen? Wie wurden die Felskolosse in Sacsayhuamán bewegt? Manche von ihnen wiegen bis zu 100 Tonnen. Zum Glück haben die Spanier Machu Picchu bei ihren Beutezügen nie entdeckt. Als der Historiker Hiram Bingham 1911 die Ruinen eher zufällig fand, waren die Mauern bereits

Das Urubambatal hoch über Cuzco.

zum großen Teil vom Urwald überwuchert. Mühselig mußte die Anlage in jahrelanger Arbeit erst wieder freigelegt werden. Wann wurde die Siedlung wohl verlassen – und warum? Wertvolle Goldschätze wurden hier nie gefunden.

Während ich über die Felsentreppchen und Mauerreste steige, blicke ich zum Huayna Picchu hinüber und lasse meine Phantasie spielen. Der grüne Berg überragt mit 350 m die ehemalige Stadt. Diesen schönen Blick hatten die Bewohner damals jeden Tag. Der Regen hat aufgehört, ein bunter Regenbogen überspannt den gesamten Machu Picchu. Vom Hotel aus, das hier oben neben dem Eingang zur Siedlung steht, rufe ich in unserer Pension in Cuzco an, um Elena über meine Verspätung zu informieren. Das Mädchen an der Rezeption verspricht, die Nachricht weiterzugeben. Schon im Dunkeln stolpere ich den aufgeweichten Weg runter und erwische gerade noch den letzten Bus, bevor es wieder in Strömen zu regnen beginnt.

Unten in Puente Ruinas erfahre ich, daß der Zug gegen 20 Uhr – peruanische Zeit – erwartet wird. Es bleiben noch zwei Stunden bis dahin, dann schnauft die alte Lok tatsächlich fast pünktlich heran. Aber bevor es zurückgeht nach Cuzco, müssen erst noch Passagiere oben in Quillabamba abgesetzt werden. Von den wenigen Dächern ergießen sich reinste Wasservorhänge. Ich bin hundemüde, naß und friere. Bloß gut, daß ich Elena informiert habe. Sie würde sich sonst unnötig Sorgen machen um mich.

Es ist bereits 21.30 Uhr, als ich die trübe Funzel des Knochenschüttlers im nächtlichen Regenschleier wieder entdecke. Endlich kommt der Zug von Quillabamba zurück. Sitzplatz? Keine Chance! Die Leute liegen schon in der Gepäckablage und auf dem Fußboden. Mit einem österreichischen Pärchen teile ich mir abwechselnd eine Sitzkante. Fünfeinhalb Stunden schaukeln und rattern wir durch die Nacht im Zick-Zack den Berg hinunter. Um 3 Uhr früh tuckern wir endlich in Cuzco ein.

Auf dem Markt bauen die Händler bereits ihre Stände auf. Im

Regen laufe ich nach Hause. Elena schaut aus dem Fenster, als ich todmüde angeschlurft komme.

»O Mann, habe ich mir Sorgen gemacht! Was ist denn passiert?«

»Hast du denn meine Nachricht nicht erhalten? Ich habe doch extra angerufen!«

»Nichts habe ich erhalten. Ich habe mir schon die schlimmsten Sachen ausgemalt, zumal andere Touristen auch oben waren auf dem Machu Picchu und nichts von dir wußten. Die kamen schon vor vielen Stunden heim.«

Ich war ganze 21 Stunden unterwegs. Das Mädchen von der Rezeption hatte vergessen, Elena meine Nachricht zu übermitteln. Kein Wunder, daß sie so besorgt war.

Elena:
Einen Tag verbummeln wir noch in Cuzco. Bei den Indiofrauen kaufe ich einen Poncho aus Alpakawolle und Hüttenschuhe für zu Hause in Deutschland.

»Noch einmal mehr als 30 Stunden im Bus – das mache ich nicht mehr mit. Komm, laß uns eine Düse nehmen!« protestiert Peter.

Mir ist auch nicht nach diesen Kamikaze-Busfahrern zumute, um wieder nach Lima zu kommen. So buchen wir einen Flug und sind einige Stunden später wieder in der Landeshauptstadt. Aber von wegen Düse: Mit einer uralten, russischen Fallschirmspringer-Propellermaschine rattern wir über die Andengipfel hinweg und sind froh, als wir in Lima heil auf dem Boden landen. Peter ist froh, wieder auf Meereshöhe zu sein, so schön es auch auf den Bergen war. Die Höhenluft hat ihm sehr zu schaffen gemacht. Er litt immer wieder unter Atembeschwerden und unregelmäßigem Herzschlag. Hier unten in Lima fühlt er sich sofort wieder besser. Noch einmal durchkämmen wir den Schwarzmarkt Limas in der Hoffnung, Peters Kamera-Ausrüstung und das Tonbandgerät doch noch zu finden, aber ohne Erfolg. Aus den Fenstern in den Gassen dringen laute Fernsehgeräusche, übertönt von Schreien. Die Peruaner unterhalten sich lieber schreiend, als den Fernseher leiser zu stellen. Bei einem Straßenimbiß essen wir in Vertrauen auf unsere durch den vielen Chili-Genuß gestärkten Bakterien-Abwehrkräfte einen Meeresfrüchtesalat und Combinado, eine hiesige Spezialität für einen Sol, etwa 0,62 DM.

Wir machen uns wieder auf den Weg. Durch dichten Verkehr und viele Abgaswolken hindurch erreichen wir die Küstenstraße zur ecuadorianischen Grenze. Eine meist öde Strecke, vorbei an Abfallbergen und Elendshütten. Ein Trupp von Geldwechslern stürmt auf uns zu, als wir 27 km hinter Tumbes, der Grenzstadt im Norden Perus, das Zollgebäude im Dörfchen Zarumilla ansteuern. Die geschäftewitternden Männer sind sehr aufdringlich und halten mich, wie Kinder johlend und feixend, am Gepäckträger fest. Mein großer Peter steigt langsam vom Rad und schubst den frechsten der kleineren Peruaner bedrohlich vor sich her, bis er Fersengeld gibt. Keiner der Typen traut sich mehr, auch nur eine Bemerkung zu machen. Unsere letzten peruanischen Soles verprassen wir in einem kleinen Laden. Bananen, Kekse und warmes Bier gibt es dafür.

Zarumilla macht einen sehr verwahrlosten und schmutzigen Eindruck. Staubig, grau und öde liegt das Dorf in der Mittagshitze. Die Leute starren uns wortlos und träge an. Kein Blatt bewegt sich. Die hitzeflimmernde Luft steht wie eine Wand. Siestazeit, alles döst vor sich hin.

11.
Messer, Gauner und Bananen

ECUADOR (Februar – März 1996)

Elena:
»Wo ist denn hier die Grenze – sind wir noch in Peru oder schon in Ecuador?« Spielzeug, getrocknete Kräuter, echt gefälschte Marken-T-Shirts, Uhren und Turnschuhe baumeln an den zahlreich angesiedelten Verkaufsbuden in Huaquillas, dem Grenzort zwischen Peru und Ecuador. Lastenträger schleppen große Säcke mit Reis oder Baumwolle über den Fluß Zarumilla und verschwinden fast unter dem Volumen ihrer Fracht. Frittierte, getrocknete, gebratene und gekochte Bananen gibt es alle paar Meter für wenig Geld.

Das peruanische Zarumilla und das ecuadorianische Huaquillas sind nur durch eine kleine Brücke getrennt voneinander. Hier wird nicht Karneval gefeiert wie in Peru, niemand wirft Wasserballons. Mit ernsten Gesichtern gehen die Leute ihren Geschäften nach. Hinter Marktständen, aus denen gequälte Lautsprecher die neuesten Schlager über die Straße scheppern, liegt links das unauffällige Zollgebäude, an dem wir eben glatt vorbeigefahren sind. Eigentlich soll es von 8 bis 18 Uhr durchgehend geöffnet sein, doch jetzt, um 14 Uhr, ist noch Siesta – kein Grenzbeamter ist zu sehen. Bei 33° C schwüler Hitze ist Warten angesagt. Trägheit liegt unter den heißen Wellblechdächern. Die ersten mobilen Geldwechsler pirschen sich heran und präsentieren ihre dicken Geldbündel. Landeswährung ist zwar der Sucre, doch maßgebend ist der US-Dollar. Für 0,53 DM bekommen wir 1.000 Sucres. Heute ist Sonntag, die Banken sind geschlossen, so nehmen wir das beste Wechselangebot an. Später stellt sich heraus, daß wir entgegen der Warnungen in unserem Reiseführer hier doch einen relativ guten Kurs bekommen haben.

Der letzte Schluck Kaffee ist runtergespült, der Einreiseschalter wird geöffnet. Wir erhalten die wichtige Ausreisekarte und die Stempel in unsere Pässe gedonnert. Die Formalitäten gehen zügig und problemlos vonstatten, deutsche Staatsbürger brauchen kein Visum. Auf die Frage, wie lange man im Land bleiben will, ist es ratsam, immer die Höchstdauer, die hier 90 Tage beträgt, anzugeben. Will man verlängern, sollte man das bei den Paßämtern in Großstädten rechtzeitig tun, denn eine abgelaufene Aufenthaltserlaubnis kann bösen Behördenärger mit sich bringen. Von wichtigen Dokumenten machen wir uns vorsichtshalber Kopien.

In der Stadtmitte sind die Vorbereitungen für die Bürgermeister- und Präsidentschaftswahlen in vollem Gange. Parolen sind in leuchtend roter und grüner Farbe an Wände gesprüht, auf den Plätzen werden hölzerne Podeste aufgebaut. Es gilt, das unzufriedene Volk von einer schönen Zukunft mit dem jeweiligen Kandidaten zu überzeugen.

Im Februar 1997 wurde der gewählte Staatschef Ecuadors, Abdala Bucaram, vom Parlament wegen ›geistiger Umnachtung‹ abgesetzt. Er selbst nannte sich gerne ›der Spinner‹. Fußballmanager und Schlagersänger waren nur einige seiner Nebenberufe.

Es gab in der letzten Zeit auch hier an der Küste einige Malariafälle, und so versuchen wir, in einer Apotheke unseren Vorrat an Malariatabletten aufzufrischen, doch der Mann hinterm Tresen hat von diesen Dingen keine Ahnung und ist nach eigener Auskunft auch nicht Apotheker. Stattdessen bietet er uns freudestrahlend ein Antibiotikum und ein starkes Schmerzmittel an, das wäre auch nicht schlecht… Überhaupt gehen Ärzte wie auch Patienten sehr locker mit jeder Art von Medizin um. Gerne werden jede Menge Tabletten geschluckt und beim geringsten

Wehwehchen Antibiotika verabreicht mit der Folge, daß es im echten Bedarfsfall nicht mehr wirkt. In der dritten Apotheke finden wir endlich, was wir suchen. Für 200 Sucres das Stück kaufen wir einzelne Aralen-Tabletten, die speziell für die Malariaprophylaxe sind, wie der Apotheker erklärt. Hoffentlich. –

Zum Weiterradeln ist es zu spät, so nehmen wir ein billiges Zimmer. Für umgerechnet 5,80 DM überläßt man uns eine Kammer mit zwei Quietschebetten auf selbstgebauten Holzpodesten. Die Redner der Wahlveranstaltung haben sich draußen auf dem Platz vor dem Hotel versammelt und preisen über krächzende Mikrofone lautstark ihre Vorzüge bis in die frühen Morgenstunden. Selbst die Hähne können nicht schlafen und krähen mitten in der Nacht los. In den Straßen wird getanzt, geredet und gelacht. Müde und zerschlagen radeln wir bei Tagesanbruch über die Bundesstraße Nr. 25 gen Norden und erreichen vor Arenillas einen militärischen Kontrollposten, wo unsere Einreise- und Aufenthaltsdaten in ein Buch eingetragen werden.

Die Landschaft ist tiefgrün, die Straße gut zu befahren. Hier heißt es, man muß nur einen Besenstil in den Boden stecken, und er beginnt sofort zu blühen. In der Tat: Eine Menge von dem, was in deutschen Supermärkten ausliegt, hat seinen Ursprung in Ecuador.

Das Land ist der größte Bananenexporteur der Welt. Kilometerweit strampeln wir an den riesigen Plantagen vorbei. Die Stauden werden bei der Ernte mit einer Art Seilbahn direkt vom Stamm weg zur Verladestelle gefahren. Die noch grünen Früchte werden in ein übelriechendes Bad aus Insektiziden getaucht und kommen in Kartons verpackt auf einen LKW. Der Plantagenbesitzer bezahlt seinen Leuten für diese Arbeit etwa 300 DM im Monat. Wir haben oft in den Bananenwäldern gezeltet. Vor der berüchtigten schwarzen Witwe, einer Giftspinne, muß man sich dort nicht fürchten – Insektenmittel werden säckeweise ver-

Ecuador: Die jungen Bananen wachsen dem Licht entgegen.

sprüht, auch das Gras wird behandelt, um der Moskitoplage Herr zu werden, denn hier sind mehr Schnaken als Grashalme. Schlangen gibt es aber trotzdem viele, und auch dem großen, grauen Schmetterling vor uns scheint es gut zu gehen. Geht man abseits der Straße, ist es allerdings angebracht, mit einem Stock und festem Auftreten die Tiere zum Rückzug zu bewegen. Die meisten Schlangen sind scheu und suchen das Weite, wenn der Boden vibriert. Beim Campen abends halten wir das Zelt und den Schlafsack stets geschlossen. Zu gut erinnern wir uns daran, daß in Südbrasilien abends eine Vogelspinne zwischen uns hindurch ins Zelt gekrochen ist. Wir sind froh um das mitgebrachte Moskitomittel, da sich die hiesigen ›Vampiretten‹ an das heimische Abwehrmittel bereits gewöhnt haben.

Reihenweise liegen große Kakaobohnen am Straßenrand zum Trocknen aus, Fischer verkaufen lebende Königskrabben, 4 DM das Dutzend. Die langen Scheren mit Gummis gefesselt, liegen sie in großen, viereckigen Bündeln zu Hunderten über- und nebeneinander. Zuckerrohr, Baumwolle und Reis werden in großen Mengen ins Ausland verkauft, aber auch Gold, Silber, Erdöl und Kautschuk sind Exportwaren. Das Straßennetz in Ecuador ist nicht allzu umfangreich. Die Verbindungswege zu abseits gelegenen Dörfern sind oftmals nur unbefestigte Erdstraßen, doch mit unseren Mountainbikes kommen wir gut voran. Noch ist die Gegend eben, der Autoverkehr erträglich. In den meist flachen Flüssen, die aus den Bergfalten der Anden kommen, planschen vergnügt quietschende Kinder und Erwachsene mitsamt ihrer Kleider im Wasser. Man zieht sich hier nicht aus zum Baden.

In Ventanas, einem etwas größeren Dorf, beschließen wir, in einem Hotel zu übernachten. Ich habe eine dicke Erkältung mit Fieber und einen Kopf wie ein Zehner-Softeis. An einem Straßenstand trinken wir eine Cola. Die Verkäuferin ist eine Frau mittleren Alters. Mit Blick auf unsere Bikes meint sie neidisch:

»Ihr habt es gut! Ihr kommt aus einem reichen Land, wo es alle Menschen gut haben. Hier, schaut euch nur mal den Dreck an bei uns. Viele Leute sind krank, und der Bürgermeister tut nichts dagegen!«

»Aber der Abfall liegt doch direkt vor Ihrem Stand. Warum fegen Sie ihn nicht selber weg?«

»Das muß der Bürgermeister erledigen lassen, und der wartet, bis uns eines der reichen Länder hilft. Niemand hier macht das selber! Wir haben nicht das Geld, um Kehrmaschinen zu kaufen.«

Tja, dann... Wir radeln weiter zur Ortsmitte. In einem kleinen Restaurant gibt es den obligaten Reis mit einem gebratenen Hühnerbein. In der Geschäftsstraße reihen sich graue Häuser aneinander. Alles scheint hier grau zu sein, selbst die Gesichter der Menschen. Schmuddelige Hunde stromern herum auf der Suche nach Eßbarem. In verstaubten Schaufenstern liegen süßliche Brötchen und ebensolche Salzkekse oder ein paar Haushaltsgegenstände, die schon seit langem auf Käufer zu warten scheinen.

»Wir suchen ein günstiges Hotel hier. Ob ihr wohl eines kennt?«

»Sí, Señor! Das Hotel ›Elisita‹ ist hier gleich um die Ecke und sehr günstig. Ich bringe Sie hin.«

Der etwa fünfzehnjährige Junge mit der Schultasche unter dem Arm zeigt zur Kreuzung und marschiert voraus. Nach wenigen Metern scharen sich immer mehr johlende Kinder und Jugendliche um uns. Alle wollen uns den Weg zum Hotel zeigen. Dort angelangt, interessieren sie sich für die vielen Aufkleber auf den Rädern und stellen interessiert Fragen nach dem Woher und Wohin. Es sind mittlerweile etwa 20 Kids, die im Kreis um uns herum stehen.

»Sowas mach ich auch mal, so eine Weltreise. Mein großer Bruder trainiert jeden Tag mit dem Rad. Er will mal Rennen fahren«, ruft ein Steppke neben mir.

Während Peter den immer begeisterteren Kindern Rede und Antwort steht, marschiere ich die zwei Treppen hoch zur Rezeption des Hotels.

»Guten Abend. Ich hätte gerne ein Doppelzimmer.«

»Für wie viele Stunden? Eine oder zwei?«

»Hä? Wieso eine oder zwei? Für die ganze Nacht natürlich!«

Grinsend taxiert mich der offensichtlich in die Pomadedose gefallene junge Mann interessiert von oben bis unten.

»Ach so – Sie meinen, sie wollen richtig für eine ganze Nacht mieten?«

»Klar. Das ist doch ein richtiges Hotel, oder nicht?«

»Äh, ja, schon.«

Sein Grinsen geht mittlerweile fast bis zum Scheitel hoch. Er zeigt mir ein Zimmer im zweiten Stock. Für 15.000 Sucres haben wir ein sauberes Zimmer mit klapprigem Doppelbett, Dusche und Balkon, von wo aus ich Peter unten auf der Straße das Zeichen für o.k. gebe. Während er unten schon mal anfängt, das Gepäck abzuladen, zahle ich das Zimmer sicherheitshalber gegen Quittung im voraus. Unterwegs ist es uns schon passiert, daß am nächsten Morgen entweder plötzlich der Zimmerpreis in die Höhe schnellt oder sogar behauptet wird, wir hätten noch gar nicht bezahlt. Wieder zurück auf der Straße, muß ich mir energisch einen Weg zu Peter bahnen, der von einer dichten Menschenmenge umringt ist. Stück für Stück tragen wir abwechselnd unser Hab und Gut vier Treppen hoch und lassen uns schließlich oben im Zimmer erschöpft aufs Bett fallen. ›Peng‹ – sitzen wir mit verdutzten Gesichtern auf dem Boden, die Beine senkrecht in die Luft gestreckt, die Matratze hochkant neben uns. Der fragile Rost ist eine ecuadorianische Maßarbeit und besteht aus drei Holzbrettern, die mit etwa 2 mm auf dem Rahmen aufliegen und bei der kleinsten Bewegung runterbrechen. Gleichzeitig ertönt aus dem Treppenhaus schallendes Gelächter. Sehr witzig!

Wir haben nicht mehr die Nerven, Diskussionen auf spanisch über ›Spaßbetten‹ zu führen. Wortlos packt Peter unsere Matratzen aus und legt sie neben den Bretterhaufen. Unten auf der Straße stehen immer noch die Jugendlichen und warten darauf, uns auf dem Balkon zu sehen. Wir genießen die Dusche und schlafen bald tief und fest.

Im Kalender steht Februar, das Quecksilber zeigt 38° C. Frauen hocken am Ufer eines kleinen Flusses und waschen Wäsche, indem sie mit Holzknüppeln kräftig auf die nasse Garderobe eindreschen. Von Jahresanfang bis etwa April muß man abends oft mit gußartigen Regenfällen rechnen, besonders hier in der Küstenregion. Da kann es schon mal passieren, daß ganze Straßen kniehoch überflutet werden. Die Autofahrer erheitern ihr Dasein dann unter anderem damit, rasant durch das kniehohe Wasser zu preschen und ihren Mitmenschen so zu unfreiwilligen Duschen zu verhelfen – sehr gerne auch ausländischen Radlern .

In höheren Lagen kann es aber auch ziemlich kühl werden. Wir haben uns der Witterung angepaßt und nach dem ›Zwiebelsystem‹ mehrere leichte Kleidungsstücke sowie das Regencape immer griffbereit. Aber so richtig kalt wird es – außer in hohen Lagen – in diesem Äquatorland nie, bedingt durch den direkten Sonneneinfluß. So kennt man hier auch keine stark konträren Jahreszeiten, sondern teilt das Jahr hauptsächlich in Trocken- und Regenzeit ein. Vereinzelt stehen einfache Holzhütten zwischen den Plantagen. Die Behausungen sind eher zweckmäßig als schmuck eingerichtet.

Zwei Räume müssen oft für zehn Personen ausreichen. Ein steinernes Waschbecken, ein roh gezimmerter Tisch und ein alter Schrank sind oft das einzige Mobiliar. Fast immer zieren ein Spiegel und Heiligenbilder oder die Konterfeis diverser Sänger die Wände. Geschlafen wird auf dem Boden, der mit Matten und Decken ausgelegt wird. Das Leben findet sowieso größtenteils im Freien statt. In Fässern wird das benötigte Trinkwasser herangekarrt. Aber obwohl sie sicher ein mühseliges Leben haben, wirken die Menschen fröhlich und lachen gern und oft.

Einer der zentralen Punkte für die Bananenwirtschaft ist das Städtchen Pasaje. Etwa 7 km vor dem Ort genießen wir nach der staubigen Fahrt eine ausgiebige Dusche in einer einfachen Tankstelle, bevor wir in die Stadt radeln. In manchen der dortigen Hotels werden die Zimmer auch stundenweise vermietet, was nicht immer auf Anhieb erkennbar ist… Anders unser ›Hotel Wimper‹ in der Juan Montalvo e/. Avenida Rocafuerte y San Martin, wo wir für 4 DM ein sauberes, ruhiges Doppelzimmer erhalten. Sogar die Räder dürfen wir mit in den Raum nehmen.

Die Verkaufsstände entlang der Straßen haben Haushaltswaren, Macheten, Taschentücher und viele andere nützliche Dinge im Angebot. Der Sinn des letztgenannten Artikels bleibt uns aber verborgen, denn die Leute schneuzen sich in die Hand oder sonst irgendwohin. In der Stadtmitte, gegenüber der Kirche, ißt man in den Restaurants gut und billig. Für zwei Mahlzeiten, bestehend aus Reis, einem panierten Schnitzel und Spiegelei, Bier und Cola bezahlen wir 15.000 Sucres, was knapp 8 DM entspricht. Für 3,50 DM erstehen wir eine lange Machete, um damit das Gras um unser Zelt abhauen zu können und uns im Notfall vielleicht damit zu wehren.

Ecuador wird von einer Inflation gebeutelt, die bei über 45 Prozent liegt. Für Selbstversorger gibt es in Pasaje einen kleinen Supermarkt. Nach 21 Uhr noch ein offenes Lokal zu finden, ist allerdings nicht so einfach. Brathuhn bekommt man in den Seitenstraßen, doch was es in Pasaje nicht gibt, ist eine Telefonleitung nach Deutschland. Das örtliche Postamt kann nur nationale Verbindungen herstellen. Braucht der Traveller einen Draht in die Heimat, muß er die 12 km zum internationalen Telefonamt in Machala fahren.

Um eine weitere Folge unserer Radioreportage für den Südwestfunk in Baden-Baden zu liefern, fahren wir also zunächst nach Machala. Wir erfahren, daß sich in Deutschland ganz schüchtern der Frühling ankündigt – und wir haben hier um die Mittagszeit herum 40° C, die Luft ist feuchtschwül. Schnee gäbe es zu Hause. Schnee haben wir das letzte Mal im Norden Pakistans erlebt. Nur in den Anden sahen wir von weitem die schneebedeckte Kuppe des Aconcagua in Argentinien beziehungsweise die der Vulkane in Chile. Machala hat etwa 130.000 Einwohner und ist das Zentrum für alle Agrarerzeugnisse der Umgebung. Eine riesige Banane am Stadteingang gibt einen Hinweis auf das hier wichtigste Handelsgut. Die Stadt ist auch die Hauptstadt der Provinz El Oro. Hier wurden die größten Goldfunde gemacht.

Die Leute sind generell freundlich. Ich kann mich auf italienisch und manchmal auch auf englisch gut mit ihnen unterhalten. Immer wieder werden wir auf unserer Strecke angehalten und zur Reise befragt. Natürlich fährt man auch hier mit dem Rad, aber auf die Idee, damit eine größere Strecke zurückzulegen, kommen nur wenige. Die aber wollen alles ganz genau wissen und bestaunen unsere Ausrüstung. Meist werden wir dann umringt von den Dorfbewohnern, die uns bereitwillig über die vor uns liegende Strecke informieren.

Etwa die Hälfte der Einwohner Ecuadors sind Mestizen, ungefähr 30 Prozent sind Indios, die meist dem großen Stamm der Quechuas angehören. Neben den Quechuas gibt es noch viele kleinere Stämme mit einer interessanten Kultur, die aber mehr und mehr an Bedeutung verlieren. Den Rest stellen Schwarze, Weiße, Mulatten oder Nachkommen aus arabischen Staaten. Uns macht es Spaß, anhand der verschiedenen Physiognomien zu überlegen, woher die Menschen wohl ursprünglich stammen. Ein buntes Gemisch von Hautfarben, Gesichtsmerkmalen und Bewegungsarten belebt in interessanter Vielfältigkeit die Orte. Viele der Schwarzen stammen von Sklaven ab, die aus Afrika verschleppt wurden. Die Straße mit der Nr. 25 führt uns weiter durch Anbaugebiete und Dörfer.

Gleich hinter den Feldern beginnt die oft dschungelähnliche Vegetation. Männer in Gummistiefeln, Macheten und Gewehren in den Händen, bahnen sich einen Weg in das Dickicht. Papageien und handtellergroße Schmetterlinge kreuzen unseren Weg.

Wie viele Leute können mit einem Bus fahren, der 40 Sitzplätze hat? Bestimmt doppelt so viele, zumindest in ländlichen Gebieten, wenn man die Reisenden auf dem Dach mitzählt. Dazu kommen noch Kisten und Kästen, Zwiebelsäcke und Kartoffeln, oder was sonst noch draufpaßt. Die glucksenden Hühner schiebt man unter den Sitz. Manchmal ist die Karosserie der Dorfbusse aus buntbemaltem Holz und der Fahrtwind kühlt ungehindert die Passagiere, weil keine Scheiben in den Fenstern sind.

In den Dörfern gibt es immer wieder einmal eine Bude, in der der durstige Radler Wasser, eine warme Limo oder ein paar Kekse bekommt. Die Brötchen sind leicht süßlich, so wie auch das weitverbreitete, weichkrümelige Toastbrot. Manche Tankstellen haben eine Dusche oder zumindest ein Rohr, aus dem Wasser läuft. Das Trinkwasser lassen wir immer durch unseren Filter laufen – Cholera ist auch hier ein Thema. Daran sollte man sich erinnern, wenn man bereits aufgeschnittenes Obst zu sich nimmt. Damit die Stücke nicht austrocknen, werden sie vom Verkäufer immer wieder mit Wasser bespritzt. Und sicher kauft er dafür nicht extra sauberes Flaschenwasser.

Peter:
Elena liest aus der Zeitung vor: Gestern ist bei dem Örtchen Aguas Verde ein großer Reisebus 70 m tief einen Hang hinuntergestürzt. Es gab Tote und Verletzte. Die Einheimischen aus der Umgebung plünderten die Unfallopfer aus, bevor die Sanitäter kamen. Viele der Armen sind der Überzeugung, wer Reisen kann, muß viel Geld haben. Aber auch untereinander scheint es bei vielen Menschen in Ecuador heftig zuzugehen. Jeden Tag leuchten auf den ersten Seiten der meisten Zeitungen blutrünstige Farbfotos von Folteropfern. Mal handelt es sich um Guerillageiseln, mal um private Händel oder um ›Spiele‹ zwischen Jugendlichen. In vielen Lokalen liegen die grausigen Berichte auf den Frühstückstischen aus. Zwar sind gut 90 Prozent der Bevölkerung mehr oder weniger gläubige Katholiken, aber gleichzeitig ist die reiche Oberschicht dünn und die Armut groß. Obwohl wir als Fernradler keinen reichen Eindruck machen, rufen uns die Leute manchmal hinterher:

»Camina la plata!« Da geht das Geld.

Hohe Arbeitslosigkeit ist hierzulande ein großes Problem, Korruption ein weiteres. Kinderarbeit ist auch hier weit verbreitet. Ohne sie kämen aber die meisten Familien angesichts des schwachen, sozialen Netzes überhaupt nicht durch den Monat. Seit 1936 besteht zwar offiziell Schulpflicht, doch viele Kinder lernen dort gerade mal Lesen und Schreiben, bevor sie zur Arbeit geschickt werden – oder gehen erst gar nicht hin.

Guayaquil ist die zweitgrößte Stadt des Landes, ein Industriezentrum und Umschlagplatz für Waren aller Art. Von hier aus erreicht man per Boot die vorgelagerten Inseln, den Nationalpark ›El Salado‹ mit dem Örtchen ›La Esperanza‹, die Hoffnung, sowie die artenreiche Fauna und Flora auf Galapagos, der ›Insel der Schildkröten‹, 965 km von der Küste entfernt im Pazifik. Ihre vorsintflutliche Tierwelt und die einmalige Vulkanlandschaft sind nach wie vor für Wissenschaftler und Touristen eine Hauptattraktion. Noch, denn die Umweltverschmutzung hat auch hier bereits viel zerstört. Die graubraune Hafenstadt Guayaquil hat allerdings wegen der hohen Kriminalität bei der Bevölkerung einen schlechten Ruf.

Wir durchqueren Babahoyo und tauchen ein in die fruchtbare Landschaft der Region Los Rios. Die Städtchen entlang des Weges ähneln sich. In den Restaurants bekommt man für etwa 2 DM einen Teller Reis mit gebratenem Huhn. Musikcassettenverkäufer beschallen die Straßenszene mit den oftmals herzzerreißenden Liedern, in denen wieder mal fast immer die Worte ›Amor‹ und ›Corazon‹, Liebe und Herz, vorkommen, wobei ersteres oft unerfüllt ist und demzufolge das zweite bricht. Hühner, Enten und Hunde gehen ihren Weg und prüfen die Abfälle, manchmal flüchtet quiekend ein empörtes, schwarzes Schwein vor unseren Bikes. Die Strecke ist weitgehend flach. Ein Stück begleiten uns ecuadorianische Radler auf Rennrädern, die innerhalb ihres Landes die Straßen erkunden. Über die Grenzen hinaus haben sie sich allerdings noch nicht getraut. Das Bild der Nachbarstaaten wird in den Medien nicht gerade positiv wiedergegeben. Interessiert lauschen sie unserem Bericht über Peru und beschließen dann, sich doch einmal dorthin zu wagen.

Warum die Banane krumm ist, kann man unterwegs ganz genau prüfen. Kilometerlang ziehen sich Bananen- und Zuckerrohrfelder beidseits der Straße hin. Ein Stück von dem süßen Rohr kann eine Leckerei für die kleine Pause sein. Man kaut es weich und saugt den süßen Saft heraus. Nebenbei putzt man sich so mit dem faserigen Rest die Zahnzwischenräume. Vereinzelt schwanken Kokosnuß- oder Ölpalmen in der schwülen Luft. Orangerot hängen die reifen Früchte der Ölpalmen in großen, schweren Bündeln herunter. Irgendwann durchqueren wir Los Angeles, ein kleines Nest am Straßenrand. Schon den ganzen Tag hängt ein schwerer, schwarzer Himmel dicht über uns und droht, jeden Moment die Schleusen zu öffnen.

Auf einer teilweise abgemähten Wiese hinter hohem Gras und raschelnden Zuckerrohren finden wir einen Zeltplatz. In der Gegend hat es Tage zuvor schon geregnet, der Boden ist mit Wasser vollgesogen.

Tausende Moskitos schwirren penetrant sirrend um uns herum. Ständig werden wir durch die Kleidung hindurch gestochen. Während der Nacht platzt die Wolkendecke.

»Peter, wir liegen mitten im Wasser. Der Zeltboden ist nicht mehr dicht!« weckt mich Elena mit tonloser Stimme.

Draußen ist es stockfinster. Es dauert einen Moment bis ich begreife, was passiert ist. Meine Hand greift automatisch nach der Tasche mit der Fotoausrüstung – und patscht mitten ins Wasser, das etwa fünf Zentimeter hoch im Zelt steht. Von der Decke tropft es rhythmisch auf Elenas Matratze – plop, plop...

»Himmel – die Fototasche steht im Wasser.«

»Das ist nicht schlimm, die ist ja wasserdicht. Viel schlimmer ist, daß unsere ganzen Kleider naß geworden sind!«

Hektisch reiße ich die Tasche mit der Fotoausrüstung an mich, während Elena mit der Taschenlampe die triefenden Kleidungsstücke betrachtet, die wir an der Zeltdecke aufgehängt haben. Das Moskitonetz am Eingang ist ein einziger, sirrender Schnakenhaufen. Es ist fast vier Uhr früh. Jetzt die Sachen zusammenzupacken, hätte wenig Sinn.

So legen wir uns resignierend wieder auf die nassen Matratzen, plätschern mit Händen und Füßen im wenigstens warmen Wasser und warten auf das erste Tageslicht. Das kommt, und mit ihm etwa dreißig mit Tüchern gegen die Schnaken vermummte Männer mit Macheten in den Händen. Was ist jetzt los? Es sind staunende Feldarbeiter, die zu ihrem Arbeitsplatz im Zuckerrohrfeld gehen und unser Zelt ansehen, wie sie wohl ein UFO betrachten würden. Wegen der Millionen Moskitos im Gras haben sie sich Tücher vor das Gesicht gebunden, die nur die Augen freilassen. Nach genauer Inspektion unserer Räder machen sie sich kopfschüttelnd an ihre harte Arbeit und ernten das reife Rohr. So fällt jegliche Morgentoilette für uns aus.

Eilig raffen wir unsere Habseligkeiten zusammen, klauben ein paar trockene Kleider aus den Ortlieb-Taschen und fahren los. Jeder von uns hat seine feuchten Kleidungsstücke irgendwie am Rad befestigt, damit der Fahrtwind sie trocknen kann.

Im Land der Vulkane nähern wir uns der beeindruckenden Andenkette mit ihren hohen, schneebedeckten Gipfeln, die im Osten zum Amazonasbecken hin abfällt. Das Gebirge zieht sich in Nord-Süd-Richtung der Länge nach durch Ecuador. Der höchste Berg ist der Chimborazo und ragt stolze 6.310 m aus dem Boden. Mehr und mehr steigt die Straße jetzt an, ein Großteil der Schweißdrüsen sind geöffnet – schieben ist angesagt. Bei der hohen Luftfeuchte artet das in richtige Arbeit aus. Der höchste, aktive Vulkan hat den Namen Cotopaxi und ist 5.897 m hoch. Endlich erreichen wir das Städtchen mit dem schönen Namen Santo Domingo de los Colorado. Der Ort ist ein wichtiges Handelszentrum zwischen der Küste, Quito und dem Hochland. In nordwestlicher Richtung führt der Weg nach Esmeraldas am Meer, es sind zirka 170 km Flachland bis dahin. Beim Bummel über den Markt entdecken wir einige Stände, an denen diverse Mittelchen gegen Wurmbefall verkauft werden. Strahlend präsentiert uns ein Mann mehrere Fläschchen mit elend langen, dicken Würmern drin, die sein kleiner Sohn nach Einnahme der Tinktur von sich gegeben hat. Na prima… Es macht Spaß, an den Ständen entlangzuschlendern und die Augen spazieren zu schicken.

Jetzt windet sich die Straße mal mehr, mal weniger, in ansteigenden Kurven in die Berge hoch. Schön ist die Landschaft, aber schweißtreibend, wenn man mit dem bepackten Fahrrad unterwegs ist. Kleine Dörfer liegen dahingestreut am Weg wie Rosinen auf einem Kuchen. Indios mit bunten Ponchos und kleinen, braunen Hüten warten entlang der Straße auf den Bus oder verkaufen ein paar Habseligkeiten oder Gemüse. In den Spalten der rauhen Felsen haben sich lange Farne festgekrallt, glasklare Wasserfälle plätschern dazwischen vor sich hin. Links rauscht der Pilatón-Fluß tief unten im Tal vorbei. Dichte Nebelschwaden ziehen über die Straße und durch die Schluchten, verwandeln die Landschaft in eine bizarre Märchenwelt. Die ›Straße der Vulkane‹ führt am 4.788 m hohen Corazón, später am Atacazo vorbei. Stellenweise lichtet sich der Nebel und gibt eine grandiose Aussicht frei, aber auch mit den Dampfschwaden ergeben sich immer wieder reizvolle Landschaftsbilder. Der Randstreifen der Straße ist allerdings selten befahrbar und die PKWs und Busse scheinen für das nächste Autorennen zu üben. Entsprechende Vorsicht ist also geboten. Freiwillig radeln wir gut beleuchtet und behelmt.

Schon Alexander von Humboldt staunte über die fruchtbare und vielfältige Landschaft, als er zwischen 1801 und 1802 die Gegend bereiste. Höher und höher schraubt sich die Straße. Endlich – etwa 750 km ab Huaquillas an der peruanischen Grenze liegt Quito vor bzw. etwas unter uns. Die Stadt ist die älteste Hauptstadt Südamerikas und wurde 1534 von den Spaniern neu gegründet. Die damalige Amtssprache Quechuan wurde von Spanisch abgelöst. Auf einer Höhe, wo man sich in Europa die Bretter an die Sohlen schnallt, leben ungefähr 2 Millionen Menschen – mindestens. Zwischen 2.850 und 3.000 m über dem Meer zeigt der Höhenmesser,

Peter spürt die Höhe allerdings auch ohne technische Hilfsmittel. Obwohl Nichtraucher, japst er immer mehr nach Luft und klagt über Herzbeschwerden. Nachts wache ich unruhig auf und lausche auf seinen Atem, den er im Schlaf viel zu lange anhält, um dann mit lautem Japsen nach Luft zu ringen. Die Höhe ist nicht jedermanns Sache. Der ›Hausberg‹ hier ist der schneebedeckte Vulkan Pichincha mit 4.794 m.

Radfahrer, kommst du nach Quito, so stell dein Rad ins Hotel und geh zu Fuß oder fahre mit dem Taxi. Hügel an Hügel reiht sich in Ecuadors Hauptstadt, zumindest im alten Teil. Nach Jerusalem ist Quito eine der bergigsten Städte auf unserer Reise. Einige langgezogene, spärlich beleuchtete und vom Verkehr stark frequentierte Tunnel durchkreuzen diesen Teil der Stadt. Auf der Suche nach einer Unterkunft schieben wir die Räder durch einen dieser elend langen Tunnel voller Abgase. Mit hoher Geschwindigkeit rasen die Autos dicht am schmalen Bürgersteig entlang. Zum Schutz vor dem Dieselqualm drücken wir uns Taschentücher an die Nasen und sind erleichtert, als wir den Tunnel hinter uns lassen. Die Altstadt ist sehr interessant, aber nicht ungefährlich. Für etwa 8 DM mieten wir ein Zimmer mit Bad im ›Hotel Gran Casino Internacional‹, einer Touristenunterkunft, die auch schon bessere Tage gesehen hat. Nur zu bestimmten Stunden am Tag gibt es warmes Wasser, aber sonst ist es einigermaßen o.k.. Die Besteigung des ›El Panecillo‹ direkt hinter dem Hotel, von wo aus der berühmte Engel über die Stadt grüßt, ist berüchtigt. Zu oft werden Touristen dort massiv überfallen. Selbst Taxis werden dort oben gestoppt, die Passagiere ausgeraubt. Taschendiebe sind leider auch allgegenwärtig. Im Nu wird man in einem nur Sekunden dauernden Stau zwischen Menschen eingekeilt. Wir haben erlebt, wie selbst alte Indiofrauen mit einer Rasierklinge Rucksäcke und enge Jeanstaschen aufschneiden – und das geht ratzfatz! Überhaupt sind wir hier mitten im Rotlichtviertel gelandet.

Wo tagsüber Indios ihre wenigen Habseligkeiten, die hauptsächlich aus gebrauchten Kleidungsstücken bestehen, feilbieten, prügeln sich nachts zwielichtige Gestalten. Zu später Stunde weckt uns lautes Gezeter auf dem großen Platz unter unserem

Fenster. Eine dicke Indiofrau prügelt ihren betrunkenen Ehemann nach Hause.

Elena:
Mit einem Deutschen, den wir kurz vorher im Hotel kennengelernt haben, gehen wir durch die Altstadt. Wir warnen ihn davor, seine teure Fotoausrüstung weiterhin so gut sichtbar um den Hals zu tragen. So nimmt er einen dünnen Rucksack aus Jeansstoff mit, in den er die Kamera und alles, was dazugehört, reinpackt. Die Straßen Quitos sind sehr belebt, die Bürgersteige schmal und voller Menschen, die sich aneinander vorbeidrängeln.

Ein dicker Mann schnäuzt sich direkt vor uns intensiv die Nase und versperrt mit seinen angewinkelten Ellbogen den Weg. Zwei ebenso breite, ältere Indiofrauen versuchen umständlich, an ihm und uns vorbeizukommen. Endlich gelingt es Peter und mir, weiterzugehen.

»Hey, dein Fotoapparat fällt gleich aus dem Rucksack!« sage ich zu unserem Begleiter, als er sich endlich auch aus dem Gedränge befreit hat. Zu spät. Der Rucksack ist der Länge nach aufgeschnitten, das Blitzgerät und ein Kamera-Objektiv fehlen. Die Indios sind verschwunden.

Tags darauf passiert mir Ähnliches. Während wir durch die engen Gassen der Altstadt schlendern, schlitzt mir jemand unbemerkt meine Jackentasche auf. Als Peter mich auf die zerschlissene Tasche aufmerksam macht, bin ich froh, daß nichts außer einem Taschentuch in den Außentaschen war.

Was gibt es sonst noch über Quito zu berichten?

Jede Menge! Da wäre zum Beispiel die ›Plaza de la Independencia‹ mit der Unabhängigkeitsstatue, von oben winkt der Engel vom Berg herunter. Unweit davon kommt man zur Kathedrale, zum Bischofspalast oder zum Regierungspalast, je nach eingeschlagener Richtung. ›La Ronda‹ soll die älteste Straße von Quito sein. Man geht also in die ›Qualle Juan de Dios Morales‹, so heißt sie heute, und kommt in ein altes Wohnviertel mit gut restaurierten Balkonen und farblich abgestimmten Bemalungen, geht über Treppchen und durch Gäßchen, und kann in den Straßenrestaurants einen Kaffee mit Milch trinken. Wobei die Betonung auf Milch liegt! Das Kaffeepulver wird nämlich in die Milch gerührt und nicht umgekehrt. Frische Obstsäfte gibt es in vielen Variationen. Auf Eiswürfel verzichten wir wegen der Infektionsgefahr in Erinnerung an Montezumas Rache, die uns in Indien und Syrien ereilte. Die Altstadt und ihre Reize kann man am besten zu Fuß entdecken, liegt doch das meiste Sehenswerte nah beieinander. Bei Nacht sollte aber auch der wagemutige Traveller dort nicht mehr unterwegs sein. Im Restaurant ›Pablo‹ gegenüber unseres Hotels essen wir große Schnitzel mit Reis und Spiegelei für 2 DM. Im Hinterzimmer scheint eine Party im Gange zu sein. Die Musikbox dröhnt, die schon lange nicht mehr nüchternen Gäste übertönen sich gegenseitig mit überschwappenden Stimmen.

Plötzlich kracht es. Glas splittert. Eine junge Mulattin hält die scharfkantigen Reste einer Flasche angriffslustig gegen das Gesicht eines Farbigen, der betrunken, blöde lächelnd, zurücktaumelt. Die anderen Gäste versuchen, die wütende Frau zu bändigen, was die aber erst richtig in Rage bringt. In Windeseile entsteht ein Tumult im Lokal, aber nach wenigen Minuten ist auch schon die Polizei da. Zwei Uniformierte in Tarnfarben, die frisch aus dem Guerrillakrieg zu kommen scheinen, stehen in der offenen Tür. Ihre schwarzen Stiefel, die Schlagstöcke und Maschinengewehre an ihren Seiten und die Tränengas-Spraydosen in ihren Händen deuten darauf hin, daß sie es ernst meinen. Allein ihr Anblick beruhigt sofort die aufgeregten Gemüter um uns herum. Der Aufruhr löst sich in nichts auf.

»Señor, das hier ist kein gutes Lokal für Touristen wie Sie. Es ist besser, wenn Sie abends im Hotel bleiben!« warnt uns einer der Krieger.

Kaum sind die gesprenkelten Wächter wieder draußen, zieht

der Farbige seine Kontrahentin auf den Schoß. Lachend schmiegt sie sich an ihn. Alltag. Wir gucken uns verdutzt an, lachen auch und essen weiter. Kaum sind wir fertig, kommen ein kleines Mädchen und ein Junge von etwa sieben Jahren an unseren Tisch. Die Indiokinder haben eine Plastiktüte dabei, in der sie die Speisereste in den Gaststätten einsammeln. Mit großen, traurigen Augen halten sie uns ihre halbvolle Tüte entgegen, in der alles bunt durcheinandergemischt ist, was die Gäste auf den Tellern zurückließen. Der Koch hat ihnen noch ein paar halb abgenagte Knochen reingeworfen. Mit ernsten Gesichtern leeren sie unsere Teller in die Tüte und bedanken sich höflich. Als wir ihnen noch etwas Geld dazugeben und mit ein paar Luftballons abrunden, blicken sie uns strahlend an und rennen zurück auf die Straße.

Auch eine Taxifahrt kann sich abenteuerlich gestalten. Wir haben eine Verabredung mit unserem Bekannten Heinz bei der Deutschen Botschaft. Weil wir schon etwas spät dran sind und nicht noch mehr Taschen aufgeschlitzt bekommen möchten, nehmen wir uns ein Taxi, um quer durch die Stadt zu fahren. Der Wagen fährt durch eine breite Allee, deren Fahrbahnen durch einen Grünstreifen voneinander getrennt sind. Plötzlich springen etwa acht maskierte Jungs zwischen 10 und 16 Jahren vor das Auto auf die Straße. Böses ahnend schiebe ich unwillkürlich meine Tasche unter den Sitz, stelle die Füße davor und verriegele die Tür. Wild schreiend, mit Steinen schlagbereit in der Hand, stoppt die Bande das Taxi und droht, die Windschutzscheibe einzuschlagen. Einer hat ein Stück von einem Gartenschlauch in der Hand, ein anderer einen Baseballschläger. Mit barscher Stimme fordern sie von unserem Fahrer Geld. Der kennt das Spiel wohl schon. Sofort greift er unter den Stoff auf dem Armaturenbrett, zieht einen dort versteckten Geldschein heraus und reicht ihn einem der Jungs durch das offene Fenster. Noch ein prüfender Blick in unsere Richtung, dann dürfen wir weiterfahren. Daß es auch in Ecuador eine Straßenmaut gibt, ist uns neu. Im Heckfenster sehen wir, wie die Bande flink den Ampelstop auf der anderen Straßenseite ausnutzt für ihr böses Spiel.

Der nächste Ärger folgt, als wir uns weigern, dem Fahrer das an die Bande bezahlte Geld zurückzuerstatten. Er tobt und zetert wie ein Wahnsinniger, als wir vor der Botschaft aussteigen, aber daß wir als Touristen die Kriminalität, zumal die von Kindern, noch unterstützen, sehen wir wirklich nicht ein. Der wütende Chauffeur wird von einem vorbeikommenden ecuadorianischen Geschäftsmann mit wenigen Worten in seine Schranken gewiesen und fährt mit quietschenden Reifen davon.

»Entschuldigen Sie bitte vielmals das Benehmen meines Landsmannes. Er und die Straßenräuber haben gelernt, daß die Touristen viel Geld haben und bereitwillig alles bezahlen, was man von ihnen verlangt.«

Als wir wieder im Hotel angelangt sind, erzählt der Schuhmacher nebenan, der meine Wanderschuhe mit Stücken alter Autoreifen besohlt, daß er schon mehrmals in seiner Werkstatt überfallen worden ist. Er hat mittlerweile regelrecht Angst vor männlicher Kundschaft.

»Erst kommt einer als scheinbarer Kunde – und plötzlich hast du ein Messer oder einen Schraubenzieher am Hals, und im Laden stehen vier oder fünf Gangster. Du räumst die Kasse aus und gibst ihnen den ganzen Tagesverdienst. Keine Chance zur Gegenwehr!«

Jetzt hat der Schuhmacher eine alte Singer-Nähmaschine vor den Eingang seiner Werkstatt gestellt. Zumindest wird ein Überfall dadurch etwas erschwert, und vielleicht hält es den einen oder anderen doch ab. Ein Menschenleben zählt hier nicht sehr viel. Etwas anders ist es in der Neustadt. Hier sind die großen Hotels, die Botschaften, der Flughafen, die teuren Glaspaläste und Supermärkte angesiedelt. Der Anflug auf Quito ist übrigens bei den Piloten als Geschicklichkeitstest gefürchtet. Der

Flughafen liegt mitten in der Stadt, die sehr kurze Landebahn endet vor einem Slumviertel und kann nicht verlängert werden, weil man nicht weiß, wo man die vielen Menschen unterbringen soll. Geschäfte, die schöne, landestypische Souvenirs verkaufen, finden wir in der Nähe der Deutschen Botschaft, in der Avenida Rio Amazonas. Hier befindet sich der exclusivere Teil der Stadt mit Reisebüros, Einkaufszentrum und American-Express-Büro. Im Park El Ejido gegenüber ist samstags Gemäldeverkauf. Viele Indios bieten selbstgemalte Bilder, bunte Ledergürtel und allerlei Handarbeiten an. Quito hat eine der ältesten Sternwarten Südamerikas. Das Postamt finden wir in der Avenida Guayaquil an der Ecke der Calle Espejo, der Spiegelgasse.

Tip: Fachgeschäfte für Fahrrad-Ersatzteile sind auf unserer Strecke durch Ecuador so selten wie Elefanten im Schwarzwald. Wir sind froh über die Stahlrahmen an unseren Bikes, die bei einem eventuellen Bruch doch leichter geschweißt werden können als Aluminium. In den Großstädten kann man aber gut ausgerüstete Fahrradläden finden. Einer ist zum Beispiel in Quito/ Neustadt, in der Nähe des ›Colegio Alemán‹, der Deutschen Schule, in der Avenida 6. de Diciembre. Hier gibt es allerlei Ersatzteile für Mountainbikes und Rennräder.

Peter:
In der Straße hinter der Deutschen Botschaft aber kann man eine kulinarische Spezialität probieren: Meerschweinchen oder ›Cuy‹, wie es hier heißt. Von unseren Bekannten Heinz und Edgar sind wir zum Essen eingeladen worden. Gespannt beobachten sie uns, als der Kellner das Essen bringt, und lachen beim Anblick unserer wohl etwas verdutzten Gesichter. Wir haben ganz mutig Meerschweinchen bestellt, die in Deutschland weit verbreiteten Kuscheltiere. Was da nun vor uns auf den Tellern liegt, ähnelt allerdings mehr einem mittleren Monster. Das Minischwein wurde halbiert und ohne viel Federlesen wie es war auf den Grill geworfen. Eine schwarze Augenhöhle starrt mir

entgegen, darunter eine verbrutzelte Stupsnase über schneeweißen Schneidezähnen. Die Füßchen mit den langen Krallen sind auch noch dran. Erst graust es mir, aber es gibt kein Zurück. Letztlich ist es ja für mich einfach nur ungewohnt. Ich versuche zaghaft, dem Tier mit der Gabel in den Bauch zu stechen. Schwupps, rutscht die Gabel ab und befördert ein paar Fettspritzer auf das weiße Tischtuch. Die Meerschweinchenschwarte ist hart gebacken. Jetzt gilt es, vorsichtig zu sein, sonst verpasse ich den gepflegten Herren im weißen Hemd an unserem Tisch die reinste Fettspritzerdusche. Endlich gelingt es mir, die Kruste aufzubrechen, aber es ist harte Arbeit, ein Meerschweinchen zu essen. Als ich die erste Gabel mit Fleisch in den Mund schiebe, bin ich jedoch sofort vom Geschmack begeistert. Das Tier ist gut gewürzt und sehr mager. Allerdings hat es haufenweise kleine Knochen und das Essen artet in eine arge Puhlerei aus. Die Tiere leben hier noch hauptsächlich in Freiheit, bis sie das Schicksal trifft – entsprechend niedrig ist unsere Hemmschwelle. Wir bezeichnen dieses gut gewürzte Essen als Delikatesse, auch auf die Gefahr hin, daß wir von Meerschweinchenbesitzern nicht mehr eingeladen werden…

»Am Wochenende veranstaltet ein Freund von mir auf seiner Hazienda eine Party. Wir wollen ein großes Schwein in einem Bodenloch backen. Wenn ihr Lust habt…?«

Klar haben wir Lust! Und wie! Wir verabreden uns mit Heinz und seiner Familie am Freitagabend. Mit dem Pickup geht es raus aus der Stadt, vorbei am Äquator und hoch in die Berge. Die Hazienda von Bernd, Heinz' Freund, umfaßt ein riesiges Areal mit einem See, einem Flußlauf, Dschungel und Wohnhäusern für die Angestellten und ihre Familien. Auch Bernd ist Deutscher und hat sich hier mit seiner ecuadorianischen Frau ein wahres Paradies geschaffen. Wir kommen noch bei Tageslicht auf der Hazienda an, die so im dichten Grün versteckt ist, daß man sie vom steilen Schotterweg her nicht sehen kann. Zwei Arbeiter öffnen das große Eingangstor zum Gelände und führen uns zum Gästehaus, wo uns Bernd mit seiner Frau und anderen Gästen herzlich willkommen heißt.

»Die Hazienda liegt weitab von jeder menschlichen Siedlung versteckt im Wald. Einige unserer Bekannten sind in ihrem Haus bereits überfallen worden. Wir sind Ausländer, das bedeutet für die Einheimischen, daß wir reich sein müssen. Es ist nicht ganz ungefährlich hier draußen!«

Zwei der frei umherlaufenden Schweine werden eingefangen und geschlachtet. Eines davon soll morgen früh in dem Erdloch gebacken werden, das gerade von einem Arbeiter ausgehoben wird. Das andere Schwein soll im Topf gekocht und zu Wurst verarbeitet werden. Zwischen Fleischwolf und Kräuterbündeln lernen wir Claudia und Christian kennen mit ihren Kindern. Die deutschstämmige Claudia ist in Namibia geboren. Mit ihrer hellen Haut und den blonden Haaren sieht sie allerdings nicht so aus, wie man sich allgemein eine Afrikanerin vorstellt. Ihr deutscher Mann Christian ist Geologe, genauer gesagt Goldgräber. Im Auftrag einer großen Minengesellschaft versucht er, möglichst umweltschonend unter Einbeziehung der einheimischen Indios im Dschungel Boliviens nach Gold zu suchen.

Früh am nächsten Tag wird das Schwein mit einigen Kartoffeln in einer Metallwanne auf glühende Kohlen in die Backgrube gelegt. Über das Loch kommt ein Wellblech, das wiederum mit Erde bedeckt wird. So brutzelt der Braten den ganzen Tag vor sich hin. Derweil fahren Heinz und seine Frau Meike ins nächste Dorf, um noch etwas Brot zu besorgen. Bernds Wochenendgäste bei der Hazienda stammen aus Ecuador, Peru, Chile und Deutschland. Lehrer, Goldschürfer, Botschaftsangehörige und Angestellte internationaler Firmen unterhalten sich auf spanisch oder deutsch, und jeder berichtet aus seinem Alltag. Interessiert hören wir zu, wie Christian von seinem Berufsalltag erzählt.

»Aber mit der Goldsucherei begann doch meistens das Unglück der Indios.«

»Ja, das stimmt. Aber wir versuchen, die Natur weitgehend zu schonen. Außerdem sind die Indios oben im Dschungel sehr arm. Durch uns haben sie Arbeit und Brot.«

»Wer hilft mir beim Wurstmachen?«

Claudia hat die Ärmel hochgekrempelt und schiebt ein großes Stück des mittlerweile gekochten zweiten Schweines in den Fleischwolf. Mit einem Mal herrscht rege Betriebsamkeit auf der Holzveranda. Einer schneidet das Fleisch in Stücke, der andere streicht die Därme glatt, in die die Wurst gepreßt werden soll. Das Fleisch wird mit vielen Gewürzen und Kräutern vermischt und nochmals durch den Fleischwolf gedrückt, direkt in die Wursthaut hinein. Es ist harte Arbeit, ein ganzes Schwein mit einfachen Mitteln zu verwursten. Mit rotem Kopf vor Anstrengung, aber fröhlich lachend füllt Claudia eine große Schüssel mit dicken Würsten. Am späten Nachmittag endlich sind wir fertig. Die Würste werden gekocht und mit selbstgemachtem Sauerkraut und Kartoffeln gegessen. Dazu gibt es Schweinebraten und ein kühles Bier. Es schmeckt wunderbar heimatlich. Bis spät in der Nacht sitzen wir gemütlich auf der Veranda und trinken Bier und Caipirinha, ein feines, aber auch ziemlich alkoholhaltiges Erfrischungsgetränk Lateinamerikas.

»Sagt mal«, rückt Claudia zu uns auf die Bank, »Christian muß morgen wieder zurück in die Mine und kommt erst in drei Wochen wieder. Wollt ihr nicht zu uns kommen? Das Haus ist groß genug!«

»Gern, wenn das für dich nicht zuviel Trubel ist.«

»Ach was, ich bin gespannt auf eure Erzählungen!«

Zwei Tage später laden Elena und ich unser Gepäck in Claudias Auto und quartieren uns bei ihr zu Hause ein. Zufällig wohnt sie direkt gegenüber der Deutschen Schule, in der wir am nächsten Tag einen Vortrag vor mehreren Klassen über unsere Reiseerfahrungen halten. Beim Radiosender ›Stimme der Anden‹ sind wir zu einem Live-Interview eingeladen, das weltweit in der jeweiligen Übersetzung ausgestrahlt wird. Im Gespräch mit dem Moderator erwähnen wir, daß wir gerne in Quito inhaftierte Deutsche besuchen würden.

»Davon rate ich euch dringend ab. Einer meiner Kollegen versorgt die hiesigen Gefangenen mit Lebensmitteln und Zeitungen. Was er vom Gefängnis ›Garcia Moreno‹ berichtet, ist ziemlich schlimm. Um die Versorgung der Gefangenen zu vereinfachen, wurde aus vielen Einzelzellen ein großer Raum gemacht, in dem alle zusammen eingesperrt sind. Nicht einmal die Wärter trauen sich da rein!«

Es ist wohl wirklich zu riskant, die Häftlinge zu besuchen. Zur Zeit sollen vier junge Deutsche in dem trostlosen Bau am Rande der Stadt sein, die mit Drogen erwischt wurden. Weitere zwölf sitzen in anderen Städten im Knast. Ecuador ist ein interessantes und gut zu bereisendes Land. Die Kriminalität beschränkt sich hauptsächlich auf die Großstädte, wie in anderen Ländern auch. Bestimmte Gebiete in Frankfurt gleichen bei Nacht schließlich auch nicht gerade einem Klostergarten. Auf Drogen sollte man allerdings verzichten. Die Strafen dort sind ungleich härter als in Deutschland, die Gefängnisse sind Härteproben für sich.

Die Innenstadt Quitos ist blockiert, der gesamte Verkehr lahmgelegt. Große Busse stehen quer auf den Straßen, davor die wütenden Fahrer, die gegen die neuesten Sicherheitsvorschriften für Omnibusse protestieren. Sie fahren meist auf eigene Rechnung und sparen bei der Wartung ihrer Fahrzeuge. 1108 Busse wurden wegen schwerer technischer Mängel bereits aus dem Verkehr gezogen. Eine Fahrzeugüberprüfung, wie sie bei uns der TÜV regelmäßig vornimmt, ist hier unbekannt. Den Führerschein kann man sich kaufen, was man am Fahrstil so manches Chauffeurs deutlich merkt.

Elena:
Der Abschied von Claudia und ihren drei Kindern ist herzlich und lang. Wir wollten eigentlich schon gestern starten, aber der Gipfel des Pichincha am Horizont war von schweren Wolken verhangen, dichter, mit Hagel versetzter Regen vergällte uns die Abreise. Auf den Schrecken hin ließ Claudia einen Sektkorken knallen und überredete uns, die Räder wieder zurück in den Garten zu bringen und die Abreise zu verschieben. Die gemütlichen Morgenkaffee-Plauderstunden werde ich vermissen. Auch als wir von Carla in Brasilien abgereist sind, war mir das sehr schwergefallen. Aber jetzt müssen wir wirklich weiter, bevor wir allzu seßhaft und bequem werden. Schön und äußerst angenehm sind die Aufenthalte bei unseren neuen Freunden, aber ich bin danach immer sehr faul und brauche zwei Tage, um wieder den rechten Pedalschwung zu kriegen.

Zum letzten Mal kreuzen wir den Äquator. Nur etwa 20 km weit windet sich die Straße nach Norden über bergiges Land – und man hat die Mitte der Erdkugel erreicht, 2.483 m über dem Meeresspiegel. Eine weitere, bedeutend ältere Äquator-Markierung befindet sich im Dörfchen Calacali ganz in der Nähe. Die Straße nach Otavalo windet sich hoch und runter entlang der Berge wie ein langer, graubrauner Wurm. Tief unter uns im Tal liegt ein Flickenteppich aus gelben und grünen Feldern. Dann rollen wir in Otavalo ein, direkt auf den kleinen Marktplatz, auf dem der berühmte Indio-Markt stattfindet. Heute geht es hier recht beschaulich zu. Nur wenige Stände mit selbstgewebten Teppichen, buntbestickten Ledergürteln und allerlei Souvenirs für die Touristen sind aufgebaut. Die Indios sitzen in kleinen, malerischen Gruppen beieinander, lachen und erzählen sich den neuesten Klatsch aus dem Dorf.

»Woher kommt ihr denn mit den schwer bepackten Rädern? Und wohin wollt ihr noch fahren?«

Der etwa 25jährige Indio mit den langen, schwarzen Haaren, die wie Pech in der Sonne glänzen, schaut mich fragend an.

»Wir kommen aus Deutschland und machen eine Fahrrad-Weltreise. Jetzt sind wir auf dem Weg nach Kolumbien.«

»Ihr seid Deutsche? Da muß ich euch unbedingt eine deutsche Freundin vorstellen. Sie lebt hier mit uns in Otavalo und verkauft auf dem Markt selbstgewebte Teppiche. Kommt mit!«

Quer durch die kleinen Stände schieben wir die Räder in die Mitte des Marktplatzes. Vor einem riesigen weißen Teppich aus Lamawolle sitzt eine blonde Frau in Indiotracht und unterhält sich mit einer jungen Mutter, die gerade ihr Baby stillt.

»Hi. Stell dir vor, ich habe zwei Deutsche getroffen, die mit dem Fahrrad eine Weltreise machen!«

»Hallo. Ihr seid aber doch bestimmt mit dem Flugzeug nach Quito gekommen, oder?«

»Nein. Wir sind nur von Johannesburg nach Sao Paolo geflogen.«

Die Deutsche blickt nachdenklich auf unsere Drahtesel.

»Ja, und all das schleppt ihr dauernd mit euch rum?«

»Klar, das brauchen wir, um unabhängig zu sein. Wir können uns auch jederzeit selbst mit einer warmen Mahlzeit versorgen. Das baut auf!« lacht Peter sie an. »Aber was machst du denn hier? Lebst du hier für immer?«

»Ich weiß noch nicht, ob ich immer hierbleiben werde. Vor ein paar Jahren habe ich die Leute hier kennengelernt. Sie haben mich gleich herzlich aufgenommen, und so lebe ich mit meiner Tochter in einem kleinen Haus hier in der Nähe und verkaufe auf dem Markt. An Weihnachten bin ich zu Besuch in Deutschland. Meldet euch doch dann mal und erzählt, wie eure Reise weiterging!«

Wir tauschen die Adressen aus und versprechen, von uns hören zu lassen. Die Indios hier unterhalten sich auch in Quechuan, der alten Indianersprache des größten Stammes. Sie erzählen uns auf englisch, daß gerade ein paar ihrer Freunde in Deutschland unterwegs wären, um sich etwas Geld mit Straßenmusik zu verdienen. Jedes Jahr fliegt eine kleine Gruppe nach

Freundliche Menschen, wie hier in Otavalo/Ecuador, trafen wir auf der ganzen Welt.

Europa. Die Reisen werden von den hiesigen Reisebüros unterstützt, indem sie den Indios großzügige Kredite vermitteln. Aber so mancher der Musiker, der mit dem Ersparten nicht gut haushalten kann oder zu wenig verdient, hat anschließend Probleme, das geliehene Geld zurückzugeben.

Die Indiofrauen tragen schneeweiße, pludrige Blusen und lange, dunkelblaue Röcke. Ihre langen Haare sind zu einem Zopf auf dem Rücken geflochten. Hemdkragen und Ärmelränder sind reich bestickt oder mit bunten Bändern umsäumt. Um den Hals haben sie sich meterlange, goldfarbene Perlenketten geschlungen, der Kopf ist mit einem schönen Hut bedeckt. Dicke, wollene Ponchos und das Wickeltuch mit dem jüngsten Sproß der Familie drin gehören zum alltäglichen Straßenbild. Ruhig und gelassen geht es zu in Otavalo. Wir sind gerne hier bei den freundlichen Indianern.

»Schau mal, das paßt doch noch in Deine Tasche!« ruft Peter und zeigt mir einen feuerroten Panamahut. Nur, weil zwei amerikanische Goldsucher 1850 angaben, ihre Hüte in Panama gekauft zu haben, heißt die breitkrempige Kopfbedeckung ›Panamahut‹. Tatsache ist aber, daß die Hüte, die zur Grundausstattung vieler Gangsterbosse der 20er Jahre gehörten, seit jeher aus Ecuador kamen. In der Gegend von Montecristi, unweit der Küste, wächst das beste Toquilla-Gras, aus dessen Stroh die Hüte in Handarbeit hergestellt werden.

Spitzenprodukt ist der ›Superfino‹. Viele kleine Kinderhände stellen das feinste Geflecht her, das dann die Häupter von Edelmännern und Nichtedelmännern in aller Welt gleichsam unter einen Hut bringt. Auch in der Damenmode war und ist der Panamahut beliebt. Wir haben es ausprobiert: Man kann den Hut auf kleinstes Maß zusammenknautschen – er entfaltet sich immer wieder zu seiner glatten, ursprünglichen Form und hält auch sonst viel aus. 50 US-Dollar kostet so ein Grashut, aber es wurden auch schon 800 US-Dollar für besondere Kunstwerke bezahlt, wobei die Flechter allerdings das wenigste davon erhalten.

»Ein unverwüstlicher Hut, sogar zum Krokodilefangen taugt er!« erzählt uns ein Indio und gibt folgende Geschichte zum Besten:

»Während der huttragende Krokodilfänger auf eine der gefährlichen Bestien zuschwimmt, taucht er plötzlich unter. Der Hut schwimmt auf dem Wasser, worauf das Krokodil ›Aha‹ denkt und den Hut frißt. In dem Moment murkst der Taucher das Tier mit dem Messer von unten ab – und kauft sich vom Erlös für das Leder einen neuen Panamahut…«

Breit und schallend lacht uns der Mann an, rollt unseren Hut zusammen und steckt ihn in eine längliche, federleichte Balsaholzkiste.

»Good luck!«

Während der Fahrt nach Tulcán radeln wir durch saftige, grüne

Landschaft. Meist ist die Straße flach, doch einige Male müssen wir auch kräftig schieben. Hier oben in 3.000 m Höhe fällt uns das noch schwerer als sonst. Peter spürt deutlich seinen Herzschlag. Zeitweise umhüllen uns Nebelschwaden und Regen näßt uns ein. Am Abend steht das Zelt notgedrungen total schräg auf einer Bergwiese, dem bislang einzig möglichen Übernachtungsplatz. Wegen der Schräglage rutschen wir während der Nacht permanent nach unten und ziehen uns mühsam wieder hoch. Kaum, daß es hell wird, fahren wir ohne Frühstück weiter. Alle Knochen schmerzen, der Kopf brummt vor Schlafmangel. Unterwegs gibt es an einer Bude Spiegeleier und Toastbrot. Durch den heißen Kaffee hebt sich unsere Stimmung zusehends – weiter geht's!

Ibarra wird die ›weiße Stadt‹ genannt, aber wir können nichts entdecken, was diese Bezeichnung rechtfertigen würde. Die Häuser müssen vor sehr langer Zeit einmal weiß gewesen sein. Auf dem Marktplatz verkauft eine immens dicke Frau hinter einem winzigen Holztischchen kleine Tüten für 500 Sucres. Darin sind einige Minipellkartoffeln, scharf angebratene Innereien und eine noch schärfere Soße. Gegessen wird mit den Fingern. Der üble Geruch von Fisch, der das Meer schon lange nicht mehr gesehen hat, mischt sich mit dem blutiger Hühner auf den Marktständen. Abgasverpestete Luft und viele Abfälle lassen uns bereits am nächsten Tag wieder die Sättel besteigen.

Berghänge, Abgründe und die dichte Besiedelung machen es schwer, geeignete Zeltplätze zu finden. Ganz wohl ist es uns aber schon seit geraumer Zeit dabei nicht mehr. Nachts liegen die Machete und das Leuchtraketen-Abschußgerät immer griffbereit neben den Schlafsäcken. Die Menschen hier sind freundlich, aber auch arm. Wir dagegen gelten als wohlhabend – und schutzlos. Erst in Tulcán finden wir wieder ein Hotelzimmer.

Peter:
Die Nebenstraße zur kolumbianischen Grenze ist früh um 8 Uhr nur wenig befahren. An kleinen, armseligen Hütten vorbei len-

ken wir unsere Räder zur Landesgrenze. Am Ortsausgang begegnen uns fröhlich winkende Kinder mit frischem Brot und Milchkannen in den Händen. Hier sind nicht nur die Fenster der Geschäfte vergittert. Der ganze Laden ist meist ein einziger Käfig, durch dessen dicke Metallstäbe der Verkäufer den davorstehenden Kunden die Waren einzeln herausreicht, nachdem er das Geld erhalten hat. Vor einem einsamen Haus weiter draußen fragt Elena die Bäuerin nach der Grenze.

»Kennen Sie Kolumbien?« fragt diese zurück. »Ich hoffe sehr, daß es Ihnen dort gutgehen wird!!«

Voller Bedenken zieht die Frau ihre Augenbrauen hoch und weist geradeaus. Zwar sind wir es gewohnt, Warnungen vor dem jeweils nächsten Land zu hören, aber irgendwie ist hier der Tonfall anders. Ein ungutes Gefühl beschleicht uns.

12.
Die Angst im Nacken

KOLUMBIEN (März 1996)

Peter:
Ruhig, mit gleichmäßigen Ruderschlägen gleitet das Boot über den See Guatavita. Die Berge rundherum liegen in blaugrünem Dunst, die Sonne fächert ihre weichen Lichtstrahlen über der Wasseroberfläche. Andere Boote folgen dem ersten. Vom Ufer aus beobachtet die Menschenmenge aufmerksam und gespannt die kleine Flotte. In den Booten sitzen und stehen die Priester der Chibcha-Indianer. Vorne im ersten Boot ist ›El Dorado‹, der Vergoldete. Der ›Zipa‹, Fürst, ist auserwählt, die Zeremonie anzuführen und der Sonne ein Opfer zu bringen.

Mit Harz und Goldstaub überzogen, glänzt er im warmen Licht des Abends, als wäre er selbst ein Teil der lebenspendenden Sonne. Ein großer, feierlicher Moment. Die Boote der Priester bilden einen Kreis um das Boot des ›Zipa‹, der sich aufrichtet und mit weit ausgestreckten Armen der Sonne seine Ehrerbietung bezeugt. Die uralten Gebete schallen von den Booten aus über den See zu den Menschen am Ufer, die in die Worte einstimmen. Dann wirft der ›Zipa‹ Goldstücke und Edelsteine in das Wasser, bevor er selbst hineinsteigt. Goldstaub löst sich vom Körper des Mannes, schwebt für Sekunden im Wasser und verleiht der Zeremonie einen geheimnisvollen, mystischen Zauber. Lange bevor der erste spanische Söldner seinen Fuß auf kolumbianisches Land setzte, fand diese religiöse Handlung statt. Bis in unsere Tage hinein erzählt man sich von dem sagenumwobenen ›El Dorado‹. Gedanken an längst vergangene Mystik schweben durch meinen Kopf, doch dann bin ich wieder in der Gegenwart.

Elena und ich radeln an dichten Bananenplantagen entlang. Auffallend viele Pferdegespanne begegnen uns. Die bunt bemalten Karren haben grüne Kochbananen geladen, Wasserkanister oder braune, fröhliche Kinder. Die Landbevölkerung in Kolumbien macht einen noch ärmeren Eindruck als die in Ecuador. Von der relativ stabilen Wirtschaftslage spürt der einzelne Bauer nicht viel. Zwar fahren zahlreiche dicke Buicks und Chevrolets herum, doch die uralten Karossen sind noch kein Indiz für Wohlstand oder gar Reichtum. Die Straßen sind oft voller Löcher und Risse, kleinere Dorfstraßen haben noch nie Asphalt gesehen. Die mit Parolen vollgesprühten Mauern in den Städten zeugen von der großen Unzufriedenheit der Menschen mit der Landespolitik.

»Der Wirtschaft geht es gut, dem Land aber schlecht!« sagt uns ein Bauer.

Obwohl Kolumbien Bodenschätze wie Erdöl und -gas, Kohle, Gold und Smaragde gewinnbringend ausführt, verdient der einzelne Arbeiter oft nicht genug, um seine Familie zu ernähren. Die Bauern pflanzen Kaffee, Bananen und Schnittblumen, oder sie arbeiten in den Plantagen, doch die großen Gewinne streichen die Gesellschaften ein. Der Anbau von Cocablättern, aus denen Kokain hergestellt wird, bringt ein Mehrfaches gegenüber den harmlosen Agrarprodukten. Ganz besonders Kokain aus Kolumbien ist in den USA und auf dem Weltmarkt wegen seiner Qualität sehr beliebt. Zwar wurden in der Vergangenheit unter dem Druck der USA vor allem in den Provinzen Putumayo und Guaviare große Coca-Plantagen vernichtet, doch den Bauern bleibt kaum eine Alternative.

Polizei und Regierung stehen im Verdacht, mit den Drogenkartellen zusammenzuarbeiten. Nur so ist ein internationaler Handel in großem Ausmaß möglich. Der kolumbianische Staatshaushalt rechnet die eingenommenen Dollar-Millionen fest in die Haushaltsplanung mit ein. Drogenmafia, Guerrillaeinheiten und paramilitärische Truppen liefern sich täglich offene Schlachten. Längst ist die Gewalt aus den Wäldern des Amazonas in die Städte geschwappt. Jugendliche Banden werden von Drogenbossen angeheuert, um Widersacher umbringen zu lassen. Verschleppungen, Folter, Vergewaltigungen und bestialische Morde sind in Kolumbien an der Tagesordnung. Paramilitärische Banden erheben sich zu selbsternannten Ordnungshütern und bringen Obdachlose, Prostituierte und Straßenkinder um. Aber auch der ganz normale, einfache Bürger hat Angst. Politiker, Menschenrechtsgruppen und Gewerkschaften sind machtlos. Oft veranstalten Killerkommandos furchtbare Massaker mit Maschinengewehren und Macheten unter der Landbevölkerung, wo sie Gegner vermuten. Kolumbien hat die höchste Mordrate der Welt. Jährlich fallen mehr Menschen den willkürlichen Greueltaten zum Opfer, als in Chile unter der 15jährigen Diktatur Pinochets ermordet wurden. Mord ist laut Statistik zur hauptsächlichen Todesursache bei Männern geworden.

Elena:
Das ist die Situation in Kolumbien, als wir im März 1996 in Richtung Cali auf den Rädern unterwegs sind. Die Grenze liegt auf 2.790 m Höhe. Am Schalterhäuschen herrscht reges Gedränge. Obwohl nur etwa zehn Leute vor dem Schalter stehen, versucht jeder, den anderen wegzuschieben. Automatisch ziehe ich meine Tasche auf den Bauch und halte sie mit beiden Händen fest.

»Die Frau scheint aus einem Land zu kommen, in dem es viele Diebe gibt«, feixt ein Kunstlederjackentyp neben mir mit Blick auf meinen deutschen Reisepaß. Als ich ihn direkt ansehe, geht er plötzlich weg. Drei Monate darf ich im Land bleiben laut Stempel. Peter muß mit seinem Paß persönlich vor dem Schalterbeamten erscheinen.

Während ich bei den Rädern auf ihn warte, spricht mich ein kolumbianischer Bauer an.

»Fahren Sie hier nicht Rad. Gehen Sie in ein anderes Land. Hier in Kolumbien ist es viel zu gefährlich!!«

Ein städtischer Holzbus in Kolumbien.

Als ich ihm das mit der Weltreise erkläre, meint er:
»Trauen Sie niemandem! Und wenn Sie in einem Hotel übernachten, stellen Sie einen Stuhl vor die Tür. Sie sind leichtsinnig!«

Mißtrauisch beäugt ein Geldwechsler in Ipiales unsere amerikanischen Dollar. Zu oft schon waren selbstgedruckte im Umlauf. Aber dann tauscht er doch pro Dollar 1.000 Pesos ein. In der Residencial Atuahualpa, wie schon in Ibarra auf ecuadorianischer Seite benannt nach dem großen Inkahäuptling, quartieren wir uns in einem sauberen Zimmer ein. An den fahrbaren Straßenküchen gibt es frittierte Bananen oder Pellkartoffeln mit salziger Blutwurst für 1.500 Pesos. 1.000 Pesos kostet gerade mal eine Flasche Zuckerrohrschnaps, der berüchtigte ›Ron‹, Rum. Wein dagegen ist relativ teuer, obwohl er in diesem sonnendurchfluteten Land massenhaft wachsen müßte. Für einen dreiviertel Liter werden 7 DM verlangt. Auf den Plätzen der Ortschaften torkeln viele Betrunkene herum. Immer wieder warnen uns die Passanten auf der Straße. ›Welcome in Colombia‹ hat noch niemand gerufen. Die Gesichter der Menschen sind ernst. Den Blickkontakt vermeidend, gehen sie zügig ihren Weg.

Peter ißt glücklich alles, was aus Bananen hergestellt werden kann, und fängt sogar an, eigene Rezepte zu entwerfen.

»Man müßte Bananen zerquetschen, zu Taschen formen, Marmelade reinfüllen und das Ganze frittieren.«

Süßer geht's nicht. Während Peter die Schaufenster eines Elektronikgeschäftes betrachtet, setze ich mich auf eine Bank in einer kleinen Anlage. Bald schon bin ich aber froh, daß Peter zu mir zurückkommt. Hier bin ich wohl am falschen Platz gelandet. Kaum hatte ich mich hingesetzt, schlich ein Mann mit dem Gesicht eines Haifischs und dem Gang einer Raubkatze dauernd im Kreis um meine Bank herum.

Peter:
In den Dörfern sind die kleinen Geschäfte total vergittert. Die ausliegenden Tageszeitungen stehen mit ihren Titelseitenfotos in nichts den ecuadorianischen nach. Blutige, verstümmelte Folteropferfotos und seitenlange Detailberichte, wohin man blickt.

Etwa zehn Prozent der Bevölkerung sind Schwarze. Meistens waren ihre Vorfahren verschleppte Sklaven aus Afrika. Zusammen mit Indianern und Mestizen bilden sie die Unterschicht in dem knapp 40 Millionen zählenden Volk.

Elena freut sich auf einen guten kolumbianischen Bohnenkaffee, heiß und frisch gebrüht.

»No!« bedauert der Wirt in einem kleinen Restaurant und lächelt uns mit langen, gelben Zähnen an.

Genauso wie in Brasilien mein Wunsch nach einer echten Brasil-Zigarre nur auf Kopfschütteln stieß, ergeht es uns hier mit dem Kaffee. Aus einem Glas löffelt der Mann Instant-Kaffeepulver in die Tassen. Heißes Wasser drauf – fertig. Schade. Jede Bohne scheint für den Export bestimmt zu sein. Die Preisschwankungen des Kaffee-Weltmarktes treffen die Bauern und Plantagenbesitzer in vollem Umfang. 1989 kündigten die Abnahmeländer ihre vertraglichen Zusagen. Sechs Jahre später machten sich Schädlinge breit, die viele kleine Kaffeepflanzer zur Aufgabe zwangen. Kaffeeanbau lohnt, wenn überhaupt, nur noch in großen Mengen. Für den kleinen Mann ist es ein unrentables Geschäft geworden.

Bei den Saftpressern auf den Märkten liegen Mangos, Bananen, Orangen und Papayas aus. Überall sind dicke Schmeißfliegen unterwegs auf Nahrungssuche. Kleine Kinder, die eigentlich in der Schule sein sollten, arbeiten den ganzen Tag. Als Schuh– oder Autoscheibenputzer, Zigarettenverkäufer oder Handlanger jeglicher Art, auf Baustellen und in Kohlegruben sind sie unterwegs.

Elena:
Kolumbien ist landschaftlich ein sehr schönes Land. Tropisches Küstenklima und erträgliche Temperaturen im Hochland machen die Reise angenehm. Auf dem Fahrrad schwitzen wir trotzdem nicht zu knapp. Zwar ist die Straße relativ gut, aber wir müssen die schweren Bikes oft die Berge hochschieben. Und eng wird es vor allem, wenn uns einer der großen Mack-Laster überholt. Kein Landstraßenkapitän, der nicht vor Freude über die Begegnung laut und anhaltend hupen würde. Waghalsige Überholmanöver am Hang und vor Kurven lassen uns oft beim bloßen Zusehen das Blut stocken. Die Fahrer haben alle ein Bild der Jungfrau Maria an der Windschutzscheibe, meist klebt auch ein Foto ihrer Söhne am Armaturenbrett. Angesichts der Profile ihrer Reifen scheinen sie sich von höherer Stelle sehr beschützt zu fühlen.

Wir zelten versteckt in Plantagen. Wohl fühlen wir uns in diesem Land dabei aber nicht. Der Schlaf ist nur sehr oberflächlich. Beim leisesten Geräusch schrecken wir hoch. Es sind nicht immer nur Lösegeld versprechende Firmenvertreter, die für eine Entführung in Frage kommen. Touristen generell sind interessante Opfer. Manchmal suchen wir aber auch den Schutz eines bewohnten Hauses auf. Meist dürfen wir dann hinter der Hütte der Familie unser Zelt aufbauen, doch manchmal wehren die Leute auch ab. Sie haben einfach Angst, wir könnten durch unsere Anwesenheit Kriminelle anlocken. Sicher haben einige der Bauern ein Gewehr hinterm Schrank versteckt, doch im Ernstfall hätten sie damit kaum eine Chance.

Die Leute, auf deren Anwesen wir für eine Nacht campen dürfen, laden uns immer zum Essen ein oder schenken uns ein paar Früchte. Einerseits wollen wir das wenige, das die freundlichen Menschen besitzen, nicht schmälern. Andererseits aber wollen wir sie durch Ablehnung nicht beleidigen. So essen wir nur wenig und schenken ihnen etwas von unseren Vorräten. Ein Brot, einige Tütensuppen oder Spielzeug für die Kinder, das wir zu diesem Zweck unterwegs immer kaufen. Ein paar Wasserspritzpistolen, ein deutsches Lied auf der Mundharmonika und Peters Zaubertricks erheitern die ganze Familie. Oft sitzen wir in Hütten, in denen es keinen elektrischen Strom gibt. Das Wasser muß in Fässern und Kanistern herbeigeschafft werden.

Auf den Dächern der Hütten wachsen selbstgebastelte Fernsehantennen, die aus Draht, Stäben und Autoradkappen abenteuerlich geformt sind. Ein Fernsehgerät, gespeist von einer Autobatterie, läuft von früh bis spät und bringt Seifenopern in die entlegensten Gebiete. Das Programm ist anspruchslos. Kritische Berichterstattung ist selten und kann das Leben des Journalisten kosten. Wir als Radfahrer finden große Anerkennung bei der Bevölkerung, zumal Sport in der Gunst der Kolumbianer ganz oben steht. Und die Landschaft ist fantastisch! Quer durch bizarre Bergformationen, zwischen denen fruchtbares Grün verschwenderisch verteilt wurde, führt uns die Straße in eine Phantasielandschaft. Aber überall, wo wir auf Menschen treffen, wird besonders der blonde Peter vor Überfällen gewarnt. Gestern in einer Kneipe gab es daraufhin eine Diskussion zwischen drei Kolumbianern. Einer verteidigte eifrig sein Vaterland. Alles, was an Negativem über das Land berichtet würde, sei nur eine infame Lüge des Auslands, das sich wichtig machen wolle. Aber dann rät er uns doch, mit dem Flugzeug das Land baldmöglichst zu verlassen. Kolumbien sei momentan kein Reiseland für Ausländer.

Eines Abends sitzen wir wieder einmal bei einer Bauernfamilie am Tisch. Der Fernseher flimmert in schwarzweiß irgendeine Unterhaltungsshow in den einzigen großen Raum. Das Licht, das die Petroleumlampe auf dem Tisch spendet, beleuchtet die darum herum Sitzenden. Vier junge Frauen lächeln und schauen verschämt auf den Boden, wenn Peter sie ansieht, um gleich darauf hinter der Hand ein Kichern zu verbergen. Zwei ältere Frauen versuchen, die Kinder auf ihren Schößen ruhig zu halten. In der Ecke stillt eine junge Mutter ihr Baby. Ein junger Mann erzählt, daß er momentan Geld spart, um bald nach Amerika auszuwandern. Zwei Freunde von ihm hätten eine interessante Erfindung gemacht, die man im Maschinenbau verwenden könnte. Leider haben sie nicht das nötige Geld, um die Beamten beim Patentamt genügend zu schmieren. So wurden ihre Unterlagen nicht bearbeitet. Ohne die amtliche Genehmigung dürfen sie aber die Sache nicht verkaufen.

»In Kolumbien kann man auf ehrlichem Weg nicht zu Wohlstand gelangen«, meint der 22jährige achselzuckend.

»Der Bus hatte eine Ausfallstraße in Richtung La Dorada erreicht. Medellin lag schon einige Haltestellen zurück, als sich fünf Männer von den Sitzplätzen erhoben. Einer stellte sich hinter den Fahrer und richtete eine Pistole direkt auf dessen Hinterkopf. Ein zweiter postierte sich mit dem Rücken zur Fahrtrichtung und bedrohte die Buspassagiere mit einer Pistole.«

Auf Hockern und Holzkisten sitzen ein paar Männer. Die

Lampe züngelt eine dünne Rußfahne zur Decke, die sich mit dem Rauch der Zigaretten mischt. Wir sind beim Zuckerrohrschnaps angelangt.

»Und wie ging die Geschichte weiter?« will ich wissen.

»Na, die Leute sind natürlich zu Tode erschrocken«, berichtet der Hausherr Arnaldo.

»Die Mütter preßten ihre Kinder an sich, und alle hatten furchtbar Angst. Die Gangster schrien ›Geld her, Schmuck und Uhren‹. Was haben die Leute in Kolumbien schon an Geld oder Schmuck bei sich! Es waren doch hauptsächlich Bauern aus den Bergdörfern, die etwas Gemüse, ein paar Eier oder Hühner in Medellin verkauft hatten. Von dem Erlös brachten sie Saatgut, vielleicht ein Hemd oder Plastiksandalen mit nach Hause.«

»Einige Frauen drückten sich in die zerschlissenen Polster, wimmerten und weinten«, wirft sein ältester Sohn Ernesto ein.

»Davon ließen sich die Männer aber nicht beeindrucken. Mit Sicherheit war das nicht ihr erster Überfall. Der Fahrer mußte den Bus aufs Land raus steuern, während die Passagiere ihre Wertsachen den Gangstern gaben.«

»Von der hinteren Sitzbank erhob sich ein Mann, streckte den Verbrechern Geld und seine Armbanduhr entgegen und bat sie, die Leute im Bus zu schonen. Einer der Banditen hat auf ihn geschossen. Überall spritzte Blut herum.«

Es ist still geworden im Raum. Die Leute hier kennen viele solcher Berichte von Bekannten, aus Zeitungen, oder aus eigener Erfahrung. Satt und sorglos blubbert das Baby hinten in der Ecke vor sich hin.

»Die beiden Männer vorne im Bus dirigierten den Fahrer in einen Feldweg abseits der Straße. Dann mußte er halten und mit allen Passagieren aussteigen. Vor dem Bus wurden die meisten erschossen. Ein paar überlebten, weil sie sich totstellten. Darunter war auch mein Freund, der mir das alles erzählt hat«, berichtet Arnaldo und nimmt einen kräftigen Schluck von dem scharfen Schnaps.

Viele der kolumbianischen Gangster kommen selbst aus armen Verhältnissen, mußten ihr Land aufgeben oder arbeiten für die Guerrilleros im Dschungel. Oft sind sie aber auch ganz einfach Verbrecher, die meinen, nichts zu verlieren zu haben. In den Zeitungen liest man, daß Frauen in den städtischen Bussen während der Fahrt durch die Innenstadt von Jugendlichen vergewaltigt werden.

Peter:
Die Gegend um Santa Marta im Nordosten des Landes am Karibischen Meer soll zauberhaft sein. Die verlorene Stadt, ›La Ciudad Perida‹, die erst 1975 im Urwald entdeckt wurde, ist voller interessanter Bauwerke. Auch die alte Piratenstadt Cartagena soll sehenswert sein. Doch wir sitzen jetzt in Cali auf dem strapazierten Bett eines billigen Hotels und überlegen, wie es weitergehen soll. Gerade ab Cali, wo die Fäden der Drogenbanden zusammenlaufen, soll das Land nach Norden hin sehr gefährlich sein, hörten wir von Arnaldo vor ein paar Tagen.

Es macht irgendwie keinen Spaß hier. Ständig passen wir auf, daß nichts passiert.

Der Reiseführer vom letzten Jahr empfiehlt die ›Residencial Los Americas‹ in der Calle 25. Aus der wohl ehemals relativ guten Unterkunft ist – zumindest im ersten Stock – ein Bordell geworden. Im zweiten Stock bekommen wir aber noch ein ruhiges Zimmer. Einige schräge Typen haben mir vorhin auf der Straße vor dem Hotel offen Drogen angeboten. Wir können alle Reisenden vor solchen Angeboten nur dringend warnen. Oftmals verdient sich der billige Dealer ein Zubrot, indem er die Polizei alarmiert. Ausländische Drogensüchtige werden besonders gern inhaftiert.

›Almuerzo‹ nennt man das Standardmittagessen, das meist aus Reis mit Huhn und einer faden, fettigen Suppe mit dicken Kartoffeln und Kochbananenstücken besteht. Wir können es nicht mehr sehen und brutzeln heimlich im Hotelzimmer was Eigenes.

Zwischen Panama und den USA liegt das Darien Gap. Durch das Labyrinth der Sumpflandschaft, in der große Kokainküchen versteckt arbeiten, führt keine Straße. Viele der einfachen Fischer, die mit ihren kleinen Booten auf den Bächen unterwegs sind, arbeiten als Hilfskräfte für die Drogenbosse. Seit 1957 ist die Fortsetzung der Panamericana zwischen Turbo in Kolumbien und Panama City geplant. Aber bislang wurde mit dem Bau der etwa 150 km langen Strecke noch nicht einmal begonnen. Die Leute erzählen sich, daß die USA keine Verbindungsstraße wünschen, um dem internationalen Drogenhandel nicht noch mehr Transportmöglichkeiten zu eröffnen.

»Wir könnten doch per Schiff, mit einem Bananenfrachter oder einem privaten Boot ab Turbo über den Golf von Uraba schippern!«

»Na, mit der christlichen Seefahrt auf eigene Faust hatten wir bisher ja kein glückliches Händchen«, gibt Elena zu bedenken, »und in Reiseerzählungen habe ich gelesen, daß Touristen erbarmungslos von Fischern abgezockt wurden.«

»Wir könnten versuchen, durch das Darien Gap zu kommen«, mache ich noch einen vagen Versuch.

»Vergiß es! Daran sind schon Expeditionen mit Geländefahrzeugen gescheitert. Und dann wir mit den 80-kg-Rädern da durch? Nicht dran zu denken. Und gefährlich ist es dort genügend!« Elenas Stirn runzelt sich ablehnend.

»Dann müssen wir halt doch in die Luft gehen.«

Cali ist eine Stadt, die man nicht unbedingt gesehen haben muß. So marschieren wir direkt in ein Reisebüro, um für 215 US-Dollar einen Flug nach Panama City zu buchen. Aber so einfach ist das nicht. Um als Ausländer panamesischen Boden betreten zu dürfen, benötigt man ein Rück- oder Weiterflugticket. Wir aber wollen von Panama aus mit den Rädern weiterfahren über

Costa Rica und die ganzen lateinamerikanischen Staaten hoch bis in die USA. Es ist 11.15 Uhr. Um 12 Uhr schließt das panamesische Konsulat in Cali. Keine Zeit zu verlieren! Elena und ich rasen zurück zum Hotel, schnappen dort unsere Pressemappe als Beweis, daß wir eine Fahrrad-Weltreise machen, und flitzen zurück in die Innenstadt, wo das Konsulat sein soll. Die Adresse lautet: Calle 11, 4–42, 315–316. Wie oft in Lateinamerika, ist auch Cali in Quadrate aufgeteilt. Die Gassen, Stockwerke und Zimmernummern sind in einer Reihe aufgeführt. Auf dem begrünten Platz im Zentrum, der ›Plaza de Caicedo‹, laufen viele Gassen mit ähnlichen Bezeichnungen zusammen.

Calle 10, 5 gibt es, Calle 9 ist auch kein Problem. Aber niemand kann uns sagen, wo wir Calle 11 etc. finden. Weit und breit keine Telefonzelle zu sehen. Endlich erbarmt sich ein Hemdenverkäufer in einem der exklusiven Läden am Platz, für uns auf dem Konsulat anzurufen. Wir befinden uns direkt vor dem großen, dunklen Bau. Mittlerweile ist es 11.50 Uhr. Im Eilschritt sausen wir mehrere breite Treppen hoch und fragen eine ältere Angestellte nach dem Weg.

»Ist hier das panamesische Konsulat?«

»No.«

»Ist es hier im Haus?«

»Sí.«

»Aha. Und wo bitte?«

»Tres«, sagt die Frau im Flur, hebt drei mit schweren Ringen geschmückte Finger und geht weiter. Sehr gesprächig ist sie nicht gerade.

Fünf vor Zwölf! Wir nehmen zwei Stufen auf einmal und sind in einem langen, düsteren Gang voller verschlossener Türen.

An einer hängt ein Schild: ›Consulado de Fanama‹. Irgendein Witzbold hat das P zum F zerkratzt. Es ist zwei vor zwölf – wir stehen im Büro der greisen Konsulin und versuchen, ihr unser Anliegen zu erklären. Interessiert studiert sie die Presseartikel und das Grußschreiben Richard von Weizsäckers, empfiehlt dann, doch nach Turbo zu fahren mit dem freundlichen Hinweis, daß es keine Straße nach Panama gibt. Himmel, das wissen wir, und genau deswegen sind wir ja hier.

»Was sollen wir denn dann in Turbo?«

»Können Sie beweisen, daß Sie eine Fahrrad-Weltreise machen? Diese Zeitungsberichte sind ja kein Beweis.«

Irritiert blicken wir die alte Dame an. Plötzlich hat Elena eine Idee:

»Ist das Ihr Stuhl, auf dem Sie hier sitzen?«

»Ja, natürlich.«

»Und wie können Sie das beweisen?«

Frechheit siegt. Schmunzelnd nimmt die Konsulin die Pässe, trägt von Hand ein, daß wir kein Ausreiseticket brauchen, weil wir per Fahrrad Panama wieder verlassen werden, und drückt uns schließlich mehrere Stempel drunter. Geschafft! Froh verabschieden wir uns und ziehen von dannen, nicht ahnend, was auf uns zukommen sollte.

Elena:
Morgen früh um 7.15 Uhr soll der Flieger starten. Das bedeutet, wir müßten mit den Rädern noch bei Dunkelheit die Stadt durchqueren, um zum Flughafen rauszukommen. Aber im Dunkeln Cali zu durchqueren, ist bestimmt keine Freude. So holen wir schnell unsere Tickets im Reisebüro ab und radeln sofort zur Stadt raus Richtung Flughafen. Es ist später Nachmittag, der Berufsverkehr quält sich stinkend und hupend an vielen Baustellen vorbei durch die Straßen. Ein Hinweisschild zum Flughafengelände entdecken wir erst, als wir kurz davor stehen. Die vor uns liegende Nacht wird wohl sehr lang werden. Aber wenigstens sind wir pünktlich zum Abflug da. So gut es geht, machen wir es uns auf den harten Marmorbänken in der Wartehalle bequem. Neben Peter sitzt ein älterer Mann, der sich sehr für unsere Tour interessiert. Während er Fragen stellt, zeichnet er Peters Karikatur auf ein Blatt Papier, signiert und schenkt es

ihm lachend. Am späten Abend kommen mehrere Putzkolonnen. Fröhlich kichernde Mulattinnen wienern zusammen mit Mestizen den Marmorboden um uns herum auf Hochglanz. Dann kommen zwei Polizisten und fragen, wohin wir wollen. Als sie hören, daß wir auf Rädern die Welt umrunden wollen, beglückwünschen sie uns zu unserem Mut und wünschen eine gute Nacht.

Morgens beim Einchecken sind wir die Ersten am Schalter. Wahrscheinlich wird es Diskussionen geben wegen der beiden Räder und insgesamt 120 kg Gepäck.

Aber die junge Frau beim Check-in hat uns im Fernsehsender ›TeleNorte‹ gesehen und freut sich, uns persönlich kennenzulernen. Nach kurzer Rücksprache Peters mit ihrer Chefin wird das gesamte Übergepäck nebst Rädern kostenlos transportiert. Geschröpft werden wir dann aber doch noch, und zwar direkt von der kolumbianischen Regierung.

Um überhaupt das Land, in dem wir nicht bleiben dürfen, wieder verlassen zu können, müssen wir pro Person erstmal 20,80 US-Dollar berappen sowie 6 US-Dollar jeweils, um nach Panama einreisen zu können.

13.
Dem Tod ins Auge geblickt

PANAMA (März – April 1996)

Elena:
Vor dem Flug haben wir das gesamte Gepäck nach Drogen durchsucht, um beim Zoll keine unliebsame Überraschung zu erleben. Als wir die Sachen aus dem Flieger zurückerhalten, stellen wir fest, daß jemand die Schlafsäcke ausgewickelt hat. Wir haben während der ganzen Reise die Säcke immer ordentlich zusammengerollt und gebunden. Jetzt liegen sie als Klops in der Hülle. Um sicher zu sein, daß uns niemand von den Angestellten als Drogenkurier mißbraucht, prüfen wir alles penibel noch einmal.

Peter schraubt die Pedale in die Tretkurbeln und richtet die Lenkstangen gerade, die vor dem Flug quer gestellt werden mußten, um die Räder möglichst flach zu machen. Als wir mit unseren gesattelten Bikes das Flughafengebäude verlassen, schlägt uns eine Hitzewand von 41° C ins Gesicht.

Nur eine Flugstunde von Kolumbien entfernt, ist es in Panama doch erheblich wärmer und schwüler.

30 km bis zur City. Wie ein breiter, reißender Strom nimmt uns der Straßenverkehr mit in Richtung Zentrum. Fettige, schwarze Rußschwaden quillen aus unzähligen Auspuffrohren der LKWs und Busse. An einer Autowerkstatt trinken wir Unmengen von Wasser und tanken alle Flaschen auf. Für die Gallone Diesel wird 1,28 US-Dollar verlangt, für Super 1,75 US-Dollar. Als Peter und ich uns wieder auf die Sättel schwingen, ruft uns einer zu:

»Gott beschütze euch hier!«

Hoffentlich, denke ich und sehe zu, daß ich dem haarscharf am Trottoir in gemeingefährlichem Tempo entlangrasenden Bus ausweiche.

Nach knapp 30 mühsamen und schweißtreibenden Kilometern haben wir die Stadtmitte erreicht. Die schwüle Hitze, der Lärm der hupenden Blechkarawane und die vielen Einbahnstraßen zermürben uns. Hinzu kommt noch, daß die Straßen stadteinwärts teilweise sehr steil und hügelig sind. Ach, es ist kein Zuckerschlecken in diesen Märztagen 1996. Als selbständige Republik gibt es Panama erst seit 1903. Bis dahin war der schmale Landbogen eine Provinz von Kolumbien. Der Einfluß der USA ist vor allem in Belangen der Güter- und Finanzwirtschaft spürbar. Zwar hat Panama eine eigene Währung, die Balbao heißt, doch die gibt es nur in Form von Münzen. Außerdem ist der Balbao dem US-Dollar gleichgestellt. Üblicherweise bezahlt man so überall mit US-Dollar, auch die Löhne und Gehälter werden gleich in Dollar ausgezahlt. Das sonst übliche Geldeintauschen entfällt.

In der Altstadt beim alten Fischereihafen quartieren wir uns ein. Das Nationaltheater, das Kunstmuseum und der Präsidentenpalast sind ganz in der Nähe. Unsere Bude, die durch die horizontal zu teilende Holztür mehr einem Pferdestall gleicht, kostet – inklusive dem Mäuschen, das unter dem Bett vor sich hin knuspert – 6 Dollar. Die Wände innen und außen sind pistaziengrün gestrichen, über dem Bett prangen die Inschriften vieler Liebespaare und kleiner Revolutionäre. Das Wichtigste jedoch ist für uns die kalte Dusche auf dem Flur und der Ventilator neben dem Bett. Es ist so schwül hier, daß man sogar noch während des Duschens schwitzt. Die Fußgängerzone ist ein einziges Menschenmeer. Dicht drängt sich Laden an Laden, und aus fast jedem dröhnt laute Musik. Viele Frauen gehen mit Lockenwicklern im Haar zum Shopping. Die Preise sind ungefähr gleich wie in Deutschland. Wir grasen einige Fachgeschäfte auf der Suche nach einem guten Tonbandgerät und einem Teleobjektiv für die Kamera ab. Die sogenannten Fachverkäufer haben leider nicht viel Ahnung von den technischen Artikeln, die sie verkaufen, und auch nicht viel Interesse, uns etwas zu zeigen oder zu erklären. Allenfalls sind sie bereit, vorzulesen, was auf dem Gerät selber oder auf der beiliegenden Gebrauchsanweisung steht. Vielleicht ist ja die Hitze Schuld an der Lethargie. Peter findet nach langem Suchen dann aber doch noch ein einigermaßen brauchbares Bandgerät, um auch die akustischen Eindrücke unserer Reise dokumentieren zu können. Letztlich entdeckt er in einem Geschäft sogar noch ein Teleobjektiv, mit dem er arbeiten kann.

In der Nähe unseres Hotels gibt es einige alte Häuser mit schönen Holzbalkonen. Zum Teil umfassen sie die gesamte Front. Ähnlich wie in Montevideo haben manche Leute einen wahren Dschungel auf dem Balkon gepflanzt. Es blüht und grünt, daß es eine Pracht ist. Einige halten sich Hühner auf dem Balkon. Krähende Hähne versuchen, gegen die röhrenden Busse anzukommen. An der Kaimauer bei der Avenida Balboa tanzt eine junge Mulattin ganz für sich alleine und rekelt sich in den tollsten Verrenkungen. Diese Selbstdarstellung gipfelt letztlich darin, daß sie sich ihr Minikleid auszieht, ein paar Minuten völlig nackt tanzt, um sich dann dekorativ auf die Mauer zu legen. Einen Auffahrunfall gibt es aber deswegen nicht, im Gegenteil. Ein paar der männlichen Zuschauer tippen sich vielsagend an die Stirn.

»Die spinnt! Das macht die mehrmals in der Woche«, klärt uns ein Passant auf und macht mit dem Finger eine kreisende Bewegung an seinem Kopf.

Als wir vom Bummeln zurück sind, ist es 19 Uhr. Draußen ist es dunkel.

»Sie sollten hier nicht mehr unterwegs sein«, spricht uns eine Schwarze im Laden bei der ›Plaza de Francia‹ in der Nähe des Hotels an.

»Hier gibt es überall Verbrecher. Bitte sagen Sie Ihrem blonden Mann, daß er wegen seines Aussehens besonders gefährdet ist. Gehen Sie gleich ins Hotel und laufen Sie in der Mitte der Straße!«

Die Frau sieht mich sehr besorgt an. Um sicher zu sein, daß Peter die Warnung erhält, geht sie zu ihm, um ihn direkt auf die Gefahr in diesem Viertel hinzuweisen. Wir bedanken uns für den gutgemeinten Tip, aber so spannend sehen wir die Situation eigentlich nicht. Mit unseren Reiseklamotten sind wir nicht sonderlich gut gekleidet, und ich trage bis auf ein billiges Silberkettchen keinen Schmuck. Auf den beleuchteten Straßen sind überall viele Leute unterwegs, und wir verhalten uns möglichst nicht wie Touristen. Die Armbanduhren sind in den Hosentaschen versteckt, die Kamera unter der Jacke. Lange wollen wir hier sowieso nicht bleiben, dann geht es weiter Richtung Costa Rica. Panama City ist keine Stadt, die uns zum Verweilen einlädt. Bis auf ein paar barocke Kirchen halten sich die Sehenswürdigkeiten sehr in Grenzen. Die Luft ist voller Smog, das Meer ist sehr schmutzig, der Strand stinkt von dem Abwasserrohr, das nur wenige Meter aus der Ufermauer heraus ins Meer ragt. Scharen von Möwen raufen sich kreischend um die Brocken, und wir wundern uns darüber, wie sie mit dieser Nahrung überleben können. Auch die Panamesen machen das eigene Paradies kaputt.

Am nächsten Tag bebt der Boden unter unseren Füßen. Die Laster und PKWs rasen haarscharf mit nur wenigen Zentimetern Abstand an uns vorbei. Mit den Rädern sind wir quer durch das Armenviertel der Stadt am Meer entlanggefahren und stehen nun auf der ›Amerika-Brücke‹ über dem berühmten Panama-Kanal. Die Idee, eine Verbindung zwischen dem Stillen und dem Atlantischen Ozean zu schaffen, hatte man schon im 16. Jahrhundert. Die nur 55 km breite Landenge in Panama schien der beste Punkt für einen Durchbruch zu sein.

Der Franzose Ferdinand de Lesseps gründete eigens für die Finanzierung dieses Planes eine Aktiengesellschaft. 1879 wurde mit dem Bau des Panama-Kanals endlich begonnen. Aber Lesseps hatte sich bei seiner Kalkulation gründlich verrechnet. 1400 Millionen Francs waren bereits ausgegeben worden, aber der Kanal war erst zu einem Drittel fertiggestellt.

Auch ein zweiter Finanzierungsversuch scheiterte. 1901 erwarben die USA das Recht zur alleinigen Fertigstellung des Bauvorhabens.

Die Provinz Panama gehörte damals noch zu Kolumbien. Die USA verhandelte mit den Südamerikanern um die Abtretung der Kanalzone. Nach zähen Verhandlungen entschloß man sich, die ›Republik Panama‹ zu gründen – und ermöglichte so den Bau des Panama-Kanals, der in den folgenden Jahren endlich fertiggestellt und am 15. August 1914 eingeweiht wurde. Seit 1903 besitzen die USA die alleinigen Hoheitsrechte für die 16 km breite Kanalzone.

Da stehen wir nun auf der Brücke und schauen auf die dicken Ölschlieren, die schmatzend an die Uferböschung unter uns schwappen. Der Kanal steht Schiffen jeder Nation offen und wird entsprechend stark frequentiert. Hohe Containerschiffe, lange Tanker und breite Frachter fahren unter uns durch.

»Die Insel da vorne in der Flußmitte heißt Barro Colorado und ist seit 1923 vom Smithonian Tropical Research Institute als biologisches Reservat vorgesehen«, erzählt Peter.

»Man kann's kaum glauben, angesichts der Dreckbrühe hier.«

»Und außerdem gibt es jährliche Kajak-Rennen auf dem Kanal, von Ozean zu Ozean.«

»Gnade Gott denen, die ins Wasser fallen ...!«

Wollen wir nicht einen riesigen Umweg fahren, müssen wir wieder durch das Armenviertel zurück. Es ist eine üble Gegend. Kokelnde Abfallhaufen vor verwahrlosten Wohnblocks, halbzerlegte Autos und viele herumlungernde Männer, die uns hämische Bemerkungen zurufen.

Der Panama-Kanal ist die Verbindung zwischen dem Stillen und dem Atlantischen Ozean.

Peter:
Es ist Ostersonntag. Die Altäre der Kirchen wurden bis spät in die Nacht mit Blumen geschmückt, die Heiligenfiguren sind mit lila Tüchern verdeckt. Elena und ich sitzen im Hotelzimmer, beantworten die Post, schreiben Tagebuch und stellen uns immer mal wieder zwischendrin unter die Dusche. Unten auf der Straße geht die Osterprozession vorbei. Kirchenlieder singende Menschen tragen Palmzweige, auf einem Pferd reitet ein Christus-Imitator voran. Und über allem scheint heiß die Sonne. Ein friedlicher, schöner Tag, sollte man meinen.

Wie wir so später in unserem fensterlosen, grünen Raum auf dem Bett liegen und den Fliegen zusehen, die um die nackte Glühbirne kreisen, habe ich plötzlich eine Vision. Ich sehe zwei, drei farbige, im Schmelzen begriffene Eiskugeln vor mir. Zitrone-, Schokolade- und vielleicht noch Vanillegeschmack... Und ich weiß auch, wo die Vision Wirklichkeit werden kann. Nämlich in der italienischen Eisdiele in der Fußgängerzone. So lade ich meine Freundin kurzerhand zu einem Osterspaziergang ein. Doch es soll alles ganz anders kommen.

Im kühlen Schatten der Hauseingänge sitzen Familien und blinzeln ins grelle Nachmittagslicht. Nachbarn halten ein Schwätzchen, von den Balkonen herunter hört man Kaffeegeschirr klappern. Wir biegen rechts um die Ecke und gehen die Straße entlang. Auf einem Balkon links von uns stehen drei junge Männer mit Bierflaschen in der Hand und unterhalten sich mit zwei etwa 17jährigen Jungen auf der Straße. Mehr aus den Augenwinkeln bemerke ich, wie einer der drei Burschen auf dem Balkon den Zeigefinger in unsere Richtung wippt. Rechts von uns ist eine etwa 3 m hohe Mauer, die oben in ein Grundstück übergeht, auf dem Halbwüchsige Fußball spielen.

Die zwei Jungs kommen uns jetzt auf der Straße entgegen und gehen vorbei. Mehr aus dem Augenwinkel bemerke ich, wie wieder einer der drei auf dem Balkon mit einem Finger zu uns wippt.

»Warum drehen die jetzt plötzlich um und kommen hinter uns her?« murmelt Elena mir zu.

Dann geht alles sehr schnell. Plötzlich springen die zwei Jungs von hinten an uns vorbei und bauen sich vor uns auf. Der größere hat kurze, schwarze Kraushaare, der andere glattes Haar. Der Kraushaarige schreit uns etwas auf spanisch entgegen, was wir nicht verstehen, doch die Situation ist klar. Aus der Hosentasche reißt er einen zugespitzten Schraubenzieher hervor. Beide machen einen Satz auf Elena zu, zerren sie an den Haaren zu Boden, während sie ihr ins Kreuz treten und knien sich auf ihre Brust. Die Stahlspitze des Schraubenziehers drückt auf Elenas Halsschlagader.

Ich will sie gegen die beiden Gangster verteidigen und greife nach dem Tränengas in meiner Hosentasche, reiße die Hand aber sofort wieder raus als ich sehe, daß der eine wild entschlossen

Elena den Schraubenzieher noch tiefer auf die Halsschlagader drückt, während er mir auf spanisch zubrüllt, daß sie Elena umbringen würden, wenn ich mich wehre. Ich sehe die Angst in den Augen der Gangster und spüre ihre Unberechenbarkeit. Im selben Moment springt ein Dritter von der Mauer herunter und reißt an meiner Umhängetasche. Schon hat er sie fast, da kann ich sie ihm wieder entreißen.

Elena:
Der Krausköpfige reißt mich an den Haaren zu Boden. In der Rechten hält er den Stahl, und ich spüre deutlich, wie die Spitze gegen meinen Hals drückt. Der Kleinere kniet auf meiner rechten Schulter, der andere auf der Brust, reißt mir die Halskette ab und greift in meine Hosentaschen. Dort findet er unsere Armbanduhren.

»Por favor – No!!«

Direkt über meinem Gesicht sehe ich in die schwarzen, flakkernden Augen und spüre die kalte Spitze des Schraubenziehers an meinem Hals. Die Worte kommen nur noch flüsternd aus meinem Mund, meine Kehle ist vor Angst wie zugeschnürt. Im Augenwinkel sehe ich, wie Peter mit einem der Typen um seine Tasche kämpft und spüre, wie der Kerl auf meiner Brust mir die Handtasche wegreißt.

Wie auf Kommando springen sie plötzlich auf und rennen davon, meine Tasche nehmen sie mit.

Peter:
Der Typ reißt an meiner Tasche und an meiner Hose herum. Ich habe zu tun, mich zu verteidigen und schaue ihm noch nicht einmal ins Gesicht, obwohl er direkt vor mir steht. Plötzlich rennen alle drei davon. Elena steht sofort auf. Sie scheint nicht verletzt zu sein. Eine riesige Welle der Wut überkommt mich. Ich renne den Kerlen hinterher und werfe ihnen Steine nach. Elena rennt hinter mir her und ruft mich zurück, was vermutlich mein

Glück ist. Es wäre sicherlich nicht ratsam, den Straßenräubern in ihre Höhlen zu folgen.

Die Kinder auf dem Fußballplatz betrachten interessiert die Szene, während die Männer auf dem Balkon uns auslachen. Gut 100 Menschen auf der Straße, an Fenstern und in Hauseingängen haben den Überfall beobachtet.

Sie stehen da und grinsen. Manche lachen laut! Während des Angriffs hatte ich gar keine Zeit, richtig Angst zu haben, doch jetzt zittern wir beide. Dabei haben wir noch Glück gehabt. Die hätten Elena auch abstechen können!

Von den Leuten hier wäre wohl kaum Hilfe zu erwarten gewesen. So wie wir sie im Alltag in Lethargie erleben, in den Geschäften und Behörden, so teilnahmslos stehen sie nun da und grinsen uns an.

Elenas Tasche ist weg und mit ihr ein Adressbuch, ein Lederportemonnaie mit 15 Dollar, ein Schweizer Taschenmesser, ein spanisches Wörterbuch, das ich ihr in Argentinien zu Weihnachten geschenkt habe und noch ein paar weitere Kleinigkeiten. Schlimmer ist, daß sich in der Tasche auch Elenas Allergiemedikamente befanden. Ein Bienenstich kann bei ihr zu Kreislaufversagen führen und damit zum Tod, wenn sie keine Medikamente nimmt. Zum Glück hat sie noch eine Notfallapotheke im Hotel. Meine neue Fotokamera und das Bandgerät konnte ich retten, aber unsere Uhren sind auch weg. Meine hatte noch einen Höhenmesser und ein eingebautes Barometer, auf Elenas Uhr konnte man zwei verschiedene Uhrzeiten ablesen, was bei Telefonaten nach Deutschland sehr nützlich war. Wertvolle ›Globetrotter‹-Uhren – daß ich nicht lache! Die Uhr eines Globetrotters kann gar nicht billig genug sein, wie solche Fälle zeigen. Offensichtlich haben die Burschen gedacht, daß sich Elena in ihrer kantigen, eher männlich aussehenden Tasche die teure Kamera umgehängt hatte, während ich einen knautschigen Umhängebeutel trug, der eher wie eine Handtasche aussah.

Letztlich hatten wir Glück im Unglück. Als wir auch noch sehen, wie sich ein Polizist am oberen Straßenende abwendet und weitergeht, wird unsere Meinung über die Polizei in diesen Ländern bestätigt. Eine Anzeige erübrigt sich wohl…

Wütend, enttäuscht und traurig gehen wir ins Hotel zurück. In den Hauseingängen und auf dem Flaca de Francia hängen Typen herum, die uns auf eine besondere Art aufmerksam anschauen. Bilden wir uns das unter dem Eindruck des eben Erlebten nur ein? Wir fühlen uns nicht mehr sicher hier und äußerst unwohl. Und wieder murmeln sie hinter uns her:

»Camina la plata!« – Da läuft das Geld. –

Mensch, wir mußten schwer arbeiten, um uns diese Reise auf einfachste Art überhaupt zu ermöglichen!

Im Hotel bei einem Glas Wein löst sich langsam die Anspannung. Die Gangster hatten alle Vorteile auf ihrer Seite. Sie wußten, was sie vorhatten und was passieren würde. Wir nicht. Sicherlich war es nicht ihr erster Straßenraub, zudem waren sie in der Überzahl. Die Selbstverteidigungsübungen, die wir vor der Reise gelernt haben, sind in so einem Fall nutzlos. Nutzlos auch das Tränengas, denn damit hätte ich die Situation wahrscheinlich nur noch verschärft und Elena zusätzlich in Gefahr gebracht. Was wollen wir jetzt tun? Die Reise in Panama abbrechen? Niemals!

Vor uns liegen noch Costa Rica, Nicaragua, El Salvador, Honduras, Guatemala und Mexico, bevor wir die Vereinigten Staaten Amerikas erreichen. So ein Angriff kann täglich wieder passieren, und nicht immer hat man das Glück zu überleben. Ganz nebenbei werden uns die Trick- und Raubüberfälle auch zu teuer. Wenn man von der Gesetzmäßigkeit der Wahrscheinlichkeit ausgeht, war ein bewaffneter Raubüberfall wohl fällig. Über 24 durchquerte Länder und 37.000 km mit den Fahrrädern ging bisher soweit alles gut. Die Zeitungen hier sind voller Meldungen über Guerilla-Aktivitäten und diesbezügliche Verhandlungen in den diversen mittelamerikanischen Staaten.

In den vor uns liegenden Ländern scheint es hoch herzugehen. Eine Horrorinformation löst die andere ab. Die Reiseberichte anderer Globetrotter und Fernradler tragen auch nicht gerade zur Beruhigung bei. Da hocken wir nun in unserer grünen Bude mit der trüben Funzel und haben die Schnauze voll. Aber gestrichen!

Der nächste Tag ist ein normaler Werktag. Elena und ich beschließen, direkt in die USA zu fliegen. Einem gewissen Risiko sind wir bisher nie aus dem Weg gegangen, aber die vor uns liegende Mittelamerika-Strecke jetzt zu beradeln wäre purer Leichtsinn und schlichtweg unverantwortlich, auch Elena und unseren Familien gegenüber.

Gleich am frühen Morgen fahren wir in die Stadt und klappern Reisebüros ab. Die Preisunterschiede machen je nach Strecke und Fluggesellschaft mehrere hundert Dollar aus. Da lohnt sich eine Marktforschung.

»Wann wir fliegen wollen? Am liebsten sofort!« sagt Elena der Angestellten in einem kleinen Reisebüro in der Nähe des Telefonamtes.

American Airlines bekommt den Zuschlag. Für 475 Dollar pro Nase plus 20 Dollar Flughafengebühr geht es morgen über Miami nach Los Angeles. Elenas Familie hat in San Diego entfernte Verwandte, die wir bei dieser Gelegenheit besuchen wollen. Schon seit längerer Zeit gingen Briefe hin und her, jetzt meldet ein Telefonat unsere Ankunft. Unsere in Deutschland schon angegebenen Postadressen in Guatemala und Mexico-City müssen noch bei American Express nach San Diego umgeleitet werden. Dort erfahren wir von der Angestellten am Schalter, daß gerade ein Paar da war, denen gestern bei einem Raubüberfall die Pässe und Flugtickets geklaut wurden. Dabei wurde die Frau mit einem Messer im Gesicht verletzt.

Einen Tag später radeln wir früh um 5.00 Uhr aus der Altstadt raus. Wir sind froh, als wir auf der belebten Avenida Balboa am

Meer vorbeifahren. Im dichten Frühverkehr sind wir in Dieselwolken eingehüllt. Autos stehen quer – nichts geht mehr. Unsere Fahrräder, die sich trotz Gepäck schon in so vielen Großstädten der Welt als wendig erwiesen hatten, stecken fest. Um 10.55 Uhr soll der Vogel abheben – langsam läuft uns die Zeit davon. Unter gar keinen Umständen dürfen wir die Maschine versäumen. Nur hundertmeterweise kommen wir voran – 12 km trennen uns noch vom Airport.

Besonders lästig sind die buntbemalten städtischen Busse, die uns ständig überholen und in einer dichten Dieselwolke einnebeln, um knapp vor uns hart auf dem Randstreifen voller Schotter zu bremsen und Passagiere ein- und aussteigen lassen. Jedesmal müssen auch wir voll abbremsen und springen wütend von den Pedalen, um nach wenigen Sekunden mühevoll das ganze Gewicht wieder in Gang zu bringen. Es ist einfach nur ätzend! Neben uns im Stau steht ein Pick-up-Fahrer und fragt, wo wir hinwollen. Wir schildern ihm kurz, was passiert ist und was wir vorhaben.

»Das ist völlig normal hier«, meint er, »selbst wir Einheimischen haben ständig Angst.«

»Aber wenn ihr wollt, laden wir eure Räder auf und ich bringe euch zum Flughafen. Auf den Rädern schafft ihr es jedenfalls nicht rechtzeitig.« Gesagt, getan. Mit vereinten Kräften hieven wir in Windeseile die beiden Schwergewichte von Mountainbikes quer auf seine Ladefläche und haben gerade noch Zeit, ins Auto zu springen, als es auch schon weitergeht. Der fürsorgliche Panamese fährt uns bis vor das Flughafengebäude, und als wir ihm beim Aussteigen Geld anbieten für die Hilfe, winkt er lachend ab und braust davon. Auch das ist Panama!

Elena:
Während wir auf den Abflug warten, das Gepäck ist schon versorgt, lese ich in der ›La Estrella de Panama‹, daß der Vizepräsident von Ecuador, Señor Dahik, in Costa Rica um politisches

Asyl gebeten hat. Wie es heißt, hat er Probleme mit Drogengeldern bekommen.

Ach, wie schön ist Panama – wir sind froh, als wir aus dem Bordfenster der Maschine das Land unter uns verschwinden sehen.

Wir genießen es, hoch über den Wolken ein leckeres Truthahnfilet zu essen. In letzter Zeit hat uns die latent vorhandene Unsicherheit und Angst doch ziemlich genervt und den Spaß am Reisen eingeschränkt. Jetzt spüren wir, wie eine gewisse Belastung von uns abfällt und freuen uns auf Kalifornien. Sicher sind die USA auch nicht gerade eine Heimstatt von Chorknaben, doch dagegen setzen wir unseren unverwüstlichen Optimismus.

Schade ist nur, daß wir einige Länder auslassen müssen, die sicher auch interessant und erlebnisreich gewesen wären, aber zum momentanen Zeitpunkt für Touristen nicht empfehlenswert sind.

14.
Gibt es also doch Außerirdische?

USA (April – Mai 1996)

Peter:
Der Flieger schwebt langsam über Key West und landet nach drei Stunden Flugzeit in Miami. Hier müssen wir die Maschine wechseln. Um das Gepäck kümmern sich unsichtbare hilfreiche Geister. Schon beim Anflug hatten wir eine Karte zur Einreise ausgefüllt. Die Einwanderungsbehörde wollte unter anderem wissen, ob wir geistesgestört, homosexuell oder drogenabhängig sind und ferner, ob wir einen Anschlag auf den Präsidenten verüben wollen.

Träfe eines oder mehreres auf uns zu, so sollten wir uns doch bitte mit der Einwanderungsbehörde zwecks Rücksprache in Verbindung setzen. Wir machen das Kreuzchen in der Spalte ›Nein‹ und werden in die Vereinigten Staaten von Amerika eingelassen.

Nach weiteren sechs Stunden Flug spuckt uns der nächste silberne Vogel in Los Angeles aus. Was für eine Stadt! Etwas verloren stehen wir auf der Straße. Inzwischen ist es 23 Uhr. Um uns herum sausen fast geräuschlose, glänzende Cadillacs, die so lang sind wie zwei Kleinwagen.

Irgendwie kommen uns die ganzen Wolkenkratzer und Stadtautobahnen vertraut vor. Durch den jahrzehntelangen Konsum amerikanischer Fernsehfilme wissen wir Bescheid. Eine Filmerinnerung folgt der anderen. Beinahe könnte man glauben, selbst in Filmkulissen zu stehen. Die Polizeisirenen kenne ich doch aus ›Miami-Vice‹, und diese gelben Taxis, sind die nicht aus...?

Mit unseren Schwerlasträdern kommen wir uns reichlich deplaziert vor. Und wie sollen wir in diesem Großstadtdschungel hier ein Hotel finden? Vor allem eines, das wir auch bezahlen können? Der Fahrer eines Zubringerdienstes läßt sich überreden, uns mit seinem Kleinbus für ein saftiges Trinkgeld in ein Hotel zu bringen. Eben habe ich die Räder noch zusammengebaut und beladen, jetzt zerlege ich sie wieder und verstaue alle einzelnen Bestandteile im Transporter. Quer kurvt uns der Fahrer durchs nächtliche Los Angeles, bis wir uns in der 813 S.Flower Street wiederfinden.

Keine Ahnung, wo das ist. Die Preise sind hier etwas anders, als wir das bisher kannten. Elena schiebt 55 amerikanische Dollar über den Tresen. Nein, nicht für die Woche, nur für eine Nacht. Dafür ist aber auch alles piekfein in Milner's Hotel. Unter den erstaunten Blicken des Nachtportiers schieben wir unsere reichlich verstaubten Habseligkeiten herein. Frische weiße Handtücher, eine richtige Dusche mit warmem und kaltem Wasser und sogar Telefon, Fernseher und Klimaanlage. Wow…! Morgens beim Frühstück die nächste Überraschung. Der Ober fragt, wie wir unsere Frühstückseier haben wollen und wie der Toast sein soll.

»How do you want your fried eggs – sunshine up or down?«

Und dann will er auch noch wissen, ob wir gut geschlafen haben.

Mensch, wann hat uns das zum letzten Mal jemand gefragt?

Etwas später radeln wir durch die Schluchten der Hochhäuser. Kaum kann ich auf den Verkehr achten vor lauter Schauen und Staunen. Downtown – Chrom, Glas, Marmor. Viel, schön teuer. Die schweren, hochglanzpolierten Limousinen scheinen nur so dahinzugleiten. Hupen scheint verpönt zu sein.

Daß es auch noch eine andere Seite des Glanzes gibt, zeigen uns die Männer, die ihren Schnaps aus der Papiertüte trinken und ihre Habseligkeiten mit einem gekaperten Einkaufswagen

Abenteuerlicher Kühlerschmuck in den USA – der fehlende TÜV macht's möglich.

aus dem Supermarkt durch die wie geleckt aussehenden Straßen karren.

Im Heimatland des ›American Express‹ haben wir unerwartet Schwierigkeiten, dessen Reiseschecks in einer Bank einzutauschen. Zwar sprechen die Angestellten natürlich fließend Englisch, aber dieses Mal machen sie uns Probleme ganz anderer Art.

»Wir können Ihnen den Scheck nur gegen Bargeld eintauschen, wenn Sie hier Ihren Wohnsitz haben!«

Sie schicken uns zu einem Geldwechsler. Auch an vielen Tankstellen ist die American Express Card nicht willkommen, im Gegensatz zu vielen anderen Ländern.

Zu groß ist die Stadt, und zu viel gibt es zu sehen, um sie mit den Rädern zu erkunden. Wir beschließen, erst einmal nach San Diego zu fahren und später mit der Bahn oder dem Bus zurückzukommen. Zunächst einmal versuchen wir, den Ausgang von

Los Angeles zu finden, und zwar einen, der für uns Radfahrer erlaubt ist. Die USA sind ein Autofahrerland. Alle Wege scheinen zum Speedway zu führen, der für uns tabu ist. Und überhaupt ist alles groß und weit. Stunden später sind wir auf dem Weg nach San Diego.

Heute schaffen wir es nicht mehr, die Stadt nahe der mexikanischen Grenze zu erreichen und übernachten in einem der Motels neben dem Highway.

»Mensch, ist das super!« freut sich Elena.

Ein schönes, großes Bett, Teppichboden, Fernseher – alles da! Das ist schon etwas anderes als die Kakerlakenbuden, die wir bisher hatten. Allerdings: Für 5 DM ist da nichts zu machen. 20–30 Dollar mindestens wechseln den Besitzer.

»Und ebenerdig sind die Zimmer auch – ich muß nicht unseren ganzen Kram lange Treppen hochschleppen, wie schon so oft«, habe auch ich meine Freude daran.

In San Diego wartet schon ein Zimmer auf uns bei Elenas Verwandten. Das Ehepaar ist vor vielen Jahren in die Staaten ausgewandert. Unsere Glückssträhne setzt nach der Unterbrechung in Panama wieder mit voller Wucht ein.

»Wollt ihr euch nicht etwas die Gegend ansehen? Wir haben noch ein zweites Auto, das könnt ihr benutzen.«

Na, das ist ja wieder ein tolles Ding! Vor der Tür steht ein grüner Volvo-Kombi.

»Bloß gut, daß wir unsere internationalen Führerscheine mitgenommen haben!«

Elena hüpft wie ein Gummiball auf der Terrasse herum und bekommt das Grinsen gar nicht mehr aus dem Gesicht. Wir erhalten einen Stapel Landkarten von der American Automobil Association, dann röhren Elena und ich zwei Tage später raus aus San Diego.

Elena:
Der Sprit ist ziemlich günstig. Man tankt nach Gallonen, wobei 1 Gallone etwa 3,8 l entspricht. Unterschieden wird zwischen unleaded, unleaded plus und unleaded premium. Entfernungen werden in Meilen gemessen. 1 Meile entspricht 1,609 km. Um die erlaubte Geschwindigkeit herauszufinden, fangen wir erstmal an zu rechnen. Die ersten paar Kilometer ist es ungewohnt, wieder einmal ein Auto zu steuern. Die Straßen sind aber schön breit, und die Amerikaner fahren weniger rasant, als wir das von Deutschland her kennen. Peter steuert den Wagen auf den Highway in Richtung Norden zum Grand Canyon.

Das Auto ist groß genug, um auch darin schlafen zu können. Eine neue Freiheit tut sich auf – Urlaub vom Fahrrad. Den Highway hoch nach L.A., an der West-Coast entlang. Der Fahrtwind zaust uns in den Haaren. Erstmal die Lage peilen. Long Beach – Los Angeles – Santa Monica. Wo fängt man in diesem Land an mit der Exkursion, wo hört man auf? Am Strand sind reihenweise Baseball-Netze aufgebaut. Mountainbiker in vollem Farben-Dress, mit coolem Gesichtsausdruck und Spiegelbrille flitzen an ärmlichen Bettlern vorbei die Strandpromenade entlang, Kinder planschen im braun-trüben Meerwasser. Die Campingplätze sind meist auf sieben Monate im voraus reserviert. Keine Chance, das winzige, olivgrüne Iglu-Zelt aufzubauen.

Wir sind bei der Leiterin des Goethe-Instituts zum Brunch eingeladen. Von den Hügeln aus blicken wir auf elegante Villen, die nur über Privatstraßen zu erreichen sind, vorausgesetzt, man kommt an den Wachposten vorbei. Einige Journalisten sind auch eingeladen, und so plaudert man am Pool sitzend, ein Glas in der Hand. Am Nachmittag fahren wir nach Hollywood und nehmen uns ein Zimmer auf dem Sunset Boulevard.

›World of Records‹ – der größte Mann, die kleinste Frau. Ein Haus der Superlative dieser Erde. Die Sterne auf dem Hollywood Boulevard (einer ist auch für den Filmhund Lassie), die Fußabdrücke von John Wayne in Beton – es ist ein Wahnsinn, welche Masse an Eindrücken auf uns einstürzt. Bisher hatten wir einen eher gemächlichen Lebensrhythmus. Und jetzt? Einen katschigen Hamburger für 99 Cents kauend überlegen wir, was als nächstes drankommt. An jeder Ecke lauert eine Weltsensation, ein Rekord, etwas bisher nie Gesehenes. Amerika ist ein Augenland.

Fast unscheinbar schlicht nimmt sich dagegen das Grab von Marilyn Monroe aus. Ein kleiner Friedhof, hinter einer Bank bei der Westwood Avenue Ecke Sunset Boulevard versteckt, birgt die marmorne, schlichte Grabplatte bei einer der Mauern. Nur die Messinglettern ihres Namens glänzen etwas mehr als die der Nachbarn.

Dann Beverly Hills. An den Straßenkreuzungen werden Lagepläne zu den Häusern der Stars verkauft, zu deren Leidwesen oder vielleicht auch nicht. Touristen werden mit Kleinbussen durch die Nobelviertel gekarrt. Baroda Drive 144 ...

»Hier wohnte Elvis, da residiert Frank Sinatra, und da links oben Madonna, wenn sie gerade mal in Beverly Hills ist.«

Tore öffnen sich von Geisterhand und lassen Bentleys und Rolls Royces hinter hohen Hecken verschwinden. Superlative pur. An jeder Ecke. Hier scheinen sogar die Straßenfeger Autogramme zu geben. Aber irgendwie wirkt alles etwas leblos. Kein Hund, keine Katze, kein Kind beleben die Stille, und selbst die Vögel scheinen Sendepause zu haben. Auf dem Highway 15 fahren wir mitten durch die Zigarettenwerbung. Sandsteintürme, geformt von Wind und Zeit, ragen wie Finger in den ewig blauen Himmel. Freiheit und Abenteuer verspricht die Naturkulisse, doch ohne Dollars bist du auch hier ein armer Krümel. In leuchtenden Neon-Schriftzügen rufen Budweiser, Marlboro und MacDonald's ihre Gläubigen in die Tempel.

Nevada. Der nächste Hammer wartet – und erschlägt uns fast. ›Las Vegas keep right‹ heißt es erstmal – wir tun es und biegen entschlossen rechts ab.

1855 nagelten hier fromme Mormonen einige Bretterbuden zusammen. Früher war ganz Nevada von den Schoschonen besiedelt, einem Indianerstamm, der heute in einem 100.000 km^2 großen Reservat im Norden versucht, von seiner Kultur zu retten, was noch zu retten ist und trotzdem einigermaßen mit der Neuzeit und ihren technischen Errungenschaften Schritt zu halten. Die neue Erfindung der Eisenbahn belebte den kleinen Wüstenort Las Vegas schnell und schon 1931 wurde hier das Glücksspiel legalisiert. Weit verbreitet war es sowieso schon überall im Westen. Von den damaligen Bretterbuden ist jetzt aber keine Rede mehr. Der menschliche Wille, an Wunder zu glauben, machte es möglich. In 90 km Entfernung etwa liegt die ›Nevada Test Site‹. Wider alle Vernunft und Vereinbarungen werden dort immer noch unterirdische Atomtests durchgeführt.

Im ›Thriftlodge Motel‹ in der Main Street mieten wir uns unter Vorlage eines der vielen Gutscheine, die man als Reklame an Tankstellen und Imbißbuden bekommt, für 19,95 Dollar in einem kleinen Appartement mit Küche ein. Las Vegas ist eine Stadt der Superlative geworden. Selbst das Wort Paläste scheint noch untertrieben zu sein. Rechts erheben sich die bunt überdachten Türme der Burg ›Excalibur‹, einer Spielbank mit angeschlossenem Hotel, wie viele große Casinos im Märchenstil gebaut.

»Guck mal da – wow!«

Eine schwarze Pyramide mit Glasspitze, Wassergraben, Pharaonen, das ›Luxor‹, das ›Sands‹, das ›Caesar's‹. Die Spieler in den Casinos können 24 Stunden täglich am Stück an den Slotmaschinen ihr Geld verlieren. In den Spielhallen herrscht eine eigenartig faszinierende Atmosphäre. Viele der Besucher kommen in Straßenkleidung und viele Touristen im Stranddress, mit Hawaihemd und ›Windhosen‹. Überall hört man das Rasseln der Coins auf die Metallplatten in den Münzschluckern.

5 Cents, 25 Cents, Dollars. Leises Stimmengemurmel untermalt von hektischer Betriebsamkeit und Klimpermusik, die die Spieler aktiv halten soll.

Automaten, wohin man auch geht. Vor ihnen jeweils ein Hocker, bei den teureren Maschinen hat er eine kleine Rückenlehne. Ansonsten gibt es keinerlei Sitzgelegenheiten. Angestrengte Gesichter, ausschließlich auf Geld konzentrierte Menschen rundherum. Zeitungsmeldungen zufolge will jetzt auch einer der Mashantucket-Pequot-Indianer in das Casinogeschäft in Vegas einsteigen.

Es gibt unzählige Arten, sich die Zeit zu vertreiben. Peter und ich haben gar nicht so viele Augen, wie wir schauen möchten. Auf dem Rücksitz stapeln sich die Free-Tickets, die man überall in Massen bekommt. Das ›Stardust‹ lockt mit Freibier, das ›Desert Inn‹ mit einem kostenlosen Foto und zwei geliehenen, vollen Geldsäcken als Dekoration für das Modell, das ›Silver City‹ nur mit ›free Popcorn‹. Überall werden Blitzhochzeiten in den verschiedensten Preisklassen ab 99 Dollar angeboten. Viele Hotels haben die nötigen ›Wedding Chapels‹ gleich angeschlossen, in denen auf Wunsch auch Elvis-Imitatoren mehr oder minderer Qualität die pseudo-religiösen Riten auflockern.

Halb Las Vegas scheint umsonst zu sein. Überall heißt es ›Free‹ – freier Kaffee, freie Hamburger, frei alles. Fast.– Werbetafeln, so groß wie die Leinwand eines Autokinos, preisen Rod Stewart an: ›Only one night!‹ Gegenüber zersägt David Copperfield seit einem Monat eine Jungfrau, zweimal am Abend. Immer dieselbe – Jungfrauen sind rar.

Donner und Doria, rette sich wer kann – Feuer an Bord! Im Wasserkanal vor dem Casino-Hotel ›Treasure Island‹ kämpfen Piraten gegeneinander und beschießen ihre originalgetreuen Schiffe, daß es nur so kracht. Sechsmal am Abend ab 4 p.m., windstilles Wetter vorausgesetzt. Im Casino ist alles auf Piraterie getrimmt. Die einarmigen Banditen, wie die Spielautomaten genannt werden, haben ihren Namen zu recht. Die Dollargräber rasseln nur so. Vor dem ›Mirage‹ ist der Teufel los. Ein Vulkan ergießt sich mit Feuer und Rauch in einen Wasserfall. Alles ist verschwenderisch und großzügig. Im Innern des ›Mirage‹ dagegen sind die Tiger los. Seit mehr als einem Vierteljahrhundert arbeiten die beiden Magier Siegfried & Roy in Las Vegas äußerst erfolgreich. Siegfried Fischbacher und Roy Horn sind Deutsche. Durchhaltevermögen, der Glaube an sich selbst und die Liebe zu ihren Tieren und ihrer Arbeit haben sie weltweit Erfolge der Superlative feiern lassen. Ihre weißen Tiger, um deren Aufzucht und Pflege sich vor allem Roy kümmert, sind weltbekannt geworden.

Wieder auf der Straße kaufen wir in einem Supermarkt ein paar Lebensmittel ein. Die Kassiererin hat eindeutig Probleme. Ihre quietschebunt gefärbten Fingernägel sind so lang, daß sie sich bereits krallenartig nach unten biegen und es schwierig ist, damit die Tasten auf der Kasse zu erreichen. Obwohl sie nicht sehr viel verdient, leistet sie sich zweimal im Monat für 25 Dollar den Luxus der Maniküre. Kunstvoll sind winzige Sternchen, Tiere und abstrakte Muster von Hand auf den Lack gemalt. Man muß sich schon etwas Mühe geben – die Konkurrenz ist groß...

Peter:
»Es wäre doch ein Granatending«, sage ich zu Elena, die gerade in der Küche unseres Motelzimmers werkelt, »wenn wir Siegfried und Roy treffen würden. Was meinst du?«

Die Nummer des Produktionsbüros der beiden ist schnell herausgefunden. Nachdem Elena kurz unsere Geschichte erzählt hat, antwortet die Deutsche Rosemarie im Management-Büro:

»Ja, da müßt ihr ja wirklich die beiden treffen. Siegfried und Roy würden sich freuen, mit euch zu sprechen. Am besten, ihr kommt heute abend in die Show. Ich lasse zwei Karten reservieren, ihr sitzt dann als Ehrengäste ganz vorne.«

»Wenn das nicht der Oberhammer ist, dann weiß ich nicht – Mann, Peter!«

Mit einem Besuch der Show haben wir gar nicht gerechnet, immerhin kostet eine Karte 85 Dollar. Am frühen Abend machen Elena und ich uns auf den Weg. Las Vegas ruht nie. Zwei Wochen nach unserem Aufenthalt hier wird der neueste Knaller eingeweiht. Vom Dach eines 350 m hohen Turms kann sich einer, der beim Bungee-Springen nur noch müde abwinkt, mit Raketenbeschleunigung in drei Sekunden 50 m hochschießen lassen. Oben auf dem Dach windet sich in drei Schleifen zusätzlich eine Achterbahn als Magengrubenschleuder herum. Und wer dann noch nicht genug hat, kann in der darunterliegenden Hochzeitskapelle heiraten, hoch über den Dächern von Las Vegas.

Die Show beginnt. Elena und ich sitzen etwa 20 cm vom Bühnenrand entfernt, gegenüber von drei vor lauter dickem Schmuck funkelnden Mexikanern. Vorher kam ein schwarz verhülltes Wesen mit einer schwarzen Maske zu uns und klebte uns einen kleinen Stofftiger auf die Wangen. Später erfahren wir, daß das Siegfried war, der sich »die Leute ansehen möchte, die mir auf die Finger schauen«. Eine wunderbare Musik scheint von überall her zu kommen. Feuerkugeln fliegen durch die Luft, und aus rauchgefüllten Glaszylindern entsteigen die Meister der Illusion – Siegfried & Roy. Aus Feuer und Rauch geboren und in wallende, majestätische Umhänge gehüllt. Eine wilde Hexe tobt in einem Glasbehälter, der jetzt von der Decke auf die Bühne gelassen wird. Nur gut, daß sie eingesperrt ist. Doch es kommt noch schlimmer. Innerhalb von zwei Sekunden ist daraus ein schneeweißer Tiger geworden, den Roy nun aus dem Behälter und über die Bühne führt. So viele Menschen in dem riesigen Saal zuschauen, so viele Fragezeichen scheinen über ihren Köpfen zu stehen. Das Publikum zu erobern allein genügt nicht. Man muß auch zu verführen wissen. Und die Verführung ist in vollem Gange. Die Verwandlung scheint zu den leichtesten Übungen von Siegfried & Roy zu gehören. Aus Tigern werden Menschen, aber auch die umgekehrte Version macht überhaupt keine Probleme. Wir geben uns grenzenlosem, kindlichem Staunen hin. Wenn man hier glaubt, was man sieht, dann ist der Genuß am größten.

Wir lernen Siegfried & Roy später als zwei freundliche und offene Künstler kennen. Doch eine Ader der Abgründe hat wohl jeder Mensch in sich. Die beiden Magier leben ihre auf der Bühne aus. Das Geräusch der Kreissäge dringt uns bis ins Knochenmark. Durch den schönen Körper einer jungen Frau quält sich ein grobzackiges Sägeblatt. Gnadenlos drückt Siegfried das Metall in den Körper. Roy kann dabei fast nicht hinsehen. Die Teilung gelingt – ein glatter Schnitt, und zwei Frauenhälften rollen auseinander. Zersägte Frauenleiber auf Magierbühnen sind nicht unbedingt etwas Neues.

Der entscheidende Unterschied bei Siegfried & Roy besteht in der Art der Vorführung. Souverän und mit sprühender Kraft folgt ein Trick dem anderen. Ein Stab von Mitarbeitern besorgt den technischen Teil, doch alle Fäden laufen bei den beiden Meistern zusammen. Äußerste Professionalität bei allen Beteiligten ist eine Grundvoraussetzung. Einer der Höhepunkte ist der Kampf mit einem stählernen Drachen. Glatt wird Roy von dem Stachel auf dem garagengroßen Maul des Ungeheuers aufgespießt, während Siegfried versucht, die Bestie in Schach zu halten. Das Gute gewinnt über das Böse, und so besiegt Roy das Untier. Kämpferische, wilde Armeen tauchen auf, Hardrock-Musik fetzt, ebenso wie auch Wagner-Symphonien das scheinbar unmögliche Geschehen auf der riesigen Bühne unterstreichen. Roy schwebt auf einer verspiegelten Kugel durch den Raum, mit auf der Reise ist ein ausgewachsener Tiger. Das Wunder steigert sich nach einer Stunde und 40 Minuten in ein gigantisches Finale – und wir klappen die Münder wieder zu. Danach kann nichts mehr kommen.

Elena:
Die Zuschauer verlassen den Saal. »Fantastic, great« und »impossible« hört man von den begeisterten Menschen. Doch eigentlich ist es unmöglich, die überwältigenden Eindrücke, von denen wir erfüllt sind, in angemessene Worte zu fassen. Selbst Superlative werden dem nicht ganz gerecht. »Was man sich vorstellen kann, ist wirklich«, sagte einst Pablo Picasso. Recht hatte er.

Peter und ich werden von einer jungen Frau abgeholt und gleich darauf begrüßen uns Siegfried & Roy bei ihrer Garderobe. Ohne vermessen sein zu wollen, stellen wir im Gespräch doch gemeinsame Tendenzen und Einstellungen fest. Vor ihrer beispiellosen Karriere tingelte Siegfried durch die Lande mit einem Koffer voller fantastischer Zaubereien und einem Herz voller Ideen und Sehnsüchten, die es zu verwirklichen galt. Ein kleiner, zarter Junge aus dem zerbombten Nachkriegsdeutschland hat sich seine mutigsten Träume erfüllt, und noch viel mehr. Ebenso wie Roy, der mit einem Geparden auf dem Autorücksitz spürte, daß es da noch mehr geben muß als eine Standardexistenz zwischen Leben und Sterben.

»In uns allen erklingt eine zarte Melodie. Wenn wir sie hören und ihr folgen, führt sie uns zur Erfüllung unserer sehnlichsten Träume«, sagen die beiden.

Siegfried & Roy, zwei aus Fleisch und Blut, haben es vorgemacht und sind trotz ihrer gigantischen Erfolge Mensch geblieben, was ihnen zusätzliche Größe gibt.

Der Hausfotograf macht Fotos von uns allen, ein großartiger Abend geht zu Ende. Es ist 2.30 Uhr. Todmüde falle ich ins Bett und sehe gerade noch, wie Peter schmunzelnd Sekt trinkt.

Noch lange später, als wir längst wieder statt im Auto auf dem Fahrradsattel durch die Staaten quietschen, sprechen wir über diesen ungewöhnlichen Abend, der bleibende Eindrücke hinterlassen hat.

Aber Las Vegas hat auch seine Schattenseiten. Mindestens

16.000 Obdachlose wohnen in ›Tent-City‹ am Rande der Stadt, wo die Schlafstellen aus Wellblechstücken, Pappdeckeln, Zeitungen und Decken bestehen, nicht weit von der Friendship-Corner und der Martin-Luther-King-Street. Die meisten Einwohner dieser Siedlung sind ›Farbige‹. Immer noch haben sie es aufgrund ihrer Hautfarbe nicht leicht, in der Wohlstands- und Konsumgesellschaft ihren Platz zu behaupten. Der Weg aus dem Ghetto ist schwer. Franziskanermönche und das ›Catholic Workers Center‹ kämpfen gegen die vielseitigen Probleme der Menschen hier an. Die Einwohnerzahl in ›Tent-City‹ steigt ständig.

Die Schluchten des Grand Canyons bringen uns zu ergriffenem Schweigen. Das Schauspiel der Farben und Formen, die kolossale Mächtigkeit der Natur prallt uns voll entgegen, als wir an einem Parkplatz über die Brüstung schauen. Vor 600 Millionen Jahren begann der Fluß Colorado sich in die roten Felsen einzugraben. Als smaragdgrüne Schlange schimmert er uns aus der Tiefe entgegen. Über die Klippen unter dem weißblauen Himmel schweift unser Blick hinüber auf die Prärie in der Ferne. Alles Indianerland der Navajo und Hopi. Vor unserem geistigen Auge wallen Staubwolken auf, von Tausenden dumpf dröhnender Büffelhufe entfacht. Geschichten werden wach von Völkern, für die die Natur beseelt war. Eine Anschauung, die unserer modernen Welt heute leider fehlt. Geronimo, White Bear, Sitting Bull und all die anderen großen Häuptlinge in den ewigen Jagdgründen hätten uns viel wertvolles Wissen vermitteln können, doch diese Chance hat der ›zivilisierte‹ Mensch, der nur mit den Augen schaut, wieder einmal verpaßt.

Eine Wölfin schnürt lautlos und schnell über die Straße. Wir übernachten auf einem Campingplatz auf dem West Rim. In der Nacht ist es sehr still und eiskalt, sternenklar der Himmel über uns. In der Nähe heulen zwei Kojoten. Der Campingplatz ist eigentlich mehr ein Abstellplatz für Wohnmobile. Es gibt keinerlei

Service, und weil Wohnmobilbenutzer das nicht brauchen, auch keine Toiletten oder Duschen. Früh am nächsten Morgen ziehen wir los. Schilder warnen vor Berglöwen, Pumas und aggressiven Eseln und Eichhörnchen, die von Touristen angefüttert wurden und jetzt Reiseproviant verlangen. 20 touristenbeißende Esel mußten bereits evakuiert werden. Hoffentlich schlafen die Raubkatzen gerade, denke ich und trete stärker in die Pedale.

Der Boden vibriert unter den Schuhsohlen; am Horizont flimmert die Luft. Dieses Mal ist es keine Büffelherde. Wie in Zeitlupe nähert sich eine dunkle Wand. Unsere Augen sind zu Schlitzen gepresst. Die Vibration geht in die Magengrube über. Chrom blitzt, und dann rotzen 600 PS, verteilt auf 20 Harleys, über die Piste, die legendär geworden ist – die Route 66. Schwarzes Leder umgibt die Fahrer. Die Gesichter sind bärtig und zu einer coolen Maske versteift. Man muß wohl so aussehen, wenn eine Harley Davidson zwischen den Schenkeln röhrt und dann noch die Route 66 unter einem liegt. Nur etwa 150 km sind noch übrig von der Straße, die einmal die Lebensader zwischen Chicago und Los Angeles war. Als die rund 4.000 km lange Strecke am 11. November 1926 eingeweiht wurde, gab es nur wenige Straßen. ›Plank Road‹ nannte man sie, denn die Knochenschüttlerpisten bestanden aus Brettern und Rundhölzern. Für viele Amerikaner gehört es zum Weekend-Fun, die Sixtysix zu fahren. Am liebsten mit einer Maschine oder einem alten Chevi. Süße Nostalgie.

Auch Peter und ich fahren auf den Fahrrädern einige Kilometer ab. Neben der heutigen Interstate 40 finden wir in der Prärie noch Teile der ursprünglichen ›Double Six‹. Ein Stück weit durchschneidet sie das Reservat der Hualapai-Indianer. Vor einem Store hockt ein alter Indianer und bettelt uns um ein paar Dollar an. Die Zeiten sind schlecht geworden. Unweit der alten Straße schiebt sich mit schrillem Pfiff die Eisenbahn der ›Santa-Fé-Railroad-Companie‹ entlang. Vier rote Loks ziehen 120 Waggons.

In einem Junk-Food-Laden der Dairy-Queen-Kette sprechen

uns drei deutsche Christen an und schenken uns ein Mini-Comic-Heft, in dem der Untergang der Titanic gezeichnet ist. Er endet mit einem fürchterlichen, gesichtslosen Donnergott, der die Leichen der Ertrunkenen vom Schiffsunglück von sich weist. Das wäre offensichtlich nicht passiert, wenn die Passagiere gute Christen gewesen wären. So!

Zwei Wochen später. Längst haben wir das geliehene Auto wieder zurückgegeben, die sonnigen Strände Kaliforniens und Las Vegas hinter uns gelassen. Unsere Hände umklammern wie gehabt die Moosgummigriffe der Fahrradlenker, die Sonne Arizonas brennt mit nahezu 40° C gnaden- und schattenlos auf uns nieder, aber wenigstens treibt uns der heiße Wüstenwind von hinten an. Ein Stück legen wir auf der Ladefläche zweier Pickups zurück, die uns kurzerhand an einer Tankstelle aufladen, dann geht es wieder mit eigener Kraft weiter. Wüste hatten wir in der Vergangenheit zur Genüge genossen. Neu hinzugekommen sind hier riesige Kandelaberkakteen, Saguaros, Orgelpfeifen Kakteen und wie die stacheligen Kerle noch heißen. Wir strampeln weiter durch das trockene Land und zelten nachts zwischen olivgrünen Büschen und Kakteen. Mehrmals passiert es, daß wir durch Schüsse in der Nähe geweckt werden. Obwohl es sturzdunkel ist, stromern irgendwelche Jäger durchs Gelände und schießen auf alles, was sich bewegt. Uns bleibt nur, ganz still im Zelt zu sitzen und zu hoffen, daß uns niemand entdeckt. Eine unangenehme Situation, wenn die peitschenden Schüsse immer näher klingen und man sogar Schritte hört, ohne jemanden zu sehen.

Völlig ausgepowert hockt Peter eines Tages an einem Weidezaun und wischt sich den Schweiß aus dem Gesicht.

»Sag mal, würdest du in dieser Hitze herumrennen, wenn du fliegen könntest?«

Ein ›Roadrunner‹ flitzt gerade im Eiltempo über die Straße, verharrt einen Moment, guckt uns entrüstet an und rast weiter. Der dürre Vogel mit dem langen Schwanz ist das Wappentier von New Mexico – und immer in Bewegung. 24 km/h bringt er zu Fuß auf die Piste und sieht wirklich so witzig aus, wie wir ihn aus Comicfilmen in Deutschland kennen.

Es sieht von weitem aus wie Schnee. Blendend weiß erstreckt sich die Dünenlandschaft über Hunderte von Quadratkilometern dahin, aber es ist Gips. Das wasserunlösliche Material wurde durch den Wind von den San Andreas und Sacramento Mountains hergetragen. Zunächst auf einen See, der zwischen den Gebirgen lag, und als dieser vor 5.000 Jahren austrocknete, häuften sich die sandähnlichen Körner zu Dünen an. Über 585 km^2 erstreckt sich das ›White Sands National Monument‹. Käfer, Eidechsen und Mäuse leben hier, aber auch eine Reihe von Pflanzen, wie zum Beispiel die Yucca-Palme, haben sich gut angepaßt. Wir stiefeln durch das Gelände und sind geblendet von all dem Weiß, das sich bis zum Horizont erstreckt.

So friedlich die Landschaft auch aussehen mag, knapp 100 km weiter in der Wüste, da wo die ›Trinity Site‹ liegt, wurde 1945 die erste Atombombe gezündet. Noch heute werden auf diesem Terrain Raketen entwickelt und getestet. Eigentlich wollen wir in White Sands unser Nachtlager aufschlagen, aber weil für den nächsten Morgen ein Raketenstart angesagt ist, ist dies verboten. Am Abend stellen wir unser kleines, grünes Kuppelzelt dahin, wo vielleicht einmal ein echtes Tipi der Indianer stand, nämlich im Reservat der Apachen. Vielleicht hatte einer der stolzen Krieger sein Pferd an diesen Baum gebunden, wo jetzt die Fahrräder lehnen. Mit dem zischenden Benzinkocher unter dem Edelstahlsuppentopf passen sie nicht so ganz ins Phantasiebild der Indianerzeit.

Peter:
Hart schlägt der Hammer auf die Nagelköpfe, die den Steckbrief an der Holzverschalung des Postoffices halten. Die Post beherbergt gleichzeitig einen kleinen Laden und einen Whiskey-Aus-

schank. Quietschend pendeln die zwei Schwingtüren auf, als zwei, drei der Gäste auf die Straße kommen, um nachzusehen, was da angeschlagen wird. Die Männer sind wie Cowboys gekleidet, mit breitkrempigen Hüten und umgeschnallten Revolverholstern.

Zwei Frauen mit weiten, langen Röcken bleiben auch vor dem Plakat stehen. Ein rotznasiger Junge reckt sich hoch, um besser lesen zu können. In großen, schwarzen Lettern gedruckt steht da:

»500 $ bezahle ich jeder Person, die William Bonny alias Billy the Kid einem Sheriff von New Mexico übergibt oder Hinweise für seine Ergreifung bekanntgibt. Gezeichnet: Lewis Wallace, Gouvernor of New Mexico, 20. April 1880.«

Alle Umstehenden kennen den jungen Revolverhelden mit dem Kindergesicht und der unheimlich schnellen Hand. Im Bezirk Lincoln herrscht schon seit Jahren ein Krieg, bei dem es um Weideland und um das Handelsmonopol in New Mexico geht. In diese Situation gerät Billy the Kid, als er sich von John S. Chisum, dem größten Farmer in Lincoln County, als Revolverschütze anheuern läßt, um dessen Interessen gegen den korrupten Großspekulanten Lawrence Murphy zu wahren. Doch Murphy hat auch den Sheriff Pat Garrett gekauft. Die Nachrichten über den Kleinkrieg, bei dem einige hundert Männer erschossen werden, dringen bis ins Weiße Haus nach Washington zu Präsident Rutherford und dem Gouverneur von New Mexico. Der Gouverneur erläßt eine Amnestie für alle Beteiligten des Lincoln-Krieges, nicht jedoch für Billy the Kid. Obwohl sein Auftraggeber, der Großfarmer Chisum, Billy versprach, seine weitreichenden Beziehungen für ihn spielen zu lassen, wird Billy nun verfolgt. 500 Dollar will sich jeder gerne verdienen. Seine Verfolger sind einfache Cowboys und Häutejäger. Billy the Kid sucht in seiner Not Zuflucht im Gefängnis und erfährt, daß nicht nur alle seine Fürsprecher ihre Hilfe verweigern, sondern er auch noch zum Tode verurteilt werden soll. Er kann flüchten und zieht somit erneut alle Kopfgeldjäger auf sich. Am 14. Juli

1881 spürt ihn der Sheriff Pat Garrett im Haus des Händlers Pet Maxwell auf, oben bei Fort Sumner in New Mexico. Garrett hat nur eine Chance. William Bonny alias Billy the Kid ist 21 Jahre alt, als ihn die Kugel des Sheriffs aus nächster Nähe von hinten niederstreckt.

Elena und ich lehnen die Räder an den Zaun des alten Friedhofs in Lincoln. Unter mächtigen, schattenspendenden Bäumen liegen Gräber, deren Jahreszahlen noch von dieser Zeit sprechen. Das Grab von Billy the Kid ist nicht dabei. Es liegt im Fort Sumner. Heute kann man sich einen Holzbau in Lincoln ansehen, in dem damals das Gericht untergebracht war und aus dem sich Billy freischoß. Der junge Revolverheld, der schon zu Lebzeiten zur Legende wurde, ist eine Touristenattraktion geworden. Im kleinen Freilichttheater werden seine Mords-Taten nachgespielt. In einem Wäldchen stellen wir am Abend unser Zelt auf. Vielleicht galoppieren die Geister jener Zeit in der Nacht um unsere Behausung, aber da schlafen wir schon.

Elena:
Während der Nächte ist es hier in den Bergen lausig kalt. Das Zelt ist morgens klatschnaß. Auch hier, im ›Land der unbegrenzten Möglichkeiten‹, finden wir in den Stores, den kleinen Läden, fast ausschließlich nur Toastbrot. Es gibt zwar auch kräftiges Schwarzbrot und Pumpernickel, doch das bekommt man nur in großen Supermärkten. Die Straße windet sich durch sattgrünes Weideland. Kühe und Pferde ergreifen in Panik die Flucht, wenn sie unser ansichtig werden. Mit dem amerikanischen Telefonsystem haben wir so unsere Probleme. Die Telefonzellen schlucken 5-, 10- und 25-Cent-Münzen, und damit beginnen die Schwierigkeiten schon. Eine Verbindung zur alten Welt erfordert so nämlich einen Sack voller 25-Cent-Stücke, die man sich erst einmal mühsam zusammenwechseln muß. Der Apparat frißt die Münzen schneller als ein einarmiger Bandit in Ve-

gas – man kommt mit dem Nachwerfen nicht mehr mit – Verbindung unterbrochen.

»Mensch, das gibt's doch nicht!« schimpft Peter wütend vor sich hin. Halt, wir haben ja noch verschiedene Kreditkarten. Hörer ab und –

»Hallo, Mutti!« Eine Blechstimme sagt:

»Operator. Mit welcher Gesellschaft möchten Sie sprechen?«

»Mit keiner! Ich will meine Mutter in Deutschland anrufen.«

»Hier ist der Operator. Mit welcher Gesellschaft möchten Sie sprechen?«

»Verdammt, mit keiner! Ich will...«

»Hier ist der...«

Der Operator läßt sich auf keine Gespräche ein. Er ist ein sprachgesteuerter Computer. Ich habe keine Wahl und muß mir eine der privaten Telefongesellschaften aussuchen. Welche ist die billigste? Keine Ahnung. Ich nenne der Stimme eine der am Apparat angeschriebenen Gesellschaften. Welche Nummer möchten Sie? Ich nenne die Nummer in Deutschland und lausche erwartungsfroh in die knisternde Muschel. Knack, Klick – tuuuut.

»Hallo Mut... –«

»Welche Kreditkarte haben Sie?«

»Wie?«

»Welche Kreditkarte...?«

»Ja, ich hab's begriffen«, murre ich und nenne der Blechstimme das Kreditinstitut.

»Please wait!«

Im Hörer tutet es. In Gedanken bin ich bei meinen Eltern im Wohnzimmer und sehe meine Mutter zum Telefon eilen. Jetzt nimmt sie ab.

»Ja, ich bin's, wir sind in...«

»Welche Nummer möchten Sie? Geben Sie Ihre PIN-Nummer der Kreditkarte ein!« quäkt es mir ins Ohr.

Einen Teufel werde ich tun! Weil ich jetzt die Faxen dicke habe, hänge ich ein.

Später, nach vielen weiteren Versuchen mit weiteren Gesellschaften, bei denen ich keinerlei Information darüber erhielt, wie ich ohne Vermittler direkt selbst nach Deutschland telefonieren kann, erfahre ich von einer Passantin, daß das ohne eigenes Privattelefon schlicht nicht möglich ist.

Wir müssen also vom Apparat eines Motels aus telefonieren, sofern man uns läßt, denn Auslandstelefonate gehen auf Rechnung des Telefonbesitzers. Wenn der aber keinen eigenen Gebührenzähler besitzt, ist damit auch Essig. Die öffentlichen Telefone, auch die in den Telefonämtern, funktionieren nur innerhalb der Staaten.

»Von hier aus kannst du auf den Mond fliegen«, sinniert Peter, »aber nach Hause telefonieren kannst du nicht!«

Unsere Räder rollen durch dichten Wald über das alte Land der Indianer. Die Geschichte der Pionierzeit Amerikas und die Verfolgung der Indianerstämme ist bekannt. Im Jahr 1492, als die ›ersten‹ weißen Männer das Land betraten, begann der Untergang der Naturvölker. Aber schon im 6. Jahrhundert fuhr der irische Mönch Brandan zweimal zur amerikanischen Ostküste, und Leif Eriksson segelte mit seinem Wikingerschiff ca. 1000 n. Chr. um die Küsten Labradors, Neufundlands und Massachusetts. Der deutsche Kartograph Waldseemüller schlug 1507 auf einer Weltkarte ›Amerika‹ als Namen für den neuen Kontinent vor. Irrtümlicherweise hatte er geglaubt, Amerigo Vespucci, der große italienische Seefahrer, habe das neue Land entdeckt, aber Kolumbus war schneller. Auch Wissenschaftler können irren. Leider haben sie alle aber wohl zu wenig Marketing gemacht. So ging der späte Ruhm der Entdeckung eines neuen Kontinents an Kolumbus, der in der Bekanntmachung seiner Taten etwas geschickter war. 1992 feierte man ihn und mit großem Getöse ›500 Jahre Amerika‹, doch das bedeutet auch 500 Jahre Unterdrükkung, Benachteiligung und vielfachen Mord an der indianischen und schwarzen Bevölkerung. Bis auf den heutigen Tag!

Interessanterweise verwies der Kartograph Piri Reis bereits

1513 auf ziemlich exakte Karten von Amerika, Afrika und der Antarktis, die bereits damals schon sehr alt gewesen sein sollen. Karten, die von heutigen Messungen nur sehr gering abweichen und zum Beispiel die Antarktis als Land ohne Eis zeigen. Erst auf dem modernen Stand der Technik ist es möglich, die tatsächlichen Umrisse der Antarktis zu kartographieren. Reis' Karten sollen aber bereits mindestens aus dem Jahre 1339 stammen. Wer überflog damals die Erde und zeichnete so ein genaues Bild der Küsten nach?

Als einer der wenigen Indianerstämme konnten sich die Apachen bis heute einigermaßen behaupten. Ihre alte Kultur wurde weitgehend vernichtet, aber sie haben es verstanden, sich der Neuzeit anzuschließen. Es war ihre einzige Chance zu überleben. In einem Laden, der Handwerksarbeiten der Indianer verkauft, spricht Elena mit der Verkäuferin.

»Wir Indianer leben eher zurückgezogen von den Weißen. Die Kontakte beschränken sich auf das Notwendigste. Allzuviel Nähe hat sich in der Vergangenheit nicht bewährt. Wir haben unsere eigenen Schulen, Universitäten und Supermärkte. Wir müssen uns auf unsere Traditionen besinnen und darauf, was wir sind. Früher war es verboten, unsere alten Indianersprachen zu sprechen, und ich habe als Schulmädchen noch Prügel bezogen dafür. Heute sind unsere Sprachen fast ausgestorben und mit ihnen alte Überlieferungen, zum Beispiel über Naturheilverfahren. Nur ein paar alte Leute kennen sie noch. Einem Volk seine Sprache zu nehmen ist mit das Schlimmste, was man ihm antun kann!«

Ähnliches hatten wir auch in Australien gehört. Weltweit sind Ureinwohner zu Touristenattraktionen degradiert, altes Wissen verschollen. Von den ursprünglich 250 Aborigines-Sprachen werden dort nur noch etwa 25 gesprochen.

»In unseren Sprachen können wir die Dinge aber viel besser beschreiben als in Englisch«, erzählt die Frau weiter.

»Können Sie mir ein Beispiel nennen?« bittet Elena.

»Nun, die Weißen sagen einfach nur Erde. Aber in unserer Sprache meinen wir die Mutter, die alles weiß und zu dir spricht.«

So gut es geht, werden die alten Stammesriten den jungen Indianern auf den Schulen vermittelt. In den Bergen in Mescalero betreiben die Indianer sogar ein Spielcasino, das ›Casino Apache‹. Die Zeiten ändern sich und mit ihnen die Überlebensanforderungen.

»Wenn es einmal keine Indianer mehr gibt, dann ist auch das Ende der Weißen gekommen«, gibt die Apachin uns beim Abschied mit auf den Weg.

Wir wünschen den Indianern ein langes Leben – für sie und für uns.

Für das Denken vieler Amerikaner hört die Welt an der amerikanischen Staatsgrenze auf. Sie haben noch nie nach Europa telefoniert, und auch die Nachrichten beschränken sich mit wenigen Ausnahmen auf inneramerikanische Meldungen. Das Land ist aber auch so groß, daß man jahrelang darin herumreisen kann und trotzdem immer wieder etwas Neues entdeckt. Oft sehen wir neben modernen Wohnmobilen die typischen silbernen ›Airstreamer‹. Einige der rollenden Häuser haben sogar einen PKW im Schlepptau, Motorräder auf dem Heck und ein Boot auf dem Dach. Es sieht aus, als wollten die Besitzer auswandern, dabei fahren sie nur kurz in Urlaub, der in den USA im Schnitt zehn Tage pro Jahr beträgt.

Viele Rentner besinnen sich auf ihre Rüstigkeit und den Rest ihres Lebens. Das Häuschen wurde verkauft, und mit dem Erlös reisen sie im Wohnmobil im Land herum. Man verabredet sich per Handy mit anderen Wohnsitzlosen, und irgendwo entsteht dann eine kleine Wagenburg. Auch eine Art von vielen des ›way of life‹.

Mit Reisenden einer ganz besonderen Sorte sollten wir in dem Städtchen Roswell konfrontiert werden. Ein Farmer traute

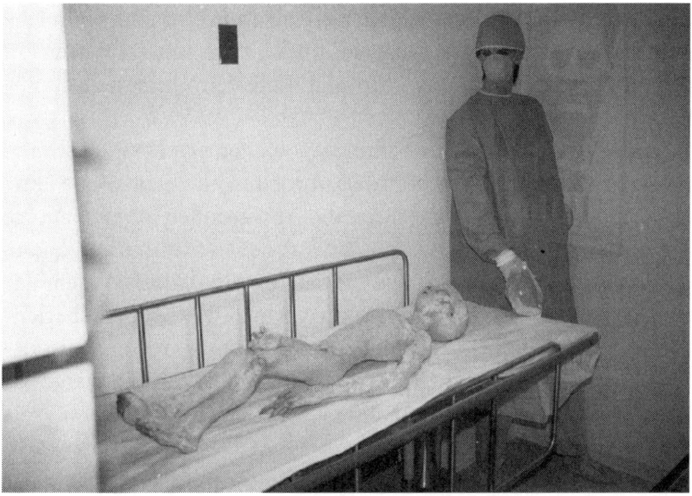

1947 soll bei Roswell/USA ein UFO abgestürzt sein. Sah die Besatzung so aus?

seinen Augen nicht, als er am Morgen des 4. Juli 1947 mit dem Traktor sein Gelände entlangfuhr, etwa 50 Meilen nordwestlich von Roswell an der Straße 247. An einem Hügel hatte jemand offensichtlich eine Menge silbernen Metallschrott abgeladen. Er stieg von seinem Traktor ab und untersuchte ärgerlich die herumliegenden Teile. Plötzlich sah er zwei menschenähnliche Wesen reglos in den Trümmern liegen. Ihre Köpfe waren unnatürlich groß. Der Bauer holperte mit seinem Traktor ins Dorf zurück und alarmierte die Polizei. Als die Beamten auf dem Feld erschienen, alarmierten sie sofort die Luftfahrtbehörde. Es handelte sich anscheinend um einen Flugzeugabsturz.

Inzwischen hatte es sich herumgesprochen, daß hier ein Unfall passiert war. Einige der Farmer aus der Gegend kamen, um sich die Bescherung anzusehen. Das hinzugekommene Militär sperrte sofort das gesamte Gelände weiträumig ab und verhängte unter Androhung extremer Strafen absolutes Stillschweigen über die Augenzeugen. Großräumige Militärflugzeuge transportierten die metallenen Überreste ab. Eine Unmenge von Militärfahrzeugen umstellte das gesamte Gebiet, und es wurde ein Riesenaufwand getrieben, um alle Teile feinsäuberlich einzusammeln.

Was war das, was da vom Himmel gefallen war? Wissenschaftler der Bundesluftfahrtbehörde sammelten alle Schrotteile akribisch genau ein. Dabei machten die Anwesenden eine schaurige Entdeckung. Die zwei Wesen, die auf dem Trümmerfeld lagen, waren tot. Aber in der Nähe fanden sie ein drittes Wesen, das noch lebte. Es war am rechten Knie verletzt. Wie Zeugen berichten, rief es nach Hilfe, fiel aber dann um und wurde abtransportiert. Irgendjemand hatte die Presse alarmiert. Im Nu waren einige Reporter an der Unfallstelle, die Presseoffizier Oberst Walter Haut von der US-Army interviewten. Der gab an, daß es sich um ein UFO handeln würde, ein unbekanntes Flugobjekt. Er war sich seiner Sache sehr sicher. Vier Stunden, nachdem diese Meldung in der Presse veröffentlicht war, wurde sie von seinen Vorgesetzten vehement dementiert, die angaben, daß es sich lediglich um den Absturz eines völlig normalen Wetterballons gehandelt hätte. Das Leben der damaligen Augenzeugen nahm eine dramatische Wende. Einige gelangten urplötzlich aus dem Nichts zu großem Vermögen, andere verschwanden spurlos – und für immer. So zum Beispiel eine Krankenschwester, die bei der Obduktion eines der verunglückten Wesen dabei war und vorher mit ihrem Freund über den Fall gesprochen hatte. Diese Wesen hatten interessanterweise nur drei Finger an jeder Hand, wie auch die Figuren auf alten Felszeichnungen der Indianer.

Ein paar der Leute, die seltsamerweise kurz nach dem Geschehnis ihre Farm bedeutend vergrößern konnten, weil sie aus unerfindlichen Gründen an Geld gelangt waren, brachen ihr lebenslanges Schweigen erst auf dem Sterbebett, wo sie sich ihren Kindern anvertrauten. Alle, die damals dabei gewesen sind, waren sich sicher: Hier ist ein sogenanntes UFO abgestürzt – das UFO und seine Besatzung waren nicht von dieser Welt!

Wegen eines heruntergefallenen Wetterballons würden die Behörden sicherlich nicht so viel Aufregung und Aufhebens machen. Und dann diese seltsamen Lebewesen... Später gibt das amerikanische Militär bekannt, es handle sich um einen russischen Spionagesatelliten. Klar, was sonst! Bis heute verweigert die Army jegliche Akteneinsicht und beharrt auf der Ballon-/Satellitenversion. Und Touristen stehen nachdenklich auf dem öden Gelände, auf dem nur Pampasgras, ein paar Kakteen und Klapperschlangen gedeihen und wo der Unfall vor vielen Jahren passiert sein soll.

Bereits am 24. Juni 1947 berichtete der amerikanische Rettungspilot Kenneth Arnold von neun Flugzeugen, die er bei einem Einsatz über den Cascade Mountains im US-Staat Washington gesehen hat. Er schilderte die Flugzeuge als sehr schnell. Es sei gewesen, als ob Untertassen durch die Luft flögen. So entstand überhaupt der Begriff vom unbekannten fliegenden Objekt. Bis heute wetteifern manche Menschen regelrecht damit, wie viele dieser Objekte sie bislang gesehen haben. Ein eindeutiger Beweis ist allerdings bis heute nicht erbracht worden. Sollte es tatsächlich außerhalb unseres Sonnensystems weitere Lebewesen geben, so ist es sicherlich nicht einfach für den Beobachter hier auf der Erde, nach all den Gerüchten, Vermutungen und Übertreibungen, die darüber kursieren, Glaubwürdigkeit zu erlangen. Selbst die Zeitzeugen des Unfalls in Roswell können es sich offenbar nicht immer verkneifen, der eigenen Phantasie in ihren Erzählungen freien Lauf zu lassen. Was so mancher vielleicht zumindest in Erwägung ziehen würde, wird auf diese Art und Weise lächerlich, wenn es nicht sogar zu konkreter Ablehnung führt.

Das ist der Stand, als Peter und ich das UFO-Museum in Roswell betreten. Es wird von Rentnern ehrenamtlich geführt, die uns leider nur die Auskunft erteilen können, die wir auch selbst den ausliegenden Broschüren entnehmen. In einem Videoraum werden Filme zum Thema gezeigt. Eine UFO-Landung mit dazugehöriger Besatzung – so, wie sich Menschen die Piloten eben vorstellen – ist als Panorama aufgestellt. Ein weiterer Raum zeigt zahlreiche Zeitungsartikel und Fotos von angeblichen UFOs, weist aber auch auf offensichtliche Fälschungen hin. Beim Betreten und Verlassen des Museums kommt man zwangsläufig durch den Verkaufsraum, der den eigentlichen Kern der Ausstellung bildet. Schlüsselanhänger, Henkeltassen, Aufkleber, T-Shirts und Krawatten sind reichlich mit Aliens bedruckt. Zartgliedrige graue Gestalten mit großen, schwarzen, mandelförmigen Augen sehen uns ebenso staunend von Büchern und Filmschachteln entgegen wie wir ihnen. Leider wird das UFO-Phänomen eher mit geschäftsmäßigem Eifer als mit wissenschaftlicher Ernsthaftigkeit betrieben und erscheint somit meist lächerlich und kitschig. Die Sache mit den Fremden interessiert uns, doch als wir wieder auf der Straße sind, wissen wir nicht viel mehr als die Preise einer Alien-Puppe aus Plastik, 19,95 Dollar. Die Touristen kaufen das Zeug aber mit Begeisterung. Etwa 5 Millionen Dollar pro Jahr verdient das Museum durch den Verkauf der Souvenirs etc.

Was ist aber mit den Tausenden von UFO-Sichtungen? Sicher, ein Großteil kann als Wolkenspiegelungen, Flugzeuge oder ganz einfach Fälschungen etc. aufgeklärt werden. Was ist aber mit den restlichen etwa fünf Prozent der Fotografien, die sich bislang keiner der vielen Wissenschaftler erklären konnte? Haben jene recht, die meinen, UFOs entstehen nur in den Köpfen der Menschen? Und was ist mit den Kornkreisen, vor allem in England? Zwar hat man ein paar ›Witzbolde‹ ertappt, die die Zeichen gefälscht hatten, doch die simplen Duplikate wurden erst nach der ursprünglichen Entdeckung der hochkomplizierten und messerscharf exakt angelegten Originale hergestellt.

Peter:
Am Abend sitzen wir auf dem Bett in einem der Motels und reden uns die Köpfe heiß zum Thema Außerirdische, während wir Bismarck-Heringe mit Toastbrot und Wurstsalat essen; alles

künstlich gesüßt. Unser Sonnensystem ist nur eines von vielen. In Marsgestein wurden Bakterien entdeckt, die durchaus den Grundstock für Leben bilden könnten. Weltweit, unter völlig verschiedenen Bedingungen und Kulturen, entdeckt man immer wieder Zeichnungen etc., die Erich von Däniken und andere als Hinweise auf Außerirdische deuten, und die sich in gewisser Weise ähneln. Selbst wenn man ihm und seiner Theorie kritisch gegenübersteht und dazu noch bedenkt, daß vor etwa 40.000 Jahren die Behringstraße begehbares Land war, über die auf einer der großen Völkerwanderungen Kulturen und Traditionen ausgetauscht werden konnten, bleiben doch immer noch viele Fragen offen.

Und: Was gibt uns die Gewißheit, so einmalig und einzigartig zu sein? Solange nur ein winziges Zipfelchen des Weltalls in nächster Umgebung erforscht wurde, kann das niemand mit Bestimmtheit behaupten. Noch vor 100 Jahren hätte sich auch niemand vorstellen können, daß man überhaupt in den Weltraum fliegen kann. Heute ist ›nach den Sternen greifen‹ keine unmögliche Sache mehr. Weltraumexpeditionen gehören bereits zum Alltag.

Der Fernseher bietet 61 Programme an. In einem christlichen Sender wirbt ein Seelenfänger für seine Kirche. Komischerweise trägt er eine Phantasieuniform mit goldenen Kordeln, Schnörkeln und allerlei Ansteckern.

»Kommen Sie zu uns«, sagt er, »wir kümmern uns auch um Ihre Seele, und der Herr ist unser Freund!«

Dabei springt er vor der Kamera herum wie ein gealterter Rockstar. Der selbstgemachte Heilsbringer versucht, ein Parfum in einer Alabasterkugel an die Leute zu bringen. Inklusive spiritueller Geist ist das Ganze für 500 US-Dollar zu haben. Wahlweise kann man den Preis 50-Dollar-weise abstottern, Kreditkarten sind willkommen. Gelobt sei Jesus Christus – Yeah!

Viele Dörfer weiter entlang der Secondary Street Nr. 90 fahren wir durch weites, ödes Weideland im Süden von Texas. Pferdekopfähnliche Ölpumpen nicken Tag und Nacht und zeigen an, womit hier die Dollars gemacht werden. Aber nicht nur das schwarze Gold bringt den Wohlstand. Texas steht für Rinderzucht ebenso wie für die Errungenschaft der Weltraumfahrt. Die Innenstadt von Houston sieht aus wie viele amerikanischen Großstädte. Kantige und runde Wolkenkratzer sind wie Schuhkartons aufgestellt. Eine öde Stein-Glas-Chrom-Wüste. Ein paar Meilen davon entfernt befindet sich das Space Center mit Astronautik zum Anfassen. In einer kleinen Bahn fährt man auf ein Gelände, auf dem ausrangierte Raketen, Triebwerke und Raumkapseln zu bewundern sind. Das NASA-Kontrollzentrum zeigt atemberaubende Filme auf einer Panoramaleinwand mit Quattrophonie. Man hat das Gefühl, selbst mit an Bord der Raumgleiter zu sein. IMAX heißt das neue Wunder. Im Showroom ist die Mondlandung vom 21. 7. 1969 originalgetreu nachgebildet, inklusive Mondauto und natürlich US-Flagge.

In bunten Neon-Schriftzügen werben Alkohol-Läden um Kunden. Die Dörfer, die wir durchqueren, sehen meist ziemlich gleich aus. Kaum eine größere Ortschaft, in der sich nicht ein ›Chicken-Max‹, ein Taco-Bäcker oder eine der bekannten Bouletten-Buden befindet. Was die kulinarischen Vorlieben der Bewohner dieses Landes betrifft, so beobachten wir besonders zwei Merkmale: Das Essen ist hauptsächlich weich und meist süßlich, und die Getränke sind eiskalt. Auch das Brot ist gesüßt, selbst wenn ›salted‹ auf der Hülle steht. Dazu muß es unbedingt ›soft‹ sein. Uns wundert, daß den Amerikanern überhaupt noch Zähne wachsen. Selbst die sogenannte ›Hot Chilli Sauce‹ ist stark gesüßt. Elena ist immer wieder erstaunt darüber, daß die Leute ihre Getränkebecher zuerst bis zum Rand mit Eiswürfeln auffüllen und nur die verbliebenen Zwischenräume mit den klebrigen Softdrinks. 4,50 DM kostet so ein Magenschocker, was ohne mit der Wimper zu zucken gezahlt wird, sofern genügend Eis im Becher ist. Eine unverzichtbare Zutat zum Essen ist Ketchup in Unmengen. Natürlich gesüßter. Alles scheint hier irgendwie gesüßt zu sein, selbst das Bier für 1,39 US-Dollar plus tax, der Steuer, die man dafür separat draufschlägt.

Eines Tages sitzen wir im kleinen Restaurant ›Peggy Sue‹, benannt nach der Besitzerin. Die Wände des gemütlichen Lokals sind originell dekoriert mit Fotos von verschiedenen Stars und Gegenständen aus den 50er/60er Jahren. Peggy Sue im Arm von Elvis, Johnny Cash mit Peggy Sue, daneben alte Gitarrensaiten und ein buntes Tuch, von Starschweiß durchtränkt. Einige der abgebildeten Künstler kenne ich auch persönlich von meiner Arbeit in einem Konzertbüro her. Das Beste sind aber die großen, silbernen Kaffeekannen, die niemals leer werden. Hat man einmal bezahlt, kann man ständig kostenlos nachschenken. Aus der nostalgischen Jukebox singt Ray Charles »You are my sunshine«. Lokale wie ›Peggy Sue‹ gibt es viele im Land, und sie sind immer ein angenehmer Platz zum Verweilen. Für Minuten oder Stunden ist die Welt darin noch in Ordnung. Man kann einfach entspannen und vielleicht mit ein paar netten Leuten ins Gespräch kommen.

Elena:
Plötzlich knallen Schüsse durchs Geäst. Peter und ich fahren gerade durch ein schattiges Wäldchen, als das Geballer losgeht. Auf einem Klappstuhl an einem kleinen Feldweg hat es sich ein älterer Mann gemütlich gemacht, die unvermeidliche Baseballmütze auf dem Kopf. Auf dem Campingtisch neben ihm liegen drei Pistolen der Art ›Peacemaker‹, mit denen er auf aufgestellte Konservendosen und Flaschen schießt. Es scheint sich offenbar um einen verhinderten Cowboy zu handeln. Seine Frau sitzt daneben und liest Zeitung. Pech, wenn man irgendwo hinter den Flaschen und Dosen für den Schützen unsichtbar vorbeiläuft…

»Leben Sie gern in New Orleans?« frage ich den alten, schwarzen Mann mit dem weißen Kraushaar.

An einer Tankstelle machen wir uns etwas frisch, und während der Mann die Windschutzscheibe eines schrottreifen Buick bearbeitet, krächzt er zwischen den zusammengepreßten Lippen, zwischen denen eine Zigarettenkippe steckt, hervor:

»Seit meiner Jugend hat sich's stark verändert. Früher war's lockerer. Fahrt doch einfach runter und seht es euch an. Aber erwartet nicht, daß euch der alte Louis über'n Weg läuft!«

Wie wir so die Bourbon Street entlangfahren, liegen die schmiedeeisernen Balkone an den alten Häusern hübsch im Nachmittagslicht.

Blumen ranken sich daran hoch und vom Mississippi blökt der Ausflugsdampfer herüber. Touristen in kurzen Hosen und bunten T-Shirts bummeln an den Kneipen entlang, die mich eher an die Reeperbahn in Hamburg erinnern. Das soll das berühmte New Orleans sein, die Geburtsstätte des Jazz? Hier und im Stadtteil Algier verzeichnet die Polizei eine der höchsten Kriminalitäts- und Mordraten in den USA. In den letzten Jahren wanderten immer mehr Weiße aus Louisiana ab. Der Anteil der schwarzen Bevölkerung beträgt 2:1. Zur Zeit ist das alljährliche Jazz-Festival gerade in vollem Gange und Hotelzimmer entweder nicht zu bekommen oder nur für den dreifachen Preis. Unter 150 Dollar pro Nacht ist nichts drin. Am Abend treten Rock-, Blues- und Jazzkapellen in den Lokalen auf. Schwarze Combos spielen die alten Hits von damals. Drei farbige Jungs rappen und steppen auf der Straße gegen den Discolärm von gegenüber an. Ein paar schrille Touristen versuchen krampfhaft, sich locker zu geben. Die Taxis liefern ständig neue Touris in die Straße.

Ich hoffe, die alten Jazzer wie Bunk Johnsen, King Oliver und Louis Armstrong blicken gerade nicht von den Sternen herunter. Halbnackte Mädchen hüpfen über Bühnen wie von der Tarantel gestochen, und das ganze, einst so berühmte ›French

Quarter‹ ist zum Touristen-Nepp geworden. Sicher, einige sehr schöne alte Villen in Parkanlagen gibt es zu sehen. Das eine oder andere Haus wurde einst noch von schwarzen Sklaven oder Indianern gebaut. In den Außenbezirken liegt Abfall vor den Häusern. Abgefackelte Mülleimer, zerfledderte Matratzen und die Skelette von Schrottautos dämmern traurig vor sich hin. Hier lebt mehr schlecht als recht hauptsächlich die schwarze Bevölkerung. Die Arbeitslosigkeit ist groß, trotz der Öl- und Kunststoffindustrie, der Fabriken für Maschinen- und Baumwollprodukte und dem Hafen mit dem größten Warenumschlag in den USA.

Runter zum Mississippi. Sozialer Sprengstoff. Auch heute noch sind die schwarzen Bürger den weißen gegenüber stark benachteiligt. Frachtschiffe teilen die braune Flut vor ihrem Bug. In der ölschimmernden Brühe würden heute kein Tom Sawyer und kein Huckleberry Finn mehr baden oder fischen wollen. Als wir später den Campingplatz im St. Bernard State Park unten am Mississippi ansteuern, beobachten wir, wie ein paar Polizisten mit gezogenen Waffen einen Fabrikhof stürmen. Über Lautsprecher werden die Anwohner aufgefordert, in den Häusern zu bleiben.

»Und wir wieder mal mittendrin…«, murmelt Peter, als wir so schnell wie möglich das Kampffeld verlassen.

Wir fahren einen Umweg, der durch eine üble Gegend führt. Frauen fahren auf Langzeit ›ausgeliehene‹ Einkaufswagen vom Supermarkt mit Wäsche zu einer Münzwäscherei. Auch ich wasche ein paar Sachen dort. Die Leute in der Laundry sind nicht unfreundlich, beobachten mich aber kritisch. Weiße sind in dieser Gegend nicht oft anzutreffen. Auf der North Rampart Street hat eine Voodoo-Priesterin mit ihrem Partner einen spiritistischen Tempel eröffnet. Afrikanisches Knochenlesen, exotische Schlangentänze und Puppenrituale bietet das Paar in einem Prospekt an. Außerdem gibt es ein Tourprogramm für die Friedhöfe von New Orleans. Als ich mich über ihre Arbeit etwas informieren will, ist die farbige Priesterin gerade beim Beten und nicht zu sprechen. Wir drehen ein paar Runden durch die Straßen und versuchen unser Glück etwas später. Begleitet von mißtrauischen Blicken werde ich von einer jungen Frau zur Priesterin geführt, die in einem winzigen Laden steht, der bis zur Decke angefüllt ist mit Perlen, Heilkräutern und allerlei wundersamen Gegenständen. Die mit vielen Ketten und Perlen behängte ältere Priesterin empfängt mich nicht gerade freundlich. Auf meine Bitte, mir einen Blick auf die Zauberartikel zu gestatten, schaut sie mich fast abweisend unter ihren langen, schwarzen Haaren an. Als ich sie auch noch frage, ob sie mir ein paar Informationen geben kann, ist ihre Geduld zu Ende.

»Das ist alles viel zu kompliziert. Kaufen Sie sich Bücher darüber, wenn Sie etwas wissen wollen.«

Sprach's und komplimentierte mich im Handumdrehen zur Tür hinaus, vorbei an fast verächtlich blickenden jungen Farbigen. Ich habe als Weiße versucht, in die Zauberwelt der Farbigen einzudringen und wurde von ihnen in meine Schranken gewiesen. Schade. Auch ohne allzuviel von Voodoo und ähnlichem zu verstehen, hätte ich mich gerne einfach in Ruhe in dem Laden umgesehen.

Ich bin froh, als wir endlich auf dem Campingplatz im Park ankommen. Man kann irgendwo mitten in der grünen Oase am Stadtrand zelten vor offenem Lagerfeuer und dabei Fischotter am Bach und Waschbären an den Mülltonnen beobachten, vor allem nachts. Ein Ort der stillen Erholung für wenige Dollars.

Peter:
Streckenweise biken wir auf Sichtweite am Mississippi entlang, dann wieder ist er hinter Dämmen und Bäumen verborgen. Ebenso wie die Hindus in Indien den Ganges als Vater aller Flüsse sehen, nannten auch die ersten Amerikaner, nämlich die Indianer, den Mississippi so. Mitte des 19. Jahrhunderts schipperten hier die Dampfboote mit ihrem Schaufelradantrieb herum. Baumwolle, Zuckerrohr und Holz waren meist ihre Ladung. Der

Fluß war damals voller tückischer Windungen, Schleifen und Sandbänke. Gelbfieber und andere Krankheiten rafften viele der schwarzen Sklaven auf den Plantagen dahin. Auch heute noch sind große Gebiete von Sumpf durchzogen. Als dann die ersten Dampfrosse auf Schienen durchs Land fauchten, war es aus mit der stolzen ›Mississippi Queen‹, ›Delta Queen‹ und wie die Steamboats noch hießen.

Auf unserer Radreise wechseln nicht nur die Bundesstaaten, sondern auch die Musik ist hier oben in Tennessee eine andere. Schwingen die Herzen in Nashville eher zur Steelguitar und Countrymusic, so ist hier in Memphis der Blues zu Hause. In den Kneipen der Bale Street entstanden Live-Mitschnitte von Michael Bolton und vielen anderen. Wenn man die quirlige Stadt so mit dem Rad durchfährt, würde man nicht gleich darauf kommen. Zahlreiche Musikstudios sind hier angesiedelt, und eines der schon historischen aus der Steinzeit der Rhythm & Blues- und der Rock'n'Roll-Ära ist das Sun-Studio in der Union Avenue, gleich bei der großen Pyramide, der Mehrzweckhalle von Memphis. Im Sun-Studio produzierten Berühmtheiten wie B.B. King, Roy Orbison, Johnny Cash oder auch Schlotterknie-Elvis. In kleinen Räumen mit vergleichsweise einfacher Technik produzierte er hier die Songs, mit denen er die Welt spaltete. Die einen haßten ihn als Alptraum des schlechten Geschmacks, den anderen läuft noch heute eine Gänsehaut der Ehrfurcht und glücklichen Erinnerung über den Rücken, und sie nennen ihn schlicht ›The King‹. Als Elvis 1955 mit seinem Hit ›Heartbreak Hotel‹ bei seinen Fans Ohnmachtsanfälle verursachte, schlossen sich ein gewisser Paul McCartney und George Harrison gerade der Skiffleband von John Lennon an. Nur ein paar hundert Meter von den Sun-Studios entfernt liegt am Elvis Presley Boulevard der einstige – und wenn man so will auch der jetzige – Wohnsitz von Elvis, denn er wurde auf ›Graceland‹ begraben, als er am 16.8.1977 diese Welt verließ.

Das ganze Gelände wurde zum Museum erklärt. Für 9 Dollar Eintritt lassen einen die Erben sehen, wie der Star gewohnt und mit was er sich fortbewegt hat. Der Besucher betritt zunächst den Speiseraum. Mit Kristall-Lüster, Marmorfußboden und blauen Vorhängen vornehm eingerichtet, aber vielleicht etwas neureich für den damals etwa 20jährigen Sänger. Man erfährt, wo er Billard spielte, daß es 20 Fernsehgeräte im Haus gibt und daß er seinen weißen Rolls Royce ›Silver Cloud‹ gebraucht von ›Bonanza-Little Joe‹ Michael Landon gekauft hat. Motorräder, zwei- und dreirädrige, besaß Elvis Presley und Autos wie andere Leute Schuhe. Filme zeigen, wie er damit herumfuhr. Eigentlich nicht viel weiter als um sein Haus herum, nett lächelnd und winkend, mal mit Frau und Kind, mal mit seinen Eltern.

Der Rundgang durch einen Teil seines Lebens endet an seinem Grab, umgeben von dem seiner Eltern und seiner Oma. Der ›King of Rock'n'Roll‹ wurde 42 Jahre alt und starb letztlich wohl an Lebensüberdruß. Neidlos wünschte ich dem Menschen Elvis Aron Presley, daß er Lastwagenfahrer geblieben wäre. Sicher wäre er nie berühmt geworden, aber vielleicht glücklicher.

Auch Ike & Tina Turner nahmen ihre Songs in den Sun-Studios auf. Die Spur von Tina entdecken wir auf dem flachen Land im Dörfchen Nutbush, wo sie 1939 geboren wurde. Am Ortseingang erinnert eine Holztafel daran. Der Dorfladen ist Tankstelle, Frittenbude, Supermarkt, Café und Nachrichtenzentrum in einem.

»Oh yeah, Tina!« schmunzelt die Frau hinter dem Tresen.

»Vor fünf Jahren habe ich einmal eines der Halstücher mit ihrem Bild darauf verkauft.«

Klar, wer verirrt sich auch schon nach Nutbush! Wo Tina Turners Elternhaus stand, ein einfaches Holzhaus, wachsen schon längst Kohlköpfe und Rüben. Sie selbst kommt anscheinend bereits seit langem nicht mehr vorbei. Wozu auch?

Tennessee ist ein sanftes, grünes Land. Für uns Radler zwar

stellenweise zu hügelig, um immer fahren zu können, aber es macht Spaß, durch diesen Staat zu reisen. Oft benutzen wir kleine Landstraßen, auf denen der Verkehr gering ist. Manchmal kommen Elena und ich an Grundstücken vorbei, die in voller Beflaggung stehen. Es handelt sich dann um Friedhöfe. Auf vielen Gräbern weht die amerikanische Fahne, und sei es auch nur als kleiner Wimpel. Auch vor vielen Häusern zeigt man gern, daß man sich dem amerikanischen Volk zugehörig fühlt. Lachend erinnern wir uns an den Film ›Schweizermacher‹ von Emil. Ob es hier auch so ist? Vereinzelt stehen auf Stangen aufgespießte Köpfe im Garten mit unheimlichen Fratzen. Es handelt sich dabei nicht um einen Kopfjägerclub, sondern nur um ausgehöhlte Kürbisse vom letzten Halloween-Fest im Oktober.

Elena:
Peter und ich streiten! Eigentlich ist ja die Karte schuld, die in letzter Zeit immer öfter ungenaue Angaben macht. Wir haben uns verfahren, sind einige Kilometer von der direkten Route abgewichen und umsonst gefahren. Die Karten sind hauptsächlich für Autofahrer gemacht, die auf den großen Straßen bleiben. Sobald man von denen abgeht, muß man immer wieder die Strecke kontrollieren. Damit war ich an der Reihe, und habe mich prompt geirrt. Und jetzt ist er sauer. – Schweigend und wütend radle ich lange Zeit hinter ihm her, bis sich Peter auch verfährt. Ha – siehste!

Zu allem Überdruß ist es auch noch lausig kalt. In einem kleinen Wäldchen schlagen wir das Zelt auf und braten ein paar Würstchen. Sie schmecken eindeutig nach Anis, was die Laune nicht unbedingt hebt. Mit gedämpfter Stimme besprechen wir eine Cassette für Peters Brieffreund Michael in Portugal. Dann ist es stockdunkel, und wir schlafen erstmal eine Runde.

Zu Sitte und Moral haben viele Bürger in diesem Land ein zwiespältiges Verhältnis. Zwar zeigen junge Frauen durchaus ihre Reize, vor allem von Werbeplakaten herunter. Im Fernsehen hat man die Auswahl zwischen mehreren Pornofilmen. Im krassen Gegensatz dazu gibt es Landstriche, wo eine Frau schon mitten im Fettnapf steht, wenn sie nur ein schulterfreies Kleid trägt. Die Spitze ist jedoch ein Kondom-Automat in einer Damentoilette. Die Werbeetiketten sind mit einer dicken, schwenkbaren Metallplatte abgedeckt, worauf zu lesen ist:

»Der Inhalt dieses Automaten dient zur Familienplanung. Wenn Sie sich durch diese Artikel beleidigt fühlen, so heben Sie diese Platte nicht ab!«

Waffen als Kinderspielzeug und diverse Kampfspielzeuge für Erwachsene bis hin zur echten Wumme als Gewehr, Pistole oder Revolver bekommt man im gut sortierten Wal-Mart-Supermarkt. Auch die Fische in amerikanischen Gewässern gehen mit der Zeit. Die Köderwürmer sind in Neon-Schockfarben gehalten und mit Duftstoffen versehen. Zweifel kommt allerdings bei mir auf, als ich die extrem nach Plastik ›duftenden‹ Köderwürmer beschnuppere, deren intensiver Geruch kaum von der verschweißten Verpackung aufgehalten werden kann. Ob Fische wohl tatsächlich auf so was stehen? Tja, die Zeiten ändern sich. Ein Fisch, der auf sich hält, beißt doch nicht in einen schnöden, blassen Regenwurm! Ich kann es mir aber nicht verkneifen, doch ein Päckchen der langen, dunkelbraunen Plastikwürmer zu kaufen. Man kann damit zu Hause einfach zu schönen Unfug treiben...

In Nashville spielen heute abend Marty Robbins und Marty Stuart, zwei Größen der Country-Music. Ort der Darbietung ist das Hard Rock Café, das so groß ist wie ein Lagerhaus und schon von außen sehenswert. Eine schöne Gibson ›Les Paul‹-Gitarre und ein Mississippi-Dampfer zieren die Fassade. Der Innenraum ist teuer und geschmackvoll mit echten Gitarren und Original-Autogrammen von bekannten Musikern geschmückt. Dazu Poster, Fotos und Kleidungsstücke. Draußen scheint sich eine

Armee von Texas-Ranchern aufzustellen. Männer und Frauen stehen in langer Schlange vor dem Eingang.

Aber nicht einfach so im T-Shirt! Wer hier zu den beiden Martys kommt, trägt edlen Zwirn. Cowboyhemden mit satinbesetzten Schulterpartien in türkis, blau und rosa mit Schnurkrawatte dürfen es für diesen Anlaß schon sein. Spitze Stiefel, Lederjacke mit Fransen und der Cowboyhut sind schlicht obligatorisch. Hübsch sehen sie aus, die Freizeit-Cowboys. Ich stelle mir vor, wie sie wohl aussehen würden, stände ›Der Glöckner von Notre Dame‹ oder ›Der Bucklige von Soho‹ auf dem Programm…

Harley Davidsons mit lederumhüllten Reitern heizen vorbei, und an den Straßenecken spielen Bob Dylan- und Hank Williams-Verschnitte. Auch unten am Fluß spielen Rockgruppen, dort halt etwas weniger bekannte. Dazwischen immer wieder Polizisten in schwarzer Radler-Kluft, mit der Knarre am Gürtel auf Mountainbikes. In der ›Hall of Fame‹ sind abgelegte Accessoires und Instrumente berühmter Musiker ausgestellt. Ganz in der Nähe liegen die Ton-Studios, darunter auch das berühmte ›Studio B‹, in dem heute noch produziert wird. Nashville bringt das Musik-Feeling überzeugender herüber als zum Beispiel New Orleans. Natürlich bekommt man auch hier in den Souvenir-Shops säckevoll unnötigen Ramsch, aber trotzdem geht es hier mehr um die Musik.

Auch deutsche Country-Künstler kommen nach Tennessee, um in Nashville ihre Musik aufzunehmen. Hier sind die Leute mit dem richtigen Gefühl dafür, und ›recorded in Nashville‹ klingt doch allemal besser als ›aufgenommen in Posemuckel‹.

Bald haben wir wieder einen neuen Bundesstaat unter den Reifen. Diesmal heißt er Virginia. Den größten Teil davon fahren Peter und ich auf der Skyline Drive, einer sehr schönen Straße, die sich zwischen 850 und 1.100 m Höhe über die Blue Ridge Mountains windet. Die Bergkette gehört zum Shenendoah Nationalpark und eignet sich bestens für Radwanderer, die vor Hügeln nicht verzagen. Am Eingang des Parks warnen Schilder vor Schwarzbären, und auch der Ranger, der das Eintrittsgeld kassiert, schärft uns ein, keinerlei Lebensmittel oder Abfälle liegen zu lassen.

Ein Fernwanderweg, der Appalachian Trail, führt durch herrlichen Wald, ebenso der Blue Ridge Parkway. Von den zahlreichen ›Overlook's‹ genießt man weite Ausblicke über tiefgrüne Berge, saftige Täler und rote Felsen. In den nächsten zwei Wochen spulen wir über 800 Meilen auf dieser Straße ab, die sich durch verschiedene Nationalparks zieht. Wir verlassen die Fahrbahn nur, um in einem der Städtchen, die daran entlang angesiedelt sind, die Vorräte aufzufüllen. Teilweise platzt der Himmel und schickt Regen, dann leisten wir uns ein Hotelzimmer. Hin und wieder erreichen wir einen Camp-Ground im Park, wo es Zimmer in einfachen Holzhütten zu mieten gibt.

In einer Nacht geht draußen vor dem Zelt ein riesiges Getöse los. Blech scheppert, laute Kratzgeräusche sind zu hören. ›Schwarzbären‹ schießt es mir durch den Kopf. O Mann, wir haben doch immer aufgepaßt und den Rat des Rangers befolgt! Die Lebensmittel hängen weit vom Zelt entfernt hoch in einem Baum. Fast gleichzeitig reißen wir das Zelt auf und leuchten in die Nacht. Der Lichtfinger der Lampe zeigt zwei Kerle mit schwarzen Augenbinden, die im Wald verschwinden.

Wir sind erleichtert – es waren nur Waschbären, die die Mülleimer in der Nähe geplündert haben. Schön, daß es solche Tiere hier noch gibt. Während der nächsten Tage sehen wir zahme Rehe, die uns verwundert beäugen. Raubvögel kreuzen den Weg und ein Bär mit Rucksack. Oder war das nur ein Wanderer im Dickicht? Die Fahrt durch die Wälder der National Parks zählt mit zu den beeindruckendsten und schönsten auf den Tausenden von Kilometern, die wir auf unserem Weg um die Erde bisher geradelt sind.

Peter:
Stimmt genau! Als wir durch die Schlaglöcher von Washington D.C. holpern, vermissen wir das Rauschen der Eichen, die saftigen Wiesen und den Geruch des Windes. Entlang der Constitution Avenue hoppeln Sportler hin und her, direkt an der vielbefahrenen Straße, obwohl sich gleich daneben ein großer Park mit See angliedert. Jogger rennen wie die Wahnsinnigen ums Capitol herum. Der erste Weg führt uns zum Weißen Haus an die Stelle, von der aus fast alle Korrespondenten der Welt ihre Berichte über das politische Geschehen Amerikas in die Fernsehkameras sprechen. Vor dem Capitol, dem Sitz des Senats, werden von Bill Clinton persönlich gerade 3.000 neue Polizisten vereidigt. Vorangegangen war eine Gedenkfeier für die vielen Kollegen, die ihr Leben im Kampf gegen das Verbrechen gelassen haben. Am anderen Ende des großen Parks steht das ›Lincoln Memorial‹. Von dessen ausladenden Stufen herunter hielt Dr. Martin Luther King 1963 seine berühmte Rede für die Rassengleichheit als Grundbedingung für ein friedliches Miteinander in den Staaten. 750.000 Leute hörten ihm in diesem Park damals zu. Als der Friedensnobelpreisträger 1968 in Memphis erschossen wurde, gab es im ganzen Land große Unruhen. Plünderungen, Brandstiftung und Mord beherrschten die Szene auch in den Straßen Washingtons.

Obwohl die Arbeitslosigkeit hoch ist und die Slums ständig größer werden, zieht es viele Schwarze hierher. Der Anteil der Weißen liegt bei wenig mehr als 20 Prozent. Gerade hier in der Regierungshauptstadt der Vereinigten Staaten von Amerika werden hinter den Monumentalbauten die Probleme des Landes überdeutlich. In den Straßenzügen stehen zum Teil schöne Häuser aus rohem Klinker. Besonders der Stadtteil Georgetown gleicht einem Schmuckkästchen. In der gepflegten Botanik liegen schlößchenartige Häuser mit spitzen Turmdächern, kleinen Balkonen und Erkern eingebettet. Die glas- und chrombewehrten Wolkenkratzer fehlen in Washington. Die alte Bausubstanz ist eher vom viktorianischen Stil geprägt.

Auch die großen Industrieanlagen fehlen weitgehend. In der Hauptstadt dreht sich fast alles um Regierungsgeschäfte. Und daran sind auch die meisten Arbeitsplätze direkt oder indirekt gebunden.

Am 20. 1. 2001 wird der neue Präsident der USA nach einem umstrittenen Wahlverfahren ernannt. Er heißt Georg Walker Bush und gehört den Republikanern an. Zu seinen genannten Zielen gehört unter anderem auch der Kampf gegen die Arbeitslosigkeit und die Verbesserung der Lebensbedingungen für Schwarze.

Zum Bleiben ist uns Washington zu teuer. Die Hotelpreise liegen hier um ein Mehrfaches höher als sonst irgendwo. Also kurbeln wir um große Löcher, breite Risse und über Kopfsteinpflaster herum zur Stadt hinaus und durch Baltimore hindurch. Es ist nicht immer leicht, die großen Straßen zu umfahren, die für uns Biker nicht geeignet sind. Oft müssen wir große Umwege fahren, fragen, Karten studieren und sind vielfach schier am Verzweifeln.

Gerade noch rechtzeitig, bevor Elena wieder einmal ihr Fahrrad anzünden oder zerhacken will, nimmt uns ein Kleintransporter mit über die Brücke des Delaware-Rivers. Das Nationalheiligtum Amerikas, die Freiheitsglocke in Philadelphia, sehen wir uns nicht an. Auch nicht die erste Leihbücherei der Vereinigten Staaten und keinen Blick haben Elena und ich für den ersten Zoo dort, der in den USA entstand. Donnernde LKWs und schlechte Nebenstraßen zerren schon genügend an den Nerven, da braucht es nicht noch eine 5-Millionen-Stadt. Ohne ein schlechtes Gewissen zu haben, lassen wir Philadelphia einfach links liegen und fahren rechts daran vorbei.

Die Luft ist heiß, voller Abgase. Die Ortschaften sind oft so zusammengewachsen wie eine nie enden wollende Stadt. An meinem Rad verabschieden sich zwei weitere Speichen. Der Rest

Lagebesprechung am Weißen Haus in Washington.

formt die hintere Felge zu einer fast künstlerischen ›8‹. Am Lenker bricht eine Schraube, die Kette von Elenas Rad hat null Bock, auf dem Zahnrad zu kreisen und versucht zu flüchten, indem sie dauernd abspringt. Mehrmals packe ich unseren gesamten Krempel ab und flicke den einen oder anderen Schlauch. Spannend wird das vor allem, wenn sich gerade ein Gewitter entlädt und weit und breit kein Dach in Sicht ist… Die Tretmaschinen bräuchten eine Generalüberholung. Und uns täte sie auch gut. Elenas Knie schmerzt schon seit langer Zeit, ebenso ihre Hände vom Festkrallen des schweren Lenkers. So eine Weltumradelung ist keine Kleinigkeit. Man muß verdammt zäh sein und sich ständig selbst überwinden.

Wir sind ganz einfach urlaubsreif. Tage voller Nervereien später steuern wir Elizabeth an. In einem der Motels unweit des Newark International Airports bleiben wir für ein paar Tage hängen. Hier pflegen wir unsere körperlichen und seelischen

Wunden, machen uns fit, um die vorletzte große Bastion unserer Reise zu nehmen: New York!

Elena:
Wir kennen die Stadt gut. Viele Ecken von Manhattan sind uns beinahe vertrauter als unsere Heimatstadt. Wann sieht man Freiburg schon mal im Fernsehen? Sogar den Gouverneur von 1647 kennen wir von der Zigarettenwerbung. Er hieß Peter Stuyvesant. Es ist der nackte Wahnsinn. 30 Millionen Touristen besuchen jährlich diesen Moloch von Stadt, deren Bürgermeister entschlossen versucht, gegen die steigende Kriminalitätsrate anzugehen, zum Teil mit großem Erfolg und mit Hilfe weitgehend allgegenwärtiger Polizei. Wo beginnt man in dieser Stadt? Peters trockener Rat hierzu ist: »Versuch's mal am Anfang!«

Aber wo ist der in New York? Touristisch gesehen ist New York für uns zunächst der Stadtteil Manhattan. Zuerst sehen wir uns die Stadt einmal von weitem an. »Mach doch mal Urlaub vom Rad«, sagen wir uns und fahren mit dem Bus zum ›Liberty State Park‹. Beide sind wir von aufgeregtem Kribbeln erfaßt. New York ist schließlich nicht eine Stadt wie jede andere. Oder doch? Und dann haben wir plötzlich dieses wohlbekannte Kalenderbild vor uns – die Skyline Manhattans. Dort drüben liegt über dem Hudson River ›das größte Dorf der Welt‹.

›Was für ein Deal‹, geht es mir durch den Kopf. Der Rheinländer Peter Minuit handelte im Jahr 1626 den Indianern die Landzunge für 60 Gulden ab. Das wären heute etwa 24 Dollar. Die grüne Lady Liberty grüßt herüber, allerdings mit ihrer Kehrseite. Für wie viele Menschen mag diese Skyline wohl der Anbruch einer neuen Zeit bedeutet haben, besonders um die Jahre des letzten Weltkrieges herum.

»In Amerika ist es möglich: Vom Tellerwäscher zum Millionär!« raunte man damals in Deutschland. Nylonstrümpfe, Kaugummi. Amerika, die neue, bessere Welt…

»Komm, das sehen wir uns genauer an!« reißt Peter mich aus meinen Gedanken.

Kurze Zeit später stehen wir mitten drin in all dem Wunder. Die Hälfte der New Yorker Bevölkerung scheint Taxifahrer zu sein. Die ›Yellow Caps‹ sind immer und überall.

»Alle fünf Minuten wird in New York ein Mensch überfahren«, sagt Peter und fügt hinzu:

»Nein, nicht immer der gleiche!«

›Der dickste Hot-Dog entlang des Hudson‹ steht auf einem Schild neben einer Freßbude auf der Pearl Street. ›Hier alles für einen Dollar‹ haut ein Ramsch-Supermarkt aufs Blech. Feuerleitern klammern sich an Gebäuden hoch wie vergessene Gerüste. Inline-Skater benutzen die startenden Autos an den Ampeln als Beschleunigungshilfe. Parkplätze sind in dieser Stadt so selten wie eine Quelle in der Sahara, deswegen stapelt man die PKWs in einer Art Paternoster. Die Türme des ›World Trade Centers‹ geben uns allgegenwärtige Orientierungshilfe im Meer von Chrom, Glas und Stein.

»Die habe ich mir aber länger vorgestellt«, sage ich zu Peter, als wir in der Wallstreet stehen. Auf nur 500 m Länge konzentrieren sich hier die Macht des Mammons und die Herzinfarkte als Reaktion auf Börsenkurse und Streß, aus dem keine Flucht heraushilft. Hemdsärmelige Broker jonglieren täglich mit Millionenbeträgen und handeln die Welt. Die Trinity Church wacht wie als Gegenpol zwischen den Dollar-Tempeln, aber der Vergleich hinkt. Irgendwie scheint Dagobert Duck immer wieder der Gewinner zu sein. Den Entspannungsdrink nimmt man in ›Harry's Bar‹ ein und verarbeitet den Tag.

›Little Italy‹ verdient kaum noch, so genannt zu werden. Die schon nur noch vereinzelten italienischen Restaurants dort werden ständig noch weniger. Die grün-weiß-roten Fähnchen flattern eher wie SOS-Zeichen über der Straße. Das immer mächtigere China-Town wird den italienischen Rest bald vollständig aufgesaugt haben. Jeden Tag ein Stückchen mehr. Sehr schade!

Über den Washington Square Park erreichen wir die Straße in New York, die vermutlich mehr als andere in dieser Stadt Geschichten in sich birgt – die 5th Avenue. Die ersten paar Querstraßen entlang ist sie wenig sensationell. Das bekannte ›Bügeleisen-Gebäude‹, ein merkwürdig dreieckiger, 18stöckiger Bau steht hier. Alte Villen und Geschäftshäuser säumen die Straße, aber richtig los geht es um das Rockefeller Center. Unter anderem haben die Firmen Dior, Gucci, Arden und Tiffany hier ihre Geschäfte. Bei deren Ausstattung wurde an nichts gespart. Unter jüdischer Führung liegt das größte Diamantenzentrum der Welt, die ›Diamond Row‹, in der das teure Geglitzer kein Ende zu nehmen scheint. In der 8th Avenue liegen die Electric Ladyland Studios, in denen Jimmy Hendrix seine erste Platte aufgenommen hat.

Peter:
Straßenmusiker greifen in die Saiten, Knöpfe oder Tasten, Räucherstäbchenverkäufer, Hütchenspieler und Selbstdarsteller sind auf der Fifth Avenue ebenso zu Hause. Doch nicht überall zeigt sich der Überfluß. Männer und Frauen in zerlumpten Klamotten schlurfen auch über dieses noble Pflaster und schleppen ihre Habe in Plastiktüten oder in einem Einkaufswagen mit sich herum. Weiter oben am Central Park stehen wir vor dem Dakota Center. Ein unscheinbares, großes Haus mit Portier. Im Dezember 1980 wurde hier John Lennon von einem geistesgestörten Parkwächter erschossen. Seine Witwe Yoko Ono wohnt noch heute dort. Gegenüber der 8th Avenue bummeln wir durch den Central Park. Auf den Straßen und Wegen dort ist alles unterwegs, was Räder hat und wer ohne auskommt, angelt, liest, meditiert oder macht einfach nichts, was in dieser lebendigen Stadt manchem nicht leicht fällt.

Am Abend fahren wir mit der Bahn zurück nach Elizabeth und gehen ins Motel. Der Fernseher bringt die Geschehnisse des Tages. Ein Mann, den man als dick bezeichnen darf, wurde heute mit einem Gabelstapler aus seinem Schlafzimmer herausgehievt in ein Krankenauto. Dazu mußte ein Loch in die Hauswand gebrochen werden, weil er nicht mehr durch die Tür paßte mit seinen 450 kg. In Amerika sind uns viel mehr extrem dicke Menschen aufgefallen als in anderen Ländern. Das hat wohl viel mit der Art der Fast-Food-Ernährung zu tun und dem wenigen Sport. Alles wird im Land der weiten Flächen – oft zwangsweise – im Auto erledigt. Die Distanzen zu den Läden sind einfach zu groß. Und das billigste Essen im Land des restriktiven sozialen Netzes ist immer noch der Hamburger, obwohl mittlerweile ›Wendy's‹ mit seinen reichhaltigen Salattheken eine scharfe Konkurrenz bildet.

Während der nächsten Tage haben Elena und ich viel zu tun. Unsere Ankunft in Deutschland muß angekündigt werden. Mehrmals fahren wir nach Manhattan zum Einkaufen und Fotografieren. Die Brooklyn- und die Manhattan-Bridge werden überquert und in Chinatown decken wir uns mit getrockneten Kräutern ein. Der letzte große Flug dieser Reise über den Atlantik ist gebucht. Ihn klar zu machen, erforderte erneut eine Marktanalyse, die in Elizabeth zum Erfolg führte.

Und dann kommt der Tag, an dem wir am John F. Kennedy Airport stehen. Noch halb in der Nacht haben wir uns auf den Weg gemacht. Ein Kleinlaster, den die nette Frau von der Hotelleitung organisierte, brachte uns durch den Holland-Tunnel, der nur Autos vorbehalten ist. Dann radeln wir quer durch Manhattan. Es ist wirklich kein Zuckerschlecken, durch die morgendliche Rushhour zu strampeln. Immer wieder müssen wir anhalten und die Karten studieren. Viel zu früh sind wir am Flughafen, der fast so groß ist wie eine Kleinstadt in Deutschland. Die strenge israelische Angestellte des Sicherheits-Checks fragt nach Kontakten zum Mittleren Osten. Großzügig geben wir ihr die Adresse des jordanischen Königshauses, worauf sie sich Bedenkzeit ausbittet und hinter einer Tür verschwindet.

»Hätten wir vielleicht doch nicht machen sollen! Wer weiß, was es jetzt für ein Galama gibt!« murmelt Elena mir zu.

Nach einer ganzen Weile kommt die Sicherheitsfrau wieder zurück und bringt uns zu ihrem Supervisor, dem Chef, der uns 89 Dollar pro Rad abknöpfen will. Nachdem wir ihm erzählen, daß wir ein Buch schreiben und darin berichten werden, daß er der Einzige auf unserer ganzen Weltumradelung war, der Geld für den Radtransport – und dazu noch so viel! – verlangte, läßt er entnervt von seiner Forderung ab. Wir können die Räder und das gesamte Übergepäck kostenlos transportieren!! Zudem wird kein einziges Gepäckstück durchleuchtet. Auf alles wird kommentarlos der ›O.k.‹-Stempel gedrückt. So allmählich sollten wir unser Gepäck einchecken. Wir warten, doch nichts passiert. Das Computerprogramm ist zusammengebrochen, zudem brennt es irgendwo. Wieder einmal verbringen wir einen Tag auf dem Flughafen. Es ist bereits 23.00 Uhr, als die Maschine endlich abhebt und uns in die alte Welt zurückbringt.

Was wird sich zu Hause wohl alles verändert haben? Und wie wird die Heimat auf uns wirken nach der langen Abwesenheit? In Gedanken lasse ich die Reise an mir Revue passieren. Was haben wir nicht alles erlebt, gesehen, gerochen und gegessen! Die vielen unterschiedlichen Menschen und ihre Kulturen kennengelernt. Und wir beide!

Ich taste zu Elenas Hand und drücke sie. Meine gute Partnerin!

Ohne sie hätte ich nicht einmal den halben Spaß bei dieser Reise gehabt. Wie oft haben wir zusammen geflucht, gebangt, gestritten und noch mehr gelacht! Elena schläft, wie man halt in einem Flugzeugsessel schlafen kann. Unter einer Decke hat sie sich zusammengekuschelt. Der Blick aus dem Bordfenster ist ernüchternd. Grauer Himmel, Regen und Pfützen. Goodbye America, Land der spannenden Gegensätze und fast unbegrenzten Möglichkeiten. Schön war's!

15.
›Tour de France‹

FRANKREICH (Mai – Juni 1996)

Peter:
Als wir durch die Innenstadt von Paris radeln, sind wir mit den Köpfen noch im quirligen New York. Nicht, daß hier nichts los wäre, doch es ist einfach anders. Kalter Pieselregen, und das im Mai. Mühselig gelangen wir in die Stadtmitte, total durchnäßt und verfroren. Die Stehpizza für 14 FF in der Rue Aboukir wärmt zumindest ein bißchen innerlich. Für 160 FF dürfen wir unser gesamtes Hab und Gut in ein Zimmer im ›Hotel Aboukir‹ packen.

Das Hotel ist eine miese, kleine Absteige mitten im arabischen Viertel. Auf der Gasse unten flanieren grell geschminkte Frauen, an Ecken stehen Araber und beobachten das Leben um sie herum. Das tun sie in ihren Ländern auch, aber hier fällt es mehr auf, weil es für Europäer ungewöhnlich ist. Aber man läßt uns in Ruhe, und das ist die Hauptsache. Ich kann es noch gar nicht fassen, daß die Reise, diese wahnsinnige Tour, jetzt ihrem Ende zugeht.

Im Supermarkt versorgen wir uns mit den wichtigsten Grundnahrungsmitteln: Baguette, Camembert, Rotwein. Tja, an die Preise in Europa müssen wir uns erst wieder gewöhnen. In Deutschland ist es auch nicht viel billiger. Grob gerechnet sind 3 Franc 1 DM. Elena war schon früher einmal in Paris gewesen und zeigt mir in den nächsten Tagen die interessantesten Plätze. Der alte Friedhof Père Lachaise mit den wunderschönen alten Gräbern und Gruften, auf dem neben vielen anderen berühmten Persönlichkeiten auch Chopin liegt. Der Louvre, in dem wir viele Stunden verbringen. Und natürlich den berühmten Turm des Herrn Eiffel, vor dem Hunderte von Menschen Schlange stehen, um die Aussicht auf Paris von oben genießen zu können. Eiffels Kreativität konnten wir ja bereits in anderen Ländern bewundern. Auch vor Notre Dame drängeln sich Besucher. Unser Verhalten ist seit dem Überfall in Panama City mißtrauischer geworden. Wir fühlen uns unwohl, wenn jemand dicht hinter uns geht. 660 km trennen uns noch von Freiburg, der schönsten kleinen Stadt der Welt.

»Wie wird das wohl sein, wenn wir nach Hause kommen?« überlegt Elena.

»Glaubst du, daß die Umstellung schwierig sein wird?«

»Ich weiß nicht. Vielleicht schon. Aber trotzdem freue ich mich auf unsere Leute.«

Jetzt treibt es uns nach Hause. Im Land der ›Tour de France‹ gibt es leider kaum Radwege. Wir drängeln uns an vielen Autos vorbei raus aus der Stadt, die zu groß und zu laut ist. Die Fahrt durch die Champagne, durch Lothringen und das Elsaß ist von Sonnenschein, sanften Hügeln und Weinbergen begleitet. Wir verlangen ja nicht viel, aber über 20 cm Randstreifen an den Straßen des Landes, in dem die ›Tour de France‹ schließlich erfunden wurde, hätten wir uns schon gefreut. So wird die Fahrt nach Deutschland neben den vorbeiwalzenden LKW-Reifen und den riskant überholenden Autos, die – obwohl kleiner – weit schneller fahren als die amerikanischen, oft zur Nervenbelastung. Seit Tagen sagt mir ein klickendes Geräusch im Hinterradlager meines Fahrrades zudem, daß ich mich ihm zuwenden soll. Auf dem Marktplatz einer Kleinstadt endlich zerlege ich die Mechanik. Es war höchste Zeit – die letzte Radlagerreparatur fand in Townsville in Australien statt.

Nur noch wenige Male werden wir unser kleines, olivgrünes Zelt aufbauen. Mensch, wo hatten wir das überall schon hingestellt!

»Oh – guck, was da krabbelt!«

Elena hat eine Zecke an ihrem Bein entdeckt und knackt sie entsetzt mit den Fingernägeln. Die kleinen Tiere haben wir mehr fürchten gelernt als die großen. Das würde jetzt noch fehlen, daß wir zu guter Letzt von dem Vieh womöglich Hirnhautentzündung kriegen. Wir sitzen in einem Waldstück vor dem Zelt und lauschen. Mit leisem Knacken stapft unweit ein Reh über Zweige. Es bemerkt uns nicht. Dann huschen Mäuse direkt vor uns durchs Unterholz.

Das Städtchen Wissembourg ist mir gut bekannt. Von Karlsruhe aus unternahm ich als Junge Ausflüge dorthin. Mit dem Fahrrad zuerst, später dann mit dem Auto, um Wein und Käse zu kaufen. Von den letzten Francs besorgen wir heute Spargel und Knoblauchkäse. Auf der Fahrt zu meiner Schwester Edith in Christiansruhe ist mir jede Ecke bekannt und vertraut. Meine ganze Kindheit lang bin ich auf diesen Straßen gefahren, doch nie hätte ich damals gedacht, daß ich auf ihnen einmal von einer Fahrrad-Weltumrundung zurückrollen würde.

Elena:
Wir müssen alles so bald wie möglich aufschreiben. Peters und meine Tagebuchnotizen und die vielen Gedanken, die wir unterwegs hatten, Fragen, die bis heute unbeantwortet blieben – alles muß in einem Buch verarbeitet werden. Und wenn es auch nur für uns ist.

»Mensch, ich freu mich so sehr auf daheim! Auf Mohnbrötchen mit kühler Butter, ein deftiges Schnitzel mit Salat – und dann die ganzen Leute wieder zu sehen nach so langer Zeit!«

Vor Freude stehen mir Tränen in den Augen. Der Hals ist wie zugeschnürt.

16.
›Home – sweet home‹
DEUTSCHLAND (Juni 1996)

Peter:
Es ist schon erstaunlich. Elena fährt immer noch mit derselben Fahrradkette, mit der sie in Freiburg gestartet ist. Das ist direkt ein Fall fürs Guinness Buch der Rekorde. 45.000 Radkilometer liegen hinter uns und fast nochmal so viele für die Flüge über die Ozeane. Wir haben die unterschiedlichsten Klimazonen kennengelernt und neue Freunde gewonnen. Am Rand von Baumwollfeldern haben wir gezeltet, an Steilküsten tollkühne Seevögel im Flug beobachtet, uns durch endlos scheinende Wüstenabschnitte gequält, in Ruinen und bei alten Gräbern geschlafen.

Geflucht, gelacht und geweint haben wir gemeinsam, und es gab auch Momente, in denen Elena vor Wut über die zeitweise allzu großen Anforderungen an ihre physischen Kräfte das Rad zerhacken wollte. Wir waren frei wie die Vögel, konnten es uns leisten, an schönen Orten länger als vorgesehen zu bleiben und abendliche ›candle light dinners‹ unter dem Sternenzelt zu genießen.

Auf unserem Weg begegneten wir immer wieder Menschen, die von ihrem arbeitsreichen Leben berichteten. Sie waren so lange Erfolg und Geld hinterhergejagt, bis sie eine Krankheit oder ein Herzinfarkt zum Besinnen brachte und dazu, mit einem Wohnmobil gemütlich durch die Gegend zu schaukeln, um endlich einmal das zu genießen, was ihnen für eine kurze Zeit geschenkt wurde – das Leben.

Viel haben wir gesehen und erlebt. Und doch stehen wir jetzt vor noch mehr Fragen als zu Beginn der Reise. Der Wissensdrang ist noch größer geworden, noch mehr wollen wir uns mit den verschiedenen Kulturen der Völker beschäftigen. Es gibt viel zu tun – packen wir's an!

Die Zeit der Heimkehr ist auch die Zeit der Empfänge. Der erste findet statt, als wir bei meiner Schwester Edith in Karlsruhe ankommen. Sie ist ganz aus dem Häuschen, und als der Mond schon hoch und hell am Himmel steht, erzählen wir immer noch …

Einige Tage später erblicken wir die uns wohl bekannte Kulisse von Freiburg. Die letzte Nacht im Zelt liegt hinter uns – nach 812 Tagen, zweieinviertel Jahren auf Tour. Erwartungsfroh und gespannt nähern wir uns dem Rathausplatz, von dem aus wir die Weltreise per Fahrrad begonnen haben.

Die große Transglobe Friendship Bicycle Tour dauert nur noch wenige Minuten, und nur noch ein paar hundert Meter trennen uns vom Ziel. Von Freiburg aus einmal um den Globus nach Freiburg. Und das auf dem Fahrrad. Mensch!!!

Die Räder holpern über das Kopfsteinpflaster in der Merianstraße. Tosender Applaus schallt uns entgegen, als wir Freiburgs Rathausplatz erreichen. Alle sind sie gekommen, auch die, die bei der Abfahrt nicht an unser Durchhaltevermögen glaubten. Transparente heißen uns willkommen, Elenas Schwester Gissy stülpt uns Lorbeerkränze aufs Haupt und hat sogar eine peruanische Kapelle engagiert. Sekt sprudelt in unsere leere Wasserflasche. Wir stehen der Presse Rede und Antwort und werden immer wieder von Verwandten und Freunden geherzt, geküßt und beglückwünscht.

»Schön, daß ihr wieder da sei! Willkommen daheim!«

Ja! Wir freuen uns auch! Manchmal war es knapp, doch wir haben es geschafft. Und es gab nie den Moment, wo einer von uns beiden konkret nach Hause und alles abbrechen wollte. Die Neugier auf die Fremde hat alle Unbill überwunden. Wir haben es gemeinsam geschafft!!!

Elena:
»Mensch, ist das toll, euch alle wiederzusehen!« rufen wir noch, nachdem uns ein paar Reporter der hiesigen Presse interviewt und fotografiert haben. Dann geht es bis in den frühen nächsten Morgen hinein ans Fragenbeantworten und Feiern. Unsere türkischen Freunde in Deutschland führen sogar einen Bauchtanz vor. Da hält es meine Mutter nicht lange auf dem Stuhl. Begeistert schwingt sie mit den jungen Leuten die Hüften, während mein Vater schmunzelnd zusieht. Janko, Peters früherer Lehrer und jetziger Freund, diskutiert mit Goody und Edith über unsere Erlebnisse, die wir ihnen in vielen Briefen geschildert haben.

»Kleine, wie bist du nur auf so eine verrückte Idee gekommen?« fragt meine Schwester Bärbel.

»Weißt du, ich bin einfach neugierig und süchtig nach Herzklopfen«, antworte ich lachend.

»Wer hätte das gedacht, daß du unsportlicher Mensch so was durchhältst!!«

Tja. –

Der lange Tisch ist bedeckt mit einer Tischdecke aus Zeitungen aus aller Welt, die meine Schwester Gissy liebevoll zusammengeklebt hat. Arabische, chinesische und viele andere Schriften und Sprachen erinnern an das, was jetzt schon wieder hinter uns liegt:

Eine lange, intensive Zeit des Erlebens – unsere ›Tour du monde‹ – die Reise um die Welt, die uns soviel Herzklopfen gebracht hat wie nichts zuvor.

Ende (?)

»O Tiger«, sagte der kleine Bär, »wie gut ist es, daß wir Panama gefunden haben, nicht wahr?« »Ja«, sagte der kleine Tiger, »das Land unserer Träume. Da brauchen wir nie, nie wieder wegzugehen.«

Du meinst, dann hätten sie sich den weiten Weg gespart?

O nein, denn sie hätten den Fuchs nicht getroffen, und die Krähe nicht. Und sie hätten den Hasen und den Igel nicht getroffen, und sie hätten nie erfahren, wie gemütlich so ein schönes, weiches Sofa aus Plüsch ist. (1)

DANKE!

Diese Reise haben wir nicht nur für uns und unsere Ziele gemacht!

Wir machten sie auch für all jene Menschen, die aus irgendeinem Grund nicht selber reisen können oder wollen. Von vielen dieser Menschen, die zum Teil aus unserem Freundes- und Bekanntenkreis in Deutschland stammen, aber auch von all jenen, die sich während unserer langen Reise für unsere abenteuerliche Unternehmung interessierten und bis heute den Kontakt nicht abbrechen ließen, die uns zeigten, was Gastfreundschaft bedeutet – für all diese Menschen waren wir unterwegs und widmen ihnen dieses Buch als Dankeschön.

Wir bedanken uns auf diesem Wege nochmals sehr für Rat und Tat, für finanzielle und materielle Unterstützung, für das große Vertrauen, das uns daheim und weltweit entgegengebracht wurde, und für die herzliche Offenheit, mit der wir in fremde Familien aufgenommen wurden, die wir aber auch in vielen Deutschen Botschaften und Kulturinstituten fanden. Nicht zu vergessen die Journalisten, die geholfen haben, unsere Gedanken zu Umweltschutz und Freundschaft zwischen fremden Kulturen zu verbreiten.

Spezieller Dank gebührt:

Seiner Heiligkeit dem Dalai Lama,
Mutter Teresa,
Ihrer Majestät Königin Noor von Jordanien,
Minister Abd El-Moneim Omara,
Gouverneur Fakr El-Din,
Bundespräsident Prof. Dr. Roman Herzog,
Siegfried & Roy –
und natürlich unseren Sponsoren, den Firmen:
lm-electronic,
Ortlieb,
Metzeler,
Sport-Berger,
Katadyn,
Continental und Rohloff.

Generelle Tips

* Vor dem Eintritt in ein neues Land bemühten wir uns, ein paar Worte der jeweiligen Landessprache zu lernen. Fängt mindestens an der Grenze an – und ist für jeden möglich. Wenn man wenigstens gebrochen »bitte« oder »danke« sagen kann, freut sich der Gesprächspartner, daß man versucht, mit ihm in seiner Sprache zu sprechen.
* Völkerverständigung: Fremdenfeindlichkeit ist nicht allein ein deutsches Problem. In vielen Ländern hörten wir Abfälliges über die jeweiligen Nachbarn, die u. a. durch die Medien verbreitet wurden. Wir konnten mit unseren Berichten viele Mißverständnisse ausräumen und so manchen dazu bewegen, den Nachbarstaat zu besuchen. Was man kennt, versteht man besser!
* Keine Spuren hinterlassen in der Natur!! Falls bereits Abfall von anderen dalag, nahmen wir ihn in Plastiktüten weitmöglichst mit bis zum nächsten Abfalleimer. Unsere Aktion fand auch unter dem Motto des Umweltschutzes statt. Hierzu ergaben sich viele Gespräche mit den Einheimischen, aber auch zahlreiche Vorträge in Goethe- und Humboldt-Instituten, bei denen wir auf die Umweltproblematik hinweisen konnten.
* Wir besehen uns beide unseren Schlafplatz. Um gut zu schlafen, müssen einige Dinge stimmen. Wir sollten mit unserem dunkelgrünen Zelt möglichst unsichtbar sein, wollen aber selbst so viel wie möglich sehen und hören, wer oder was auf uns zukommt. Flach und trocken muß der Boden sein und darf keine Mulde oder Fahrrinnen haben. Falls es regnen sollte, ist es gut, wenn das Zelt nicht gerade in einer Bodenvertiefung steht, wo

sich das Wasser sammeln könnte. Ein Erdhügel die ganze Nacht im Rücken kann äußerst lästig sein, ein Ameisenhaufen in der Nähe kann einem das Zelten ebenfalls ordentlich vermiesen. Zimt jedoch hat auf Ameisen eine Wirkung wie Knoblauch auf Vampire. Das braune Pulver streuen wir im Halbkreis um den Eingang. Knackendes Holz, Äste, Laub usw., in einem ausreichend dichten und großen Kreis um das Zelt gelegt, so daß ein ungebetener Gast sich ästeknackend ankündigen würde, sind einige praktische Alarmanlagen. Hat man auch das nicht, kann man aus vier Heringen oder Stöckchen mit einer langen Schnur und daran aufgehängten Glöckchen eine ›Stolperfallen-Alarmanlage‹ bauen.

* Einreisebestimmungen beachten – vorher evtl. Info holen bei Botschaften.
* Wir standen mit den Vögeln auf – und gingen auch zu deren Zeiten in die Schlafsäcke. So konnten wir die kühle Morgendämmerung ausnutzen, bevor große Tageshitze begann. Weiterer Vorteil: Wir brauchten abends kein Licht = keine unerwünschten Besucher beim Zelt und Schonung der Taschenlampen für Notfälle.
* Um Tiere beobachten zu können und Menschen nicht auf uns aufmerksam zu machen, sprachen wir abends beim Zelten nur sehr leise miteinander und machten kein Feuer in der Nacht.
* Geld: Wir besorgten immer Reiseschecks, die – nicht im Brustbeutel und nicht im Geldgürtel!! –, sondern am Körper versteckt waren. Probleme gibt es mit verschwitztem oder geknicktem Geld/Schecks beim Umtauschen!!! Die beiden o.g. Aufbewahrungsorte sind weltweit bekannt. Brustbeutel werden oft vom Hals gerissen. Immer einige Dollars in kleiner Stückelung bei sich tragen, als Notgroschen und für Überfälle. Es ist immer ratsam, einige DM oder US-Dollar-Scheine an versteckter Stelle bereitzuhalten, möglichst in kleiner Stückelung. Es kommt auch mal vor, daß man spät abends oder am Wochenende an einem gottverlassenen Ort ankommt und kein

Geld in der Landeswährung hat. Da hilft dann auch keine Kreditkarte. Dollar oder DM nimmt dagegen fast jeder.

* Wasser nur in original verschlossenen Flaschen kaufen, wobei der Verschluß schwer aufgehen sollte. Manchmal wird Leitungswasser als Mineralwasser verkauft! Ansonsten hatten wir einen Katadyn-Wasserfilter dabei bzw. kochten abends Wasservorräte ab.
* Helm tragen! Man kann auch ohne Fremdeinwirkung fürchterlich stürzen.
* Sich den Landessitten kleidungsmäßig anpassen. Wo es üblich war, trug Elena ein Kopftuch. Vor der Abreise hatten wir uns mit den Gebräuchen und Kulturen der jeweiligen Länder beschäftigt. (Literatur)
* Niemals mit ›Reichtum‹ protzen. Schon ein auffälliges Mountainbike versetzt viele in Entzücken. Wir haben unsere Räder erstmal ›auf alt getrimmt‹.
* In islamischen Ländern keinen Alkohol verlangen. Die Deutschen gelten weltweit als Säufer. Wie wir feststellten, leider nicht ganz grundlos. Überhaupt die strengen, islamischen Regeln beachten.
* Rad: Gangschaltung schonen durch viel Schalten, Kette immer sauberhalten und ölen.
* Als Geschenke für Kinder hatten wir aus Deutschland Kugelschreiber und Luftballons mit Werbeaufdruck dabei. War eine gute Idee. Sie freuten sich über den Aufdruck in fremder Sprache – und gewannen an Achtung bei den Kumpels wegen ihrer ›ausländischen Beziehungen‹…
* Zaubertricks – eine Möglichkeit, Dankeschön zu sagen. Eine weitere sind Polaroid-Fotos, die man zusammen mit den Gastgebern macht und ihnen schenkt. Außerdem haben wir die Leute zusätzlich aus allen Ländern mit Postkarten und Briefen bedacht bzw. die Kinder beschenkt.
* Wir hatten immer einen Vorrat Pfefferminzbonbons und -kaugummis dabei für den Fall, daß uns mal das Wasser ausgeht.

Reiseausrüstung

Fahrräder:

Wir fuhren auf zwei Mountainbikes mit Stahlrahmen, den man weltweit schweißen kann. Anschaffungspreis je ca. 1.300 DM. Elena fuhr ein Damenrad mit 21 Gängen, Peter ein Herrenrad mit 18 Gängen. Für die Radtaschen wurden Gepäckträger und Low-Rider montiert. Rückspiegel, Lenkerhörnchen und Moosgummigriffe waren wichtiges Zubehör.

Kleidung:

2 Wetteranoraks Sympatex ›Wolfskin‹ mit herausnehmbarer Fleecejacke, 1 ›bessere‹ Hose und Hemd für offizielle Anlässe, 1 weiter Rock/Bluse, dicke und dünne Socken, dünne/dicke Unterwäsche, Kopftücher, Sandalen, Stoffschuhe, T-Shirts, langärmelige Hemden, Geldgürtel, Hüfttaschen, Pullover, Regencapes, ›1000-Taschen‹-Weste, Baseball-Mützen, Schnorchel, Taucherbrille.

Werkzeug:

3 Gabelschlüssel (8/9, 10/11, 13/15 mm), Gewindebohrer mit Schneideisen 5/6 mm, Nippelspanner, Wasserpumpenzange, 3 versch. Schraubendreher, Satz Imbus-Schlüssel 2,5-8 mm, Imbus-Schraubendreherset z. Zusammenklappen, Aluröhrchen zur Hebelverlängerung, Zahnkranzabnehmer, Luftpumpe, Nietdrücker, Schlauchbinder, Draht, Klebeband, Gewindestange 20 cm/5 mm, Schrauben, Muttern, Speichen, Rolle Lochband, Flickzeug, Reifenheber, Kabel, Ersatzbirnchen, Kugeln für Tretlager, etwas Fett, Ventile, Schmirgelpapier, versch. Bowdenzüge für Bremsen und Schaltung, Lüsterklemmen, 2 Ersatzreifen, davon einer faltbar,

4 Ersatzschläuche, 2 automatische Kettenschmiersysteme von Rohloff, Spezialöl für Ketten, 2 Fahrradketten, 2 Batterie-Blinklichter, 2 Fahrradhelme, Ersatz-Bremsgummis.

Küche:

1 ›Whisperlite‹-Benzinkocher, Düsenreiniger, Ersatzdüsen, 1 Aluminium-Windschutz, 2 Aluminium-Benzinflaschen, 1 Kochtopf, 2 Hartplastik-Trinkbecher/Suppenschüsseln, Grillgitter, 2 Blechteller, 2 Bestecke, 1 Faltschüssel, Alufolie, wasserfeste Streichhölzer, Feuerzeuge.
Lebensmittel – ständig mitgeführte Notreserve: Gefiltertes Trinkwasser, Öl, Essig, Knoblauch, Pfeffer, Salz, Brühwürfel, Knäckebrot/Kekse, Trockengewürze, Tütensuppe, Tee, Kaffeepulver, Zukker, Mehl, Marmelade.

Sonstiges:

1 Kuppelzelt für 3 Personen, 2 Trillerpfeifen, Landkarten/Landesinfos, Tagebücher, Bleistift, Spitzer, Kugelschreiber, Radierer, Farbstifte, Permanentstift, Klebestreifen, Briefpapier und Umschläge, Pressemappe mit Informationen über die Weltreise auf Englisch, Empfehlungsschreiben, Zeitungsartikel über uns, ein paar Familienfotos, Heft für neue Adressen, Visitenkarten, Taschenrechner, aufladbare Akkus, Kompaß, Armbanduhr mit Temperaturanzeige, Barometer, Höhenmesser u. Tachometer, Taschenmesser, Machete/Axt/Dolch, Angelschnur/Haken/Korken, Teelichter/Kerze, Stirnleuchte/Taschenlampen/Ersatzbirnen, Solarlader für Mignon-Batterien, Nylonschnur/Glöckchen als Alarmanlage für Räder/Zelt nachts, Fernglas, 1 kleiner Rucksack, 2 Blech-Wasserflaschen, 5 Plastik-Radflaschen, 2 Isomatten, selbstaufblasend, 2 Daunenschlafsäcke, Ersatzzeltstange, Spanngummis für Gepäck, Nähzeug, Reparaturset für Zelt, Matten, Taschen, Wassersack 20 l, Leuchtraketen mit Abschußgerät, Ersatzbrille, Mundharmonika/Zaubertricks, Wäscheleine/Klammern, Waschpulver, Buch ›Die Kunst zu Überleben – Survival‹ von R. Nehberg und ›US-Army

Survival Handbuch. Die hohe Schule des Überlebens.‹ Pietsch Verlag, 2 Wörterbücher, Spanisch u. Englisch, Reisepässe / Geld in Landeswährung / US-Dollar / DM / Reiseschecks / Impfbücher, Schiffahrtstauglichkeitsattest, 2 Sonnenbrillen, Räucherstäbchen gegen Moskitos.

Bild- und Tonausrüstung:

1 Canon AE 1,1 Objektiv 50 mm,1 Objektiv 28-200 mm,1 Canon EOS 5000,1 Objektiv 35-80mm,1 Objektiv 28-210 mm, Ersatzbatterien, Skylightfilter für jedes Objektiv, Polfilter, Leichtstativ, Taschenstativ, ca. 260 Diafilme Fuji in 100, 200, 400 ASA (wurden uns jeweils nachgesandt), 1 Polaroidkamera ›Image System‹, 10 Polaroidfilme (Hitzeschäden vermeiden!), 1 Cassettenrecorder ›Sony Professional WM-D3‹, Mikro, Kopfhörer, 1 Cassettenrecorder ›ALWA JS 445‹, Mikro/Kopfhörer, Trickfilter, Drahtauslöser, Blitzgerät, 5 Diarahmen, 2 Tonbandcassetten, 3 bespielte Musikcassetten.

Medizin

2 Notfallsets f. Allergiker, Anthelios Sonnenmilch, ASS Brausetabl.(Schmerzen), Aureomycin Augensalbe, Benuron Tabl. (Fieber), Desinfektionsspray, Doxycyclin ratiopharm Tabl. (Notfall), Erythromycin 500 Tabl. (Notfall), Hepathrombin Gel 30.000 (Entzündung), Jacutin Gel (Flöhe), Kontrazeptiva, Korodin Tropfen (Kreislauf), Augen- und Nasensalbe, Resochin Tabl./Laryam/ Paludrine (Malariaprophylaxe), Rödler Öl (Erkältung), Schlaftabletten, Verbandszeug mit Klammerpflaster und Gelkompressen. *Tip für Reisende:* Medikamente in Deutschland vor der Ausreise auflisten und ärztlich bestätigen lassen, damit man an den Grenzen keine Probleme wegen Verdacht auf ›Drogenschmuggel‹ bekommt. Zusätzlich hatten wir ein paar Einmalspritzen dabei, falls irgendwo eine Injektion nötig ist und die Ärzte aus Sparsamkeit gebrauchte oder Mehrfachspritzen aus Metall verwenden. Oftmals wird nur unzulänglich sterilisiert, wenn überhaupt!

Literaturnachweis

1) Janosch: Oh, wie schön ist Panama. 1978, Beltz Verlag, Weinheim und Basel, Programm Beltz & Gelberg, Weinheim.

2) Sevinc, Nurten: Troia. 1992, A Turizm Yayinlari Ltd. Sti. Istanbul / Türkei.

3) Bodley, R.V.C.: Es ruft die Sahara (Wind in the Sahara), Mirabell Verlag Wien/Zell a.S./ St.Gallen.

4) Rau, Heimo: GANDHI mono 172, Copyright 1970 by Rowohlt Taschenbuch Verlag GmbH, Reinbek.

5) Rüdiger Nehberg: Über den Atlantik und durch den Dschungel. 1995, Davi Yanomami vor der Vollversammlung der Vereinten Nationen, 10.12.1992. Ernst Kabel Verlag GmbH, München.